新编大学体育教程

肖丽琴　张玉芹　主编

清华大学出版社
北　京

内容简介

本书是以《全国普通高等学校体育课程教学指导纲要》为依据，遵循"健康第一、以人文本、面向全体学生实施素质教育"的学校教育指导思想，以培养学生"终身体育、21世纪社会发展需要的应用型人才"为目标的适合普通高校大学生和独立学院学生使用的体育教学用书，在教材体系和内容选择上突出了实用性、基础性、综合性、科学性、易读性。

全书分为两篇：理论知识篇和运动能力篇，共11章。理论知识篇包括体育与健康概述、科学锻炼常识、体育卫生保健、健康与安全——自然灾害；运动能力篇包括球类运动、形体舞蹈、武术项目、民间体育、休闲运动、越野运动和水上运动。

图书在版编目(CIP)数据

新编大学体育教程/肖丽琴等主编. —北京：清华大学出版社，2012.8（2021.8重印）
ISBN 978-7-302-28823-7

Ⅰ.①新… Ⅱ.①肖… Ⅲ.①体育—高等学校—教材 Ⅳ.①G807.4

中国版本图书馆CIP数据核字(2012)第101686号

责任编辑：魏江江　王冰飞
责任校对：常雪影
责任校对：白　蕾
责任印制：杨　艳

出版发行：清华大学出版社
　　网　　址：http://www.tup.com.cn，http://www.wqbook.com
　　地　　址：北京清华大学学研大厦A座　　**邮　　编**：100084
　　社 总 机：010-62770175　　**邮　　购**：010-83470235
　　投稿与读者服务：010-62776969，c-service@tup.tsinghua.edu.cn
　　质量反馈：010-62772015，zhiliang@tup.tsinghua.edu.cn
　　课件下载：http://www.tup.com.cn，010-83470236
印 装 者：北京富博印刷有限公司
经　　销：全国新华书店
开　　本：185mm×260mm　　**印　　张**：24.75　　**字　　数**：603千字
版　　次：2012年8月第1版　　**印　　次**：2021年8月第10次印刷
印　　数：11501～12300
定　　价：39.50元

产品编号：041872-01

本书编委会

主编：

肖丽琴　　杭州电子科技大学
张玉芹　　首都体育学院

副主编：

马俊成　　杭州电子科技大学
陈　钧　　首都体育学院
朱汉义　　杭州电子科技大学
章　劲　　杭州电子科技大学

编委（按姓氏字母排序）：

陈传令　　杭州电子科技大学
陈　嵘　　浙江工业大学
郝美岳　　首都体育学院
户子悦　　首都体育学院
金永梅　　杭州电子科技大学
李冻冻　　首都体育学院
林　敏　　杭州电子科技大学
刘大庆　　杭州电子科技大学
刘　方　　首都体育学院
刘国锋　　首都体育学院
刘海旭　　首都体育学院
刘云峰　　杭州电子科技大学
汪　鸽　　浙江教育学院
王虹霞　　嘉兴教育学院
翁　磊　　杭州电子科技大学
向建峰　　杭州电子科技大学
颜意娜　　杭州电子科技大学
于崇龙　　首都体育学院
郑　珊　　首都体育学院
朱俊平　　首都体育学院

前　言

大学体育是学校体育的重要环节，是我国教育事业的重要组成部分。体育课程是大学生以身体练习为主要手段，通过合理的体育教育和科学的体育锻炼过程，以增强体质、增进健康和提高体育素养为主要目标的公共必修课程。

当前，人类社会正在步入新的历史发展阶段，学校体育也将以新的要求和水平进入新时代，获得新的发展和进步。《新编大学体育教程》一书以《全国普通高等学校体育课程教学指导纲要》为依据，遵循“健康第一、以人文本、面向全体学生实施素质教育”的学校教育指导思想，以培养学生“终身体育、21 世纪社会发展需要的应用型人才”为宗旨，在教材体系和内容选择上突出实用性、基础性、综合性、科学性、趣味性、易读性。本书在理论知识篇加强理论教学，使学生掌握体育锻炼的相关理论知识，加大体育锻炼对健康促进的要素，加强学生的健康管理，强调学生在自主锻炼中掌握科学的健身方法，普及健康安全知识，注重运动损伤及疾病的预防与急救，培养遇自然灾害的自救能力等；在运动能力篇注重普通本科院校及民办高校学生的个性特点，根据现代体育发展需求，改变“难、烦、偏、旧”的课程内容，重点加强了学生喜闻乐见的休闲时尚项目、民间运动和培养学生生活和生存技能的越野运动，普及健身、休闲、特色、传统、低碳体育教学内容，培养学生的体育兴趣、习惯、能力和健康的生活方式，提高学生的综合素质。

本书分为两篇：理论知识篇和运动能力篇，共 11 章。理论知识篇包括体育与健康概述、科学锻炼常识、体育卫生保健、健康与安全——自然灾害；运动能力篇包括球类运动、形体舞蹈、武术项目、民间体育、休闲运动、越野运动和水上运动。

本书在全体参编人员的共同努力下完成，由杭州电子科技大学肖丽琴、首都体育学院张玉芹负责全书的统稿工作。在编写过程中，作者参阅了众多的专业书籍，并引用了有关专家及教材的论述、图片，以及首都体育学院、杭州电子科技大学、浙江教育学院等相关教师、学生的示范图片，得到了清华大学出版社的大力支持，以及陈华、何选、蒋纪喜、陈胜利等的热情帮助，在此一并致以深切的谢意。

本书是浙江省新世纪教改课题(编号为 ZC2010108)的研究成果。体育事业的发展日新月异，新观念、新理论、新方法、新成就层出不穷。本书在理论的阐述、材料的选编、问题的分析、文字的表达等方面可能仍存在很多不足，恳请专家、同仁和读者提出批评与建议，以使本书更趋完善，是所至盼。

编　者

2012 年 5 月

目　　录

理论知识篇

运动能力篇

理论知识篇

第1章　体育与健康概述

1.1　体育概述

体育是人类社会发展中，根据生产和生活的需要，遵循人体身心的发展规律，以身体练习为基本手段，达到增强体质，提高运动技术水平，进行思想品德教育，丰富社会文化生活而进行的一种有目的、有意识、有组织的社会活动，是伴随人类社会的发展而逐步建立和发展起来的一个专门的学科领域。

1.1.1　体育的概念

"体育"一词最初产生于"教育"一词，它最早是指教育体系中的一个专门领域。在古希腊，游戏、角力、体操等曾被列为教育内容。在17世纪至18世纪中叶，西方的教育中也出现了打猎、游泳、爬山、赛跑、跳跃等活动内容。到18世纪末，德国的古茨穆茨曾把这些活动分类、综合，统称为"体操"。进入19世纪，一方面是德国形成了新的体操体系，并广泛传播于欧美各国；另一方面是相继出现了多种新的运动项目。在学校也逐渐开展了超出原来体操范围的更多的运动项目，建立起"体育是以身体活动为手段的教育"这一新概念。在相当长的一段时间里，"体操"和"体育"两个词并存，相互混用，直到20世纪初才逐渐在世界范围内统一称为"体育"。19世纪中叶，德国和瑞典的体操传入我国，随后清政府在兴办的"洋学堂"中设置了"体操课"。1902年左右，一些在日本留学的学生从日本引入了"体育"这一术语。随着西方文化不断涌入，我国学校体育的内容也从单一的体操向多元化发展，课堂上出现了篮球、田径、足球等。在1923年的《中小学课程纲要草案》中，正式把"体操课"改为"体育课"。现在国际上普遍用Physical Education泛指体育，它的本意是指以身体活动为手段的教育，直译为"身体的教育"。在我国，体育一词在《现代汉语词典》中有两种解释。

(1) 体育(Physical Education)：以发展体力，增强体质为主要任务的教育，通过参加各种运动来实现。

(2) 指体育运动(Sport、Sports)：锻炼身体增强体质的各种活动，包括田径、体操、球类、游泳、武术、登山、射击、滑冰、滑雪、举重、摔跤、击剑、自行车等各种项目。

体育的概念有狭义和广义之分。狭义的体育是指体育教育，是一个发展体力，增强体质，传授锻炼身体的知识、技能，培养道德和意志品质的教育过程；是对人体进行培育和塑造的过程；是教育的重要组成部分；是培养全面发展的人的一个重要方面。广义的体育一般是指体育运动，其中包括了体育教育、竞技运动和身体锻炼3个方面。体育的广义概念是以身体练习为基本手段，以增强体质促进人的全面发展、提高运动技术水平、丰富社会文化生活或满足休闲娱乐需要的一种有意识的社会活动。

从体育的内涵来看，体育包括两种属性：一是体育是一种人体运动的方式、手段和方法，具有自然属性；二是运用这种手段和方法，来实现社会所规定的体育目的、法令和制度，具有历史性和阶级性，即社会属性。

1.1.2 体育的分类

从体育的内涵和外延来看，体育由3个部分组成，即学校体育、竞技体育和社会体育。

1. 学校体育

学校体育是学校教育的重要组成部分。学校体育不仅要注重传授体育基本知识和技能，培养学生体育的能力和习惯，强身健体，更要注重生理、心理及社会等内在因素的综合素质的提高，从而与其他教育环节共同构成完整的教育过程，促使学生全面发展。因此，各级各类学校通过体育课、课余训练、课外活动、体育社团等各种组织形式，来全面实现学校体育的各项任务，达到教育、教养和发展身体的目标。

2. 竞技体育

竞技体育又称为竞技运动，是指为了最大限度地发挥和提高人体在体格、身体能力、心理和运动能力等方面的潜力，取得优异的运动成绩而进行的科学、系统的训练和竞赛。

竞技体育在现代奥林匹克运动会的推动下，已经有50多种国际比赛的运动项目，并设有相应的国际体育组织和单项运动协会。竞技体育以在规则允许的范围内夺取优胜为目标，因此，为应对激烈的赛场竞争，人们正广泛采用并研究探索科学先进的训练方法和手段，对人体进行锻造，最大限度地开发人体的竞技能力，以探索人类竞技运动的极限。由于竞技体育表演技艺高超，极易吸引广大观众，因此，它作为一种极富感染又容易传播的精神力量，在振奋民族精神、促进各国人民之间的友谊和团结、活跃社会文化生活等方面有着特殊的教育作用。

3. 社会体育

社会体育即大众体育，是指以健身、休闲、娱乐、医疗和康复等为目的而进行的内容广泛、形式灵活的体育活动。社会体育是我国体育事业的重要组成部分，作为学校体育的延伸，可使人们的体育生活能够延续下去并终身受益。

社会体育开展的广泛性和社会化程度，取决于国家的经济发展，人们的生活水平、文化素养、闲暇时间、对体育的价值观念，以及社会环境的稳定等多种因素。目前，我国经济稳步发展，人民的生活水平和文化素养不断提高，闲暇时间增多，社会稳定，这必将促进我国社会体育的飞速发展。

1.1.3 体育的功能

体育功能是指体育对人和社会产生的作用与效能，主要是由体育本身的特点、个人需要和社会的需要所决定的，所以说体育的功能主要在人和社会的活动中表现出来。

1. 体育的个体功能

1）强身健体的功能

体育的基本活动方式是通过身体运动来完成的。人在进行身体运动时，身体的各器官和功能会受到影响，并产生相应的适应性变化，良好的机体适应性变化会产生增强体质的效果，因此体育的健身功能是体育最基本最直接的功能，是决定体育其他功能的基础。体育教育可以增强体魄和匀称体型，促进机体的生长发育，形成良好的身体姿势，发展身体素质，提高身体运动能力；改善和提高中枢神经系统的工作能力；提高人体对外界环境的适应能力和对疾病的抵抗力；提高生活质量，延长人的寿命；调节人的心理，促进个体心理健康。

2）人格塑造的功能

人格是指个体内在的行为上的倾向性，它表现为一个人在不断变化中的全体和综合，是人在社会化过程中形成的富有特色的身心组织。一般来说，人格由3部分组成：一是智慧，指人的知识水平、智力的高低，能力的大小；二是道德情感，指人们对自己、对他人和对社会的某种真诚态度和倾向性；三是意志，指人们克服内心障碍的自制力和外部环境的坚韧性。完美人格是现代社会发展需求所产生的一种新型人格。强健体魄既是人格构成要素，又是人格品质发展依赖的基础。身体健康者，对待事物乐观自信、热情活跃，心理承受能力强；而身体衰弱者，往往精神委靡不振，情绪悲观消沉，敏感、易激动、心理承受能力差。因此，身体和心理存在着相互影响和相互制约的关系，健康的体魄，不仅能为人格健全与发展奠定基石，而且能积极地影响人格发展。体育教育还可以提高道德水平，体育精神与体育道德符合时代与社会所倡导的精神风貌，通过体育教育这种实践活动，可以弘扬体育精神，培养体育道德，对社会道德产生强大的作用。体育教育可以培养与提高审美能力，体育内容本身为人们提供了丰富多彩的审美素材。在体育运动中，无论美的直接表现还是间接体现，都塑造了人的审美意识和能力，既有外部的美，也有内在人格精神的美，在培养学生的审美意识、提高审美能力上发挥着巨大的作用。

3）休闲娱乐的功能

体育娱乐中的轻松活泼，有效地缓解了现代生活的快节奏给人带来的紧张情绪；体育娱乐中融洽的人际关系，有力地克服了现代社会中竞争所带来的冷酷、孤独；体育娱乐中人们对游戏的忘情执著，是对人生各种焦虑、沉郁心境的一种超脱，有着陶冶精神情操、体验人生真谛的积极作用。现代体育运动特别是竞技运动，在竞赛中和谐的韵律、鲜明的节奏、完善的配合、艺术般的造型，能使观赏者悠然产生心灵的快感和健康美的精神享受。在大众体育活动中，人们也在努力地通过创编极富时代特色的活动形式，创造美、塑造美、展示美，体现出现代人崇尚健美、积极向上的良好心态。

4）人际交流的功能

体育运动是增进人们之间接触和交往的良好手段，能缩短人与人之间的距离，以健康的心理互相沟通。人们在体育活动中的合作、竞争、遵守规则的意识和行为，通常会迁移到日常的生活、学习和工作中，有利于人们理解社会规范的意义和重要性，有利于形成尊重他人的观念，从而促进人际关系的和谐发展。在体育运动中，不讲门第、不排世袭、不序尊卑，在竞赛活动中不承认除个人身体条件、心理和技术以外的任何不平等，以公平竞争为宗旨，培养人的良好竞争意识和观念，促进人际交往中良性竞争氛围的形成。在体育运动中，尤其是团体项目，要获得成功，成员要分工协作才能获得成功，集体项目是培养和发展合作意识的有效方法。合作能力既是体育参与者的必备条件，也是通过体育活动可以提高的能力，这种关系可以强化成员之间的相互支持和信赖，经常参加体育活动，有利于培养团队精神和集体荣誉感，从而促进人际关系发展中良好合作意识的形成。

2. 体育的社会功能

体育是一个独立的系统，但又与社会的其他方面有着不可分割的联系，特别是现代社会中，这种联系更加密切，作为社会构成部分的体育系统，不可能脱离社会系统而独自表现其功能，体育系统与其他社会系统发生相互作用而产生的功能必然具有一定的社会意义，这就是体育的社会功能。对于整个社会及社会群体而言，体育有以下功能：

(1) 调节社会情感。体育是促进友谊、增强团结的重要手段，通过体育活动能扩大人们的情感交流，增进人与人之间的了解，改善人际关系，建立健康、合理的生活方式，创造文明和谐的社会环境。体育活动对社会情感的调节在很大程度上并非是人为主动的，而是一种必然的社会效应。体育运动也给人们提供了宣泄情感的机会，无论是通过身体运动来解除或减轻精神的紧张和焦虑，还是通过观赏体育竞技产生紧张、痛快、激动、敬佩和自豪等多种情绪和情感，都对社会情感的调节起到了不可忽视的作用。

(2) 促进社会整合。社会整合即社会一体化，它首先基于人们共同的利益，同时，社会各种文化、制度、价值观和社会规范也对人们的社会行为意识发挥着重要的控制和制约作用。体育是一项能够提供巨大社会整合力的事业，它在社会整合过程中发挥着巨大的调节作用。体育是提高民族凝聚力的有效途径，有利于营造积极健康的生活方式，中华体育精神已成为中华民族宝贵的精神财富。

3. 体育的政治功能

作为一项在全世界具有广泛影响的社会文化和教育运动，体育在当今社会中不但不能与政治相脱离，反而更具有鲜明的政治性。在维护集团的政治利益，处理国际关系方面，体育具有独特的功能。

(1) 提高国家威望，振奋民族精神。在以和平发展为主要特征的现代社会，国际体育竞赛成了国家与国家竞争的舞台，成了显示一个国家的政治、经济、文化、科技等综合实力的窗口。竞技运动水平的高低、比赛的胜负，直接关系到国家、团体的荣誉。因此，体育竞赛是一种按国际规则和惯例组织起来的“礼仪化的战争”，人们总会把一个国家运动员的成绩看成是一个国家综合能力的反映，竞技运动发展的现实充分证明了竞技运动在扩大国家、民族力量方面的价值和意义。

(2) 促进国际交流与合作。体育具有超越国界、种族、肤色、语言和社会意识形态的特点，通过体育交往可以促进各国人民之间的了解和友谊，加强国与国之间的交流与团结。因此，人们把体育看作是一种文化交流的工具，运动员不仅被视为具有高超技艺和智慧的人，而且被誉为“穿运动服的外交官”。

(3) 促进国内政治一体化。由于体育具有群众性，它能提供群众性集会的机会，使人们在这些活动中加强人际交流，满足人们交往的需要，还可以通过这些活动改变人们的观念，使人与人之间充满团结和睦的氛围。而且体育运动具有一种内聚力，可以加强一个团体的向心力，促进团结。

4. 体育的经济功能

体育的经济功能是指体育对于经济发展的促进作用。在现代社会以前，体育与经济的关系不大，体育真正与经济联系，是伴随着现代市场经济的发展而开始的。随着社会与经济的发展，体育逐渐成为现代经济中的一大产业，体育的经济功能主要表现在以下几个方面：

(1) 提高劳动者素质、促进生产力的发展。体育的直接作用是使人的体质增强，素质提高。这种作用虽不能直接促进经济发展，但可以为生产力水平的提高、经济的发展创造条件；提高工作效率，使劳动者在单位时间里创造更大的经济效益。另外，从事体育活动还可以使人们得到积极性的休息，消除工作中的疲劳，从而以更加充沛的精力投入到生产中，为社会创造更多的财富，提高社会生产力。

(2) 体育产业是国家经济发展的重要平台。在国际上，体育是现代社会中一项欣欣向荣的产业，现代体育日益朝着大众化、生活化、多样化的方向发展，这种发展使得人们对体育用品的需求也发生了很大的变化。国内外资料充分显示，体育产业的发展既是各国经济结构调整的必然结果，也是全球经济一体化，社会、经济、文化互动关系不断增强的必然趋势，体育产业正在成为各国经济发展中的一个新的增长点。

(3) 体育赛事经营的主要内容。世界各国争取举办大型国际比赛的竞争日益激烈，除了政治上的原因以外，还有经济上的原因，因为它能获得巨大的经济收益，从而带动体育产业的发展。大型国际比赛主要通过转让电视转播权、赞助与广告、出售门票、发行纪念币、彩票等途径获得经济效益。

1.1.4　体育与现代社会发展

体育活动属于一种社会现象，它是根据社会生产和社会生活的需要而逐渐产生的一项文化活动。通过体育对人、经济发展和精神文明建设的作用，阐述体育对现代社会发展的作用。随着知识经济的到来，体育对现代社会的发展有着积极的影响作用，使体育与现代社会在更深刻的社会关系上紧密地联系起来。现代社会的发展对人的素质提出了更高的要求，体育现已成为现代生活中的重要内容，同时也是促进人发展的重要因素，体育的价值功能将随着社会的发展、人们需要的提高和认识的深化，不断被开发出来。

1. 体育促进人的现代化

人的现代化是实现国家现代化的一个重要前提。在我国进行社会主义现代化建设时期，首要的任务是培养能适应现代化建设所需要的现代人。社会主义现代人，应是德、智、体、美、劳全面发展的一代新人，应具有创新和开拓精神、具有现代化的思想品质、具有强健的体质和充沛的精力、具有较强的竞争能力。社会主义现代化建设的历史经验告诉我们，如果没有人的现代化，没有实现由“传统人”到“现代人”的转变，尽管引进了先进的科学技术、仪器设备和经济管理方法，也不能取得成效，甚至还会造成人力物力的浪费。社会主义现代化的人不仅具有高水平的身体素质，而且具有高水平的精神素质。在促进人的现代化中，体育能够起到独特的作用，它以其特有的方式，对人的现代化思维方式的形成，竞争意识和能力、创新和拼搏精神的培养起到积极的促进作用。另外，造就现代化人的强健体魄和充沛精力，更是体育的基本任务。

2. 体育推动现代经济发展

当代中国社会的发展主流，是以经济建设为中心的社会主义现代化建设，突出特点是改革开放。因此，我国的现代体育事业，应始终坚持以建设有中国特色社会主义理论为指导，围绕经济建设的中心任务为社会主义现代化服务，并从中谋求体育的提高和发展，加强发展体育与社会主义经济的联系，这也是体育活动的重要内容。

1) 现代体育促进劳动力素质的提高

现代社会随着电子计算机、自动控制、信息技术的广泛应用，生产过程高度灵活、敏捷、准确、协调地操作，高强度、高效率、快节奏地工作，不可避免地给人们的精神和机体带来了巨大的负荷。未来的社会是高智能的社会，科学技术发展更加迅速，人们需要不断学习，掌握新知识、新技术，富于开拓精神和创造力，这就要求劳动者有健康的体魄、充沛的体力和精力。另外，随着生产过程的高度自动化、电子化，使人的体力劳动下降，脑力劳动比重上升，即高度精神紧张取代高度肌肉紧张，构成了生产发展的新特点。高度的精神紧张，不仅使人体极易疲劳，而且对心脏机能会产生不良影响。生活节奏快，打乱了人们固有的生活节律，于是出现运动缺乏、肌力衰退。加之食品中脂肪和动物蛋白偏高，会导致心血管疾病、糖尿病、肥胖病等"文明病"增多，不仅妨碍了劳动者劳动能力的进一步提高，而且在很大程度上降低了劳动者的劳动能力，从而影响到现代经济的发展。大量实践和科学实验证明，体育锻炼能促进人的身心健康，是防治"文明病"的有效方法。

2）开辟新的消费领域和服务市场，促进国民经济的发展

体育不仅能直接促进经济的增长和发展，还可以通过多种媒介间接促进经济的增长和发展。体育不仅是一种公益事业，而且是一种产业。随着现代社会生产力的高速发展，社会经济生活逐步改善，人们的闲暇时间增多。《全民健身计划》的实施和普及，使广大人民群众的体育认知和健康意识不断提高，人们从众多的休闲活动中越来越多地趋向于选择体育运动，这必然会推动我国群众体育事业的广泛开展。马克思主义政治经济学告诉我们：消费是社会生产过程的一个必要环节，对生产的发展具有重要影响。在经济发达国家，公众用于体育娱乐消遣方面的费用通常占整个社会消费的30％～40％，数额巨大的体育消费，包括体育服务产品消费和体育物质产品消费。人们参与锻炼健身、提高智力、观赏娱乐、休闲等为目的的体育活动，接受与体育有关的教育和服务，又可享用各类体育器具器材、体育场地、体育服装、体育专用食品饮料的消费等，这必然会促进社会生产的发展。体育场地的建设和器材设备的制造，甚至成了某些国家的一项主要产业。目前，随着我国经济收入和消费水平的不断提高，全民健身进一步深入，全民重视体育活动的热情越来越盛，从而为体育商品开辟了更加广阔的市场，今后将要逐步形成专业化系统的体育消费商品，为消费提供多种服务。体育用品大有从体育场馆、职业健身房、学校进入家庭的趋势。体育用品需求量的不断增长，必将进一步促进现代经济的发展。

随着体育运动的发展，身体锻炼活动的日益丰富，以及体育科学的发展和对身体锻炼认识的提高，广大群众对体育活动的要求，不仅仅停留在活动身体，而且会有更深层次的要求，会对体育锻炼的原理、作用、方法等健身理论知识的需求更加迫切，更需要有专业的指导员来指导他们进行科学的锻炼，因而必定会促进"体育辅导站"、"健康咨询站"、"运动处方门诊部"等各种体育宣传指导、咨询服务业的进一步发展。还可以利用体育比赛，采取多种形式，直接获得收入，包括出售体育比赛的电视转播权、体育彩票、组织门票收入等。同时还可根据群众的兴趣，举办娱乐体育或其他热门活动，发展体育旅游事业等，谋求体育经济效益。

3. 体育有利于和谐社会的构建

体育是培养人全面发展的重要手段。构建和谐社会有赖于人的全面发展与和谐。体育作为人全面、和谐发展的重要因素之一，与德育、智育、美育、生产劳动一样都是学校教育的重要组成部分。在现代教育中，体育教育不仅仅只是发展青少年运动能力，提高青少年身体素质的重要手段，而且，对青少年智力水平的提高、思维意识的完善、道德品质的养成、行为规范的确立等方面都发挥着重要的不可替代的作用。体育还在逐渐超越传统意义上的教育形式，已成为满足人们的生活、享受、生存、发展的不同层次需要的必需。同时，体育在提高人的尊严、调节人的情感、营造和谐氛围等方面都有着举足轻重的作用。体育教育是构建和谐社会的重要手段，体育健身是构建和谐社会的"人本基础"，体育竞赛是构建和谐社会的

"润滑剂"。"和谐"是中华民族传统文化的精髓,构建和谐社会的提出就是对中国传统文化中"和"的思想的具体体现,在人与人的关系方面表现为团结和友爱。"以人为本,构建和谐社会"是当前我国社会主义现代化建设面临的重大历史任务之一,体育应当在这一历史时期充分发挥其作用,积极、主动地为社会主义和谐社会的构建做出贡献。

1.2　健康概述

健康是指一个人在身体、精神和社会等方面都处于良好的状态。传统的健康观是"无病即健康",现代人的健康观是整体健康,世界卫生组织提出"健康不仅是躯体没有疾病,还要具备心理健康、社会适应良好和有道德"。因此,现代人的健康内容包括身体健康、心理健康、社会健康、智力健康、道德健康、环境健康等。健康是人的基本权利,是人生最宝贵的财富之一。

1.2.1　健康的概念

现代健康的含义并不仅仅是传统意义上的身体没有疾病。根据世界卫生组织(WHO)的解释:健康不仅指一个人没有疾病或虚弱现象,而是指一个人生理上、心理上和社会上的完好状态。现代健康的含义是多元的、广泛的,包括生理、心理和社会适应性3个方面,其中,社会适应性归根结底取决于生理和心理的素质状况。心理健康是身体健康的精神支柱,身体健康又是心理健康的物质基础。良好的情绪状态可以使生理功能处于最佳状态,反之会降低或破坏某种功能而引起疾病。身体状况的改变可能带来相应的心理问题,生理上的缺陷、疾病,特别是痼疾,往往会使人产生烦恼、焦躁、忧虑、抑郁等不良情绪,导致各种不正常的心理状态。作为身心统一体的人,身体和心理是紧密依存的两个方面。

1.2.2　健康的分类

1. 身体健康

身体健康是指人的身体发育正常,能够抵抗一般性的感冒和传染疾病,有良好的生活节奏,食欲、睡眠好,体态匀称,气色佳、有精神,不易疲劳,能满足生活需要和完成各项任务活动的体能。

2. 心理健康

从广义上讲,心理健康是指一种高效而满意的、持续的心理状态。从狭义上讲,心理健康是指人的基本心理活动的过程内容完整、协调一致,即认识、情感、意志、行为、人格完整和协调,能适应社会,与社会保持同步。

心理健康对于一个人是非常重要的,是指一个人的生理、心理与社会处于相互协调的和谐状态,其特征如下。

(1) 智力正常:是人们生活、学习、工作、劳动的最基本的心理条件。

(2) 情绪稳定与愉快:是心理健康的重要标志,它表明一个人的中枢神经系统处于相对的平衡状态,意味着机体功能的协调。

(3) 行为协调统一：其行为受意识的支配，思想与行为是统一协调的，并有自我控制能力。如果一个人的行为与思想相互矛盾，注意力不集中，思想混乱，语言支离破碎，做事杂乱无章，就需要进行心理调节了。

(4) 良好的人际关系：人生活在社会中，要善于与人友好相处，建立良好的人际关系。人的交往活动能反映人的心理健康状态，人与人之间正常友好的交往不仅是维持心理健康的必备条件，也是获得心理健康的重要方法。

(5) 良好的适应能力：人生活在纷繁复杂、变化多端的大千世界里，一生中会遇到各种困难及环境的变化，因此，应当具有良好的适应能力，无论现实环境怎样变化，都能够适应。心理健康并非是超人的非凡状态，一个人的心理健康也不一定在每一个方面都有表现，只要在生活实践中，能够正确认识自我，自觉控制自己，正确对待外界，使心理保持平衡协调，就已具备了心理健康的基本特征。

3. 社会健康

社会健康也称社会适应性，指个体与他人及社会环境相互作用并具有良好的人际关系和实现社会角色的能力。它所包含的内容广泛，目前学者尚无统一定论。根据肖丽琴(2007)《体育运动与大学生社会适应能力的关系研究》将社会适应能力归为 8 个维度：独立能力、学习能力、人际关系、耐挫力、自我归属、道德规范、合作竞争、心理压力。

具有良好的社会适应能力的个体在交往中有自信感和安全感，与人友好相处，心情舒畅，少生烦恼，知道如何结交朋友、维持友谊，知道如何帮助他人和向他人求助，能聆听他人意见、表达自己的思想，能以负责任的态度行事并在社会中找到适合自己的位置。社会适应能力的高低，从某种意义上表明一个人的成熟程度。具有良好的社会适应能力，对于个体走上社会，谋求生存和发展具有重要的意义。

1.2.3 亚健康

世界卫生组织(WHO)认为：亚健康状态是健康与疾病之间的临界状态，各种仪器及检验结果为阴性，但人体有各种各样的不适感觉。这是新的医学理论、新的概念，也是社会发展、科学与人类生活水平提高的产物，它与现代社会人们的不健康生活方式及所承受的社会压力不断增大有直接关系。

亚健康状态多表现为：由于过度脑力劳动、精神长期紧张所致的疲劳综合征，如精力不足、注意力分散、胸闷气短、心悸、失眠、健忘、颈/肩/腰/背酸痛、遇事紧张等；由于内分泌失调，更年期综合征及人体衰老所引起的烦躁、盗汗、潮热、抑郁、头晕目眩、月经不调、性机能减退等；重病恢复期及长期慢性病所引起的各种不适等。

亚健康状态的诸多表现，在中医理论上属“虚劳症精气不足型”。中医运用填精、补气、生血、强神、壮肾阳的手段，来调理人体阴阳气血和心、肝、脾、肺、肾五脏功能，使之恢复正常状态，克服“虚劳症”。

1.2.4 健康的评价标准

世界卫生组织(WHO)给健康下的正式定义，衡量是否健康的 10 项标准是：

(1) 精力充沛，能从容不迫地应付日常生活和工作。

(2) 处事乐观，态度积极，乐于承担任务，不挑剔。

(3) 善于休息,睡眠良好。

(4) 应变能力强,能适应各种环境变化。

(5) 对一般感冒和传染病有一定的抵抗力。

(6) 体重适当,体态均匀,身体各部位比例协调。

(7) 眼睛明亮,反应敏锐,眼睑不发炎。

(8) 牙齿洁白,无缺损,无疼痛感,牙龈正常,无蛀牙。

(9) 头发光洁,无头屑。

(10) 肌肤有光泽,有弹性,走路轻松,有活力。

1.2.5　影响健康的主要因素

1. 遗传因素

生物遗传因素是指人类在长期生物进化过程中所形成的遗传、成熟、老化及机体内部的复合因素。生物遗传因素直接影响人类健康,它对人类诸多疾病的发生、发展及分布具有决定性影响。如父母有血友病,其子女百分之百患此病,如癌症、糖尿病、肥胖症、冠心病等,都有遗传倾向。

2. 社会因素

社会是孩子成长的大学校。社会是否安定,医疗保健制度及网络是否合理,人类居住环境如何(污染),劳动保护(工伤、交通事故等)如何等都是影响健康的社会因素。新中国成立前,战乱、贫困、饥饿、传染病等导致我国的人均寿命仅为35岁,新中国成立后,广大群众的营养状况普遍改善,同时党和人民政府又采取了一系列预防各种传染病、寄生虫病的措施,使得我国的人均寿命普遍提高。根据2000年统计,我国人均寿命71岁,比新中国成立前翻了一番。但目前由于现代高科技的迅猛发展加剧了全球性的环境问题,如环境污染,工业排放的废气污染空气,排放的废渣、废水浸入水源危害农田,造成农作物的污染;农民追求“早产”、“高产”,盲目施用农药、化肥和违禁的化学添加剂及动物的生长激素,导致食品中的农药残留物及激素含量超标;居室建筑物装修污染等。另外,人口拥挤、交通事故、社会异化等问题充分暴露,各种现代文明病的高发,医疗卫生服务体制的健全与否,直接影响了人类的生存环境,加剧了健康风险。

3. 个人因素

人是一个高度完善的自我调节系统,一切外来的影响都要通过自我调节起作用。然而,自我调节的关键是自我意识,自我意识薄弱、自控能力较差的人容易形成不良的行为和生活方式,而不良的行为和生活方式会直接或间接给健康带来不利影响。如糖尿病、高血压、冠心病、结肠癌、前列腺癌、乳腺癌、肥胖症、性传播疾病和艾滋病、精神性疾病、自杀等均与行为和生活方式有关;不合理饮食、缺乏体育锻炼、吸烟、酗酒、吸毒、婚外性行为等会严重危害人类健康。

第 2 章　科学锻炼常识

体育锻炼的目的是增进健康，促进身心和谐发展。如果不遵循科学的健身原则，不注意正确的健身方法，不仅不会达到良好的健身效果，而且还容易出现运动损伤等问题。因此，只有采取正确的锻炼方法，掌握科学的健身知识，才能达到事半功倍的效果。

2.1　体育锻炼原则

体育锻炼原则是在体育锻炼过程中按照体育运动的客观规律及人体发展的基本特点，合理地安排锻炼计划、选择锻炼内容、运用锻炼方法，获得良好的体育锻炼效果而遵循的基本准则。本章主要介绍两大原则，即健身性原则和安全性原则。

2.1.1　健身性原则

运动是健身的良方，是增强人体肌肉、减少脂肪堆积最有效的方法。有研究测试表明，一位 25 岁的男子，如果不采取任何措施(即不参加任何运动)，那么以后每 10 年他就会丢失约 3000g 的肌肉。到 45 岁时，他将会失去 6000g 左右的肌肉。反之，重视身体锻炼就可以阻止肌肉的"流失"及脂肪的过度积聚。

健身性原则是指在体育锻炼过程中锻炼内容、方法和运动负荷的安排，应根据个人的性别、年龄、健康状况，对锻炼的爱好、要求和原有的基础，以及生活条件、气候环境等实际情况进行合理的选择，充分发挥其锻炼效果与健身价值。

在选择锻炼内容时，应注意它的健身价值，不宜追求动作的形式，或在力所不及的情况下去从事高难度技术动作的训练，而应选择简便易行、锻炼价值大、健身效果好的身体练习作为身体锻炼的主要内容。如不同的年龄阶段身体各器官、系统、结构、功能、形态不同，可以选择不同的锻炼项目，老年人以健走、太极、门球等运动强度小、对抗性弱的健身项目为主，年轻人可以选择游泳、爬山、球类等强度稍大、具有一定刺激性的运动项目为主，儿童可以选择趣味性较强的游戏项目为主。

在安排运动负荷时，以锻炼者能承受和克服的强度，一般自我感觉舒适和不影响正常学习、工作和生活为准。对有氧运动的强度控制可以通过测量心率来实现，一般控制在最大心率的 60%～80%。最大心率是人体在极限运动时的心搏频率，通常，运动强度用最大心率的百分数来表示，最大心率可以用公式"220－年龄"来计算。

在安排运动次数和时间时，应注意每周的锻炼次数和每次持续的时间。为了提高心肺功能的有氧能力，获得良好的锻炼效果，每周至少锻炼 3 次，每次持续 20～30min。并且使之成为日常生活中的重要内容，坚持锻炼，不断地对机体给予刺激，每次刺激都产生一定的作用痕迹，连续不断地刺激作用则产生痕迹的积累。这种积累使机体结构和机能产生新的适应，体质就会不断增强，动作技能形成的条件反射也会不断得到强化。美国麻马萨诸塞州一个瘦身研究所的科研人员对此作了专门研究，结果是：人们每周运动两次，每次 20～30min，也能有效达到减脂瘦身的目的。当然，这样的运动量不能使肥胖者快速减肥，它的效果只有在两个月后才能体现出来。不过研究人员认为，只要坚持这一运动量和运动时间，对保持肌肉的强壮和减肥，对健康都是大有益处的。

2.1.2　安全性原则

体育锻炼的目的是为了促进身体健康，增强体质，保证有足够健康的身体来完成学习、生活和工作。体育锻炼的安全原则既包括身体机能的安全，也包括外界锻炼环境的安全。在进行体育锻炼之前，要先进行体检，确保身体各部位、各器官符合锻炼的许可。如果患有某种疾病或家族遗传史，需要根据医生的建议合理安排。在锻炼过程中，要定期进行体格检查，做到自我监督和医务监督并用。在锻炼过程中如出现心跳突然加速、胸闷、气急、头晕、眼花等不良身体状况，应停止锻炼，及时就医或注意休息。锻炼开始时，重视准备活动；锻炼结束后，做好放松整理运动。缺乏一定体育锻炼基础的人，或中断体育锻炼过久的人，或疾病初愈的人，不宜参加较大强度的锻炼或紧张激烈的比赛活动。饭后、饥饿或疲劳时不宜参加体育锻炼，锻炼中不宜喝大量的水或饮料，以免加重心脏、胃的负担。锻炼结束后不宜马上洗澡，一般以半小时为宜。

在参加体育锻炼时要警惕外界环境及气候的变化。不宜在高温、严寒、雷雨、大雾或空气质量指数较差的环境中锻炼。夏天紫外线照射强度大，防护不当会导致日光晒伤，皮肤发红或出现水肿、红斑等，或出现日光性皮炎、眼炎、头痛、头晕等。严重时甚至导致热射病，主要是因高温引起体温调节中枢功能障碍，热平衡失调使体内热蓄积，体内热量不能通过正常的生理性散热达到热平衡，临床以高热、意识障碍、无汗为主要症状。冬季，受温度的影响，健身场所的选择一定要慎重考虑，室内锻炼需要保持空气流通，室外环境要注意避免大雾或有沙尘天气。太冷的环境因肌肉的粘滞性增大，伸展性和弹性降低，工作能力会下降，出现运动损伤的几率会增大。所以冬季锻炼一定要先做好防寒、热身，使身体发热微微出汗后再投身于运动中。游泳时一定要注意自己的体力和技术水平，不在水里玩耍、打闹，注意泳池的深浅及周边的防护设施。野外活动要熟悉地形、地势、气候等各种外界因素，要明辨方向不迷路，可以利用自然特征或地物特征判定方位，以确保在安全的环境下进行科学合理的健身锻炼。

2.2　体育锻炼的自我监督

在体育锻炼中要进行自我监督，本书介绍自我监督的主要内容和方法，了解这些知识，对科学地进行体育锻炼具有重要的意义。

2.2.1　自我监督的概念和意义

1. 自我监督的概念

自我监督是指锻炼者在体育锻炼过程中，对自身生理机能和健康状况观察和评定的一种方法，是医务监督的组成部分。

2. 自我监督的意义

自我监督有助于及时反馈体育锻炼后人体生理机能的变化；有利于调整锻炼计划和运动负荷；有助于预防过度疲劳，并为科学地参加体育学习和锻炼提供依据；也为医生的体格检查提供了参考。

2.2.2 自我监督的内容和方法

自我监督的内容包括主观感觉和客观检查两个方面。

1. 主观感觉

1）身体感觉

是指人体功能状况，尤其是中枢神经系统功能状况的反映。身体健康正常时，自我感觉良好，身体无不适感觉，精力充沛、心情愉快。但在患病或过度训练时，人会感到精神委靡不振、疲劳、头昏、恶心、呕吐、软弱无力、倦怠或容易激动等。

2）锻炼心情

锻炼心情与精神状况是密切相关的。一个心情愉快、乐意参加运动的人，精神饱满、精力充沛、自信心强。若出现对运动不感兴趣，冷淡或厌倦，则可能是教学方法不当或疲劳的表示，也可能是过度训练的早期征象，情绪低落、心情不佳，厌烦运动，甚至怕练。

3）不良感觉

在剧烈运动或比赛后，由于机体疲劳，多数人都有肌肉酸痛、四肢无力等不良感觉，这是正常的生理现象，经过适当的休息后，这些现象会很快消失，训练水平越高，这些现象消失得越快。但是，在运动中或运动后，除了出现上述现象外，如果头痛、头晕、恶心、气喘、胸痛或其他部位疼痛，则表示运动量过大或健康状况不良。

4）睡眠

良好的睡眠应是入睡快，睡眠深而少梦，晨醒后头脑清醒、精神抖擞、精力充沛。经常参加运动的人，睡眠应该是良好的，如果出现失眠、屡醒、多梦或嗜睡，次日清晨精神不振，容易疲劳等，表明睡眠失常，则应检查教学训练的方法和运动量是否适当。

5）饮食

体育锻炼过程中，能量消耗较多，所以经常参加体育运动的人，一般食欲较好。如果运动后不想进食，食量减少，或在正常进食时间内出现食欲减退、容易口渴等现象，表明运动量安排不当、过度训练或与健康状况不良有关。

6）排汗量

出汗是人体蒸发散热的一种方式。运动时人体排汗量的多少，常与运动量、训练水平、饮水量、气温、湿度、风速及衣着有关。如果其他因素相同，人体的排汗量将随运动量的加大而增多，又随训练水平的提高而逐渐减少。当饮水量增加，气温增高，空气湿度加大时，排汗量也会相应增多。在适宜的外界条件下，若出现大量排汗，或夜间盗汗等反常现象，则可能是近期内运动量过大，或身体功能状态不良、健康状况下降的反应。

2. 客观检查

1）脉率

经常参加体育运动的人，安静时的脉率较慢。脉率与训练水平有关，一般经过半年训练后每分钟可下降3～4次，经过一年训练后每分钟可下降5～8次。这主要是通过系统训练，使支配心脏的交感神经张力下降，迷走神经的张力相对占优势的结果。训练水平较高的运动员，尤其是参加耐力项目训练的运动员，常出现心动徐缓，这是系统训练后的良好反应。在训练水平提高或下降时，脉率也可发生相应改变。

在自我医务监督中，常用清晨卧位脉率来评定训练水平和身体功能状况。据调查，清晨卧位脉率若逐渐下降或不变，即说明功能反应良好；若每分钟增加12次以上，则说明机体反应不良，可能与睡眠不好或患病等情况有关，必须分析原因并及时处理。据调查，当早晨脉率每10s增加1次时，有20%的人自我感觉不良；每10s增加两次时，有40%的人自我感觉不良。如出现晨脉增快、脉搏节律不齐或停跳现象，可能与疲劳和过度训练有关，应注意观察，并做进一步检查。

2）体重

在锻炼初期由于水分和部分脂肪丢失，体重会下降2～3kg，运动强度越大，运动持续的时间越长，则体重下降的幅度也越大。经过一定时期锻炼后，因肌肉体积增加，体重会稍回升而保持平衡。在进行自我监督时，每周可测量体重1～2次，每次测量应在一天的同一时间内（最好是早晨）进行。尽量做到空腹、排空大小便、女子穿短裤背心及男性穿短裤，以避免因条件不同而出现的误差。如果体重持续下降，表明有严重的疲劳或患有其他消耗性疾病。

3）肺活量

有条件时，应在运动前做一次肺活量检查。参加有氧代谢运动后，肺活量会增加一些。但在机能不良时，肺活量会持续下降。

4）血压、心电图

在有条件时，或某些患有心脑血管疾病者，要定期检查血压、心电图，并做运动前后的对比试验。

5）运动成绩

坚持进行合理的训练，运动成绩能合理的提高或保持在较高的水平上，动作协调性好。如果照常训练运动成绩没有提高反而下降，协调性破坏，动作不能完成，则可能是功能状况不良的反应或是早期训练过度。

6）其他记录

缺席情况、受伤情况、中断运动时间和气象条件等。

7）指导员和医师的评语

主要是对运动量、锻炼方法、运动操作和某些注意事项方面给予指导。

2.3　疲劳的产生与消除

2.3.1　疲劳的产生

参加体育锻炼、运动训练或比赛，达到一定程度的时候，人体就会产生工作能力暂时降低的现象，这种现象称为运动性疲劳。运动性疲劳是运动本身引起的机体工作能力暂时降低，经过适当时间休息和调整可以恢复的生理现象，是一个极其复杂的身体变化综合反应过程。疲劳时工作能力下降，经过一段时间休息，工作能力又会恢复，只要不是过度疲劳，并不损害人体的健康。

运动性疲劳可以分为躯体性疲劳和心理性疲劳。

这两种不同性质的疲劳有其不同的表现，躯体性疲劳表现为动作迟缓，不灵敏，动作的协调能力下降，失眠、烦躁与不安等；心理性疲劳是由于心理活动造成的疲劳状态，其主观症状有注意力不集中，记忆力障碍，理解、推理困难，脑力活动迟钝、不准确。躯体性疲劳是由身体活动或肌肉活动引起的，可分为全身的与局部的、中枢的与外周的等类型。疲劳按程度可分为轻度、中度和重度疲劳。轻度疲劳稍事休息即可恢复，属正常现象；中度疲劳有疲乏、腿痛、心悸等感觉；重度疲劳除疲乏、腿痛、心悸外，还有头痛、胸痛、恶心，甚至呕吐等征象，而且这些征象持续时间较长。躯体性疲劳常因活动的种类不同而产生不同的症状。躯体性疲劳和心理性疲劳是密切联系的，身体疲劳过程中同时也伴随着心理性疲劳。

2.3.2 判断疲劳的简易方法

疲劳的程度可分为轻度、中度和重度疲劳。一般可以根据以下 3 个方面综合起来进行评定：

(1) 根据运动者的各种自我感觉症状（如疲乏、头晕、心悸、恶心等）进行评定。

(2) 根据疲劳的客观体征（如面色、排汗量、呼吸、动作和注意力等）进行评定。

(3) 根据身体各器官系统的生理、生化指标变化的情况（如心率、心电图、脑电图、肌电图、肺活量、血压、握力和尿蛋白等）进行评定。在学校体育教学和训练中，还可以采用比较容易的方法来判断疲劳程度，如表 2-1 所示。

表 2-1 疲劳程度的标志

内容	轻度疲劳	中度疲劳	重度疲劳
自我感觉	无任何不适	疲乏、腿痛、心悸	除疲乏、腿痛、心悸外，还有头痛、胸痛、恶心，甚至呕吐等征象，有些征象存在时间较长
面色	稍红	相当红	十分红或苍白，有时呈青紫色
排汗量	不多	较多，特别是肩带部分	非常多，尤其是整个躯干部分以及衫和衬衣上可能会出现白色盐迹
呼吸	中等程度加快	显著加快	显著加快，并且呼吸表浅，有时呼吸节奏紊乱
动作	步态轻稳	步伐摇摆不稳	摇摆现象显著，出现不协调动作
注意力	比较好，能正确执行指示	执行口令不准确，会出现错误的技术动作	执行口令缓慢，技术动作出现变形

2.3.3 消除疲劳的方法

可以使用各种方法使肌肉放松，改善肌肉血液循环，加速代谢产物的排出及营养物质的补充，如整理活动、理疗、按摩、水浴、蒸汽浴、桑拿浴等。也可以通过调节神经系统机能状态来消除疲劳，如睡眠、气功、心理恢复、放松练习、音乐疗法等。还可以通过补充机体在运动中大量失去的物质，促进疲劳的消除，如吸氧、补充营养物质及利用某些中药来调节身体机能等。

1. 整理活动

运动后的整理活动是加速代谢产物排出，消除疲劳，促进体力恢复的重要手段。剧烈运动后进行整理活动，可使心血管系统、呼吸系统仍保持在较高水平，有利于偿还运动时所欠的“氧债”。整理活动使肌肉放松，可避免由于局部循环障碍而影响代谢过程。

整理活动量不宜过大，动作缓慢放松，包括慢跑、呼吸体操及各肌群的伸展练习。可消除肌肉痉挛，改善肌肉血液循环，减轻肌肉酸痛和僵硬程度，消除局部疲劳，促使身体逐渐恢复到安静状态。

2. 推拿按摩

按摩是有效的恢复手段。按摩能使肌肉中的毛细血管大量开放，使血液供应加强，肌肉所需的氧气和营养物质得到及时补充，加速疲劳时肌肉中乳酸等代谢产物的排除，解除疲劳症状，恢复肌肉的正常工作能力。

负担量最大的部位，应是按摩的重点，肌肉部位以揉捏为主，交替使用按压、抖动、扣打等手法，在肌肉发达的部位可用肘顶、脚踩。关节部位不仅是运动的着力点，也是运动的枢纽，应全面进行，可以使用按压、搓和远拉。按摩应先全身后局部，全身性按摩一般取俯卧位。根据专项不同，如某部位运动负担过重，需重点按摩，应在全身按摩之后再进行。在按摩肢体时，先按摩大肌肉群后按摩小肌肉群。如按摩下肢，先按摩大腿肌肉后按摩小腿肌肉，以提高肌肉韧带的工作能力，加速疲劳时的酸胀痛的代谢产物排出，改善血液循环。下面简单介绍几种按摩手法。

1）按法

用手掌或手指垂直向体表处发力，停留 30s，用力由轻到重，再由重到轻，适用于头面、颈、腰背、胸腹、四肢等部位，具有放松肌肉、缓解疼痛、减轻酸胀和疼痛的作用。如按双眉：用双手拇指关节背侧按摩双眉，自眉头至眉廓，经攒竹、鱼腰、鱼尾、丝竹空等穴。按时可稍稍用力，自己感觉略有酸痛为度，可连续按摩 5～10 次。这种按法可以明目、醒神，分为掌按和指按等，如图 2-1 和图 2-2 所示。

2）搓法

用双手的掌面挟住体表部位，两掌相对用力，做方向相反的来回搓动，如图 2-3 所示。搓动时，用力要均匀，来回搓动要快，上下移动要慢。该方法适用于四肢部、腰背及协肋等部位，具有调和气血、放松肌肉、疏肝理气的作用。

3）叩击法

用手指指端、拳等着力叩打体表部位，腕关节要放松，动作要有节奏，要均匀用力，如图 2-4 所示。该法适用于头面、躯干、四肢等部位，具有祛风止痛、醒脑安神和解除疲劳的作用。

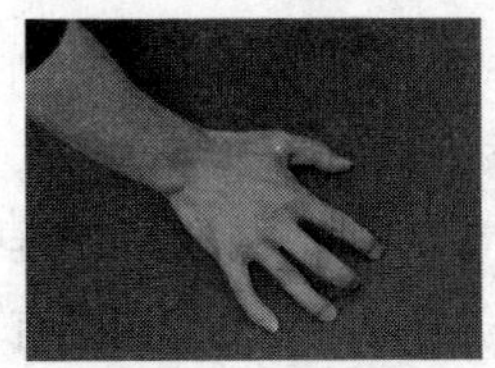

图 2-1　掌按

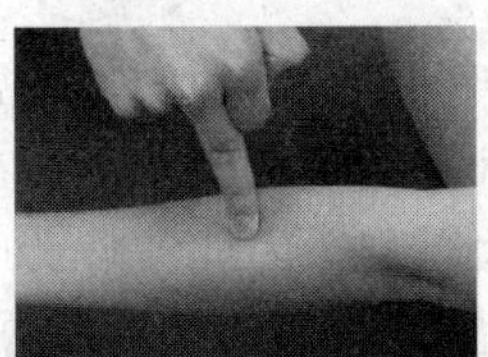

图 2-2　指按

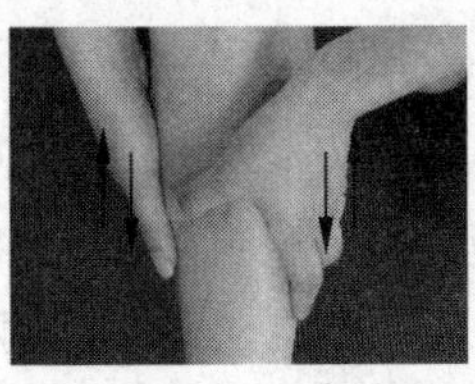

图 2-3　搓法

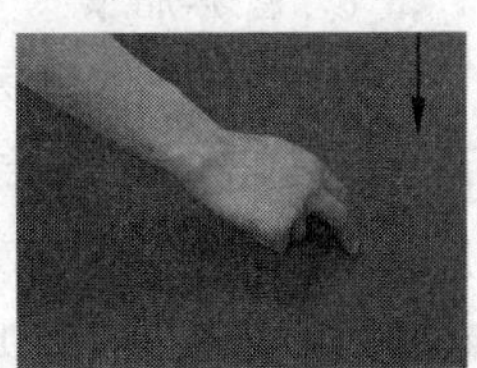

图 2-4　扣击法

4）拍打法

用指或虚掌拍打体表部位，如图 2-5 所示。该法适用于肩背、腰骶及四肢等部位，具有舒筋活络、行气活血、消除疲乏等作用。

5）摇法

使关节做被动环转活动的一种按摩方法，可以做顺时针或逆时针摇动，呈摇纺车状，速度要适宜，幅度可由小到大，如图 2-6 所示。该法适用于四肢关节及颈、腰等部位，具有松懈关节、增强关节活动度的作用。

6）拿法

用拇指和其余四指相对合，持续而有节律地提拿被按摩部位的皮肤和肌肉。该法适用于颈部、腰腹、肩及四肢等部位，可配合其他手法使用，具有解痉通络、提神开窍的作用。常用的拿法有三指拿和五指拿，如图 2-7 和图 2-8 所示。

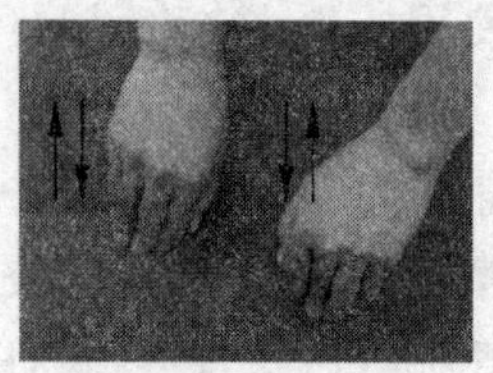
图 2-5 拍打法

图 2-6 摇法

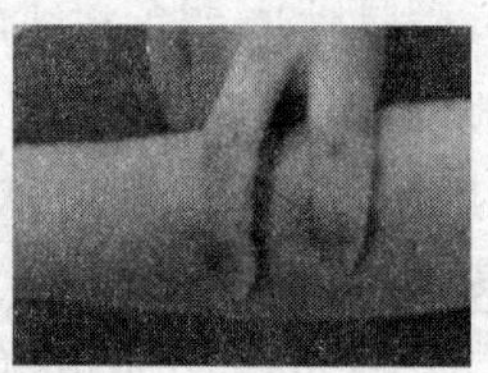
图 2-7 三指拿

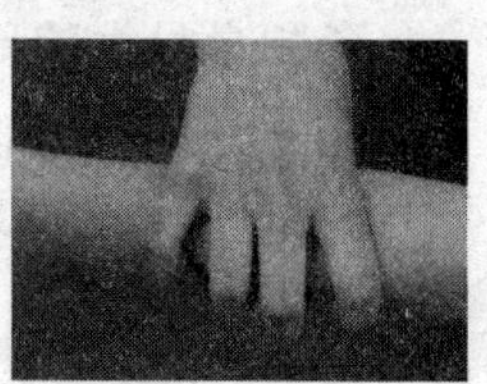
图 2-8 五指拿

3. 睡眠

睡眠是人在 24 小时内发生的周期性需求，它可以消除疲劳、恢复体力。适当的睡眠是最好的休息，是维护健康和体力的基础。睡眠时大脑皮层的兴奋程度降低，体内分解代谢处于最低水平，而合成代谢过程则相对较高，有利于体内能量的蓄积，运动时消耗的能源物资逐渐得以恢复。睡眠还能保护大脑，恢复精力，增强免疫力，康复机体。

要睡得舒适安稳，原则上要具备 5 个条件：第一，就寝前尽量使精神状态趋于平静；第二，避免外界刺激；第三，室内空气保持新鲜；第四，就寝前不要吃过多的食物；第五，就寝前应洗脚，使大脑得以休息，有助于尽快入睡。

4. 温水浴

训练后进行温水浴是最简单易行的消除疲劳的方法。温水浴可促进全身的血液循环，调节血流，加强新陈代谢，有利于机体内营养物质的运输和疲劳物质的排除。水温根据个人适应能力而定，一般以 40℃左右为宜。时间为 10～15min，勿超过 20min。训练结束半小时后，还可进行冷热水浴交替，冷水温为 15℃，热水温为 40℃。冷水淋浴 1min，热水淋浴 2min，交替 3 次。

5. 营养膳食

运动中产生疲劳的重要因素之一是能量供应不足，运动中各种营养物质消耗增加，运动后及时补充，有助于消除疲劳，恢复体力。研究证实，膳食中缺少蛋白质、脂肪、碳水化合物、维生素和矿物质，对运动能力和身体恢复有极大影响。因此在疲劳时，应注意补充能量和维生素，尤其是糖、维生素 C 及维生素 B_1，夏季或出汗较多时，应补充盐分与水。食品应富有营养和易于消化，并尽量多吃些新鲜蔬菜、水果等碱性食物，但不同性质的运动项目需要不同营养。速度性的项目应含较多易吸收的糖、维生素 B_1 和维生素 C 较多的蛋白质和磷；耐力性的项目要多供给糖，以增加糖元储备，同时还要增加维生素 B_1、维生素C和磷、铁、钾、钠、钙、镁等元素，适当摄入脂肪和蛋白质；力量性的项目需要增加蛋白质和维生素 B_2，因此在运动中适时地补充有关营养物质，既能提高身体的抗疲劳能力，又有助于运动疲劳的消除。另外，用抗疲劳药膳方，也能使人精神放松、疲劳顿消。如：

1）天门冬萝卜汤

原料：天门冬15g，萝卜300g，火腿150g，葱花5g，精盐3g，味精、胡椒粉各1g，鸡汤500ml。

制作：将天门冬切成2～3mm厚的片，用水约两杯，以中火煎至1量杯时，用布过滤、留汁备用；火腿切成长条形薄片；萝卜切丝。锅内放鸡汤500ml，将火腿肉先下锅煮，煮沸后将萝卜丝放入，并将煎好的天门冬药汁加入，盖锅煮沸后，加精盐调味，再略煮片刻即可。食前加葱花、胡椒粉、味精调味，佐餐食。

功效：消食轻身，抗疲劳，止咳祛痰。常食能提高呼吸系统功能，增加精力，消除疲劳。

2）鲜莲银耳汤

原料：干银耳10g，鲜莲子30g，鸡汤1500ml，料酒、精盐、白糖、味精各适量。

制作：把银耳发好，放一大碗内，加鸡汤1500ml蒸1小时左右，待银耳完全蒸透取出，鸡汤留置待用。将鲜莲子剥去青皮和一层嫩白膜，切掉两头，去心，用水氽后仍用开水浸泡（鲜莲子略带脆性，不要泡得很烂）。再烧开鸡汤，加入料酒、精盐、味精、白糖，将银耳、莲子装在碗内，注入鸡汤即可。吃莲子、银耳，喝汤，每日1次。

功效：滋阴润肺，补脾安神。适用于心烦失眠、干咳痰少、口干咽干、食少乏力等症。健康人食之能消除疲劳，促进食欲、增强体质。

6. 意念活动

心理恢复主要是意念活动。首先调整呼吸，用自己的意念使呼吸拉长、放慢，再通过一定的套语暗示进行导引，使肌肉放松，心理平静，从而调节植物性神经系统的机能。然后运用带有一定愿望的套语进行自我动员，如暗示性的睡眠休息、肌肉松弛、心理调节训练。实践证明，采用上述方法能促进身体疲劳的尽快消除，加快身体的恢复。另外，在舒适幽雅的环境听听音乐、喝茶聊天等也能促进疲劳的消除。

7. 药物

为了尽快消除疲劳，可适当运用一些药物，如中药黄芪、刺五加、参三七等，它们都有调节中枢神经系统的功能，扩张冠状动脉和补气壮筋的作用，对促进疲劳的消除有较好的效果。

8. 氧气及负离子吸入法

体育锻炼和比赛后，血液中有大量酸性代谢产物，吸氧可以促进乳酸继续氧化，有利于代谢产物的排出，对消除运动性疲劳，特别是无氧训练后的疲劳恢复有一定的效果；负离子有提高神经系统兴奋性，加强组织氧化还原过程的作用，有助于消除机体运动后的疲劳。

总之，在体育运动中加强医务监督、及时了解学生的身体状况、掌握其疲劳程度，对消除疲劳，提高运动成绩，有着重要的作用。

第3章　体育卫生保健

体育卫生保健的根本任务是增强学生体质，促进学生身心健康发展。因此，在进行体育锻炼时必须遵循人体的生理活动规律，并掌握一定的运动卫生要求，包括营养卫生、女子体育经期锻炼卫生、运动损伤与运动性疾病的预防、常见运动伤病的急救等，这样才能达到良好的健身效果，提高健康水平。

3.1　体育卫生知识

3.1.1　饮食营养卫生

身体锻炼是提高体能水平必不可少的重要途径，但良好的体能并不是完全依靠身体锻炼可以达到的，还与科学的饮食有关。体育运动和营养都是维持身体健康的重要因素。营养素是构成机体组织的物质基础。体育运动后体内代谢加剧，能量消耗增大，必须提供充足的能量才能满足机体的需要。若单纯运动，缺乏必要的营养保证，体内消耗的营养物质得不到补偿，会引起身体消瘦，体力下降，运动能力降低，抵抗力减弱，且容易导致运动性伤病的发生。反之，若只注意营养而缺乏体育锻炼，则会使人体肌肉松弛，肥胖无力，活动能力减弱。可见，科学的锻炼与合理的营养相结合，才能更有效地增强体质和提高运动水平，并加速运动后体力的恢复。

锻炼者必须根据自己的运动项目、运动量大小及运动的季节等合理安排自己的膳食，保持摄入量和消耗量的对等，使各种营养素比例适宜，做到合理营养、平衡膳食。

1. 人体所需的6种营养素

人体所需的6种营养素分别是糖、脂肪、蛋白质、水、矿物质（无机盐）和维生素。其中，糖、蛋白质和脂肪是供给人体能量的物质。6种营养素主要来自8类食物：谷类、蛋类、奶类、根茎类、肉类、鱼虾贝类、豆和干果类、蔬菜瓜果类。

1）糖

糖供能约占人体每日总热量供给量的60%～70%。糖能构成体内细胞中的核糖核酸、糖蛋白、糖原等。糖还能维持心肌和骨骼肌的功能，当心肌缺糖元时表现为心绞痛，骨骼肌缺糖原时表现为耐力不足。糖是大脑的唯一能源，血糖水平正常才能保证大脑的功能，糖可增加肝糖原的储存，加强肝功能，参与肝脏的解毒功能。此外，糖能节省脂肪的分解，减少酸中毒的可能。一般来说，每天吃250～750g主食，就可以满足人体热量的需求。学生在参加一般性体育活动时，不需要额外补充糖，只有在参加大运动量、长时间的活动时，才需要适当增加糖。

2）蛋白质

蛋白质是生命的基础，是构成人体组织细胞的原料，蛋白质占人体成分的18%，如肌红蛋白、血红蛋白等，在调节生理机能方面可维持胶体渗透压、维持酸碱平衡、承担氧气运输、形成抗体等。因此，蛋白质是机体免疫防御功能的物质基础，日常应适当吃一些含蛋白质丰富的食物，如瘦肉、奶类、鱼虾类和豆类食物。

3）脂肪

脂肪是人体内含热量最高的物质，主要有4种功能：维持正常体温、保护内脏和关节、滋润皮肤和提供能量。一般来说，正常活动情况下，每天摄入25g左右的油脂就可以满足生理需要，长时间参加活动可以增加到每天30～36g。但要注意，如果活动量不足，额外摄入的热量就会转变为身体的脂肪，变成肥膘发胖，而不是结实的肌肉，因此要注意控制脂肪的摄入量。

4）维生素

维生素是维持人体生命和正常人体生理功能不可缺少的一种营养素。维生素按其溶解性质可分为水溶维生素（如B_1、B_2、B_6、B_{12}、C、PP）和脂溶维生素（如A、D、E、K）。各种维生素在体内有其特殊功用，缺乏时易患营养缺乏病。维生素共同的功用是调节物质代谢，保证生理功能。体内维生素缺乏或不足，运动能力会降低。维生素C能抑制膳食中有致癌作用的亚硝胺的合成，以及促进抗体的形成，增强白细胞的吞噬作用，从而增强机体的抵抗能力。可多吃草莓、西红柿、黄瓜、胡萝卜等含有大量维生素C的水果、蔬菜。维生素A对呼吸道及胃肠道黏膜有保护作用。缺乏维生素A会降低人体的抗体反应，导致免疫功能下降，病菌、病毒等就会乘虚而入。从食物中补充维生素A是一种安全有效的保健方法，可多吃胡萝卜增强免疫力，合理的胡萝卜食用方法是用足量的油炒或炖。

5）矿物质

矿物质是构成机体组织和调节生理机能的重要物质。其中，含量较多的有钾、钠、钙、磷、镁、硫、氯7种；其他含量较少的称“微量元素”，如铁、铜、碘、锌、氟等。矿物质在食物中分布很广，一般都能满足机体需要，其中较易发生缺乏的是铁和钙。缺铁易导致缺铁性贫血，缺钙则影响骨骼、牙齿的生长发育。营养学家认为，动物肝脏富含多种有助于促进免疫功能的物质，例如叶酸、硒、锌、镁、铁、铜以及维生素B_6、维生素B_{12}等。麦麸中含有可增强免疫功能的镁、锌、硒，可在谷物食品中掺入麦麸。海鲜中也含有铁、锌、镁、硒、铜等有助于促进免疫功能的矿物质。当然，动物肝脏含有较高的卡路里和胆固醇，胆固醇较高或年长者不宜多食。

6）水

水约占体重的55%～67%，正常成人每日需水2000～2500ml。水参与体内物质代谢（如消化、吸收、生物氧化、排泄），可调节体温（如出汗），还可维持正常的血容量。缺水会削弱抵抗力，降低运动能力，多喝水能让人增强活力，还可使口腔和鼻腔内黏膜保持湿润，从而有效发挥捕捉病菌的功能。

人体内水的主要来源是来自饮水、食物水和代谢水。代谢水为糖、脂肪、蛋白质在体内氧化所产生的水，亦称体内氧化水。研究表明，体内失水量达到体重的4%～5%时，肌力下降20%～30%。

因此加强体育锻炼，养成良好的饮食及生活习惯是人们保持健康的重要因素。平时膳食应尽量做到：

（1）膳食中所含的营养素种类齐全，数量充足，比例适当，与身体的需要保持平衡。

(2) 食物多样化，重视三餐搭配，荤素合理、粗细平衡、科学烹调。

(3) 饭前便后洗手，进食定时定量，不吃腐烂变质食品，不暴饮暴食，不酗酒，不偏食挑食。

2. 营养缺乏症

营养缺乏到一定程度时，机体会表现出营养缺乏的症状。常见的症状有以下几种：

(1) 热能缺乏症。指膳食中热能长期供给不足。主要表现为体重明显减轻、头晕、全身无力、怕冷、倦睡、水肿、贫血、皮肤苍白等。有时会出现女子闭经，疾病抵抗力减弱等。

(2) 蛋白质缺乏症。轻度缺乏者下肢会出现凹陷性水肿，严重缺乏者可出现全身性水肿、贫血、疲乏等。

(3) 铁缺乏症。主要引起缺铁性贫血，表现出心慌、气喘、皮肤黏膜、指甲苍白及匙状指。严重者可导致贫血性心脏病。

(4) 维生素 A 缺乏症。主要引起“夜盲症”，即引起眼睛的暗适应机能障碍。此外，初期时表现为皮肤干燥，脱屑及眼干燥，泪腺分泌减少。

(5) 维生素 B_1 缺乏症。主要引起“脚气病”（“脚气病”不同于“脚癣”），表现为消化不良，食欲减退，精神欠佳，疲乏无力。长期缺乏维生素 B_1（如长期食用精白米、精白面粉）会引起肌肉萎缩、水肿、失眠、心慌、气促、胸闷等。

(6) 维生素 B2 缺乏症。主要引起眼结膜炎、眼角膜炎、口角炎、舌炎、唇炎、脂溢性皮炎及阴囊脱屑、干痒甚至糜烂等（脂溢性皮炎指在皮脂分泌较多的皱襞处，如鼻唇沟、眉间、耳后、头皮边缘等部位，油脂分泌增加，并呈现轻度红斑及皮脂积留现象）。

(7) 维生素 C 缺乏症。主要引起“坏血病”，表现为齿龈松肿、出血、血管壁脆性增加（如皮下出血点及紫癜，毛囊周围淤血点等），抵抗力降低，肌肉关节酸痛等。

3.1.2 女子体育卫生

1. 女子各系统解剖和生理特点

1) 体型特点

女子骨盆较宽，皮下脂肪较厚，臀部较大，加之女子的躯干相对较长，使其身体重心较低，有利于做下肢支撑的平衡动作（如平衡木、艺术体操及自由体操等）。但女子下肢短，步幅小，对运动速度、跳高、跳远等动作稍有不利。从形态上看，成年女子与男子相比，一般表现为：身高矮 7～10cm；体重轻 11～15kg；脂肪多 4.5～6.8kg；去脂体重少 18.2～22.3kg。

2) 运动器官

女子的肌肉不如男子发达，其重量约为身体总重量的 25%～35%，而男子则为 35%～45%。肌肉重量相当于男子的 90%左右，而且肌肉所含的水分和脂肪较多，含糖较少，故肌肉力量比同龄男子小 20%～25%。上肢肌比男子弱 45%～63%，下肢肌弱 27%。

另外有人认为，女子皮下脂肪较厚，肌肉中慢肌纤维的比例高于男子（男子中长跑运动员为 51.9%，女子中长跑运动员为 60.6%），因此女子有利于长距离运动。女子关节韧带的弹性较好，椎间盘较厚，四肢、脊柱的活动范围较大，故柔韧性较好，宜从事武术、体操及舞蹈等运动项目。

3) 心血管及血液系统

女子心脏的体积和静脉入口、动脉出口处的内腔都比男子小，重量也低于男子（轻 10%～

15%)。据报道,男子心脏平均重量为272g,女子239g。女子每搏心输出量较男子少10%左右,每分钟的输出量在一定程度上要依赖于加快心脏收缩频率来保证。安静时,女子的脉搏一般每分钟比男子快2～3次。在血压方面,女子的收缩压也低于男子,而在进行最紧张的活动时,这种现象更为明显。运动后,女子心血管系统的恢复时间也比男子长。女子的血液总量占体重的百分比较男子低,红细胞数量及血红蛋白含量均低于男子。

4) 呼吸系统

由于女子的胸廓、胸围及呼吸差均较小,呼吸肌较弱,女运动员又以胸式呼吸为主。女子肺活量、最大通气量、最大吸氧量、最大氧债值均较男子低。特别是肺活量/体重指数差异非常显著,女子约比男子低20%。

所以女子在参加体育运动时要与男子区别对待,根据自身的解剖生理特点,选择适合的运动项目和运动强度,采取正确的锻炼方法,以提高各器官、系统的机能水平和健康水平,保持匀称健美的体型,使体育锻炼达到理想的效果。

2. 女子经期体育特点

月经是女子正常的生理现象,由于体育活动可提高人体的机能水平,改善血液循环系统功能,增强腹肌和盆底肌收缩与放松,有利于子宫经血的排出,所以在经期可以根据个体的不同身体状况有选择地进行适宜的体育锻炼。

月经正常的女子,一般没有明显的异常变化,可以参加适当的体育活动,如做广播体操、健走、打太极拳、打乒乓球和羽毛球等。通过活动,不仅可以改善盆腔的血液循环,减轻盆腔的充血现象,而且腹肌与盆底肌的收缩与放松活动对子宫起到柔和的按摩作用,有助于淤血的排出。此外,丰富多彩的体育活动,可以调节大脑皮层的兴奋和抑制过程,从而减轻全身的不适反应。但在锻炼时应注意以下事项:

(1) 在经期,身体的反应能力、适应能力、肌肉力量、神经调节的精确性及灵活性等可能下降。因此,运动量要适当减小,活动时间不宜过长,一般不要参加剧烈的对抗性较强的体育比赛。因为比赛强度大,精神过于紧张,体能消耗较大,容易导致卵巢功能失调,引起经血过多或月经紊乱。

(2) 经期应避免做剧烈的、大强度的、震动较大的跑跳动作(如疾跑、跨跳、跳高、跳远、排球扣球等),以及使腹内压明显增高的憋气和静力性动作(如推铅球、后倒成桥、倒立、俯卧撑、仰卧起坐等),否则,会使子宫受压造成经血过多或引起子宫移位。

(3) 经期不宜游泳。由于经期子宫内膜脱落后,子宫内形成较大创面,小血管断裂开放,宫颈开口大,阴道内酸性降低,易使病菌侵入内生殖器官而引起炎症。此外,经期应避免寒冷刺激,尤其下腹部应注意保暖,避免着凉。

(4) 对于身体健康、月经正常、又有一定训练水平的女运动员,经期仍可进行一定量的运动训练,但开始阶段应减小运动量,待其适应后再加运动量,并要循序渐进,加强医务监督。

(5) 女运动员出现月经紊乱,若在对运动量、比赛、训练环境进行适当调整后,仍不能恢复正常,应停止体育活动并及时进行检查和治疗。为了了解女生、女运动员的月经情况,可以建立月经卡片制度,以便合理安排她们的体育锻炼。

3.2 常见运动损伤与运动性疾病的预防与处理

体育运动过程中所发生的损伤，称之为运动损伤。其损伤部位与运动项目以及专项技术特点有关。如体操运动员受伤部位多是腕、肩及腰部，与体操动作中的支撑、转肩、跳跃、翻腾等技术有关。网球肘多发生于网球运动员与标枪运动员。

损伤的主要原因是：训练水平不够，身体素质差，动作不正确，缺乏自我保护能力；运动前不做准备活动或准备活动不充分，身体状态不佳，缺乏适应环境的训练，以及教学、竞赛工作组织不当。运动损伤中急性多于慢性，若急性损伤治疗不当、不及时或过早参加训练等可转化为慢性损伤。

3.2.1 常见的运动损伤

运动损伤分为开放性软组织损伤和闭合性软组织损伤。开放性软组织损伤包括擦伤、撕裂伤、刺伤和切伤。闭合性软组织损伤包括挫伤、肌肉拉伤、关节扭伤、腱鞘炎、脱臼、骨折、脑震荡等。

1. 开放性软组织损伤

1）擦伤

即皮肤的表皮擦伤。如擦伤部位较浅，面积较小，可用生理盐水洗净创口，创口周围用75%的酒精棉球消毒，局部擦以红汞或紫药水，创口无须包扎。如擦伤创面有异物，较脏或有渗血时，创口可用双氧水、创口周围用75%的酒精棉球消毒，进行消炎处理后用无菌辅料覆盖并包扎。若创口较深、污染较重，应注射破伤风(TAT)，并予以抗生素治疗。

2）撕裂伤

撕裂伤，指由于钝物冲击或碰撞所引起的表皮或软组织的损伤。其伤口的边缘不整齐，多发于身体与硬性物的碰撞中(如打篮球、踢足球时人与人的碰撞)，在眉弓、下颌部、头皮、面部等处易见。撞击力的大小常与伤情呈正比。由于面部的血管丰富，发生撕裂伤后出血较多。撕裂伤创面较小时，先压迫止血，用生理盐水清洗消毒创口后，用蝶形胶布拉紧即可。如出现较大的撕裂伤，首先应止血，然后考虑进一步处理，如现场适逢有医疗条件，可行清创缝合并考虑注射破伤风，服用抗生素，若无条件可在止血后送医院治疗。有些意外事故所致的撕裂伤(如头皮广泛撕脱)，创面很大，处理过程复杂，一旦发生，现场难以处理，应立即止血并送医院治疗。

3）刺伤和切伤

刺伤是指尖细的锐器刺破皮肤及组织所致伤；切伤是指刃面较大的锐器切破皮肤及组织所致伤。由于致伤锐器的形状和锐利程度以及作用力的大小等，创面、深度有较大的区别，并由于作用部位不同，其危害性区别很大。如标枪刺入前臂与从前胸穿入心脏，其危害性显然不同。发生颈、胸部的刺伤、切伤稍深，伤及大血管时危害甚大，反之发生在上、下肢的刺伤、切伤，就是伤及大血管也易处理。若刺伤在重要部位(心、肺、肝、脾等)或切伤面积大、深等，均需在止血等初步急救后送医院救治。而小面积切伤和浅刺伤可参照撕裂伤的初步处理方法处理。刺伤较深和切伤的创面稍大，在处理中还应注意预防感染，如口服抗生素等药，并尽快到医疗单位注射破伤风(TAT)等。

2. 闭合性软组织损伤

1) 闭合性软组织损伤的种类

(1) 挫伤。

病因：由于身体局部受到钝器打击而引起的组织损伤。

征象：是皮肤和皮下组织(包括皮下脂肪、肌肉、关节囊和韧带)的挫伤，伤后局部有疼痛、肿胀、组织内出血、压痛和运动功能障碍。疼痛一般持续约24小时。

处理：轻度损伤不需特殊处理，经冷敷处理24小时后可用活血化淤酊剂，局部可用伤湿止痛膏贴上。在伤后第一天予以冷敷，冷敷是利用比人体温度低的冷水、冰块等刺激患处进行初期治疗，有止血、退热、镇痛、麻醉和消肿的作用。方法是将毛巾浸透冷水后放在伤部，两分钟左右换一次；或者将冰块装入塑料袋内进行外敷。24小时后给予热敷，热敷是通过热疗，促使局部血管扩张，改善血液和淋巴循环，促进淤血和渗出液的吸收，具有消肿、散淤、镇痛、减少粘连和促进损伤愈合的作用。常用方法是将毛巾浸透热水或热醋后放于伤部，每次敷30分钟左右。热敷法适用于急性闭合性软组织损伤的中期、后期和慢性损伤。较重的挫伤可用云南白药加白酒调敷伤处并包扎，隔日换药一次，也可辅以理疗治疗。

(2) 肌肉拉伤。

病因：指肌纤维撕裂而致的损伤。主要由于运动过度或热身不足造成，可根据疼痛程度判断受伤的轻重。

征象：肌肉拉伤后，伤处疼痛、肿胀、压痛，肌肉紧张或痉挛，触之发硬。受伤肌肉做主动收缩或被动拉长的动作时，疼痛加重。肌肉严重拉伤时，患者在受伤当时可感到或听到断裂声，疼痛和肿胀明显，皮下淤血显著，运动功能严重障碍，肌肉出现收缩畸形。肌纤维部分断裂时，伤处可摸到凹陷；肌腹中间完全断裂时，会出现“双驼峰”畸形；一端完全断裂时，肌肉收缩成“球状”畸形。

处理：一旦出现痛感应立即停止运动，并在痛点敷上冰块或冷毛巾，保持30min，以使小血管收缩，减少局部充血、水肿。切忌搓揉及热敷。冷敷后加压包扎，抬高患肢，注意局部休息。疼痛较重者可口服镇静剂、止痛剂。24小时后可外敷中药、痛点药物注射、理疗或按摩等。如果肌肉部分或完全断裂，加压包扎后立即送医院做缝合手术。

(3) 关节扭伤。

病因：由于关节部位突然过猛扭转，拧扭了附在关节外面的韧带及肌腱所致。多发生在踝关节、膝关节、腕关节及腰部，不同部位的扭伤，其治疗方法不同。

征象：伤后局部疼痛，肿胀，若伤及关节滑膜或韧带断裂及合并关节内其他组织损伤时，会出现整个关节肿胀或血肿，局部有明显压痛。关节运动功能障碍，轻者关节活动受限，不能着力；韧带完全断裂或撕脱时，关节有不稳或松动感，关节功能明显有碍。

处理：①急性腰扭伤者，可让其仰卧在垫得较厚的木床上，腰下垫一个枕头，先冷敷，后热敷。②关节韧带扭伤或部分韧带纤维断裂者，伤后立即冷敷，加压包扎，抬高伤肢并休息，以减轻出血和肿胀。24～48小时后，拆除包扎固定，根据伤情可采用中药外敷、痛点药物注射、理疗和按摩等，但热疗和按摩在开始时只能施于伤部周围，3天后才可用于局部。韧带完全断裂者，经急救处理后立即送至医院，以争取早期手术缝合或固定。关节韧带损伤时，当关节肿胀和疼痛减轻后，在不引起疼痛或疼痛加重的原则下，尽早进行伤肢功能性活动，防止发生肌肉萎缩和组织粘连，以促进功能恢复。

(4) 腱鞘炎。

病因：是指腱鞘受到急慢性劳损或慢性寒冷刺激而引起的慢性炎症，在体育运动中非常多见，约占运动损伤的16%。多因训练安排不当造成局部使用过度所致，发病部位与运动项目密切有关。

征象：伤后会出现疼痛、肿胀、压痛和功能障碍等。

处理：急性期及发病不超过一个月的患者，应暂停体育活动，可采用局部固定、中药外敷或熏洗、理疗、针灸等，其中以石膏固定2～4周，或强的松龙与普鲁卡因混合液做局部注射效果较好。若经保守治疗无效或病程较长影响活动时，可考虑手术治疗。

(5) 脱臼。

病因：脱臼即关节脱位。因外力或其他原因造成关节各骨的关节面失去正常的对合关系。脱臼因外伤引起者为外伤性脱位；因关节病变引起者为病理性脱位；脱位后，关节面完全丧失对合关系者为完全脱位，部分丧失者为半脱位。

征象：出现畸形，与健肢相比不对称，表现为局部疼痛、压痛、关节肿胀、功能障碍，甚至肌肉痉挛等。

处理：一旦发生脱臼，应叮嘱病人保持安静、不要活动，更不可揉搓脱臼部位。如脱臼部位在肩部，可把患者肘部弯成直角，再用三角巾把前臂和肘部托起，挂在颈上，使伤肢固定，再前往医院接受治疗。如在患者可以忍痛下，给予立即复位。通常让患者保持仰卧姿势，急救者立于患者一侧，如条件许可，可在患者腋窝处垫上棉垫等细软之物，急救者将同侧脚跟置放在患者腋下靠胸壁处，并紧握患肢手臂、手掌做徒手牵引，同时以脚跟顶住腋部形成反牵引力。牵引动作应持续、均匀。待患者肩部肌肉松弛后，急救者再将患肢做内收、内旋动作，此时，肱骨头便会经关节囊的破口滑入肩盂，往往可听到响声，表明复位成功。如脱臼部位在髋部，则应立即让病人躺在软卧上送往医院。

(6) 骨折。

病因：骨折是指骨与骨小梁连续性发生中断，骨骼的完整性遭到破坏的一种体征。外伤引起的骨折称为外伤性骨折，它是由直接暴力和间接暴力所致。按皮肤是否损伤、骨折是否与外界相通等，将骨折分为开放性骨折和闭合性骨折两种。

征象：骨折后，患者均有疼痛、压痛和传递性叩痛，功能障碍，严重时引起休克等症状。

处理：如果有软组织创伤，应先进行清创处理。有出血时，要先压迫止血，包扎伤口，再将骨折固定。

上肢骨折：用两块夹板(或木板)分别在上肢内外两侧，加上衬垫(棉花、衣、布)等后，用三角巾(或布条、绳子)绑好固定，再用一条长三角巾(布)将上肢前臂屈曲悬吊固定于胸前，如图3-1所示。

下肢骨折：受伤者仰卧，小腿骨折时，用长短相等的两块夹板(从脚跟到大腿中部)，加衬垫后，在骨折处上下两端、膝下和大腿中部分用布带缠紧，在外侧打结，脚部用“8”字形绷带固定，使脚与小腿成直角；如为大腿骨折，可用一块自腋窝到脚跟长的夹板放在伤肢外侧，健肢移向伤肢并列，夹板加衬垫后，用布条分段固定伤肢，腋窝和大腿上部，分别围绕胸、腹部固定。脚部固定同小腿骨折。包扎固定后，将受伤者轻轻放在担架(或木板)上，抬送医院进行急救处理。在运送途中，要避免摇摆、振荡，如图3-2所示。

图 3-1 上肢骨折

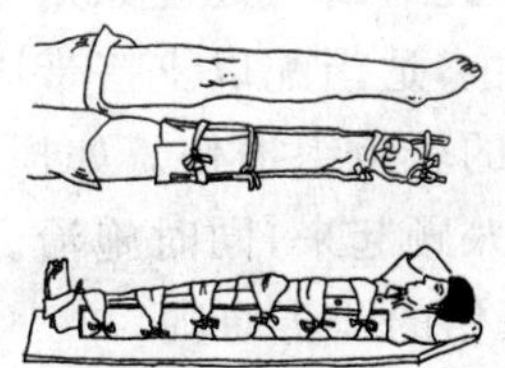

图 3-2 下肢骨折

(7) 脑震荡。

病因：头部受到外力打击后，神经细胞和神经纤维受到普遍震荡所引起的暂时性意识和功能障碍，不久即可恢复，多无明显组织结构病理改变。在体育运动中，头部受到足球、棒球的打击，或体操练习中从高处跌下时头部撞地等，都可引起脑震荡。

征象：伤后立即出现意识障碍。意识障碍的时间长短不一，短则几秒钟，长则几分钟乃至 20～30 分钟不等。在意识丧失时，伤员的呼吸较浅，脉率缓慢，肌肉松弛，瞳孔稍放大但左右对称，神经反射减弱或消失。意识清醒后会出现逆行性健忘，患者不能回忆受伤经过和情况，但能清楚地回忆受伤以前的事情。在伤后数日内头痛、头晕较明显，若情绪紧张、活动头部或变换体位，症状加重，以后逐渐减轻和消失。有轻微的恶心、呕吐，但几天后可消失。此外，还有情绪不稳、易激动、不耐烦、注意力不集中、耳鸣、心悸、多汗、失眠等植物性神经功能紊乱的症状。

处理：急救时，立即将伤员平卧，使其安静休息，不可让伤员坐起或站起。注意身体保暖，头部可用冷水毛巾做冷敷。若伤员昏迷，可用手指掐人中、内关等穴或给其嗅闻氨水，以促使患者苏醒；呼吸停止者，应立即施行人工呼吸。同时，要尽快把伤员送至医院。

2) 闭合性软组织损伤的处理原则

(1) 早期：指伤后 24～48 小时内，组织出血和局部红肿、热痛、功能障碍等症状的急性炎症期。这一时期的处理原则，主要是制动、止血、防肿、镇痛和减轻炎症。治疗可根据具体情况选用下述方法的一种或几种。①遵循“大米原则”(RICE)：休息(Rest)、冷敷(Ice)、加压包扎(Compression)、抬高伤肢(Elevation)，这套方法越早越好，有制动、止血、镇痛、防肿的作用。一般是先冷敷，后加压包扎，包扎后应经常注意包扎部位的情况，要松紧适度。加压包扎 24 小时后即可拆除，再根据损伤部位情况做进一步处理。②按摩：轻伤可采用一些较轻按摩(配合一些舒筋活血药物更佳)，重伤则不宜马上做按摩，否则会加剧伤处出血和组织液渗出，使肿胀加重，甚至造成继发性出血。但此时在伤部周围或远离伤部的上下部位，采用推摩、揉捏、点穴等手法进行按摩，可促进肿胀消退，疼痛减轻。③药物：外敷一些创伤药，常起到消肿止痛，减轻急性炎症的迅速疗效。

(2) 中期：指受伤 24～48 小时后，这时出血已停止，急性炎症已消退。但伤部仍有淤血和肿胀，肉芽组织形成并开始吸收，组织正在修复。处理原则主要是改善伤部的淋巴和血液循环，促进组织的新陈代谢，使淤血与渗出液迅速吸收，加速再生修复，防止粘连形成。治疗可采用热敷、按摩、拔罐、药物等治疗之一或几种，并结合一些物理治疗，如红外线、超声波等。同时应根据伤情逐步进行功能锻炼，防止粘连形成。药物治疗，可外敷活血生新剂或注射肾上腺皮质激素药物。

(3) 后期：损伤基本修复，肿胀、压痛等局部症状已消除，但功能尚未恢复，运动时仍感疼痛,酸软无力。此时期的处理原则是增强和恢复肌肉、关节的功能。治疗方法以按摩、理疗和功能锻炼为主,适当配以支持带固定及中草药的熏洗。但应指出,上述3期辨证施治,适用于比较严重的软组织损伤。如损伤较轻,病程短,恢复快,则可将中后两期合并,把活血生新与功能恢复兼顾起来,同时施治。

3)软组织损伤的预防原则

(1)加强思想教育:平时要注意加强预防损伤的教育,在教学、训练和比赛中,认真贯彻"预防为主"的方针。加强对学生、运动员进行组织性、纪律性教育,培养他们良好的体育道德风尚。

(2)合理安排运动负荷:运动系统的劳损,大多由于长期局部负荷过大所致。为了减少这些损伤,教师应严格遵守运动训练原则,根据年龄、性别、健康状况、训练水平和各项运动项目的特点,个别对待,循序渐进,合理安排运动负荷。

(3)认真做好准备活动。

(4)合理安排教学、训练和比赛。

(5)加强易伤部位的练习。

(6)加强医务监督工作。

3.2.2 运动性疾病

1. 运动性腹痛

运动性腹痛是指在运动过程中或运动结束时产生的腹部疼痛。

病因:

(1)胃肠痉挛。主要表现为空腹锻炼、运动前吃得过饱、饭后过早运动、喝水过多等。

(2)呼吸肌痉挛。准备活动不足或剧烈运动时,或是运动开始时速度太快,引起内脏器官机能紊乱,破坏了均匀、有节奏的呼吸,引起呼吸肌疲劳和痉挛。

(3)肝脾淤血,慢性腹部疾病,如肝炎、慢性阑尾炎等,如果病变部位受到牵扯、震动等刺激,即可产生疼痛。

处理:如果没有器质性病变迹象,一般可采用减慢跑速,加深呼吸,按摩疼痛部位或弯腰跑等方法处理,疼痛常可减轻或消失。如疼痛仍不减轻,甚至加重,则应停止运动,并口服十滴水等,或揉按内关、足三里、大肠俞等穴位。如仍不见效,应送医院做进一步检查。

征象:运动中出现腹痛,其特点为除腹痛外一般不伴随其他症状。多数安静时不痛,运动时才痛。疼痛程度与运动量大小和强度成正比,一般活动量小、强度低时疼痛不明显,随负荷量加大时疼痛逐渐加剧,调整运动量和强度疼痛可减轻。各项检查如肝功能、腹部B超、腹部平片等皆正常。

预防:饭后一小时可进行运动,做好准备活动,运动量要循序渐进,并注意呼吸节奏,减慢跑速;夏季运动要适当补充盐分;对于各种慢性疾病引起的腹痛应就医检查,病愈之前,应在医生和体育教师的指导下进行锻炼。

2. 运动性低血糖症

由于长时间运动,体内的血糖会大量消耗,若血糖浓度低于2.8mmol/l(50mg/dl),会发生低血糖症,这种低血糖症称为运动性低血糖症,运动性低血糖症一般发生在运动过程中或比赛结束后。

病因：运动性低血糖症的出现主要是由于长时间地剧烈运动，体内血液中的葡萄糖大量消耗；其次是赛前饥饿，肝糖原储备不足，不能及时补充血糖的消耗；另外，胰岛素分泌量增加，情绪过分紧张或身体机能状况不佳也容易引起低血糖症。

征象：运动性低血糖症的表现是，轻者出现无力、饥饿、出冷汗、烦躁不安等情况；重者出现神志模糊、语言不清、精神错乱，甚至惊厥和昏迷现象，检查时脉搏快而弱，呼吸短促、瞳孔放大，血压或高或无明显的变化，测血糖浓度明显降低，血糖浓度低于 50mg/dl。

处理：一旦发生运动性低血糖症，使病员平卧、保暖，可饮用糖水并吃甜食，一般可恢复正常。如果症状严重，可静脉注射葡萄糖溶液，提高血糖浓度，症状即可清除。对昏迷不醒者，可针刺人中、百会、涌泉、合谷等穴位，并迅速就医。

预防：对没有训练基础或身体状况不佳、疾病初愈、空腹者不宜参加长距离的剧烈运动。如万米跑、马拉松等。参加马拉松比赛的运动员在赛前几天应食高糖食物，以使体内有充足的糖元储备，同时应该培养运动员在途中合理饮用糖饮料的习惯。

3. 运动性贫血

血液中红细胞数与血红蛋白量低于正常值，称为贫血。因运动引起的血红蛋白量减少，称为运动性贫血。

病因：运动性贫血的指数为男性的血红蛋白量低于 12g/100ml，女性低于 10.5g/100ml。在通常情况下，女性的发病率高于男性。由于运动时，肌肉对蛋白质和铁的需求量增加，一旦需求量得不到满足，即可引起运动性贫血。另外，运动时脾脏释放的溶血卵磷脂能使红细胞的脆性增加，加上剧烈运动时血流加速，易引起红细胞破裂，致使红细胞的新生与衰亡之间的平衡遭到破坏，从而导致运动性贫血。

征象：运动性贫血发病缓慢，其症状表现有头晕、恶心、呕吐、气喘、体力下降，以及运动后心悸、心率加快、脸色苍白、嘴唇发紫、周身无力等现象。

处理：如运动中(后)出现头晕、无力、恶心等现象，应适当减小运动量，必要时暂停运动。改善营养，并补充富含蛋白质和铁的食物，口服硫酸亚铁等，对缺铁性贫血的治疗效果明显。

预防：合理安排运动量和运动强度，遵循循序渐进和个别对待原则。合理调整膳食结构，不偏食挑食，多食含蛋白质、铁质丰富的食物，如绿色蔬菜、水果、各种瘦肉、肝脏、豆类、蛋类等。如运动时经常有头晕现象，应及时诊断医治，以利于正常参加体育锻炼。

4. 运动性晕厥

在运动中，由于脑部突然血液供给不足而发生的暂时性知觉丧失现象，称为运动性晕厥。

病因：由于剧烈运动或长时间运动，使大量血液积聚在下肢，回心血量减少所致，也和剧烈运动后引起的低血糖有关。

征象：运动性晕厥表现为全身无力、头昏耳鸣、眼前发黑、面色苍白、失去知觉、突然昏倒、手足发凉、脉搏慢而弱、血压降低、呼吸缓慢等。

处理：应立即使患者平卧，足略高于头部，并由小腿向大腿心脏方向推摩或拍击。同时用手指点压人中、合谷等穴位，必要时给氨水闻嗅。如有呕吐，应将患者头部偏向一侧。如停止呼吸，应立即进行人工呼吸。轻度休克者，应由同伴搀扶慢慢走一段时间，帮助进行深呼吸，即可消除症状。

预防：平时坚持体育锻炼，以增强体质；久蹲后不要突然站起；不要带病参加剧烈运动；疾跑后不要立即停下来；不要在饥饿情况下参加剧烈运动。

5. 肌肉酸痛

在较大活动量锻炼以后，或间隔时间较长未锻炼后开始锻炼，往往会出现肌肉酸痛。

原因：运动时肌肉活动量过大，引起局部肌纤维及结缔组织的细微损伤，以及部分肌纤维的痉挛所致。这种酸痛不是在运动结束后马上出现，而是发生在运动结束后1～2天，因此也称为延迟性疼痛。由于这种酸痛现象只是局部肌纤维的细微损伤和痉挛，不影响整块肌肉的运动功能。所以，酸痛后经过肌肉内部对细微损伤的修复，肌肉组织会变得更加强壮，以后同样的负荷将不易再发生酸痛。

征象：出现全身性的或局部的肌肉疼痛，在肌肉远端和肌腱连接处症状更明显。在炎热的夏天进行极量运动后，除肌肉疼痛外，还会出现脱水、低钙、低蛋白等症状。

处理：

(1) 热敷。对酸痛的局部肌肉进行热敷，促进血液循环及代谢过程，有助于损伤组织的修复及痉挛的缓解。

(2) 伸展练习。对酸痛局部进行静力牵张练习，保持伸展状态两分钟，休息一分钟，重复进行，有助于缓解痉挛。

(3) 按摩。使肌肉放松，促进血液循环，缓解肌肉痉挛和损伤修复。

(4) 口服维生素C。维生素C可促进结缔组织中的胶元合成，有助于损伤结缔组织的修复。

(5) 针灸、电疗等也有一定作用。

预防：锻炼时，应根据自身的身体状况安排锻炼负荷，尽量避免局部肌肉负担过重；锻炼时，要充分做好运动前的准备活动和运动后的整理活动。

6. 肌肉抽筋

所谓抽筋就是肌肉强直收缩，即肌肉长时间连续快速收缩，形成疲劳，造成抽筋。在长距离跑或游泳运动中最易发生抽筋，主要以小腿后面的腓肠肌(俗称小腿肚子)为主，其次是大腿肌肉抽筋。

原因：在体育锻炼时，肌肉受到寒冷的强烈刺激时，可能会发生肌肉抽筋。在炎热的天气进行训练或比赛时，因为从汗液中排出的钾、钠、钙、镁过多，也会引起抽筋。准备活动不足，或肌肉猛力收缩，或收缩与放松不协调时，均可引起抽筋。在身体状况不佳，或情绪过分紧张时也容易引起抽筋现象。

征象：肌肉抽筋时，肌肉突然变得坚硬、疼痛难忍，而且一时不易缓解。

处理：对抽筋部位的肌肉做牵引。如小腿腓肠肌抽筋时应立即停止运动，伸直膝关节，勾足尖，按摩小腿肌肉。按摩的方法是，用拇指捏揉小腿肚子中央(即承山穴)，即可使抽筋部位得到缓解，但按摩时不要用力过大、过猛。

预防：运动前做好充分的准备活动，对容易发生抽筋的部位，事先做适当按摩。夏季进行长时间运动时要注意补充盐分和矿物质。冬季锻炼时要注意保暖。游泳下水前应先用冷水淋浴；游泳时不要在水中停留时间过长。疲劳和饥饿时，不要进行剧烈运动。长距离运动员在比赛途中要养成合理补充饮料的习惯。

7. 运动中暑

指在高温和热辐射的长时间作用下，机体体温调节障碍，水、电解质代谢紊乱及神经系统功能损害的症状总称。

病因：在高温环境中，长时间进行体育锻炼容易发生中暑，尤其在温度高、通风不良、头部缺乏保护、被烈日直接照射的情况下，最容易发病。

征象：早期有头晕、头痛、呕吐现象，逐步发展为体温升高，皮肤灼热干燥。严重者会出现精神失常、虚脱、抽搐、心律失常、血压下降，甚至昏迷危及生命。

处理：首先将患者撤离高温环境，扶送到阴凉通风处休息，同时采取降温消暑手段，如解开衣领、额部冰袋冷敷、头部降温、冷水淋浴、喝清凉饮料、口服十滴水，并补充生理盐水或葡萄糖生理盐水等。严重患者，经临时处理后，应迅速转送医院做进一步治疗。

预防：在高温炎热季节锻炼时，应调整作息时间，适当减少运动量和锻炼时间；避免在烈日下长时间锻炼；夏天在室外锻炼时，应戴白色凉帽，穿宽敞薄衣；在室内锻炼时，应保持良好通风并备有低糖含盐的饮料。

8. 溺水

溺水是指大量液体或水吸入肺内，引起人体缺氧窒息的危急病症。多发生在夏季，游泳场所、海边、江河、湖泊、池塘等处。

病因：主要是气管内吸入大量水分阻碍呼吸，引起呼吸道关闭，窒息死亡。人落水后，水、泥沙等杂物阻塞呼吸道，或因呼吸道痉挛而引起缺氧、窒息、死亡。落水被淹后一般 4～6min 即可致死。

征象：溺水者面色青紫肿胀，眼球结膜充血，口鼻内充满泡沫、泥沙等杂物。部分溺水者会因大量喝水入胃出现上腹部膨胀。多数溺水者四肢发凉，意识丧失，重者心跳、呼吸停止。

处理：当发生溺水时，若不熟悉水性可采取自救法。除呼救外，取仰卧位，头部向后，使口鼻部露出水面呼吸。呼气要浅，吸气要深。不要慌张，不要将手臂上举乱扑动，也不要将整个头部伸出水面，否则会使身体下沉更快。将溺水者救上岸后：

(1) 清除口鼻里的堵塞物。使溺水者头朝下，用手指清除其口中杂物，再用手掌迅速连续击打其肩后背部，让其呼吸畅通，并确保舌头不会向后堵住呼吸通道。

(2) 打通呼吸道后，要立刻倾出呼吸道积水。抢救者一腿跪地，另一腿屈起，将溺水者俯卧于屈起的大腿上，使其头足下垂，然后颤动大腿或压溺水者背部，使呼吸道内积水倒出；或者让溺水者俯卧于抢救者肩部，使其头足下垂，当抢救者来回跑动时即可倾出其呼吸道内的积水，注意千万不能让溺水者头朝上，图 3-3 和图 3-4 所示为伏膝倒水法和肩背倒立倒水法。

图 3-3　伏膝倒水法

图 3-4　肩背倒立倒水法

(3) 倒水的时间不宜过长,3min 左右为宜。水吐出后要马上做人工呼吸。对心跳、呼吸停止者应立即进行口对口人工呼吸和胸外心脏按压,直到心跳恢复为止。在急救的同时应迅速送往医院救治。

预防:

(1) 不到不熟悉水情或比较危险的池塘、江河、海边游泳和玩耍。要选择安全的游泳场所,并有专业的救生员做安全保护,对游泳场所的环境卫生、水下情况要了解清楚。

(2) 了解自己的身体健康状况,四肢容易抽筋者入水前要做好充分的准备活动,如水温太低应先用水淋洗身体,待适应水温后再下水游泳;有假牙的人应将假牙取下,以防呛水时假牙落入食管或气管;不要贸然跳水和潜泳,更不要酒后游泳;在水中时间不宜过长。

(3) 在游泳中如果突然觉得身体不舒服,如眩晕、恶心、心慌、气短等,要立即上岸休息或呼救。若在游泳中,小腿或脚部抽筋,千万不要惊慌,可用力蹬腿或做跳跃动作,或用力按摩、拉扯抽筋部位,同时呼叫同伴救助。

3.3　常用的急救方法

3.3.1　出血

正常成年人全身的血液占体重的 8%。当伤口小、出血量少时,伤者全身情况无明显变化;当损伤后失血量超过全部血量的 20%时,伤者会出现脸色苍白、手脚发凉、脉搏细弱等休克表现;当出血量达到全部血量的 30%时,病人会有生命危险。

血液从损伤的血管外流称为出血,很多运动损伤都有出血现象。

按出血的部位不同,分为外出血和内出血两种。在开放性损伤中血管因受伤破裂,而致血液从皮肤创口处向体外流出称外出血。下面介绍外出血的止血法。

(1) 加压包扎法:小的外伤、毛细血管或小静脉出血,流出的血液易于凝结,在伤口部位盖上消毒敷料,然后用三角巾或绷带加压包扎即可。

(2) 指压止血法:一般用于动脉止血。即用手指将出血动脉的近心脏端,用力压向其相对的骨面,以阻断血液来源达到临时止血的目的。

(3) 止血带止血法:四肢大动脉出血,不易用加压包扎或指压法止血时,可用止血带(橡皮带或其他代用品)缚扎于出血部位的近心脏端。运用止血带,不能直接压在皮肤上,而先要在上止血带的部位用三角巾、毛巾等软物垫好,将伤肢抬高,再扎上止血带,其松紧度以能压住动脉血流为原则,缚后以肢端蜡色为宜,如果呈紫红色则以压住动脉血流为原则。如系上肢应每隔 20～30min 放松一次,如系下肢应每隔 45～60min 放松一次。凡上止血带后的伤者,必须记录止血带的部位与时间,并迅速送医院治疗。

3.3.2　包扎

包扎有保护伤口、减少感染机会、压迫止血、固定骨折和减少伤痛的作用,是损伤急救的主要处理方法之一。包扎常用的材料有绷带、三角巾等。现场如果没有这些材料,也可用毛巾、衣物等代替。包扎动作应力求熟练、软柔,松紧应适宜。下面介绍以绷带为材料(或类似绷带材料)的几种包扎法。

(1) 环形包扎法：常用于肢体较小部位的包扎，或用于其他包扎法的开始和终结。包扎时打开绷带卷，把绷带斜放在伤肢上，用手压住，将绷带绕肢体包扎一周后，再将带头和一个小角反折过来，然后继续绕圈包扎，第二圈盖住第一圈，包扎 3～4 圈即可，如图 3-5 所示。该方法适用于包扎四肢、胸、腹部等处。

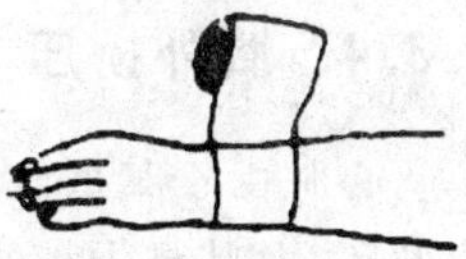

图 3-5　环形包扎法

(2) 螺旋包扎法：绷带卷斜行缠绕，每卷压着前面的 1/2 或 1/3，如图 3-6 所示。此方法多用于肢体粗细差别不大的部位，适用于四肢和躯干等处。

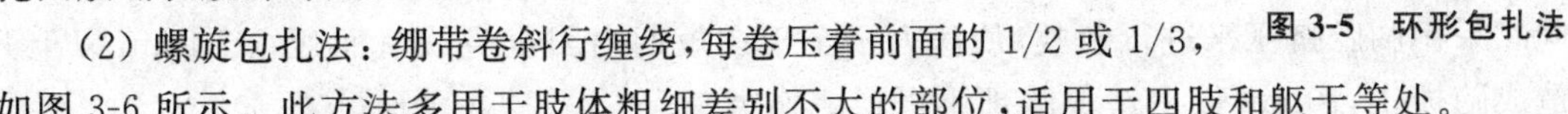

(3) 反折螺旋包扎法：做螺旋包扎时，用一拇指压住绷带上方，将其反折向下，压住前一圈的 1/2 或 1/3，如图 3-7 所示。该方法多用于肢体粗细相差较大的部位，适用于四肢包扎。

(4) "8"字包扎法：多用于关节部位的包扎。在关节上方开始做环形包扎数圈，然后将绷带斜行缠绕，一圈在关节下缠绕，两圈在关节凹面交叉，反复进行，每圈压过前一圈 1/2 或 1/3，如图 3-8 所示。该方法适用于肩、肘、腕、踝、髂、膝、髁等处。

图 3-6　螺旋包扎法

图 3-7　反折螺旋包扎法

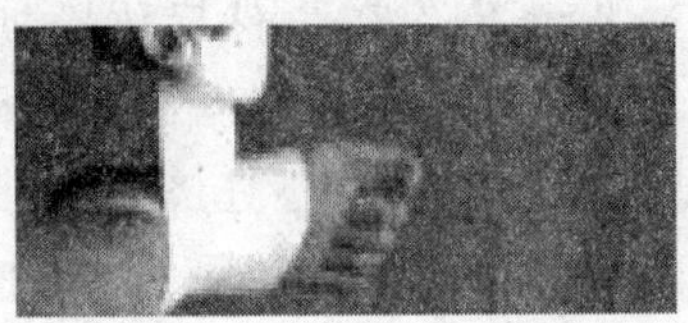

图 3-8　"8"字包扎法

3.3.3　人工呼吸

呼吸是人生命存在的征象。当发生意外伤害、呼吸困难甚至停止时，如不及时进行急救，很快会造成死亡。人工呼吸就是用人为的力量来帮助伤员进行呼吸，最后使其恢复自主呼吸的一种急救方法。人工呼吸的方法很多，有口对口吹气法、俯卧压背法、仰卧压胸法，但以口对口吹气法人工呼吸最为方便和有效。下面介绍口对口人工呼吸的操作方法，如图 3-9 所示。

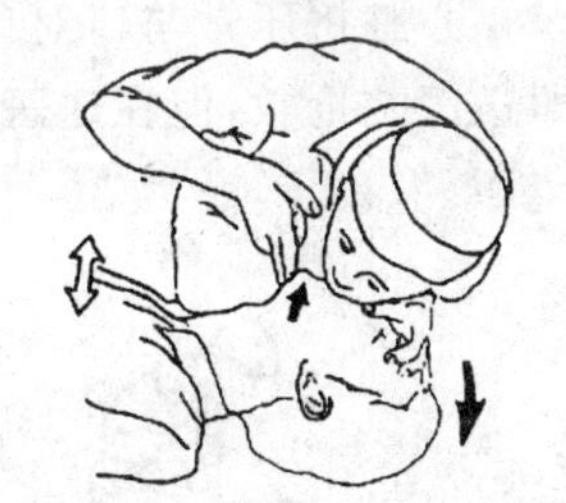

图 3-9　口对口人工呼吸法

病人仰卧，松解衣领，清除病人口鼻中的分泌物和污泥、假牙等，必要时将舌头拉出来，以免舌根后坠阻塞呼吸道。将病人头部后仰，使呼吸道伸展，救护人员将口紧贴病人的口(最好隔一层纱布)，另一手捏紧病人鼻孔以免漏气，先深吸一口气，向病人口内均匀吹气，在病人胸壁扩张后，即停止吹气，让病人胸壁自行回缩，呼出空气。这样反复进行，每分钟进行 16～18 次。如果病人口腔有严重外伤或牙关紧闭，无法进行口对口呼吸，可以用口对鼻呼吸法(将病人口唇紧闭)，直到病人自动呼吸恢复为止。吹气力量的大小，应依病人的具体情况而定。成人每次吹气量应大于 800ml，但不要超过 1200ml，若低于 800ml，通气可能不足，若高于 1200ml，常使咽部压力超过食管内压，使胃胀气而导致呕吐，引起误吸。一般以吹进气后，病人的胸廓稍微隆起为最适宜。

人工呼吸注意事项：开放气道，保持病人呼吸道通畅，松解衣服，防止用力过猛。如有胸肋骨骨折或其他情况，不宜做人工呼吸时，应立即采取其他急救措施。如果呼吸、心跳均停止，应同时进行心脏胸外挤压。

3.3.4 胸外挤压

心脏由于某些临时发生的原因，突然停止搏动或发生心室纤维性颤动，以致不能维持血液循环，尤其是中枢神经的血液供应，应该立即进行正确、积极的复苏抢救，在合并人工呼吸的同时采用胸腔挤压来进行急救，使病人不至于在短期内因全身缺氧而死亡（4min 以上开始造成脑损伤，10min 以上造成脑部不可逆之伤害）。

将病人仰卧于硬板床或地上，头部不要高于心脏水平面，以利于挤压时增加脑部血流，双下肢抬高 15°，利于下肢静脉回流，以增加心脏排血量。术者站（或跪）在病人一侧，左手放在胸骨中下段 1/3 交界处，这个部位相当于两乳头连线的正中间。有口诀曰“中指对凹膛，当胸一手掌”，即将手的中指指头对着病人颈部下方的凹陷处（相当于天突穴位），手掌放在胸廓的正中间，手掌的根部正好是挤压的部位。另一只手压在左手上以助其加压。双手重叠，肘关节伸直，再凭借救护人体重的力量，有节奏地进行挤压使胸廓下陷 4～5cm（成人），儿童下陷 2cm，然后放松，反复进行，每分钟挤压 60～80 次，坚持挤压到心脏恢复自主跳动。挤压速度可根据情况（小儿、老年人，运用上述速度无效）提高到每分钟 100 次左右。目前，有一种胸外心脏挤压器（又称心脏泵），逐渐代替了徒手心脏挤压的功能。

胸外挤压注意事项：进行挤压时不是整个手掌施压，而是手掌的掌根部位用力，力量不宜过大、过猛，部位要准确，局限在胸骨下段 1/3 交界处，范围不可过大，以免压断肋骨、刺伤心肺或扩展到肝脾的破裂损伤。

当心脏胸外挤压有效时，可摸到脉搏的搏动，尤其是颈动脉搏动，会随挤压节律出现。当感觉病人的脉搏已恢复时，表明心复苏成功，可停止心脏挤压，否则继续进行，如图 3-10 所示。

心脏挤压常与口对口人工呼吸同时进行，如图 3-11 所示。当心脏胸外挤压无效时应立即送医院抢救，但在送医院途中不得停止胸外心脏挤压。

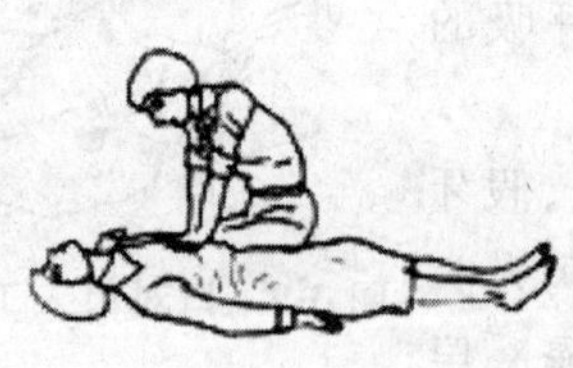

图 3-10　心脏胸外挤压法

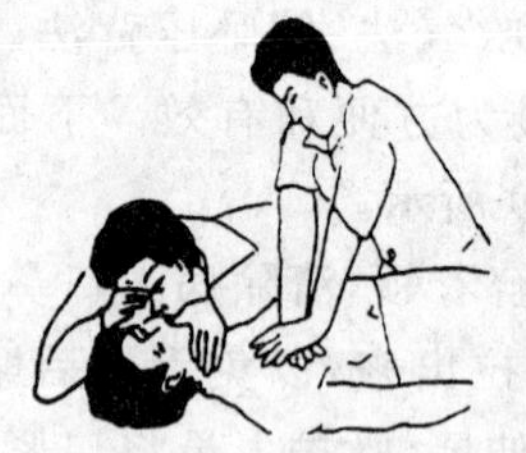

图 3-11　心脏挤压与口对口人工呼吸同时进行

第4章　健康与安全——自然灾害

自然灾害是自然环境中对人类的生命安全和财产构成危害的自然变异和极端事件。在生活中，人类不可避免地会遇到各种各样的灾难，如地震、火山爆发、泥石流、台风、海啸、洪水等突发性灾害。而人类如何来应对和避免这种自然灾害，或将自然灾害的损失降到最低，则必须要求人类把安全放在第一位，让安全成为人们生活方式的一部分，制定具体的个人安全计划，如首先要掌握知识和技能，确保每个人在各项活动中获得所需的安全自救知识，并考虑潜在的灾难，制定急救计划进行急救训练。

4.1　地　震

4.1.1　地震征兆

人的感官能直接觉察到的地震异常现象称为地震的宏观异常。地震宏观异常的表现形式多样且复杂，异常的种类多达几百种，异常的现象多达几千种，大体可分为地下水异常、生物异常、地声异常、地光异常、电磁异常、气象异常等。

1. 地下水异常

地下水包括井水、泉水等。主要异常有发浑、冒泡、翻花、升温、变色、变味、突升、突降、井孔变形、泉源突然枯竭或涌出等。人们总结了震前井水变化的谚语："井水是个宝，地震有前兆。无雨泉水浑，天干井水冒。水位升降大，翻花冒气泡。有的变颜色，有的变味道。"

2. 生物异常

许多动物的某些器官感觉特别灵敏，能比人类提前知道一些灾害事件的发生，例如海洋中水母能预报风暴，老鼠能事先躲避矿井崩塌或有害气体等。至于在视觉、听觉、触觉、振动觉、平衡觉器官中，哪些起了主要作用，哪些起了辅助判断作用，对于不同的动物可能有所不同。伴随地震而产生的物理、化学变化(振动、电、磁、气象、水氡含量异常等)，往往能使一些动物的某种感觉器官受到刺激而发生异常反应。如一个地区的重力发生变异，某些动物可能能通过它的平衡器官感觉到；一种振动异常，某些动物的听觉器官也许能够察觉出来。地震前地下岩层早已在逐日缓慢活动，呈现出蠕动状态，而断层面之间又具有强大的摩擦力，于是有人认为在摩擦的断层面上会产生一种每秒钟几次或十几次、低于人的听觉所能感觉到的低频声波。人对每秒20次以上的声波才能感觉到，而动物则不然。那些感觉十分灵敏的动物，在感触到这种声波时，便会惊恐万状，以致出现冬蛇出洞、鱼跃水面、猪牛跳圈、狗哭狼吼等异常现象。

地震前动物的异常表现有牛、马、驴、骡等惊慌不安、不进厩、不进食、乱闹乱叫、打群架、挣断缰绳逃跑、蹬地、刨地、行走中突然惊跑；蟾蜍(癞蛤蟆)成群出洞，甚至跑到大街小巷；冬眠蛇出洞在雪地里冻僵、冻死，数量增加，集聚一团；成群鱼漂浮、狂游、跳出水面，缸养的鱼乱跳，头尾碰出血，跳出缸外，发出叫声、呆滞、死亡等。

3. 气象异常

人们常形容地震预报科技人员是“上管天，下管地，中间管空气”，这的确有道理。地震之前，气象也常常出现反常。主要有震前闷热，人焦灼烦躁，久旱不雨或霪雨绵绵，黄雾四塞，日光晦暗，怪风狂起，六月冰雹等。例如，浮云在天空呈极长的射线状，射线中心指向的位置就是中心地震的位置，这样的射线云层很容易被人们观察到。

4. 地声异常

地声异常是指地震前来自地下的声音。其声有如炮响雷鸣，也有如重车行驶、大风鼓荡等多种多样。当地震发生时，有纵波从震源辐射，沿地面传播，使空气振动发声，由于纵波速度较大但势弱，人们只闻其声，而不觉地动，需横波到后才有动的感觉。所以，震中区往往有“每震之先，地内声响，似地气鼓荡，如鼎内沸水膨胀”的记载。如果在震中区，3 级地震往往可听到地声。地声是地下岩石的结构、构造及其所含的液体、气体运动变化的结果，有相当大部分地声是临震征兆。掌握地声知识就有可能对地震起到较好的预报预防效果。

5. 地光异常

地光异常指地震前来自地下的光亮，其颜色多种多样，可见到日常生活中罕见的混合色，如银蓝色、白紫色等，但以红色与白色为主；其形态也各异，有带状、球状、柱状、弥漫状等。通常，地光出现的范围较大，多在震前几小时到几分钟内出现，持续几秒钟。我国海城、龙陵、唐山、松潘等地震时及地震前后都出现了丰富多彩的发光现象。地光多伴随地震、山崩、滑坡、塌陷或喷沙冒水、喷气等自然现象同时出现，常沿断裂带或一个区域做有规律的迁移，且与其他宏观、微观异常同步，其成因总是与地壳运动密切相关。且受地质条件及地表和大气状态控制，能对人或动、植物造成不同程度的危害。汶川地震前的疑似地光现象，目前所掌握的地光异常报告，都在震前几秒钟至 1min 左右。如海城地震，澜沧、耿马地震等都搜集到了类似的报告。

6. 地气异常

地气异常指地震前来自地下的雾气，又称地气雾或地雾。这种雾气，具有白、黑、黄等多种颜色，有时无色，常在震前几天至几分钟内出现，有时伴随怪味，有时伴有声响或带有高温。

7. 地动异常

地动异常是指地震前地面出现的晃动。地震时地面剧烈振动，是众所周知的现象。但地震尚未发生之前，有时感到地面也晃动，这种晃动与地震时不同，摆动得十分缓慢，地震仪常检测不到，但很多人可以感觉得到。最为显著的地动异常出现于 1975 年 2 月 4 日海城 7.3 级地震之前，从 1974 年 12 月下旬到 1975 年 1 月末，在丹东、宽甸、凤城、沈阳、岫岩等地出现过 17 次地动。

8. 地鼓异常

地鼓异常指地震前地面上出现鼓包。1973 年 2 月 6 日四川炉霍 7.9 级地震前约半年，甘孜县拖坝区一草坪上出现一地鼓，形状如倒扣的铁锅，高 20cm 左右，四周断续出现裂缝，鼓起几天后消失，反复多次，直到发生地震。与地鼓类似的异常还有地裂缝、地陷等。

9. 电磁异常

电磁异常指地震前家用电器(如收音机、电视机、日光灯等)出现的异常。最为常见的电磁异常是收音机失灵，在北方地区日光灯在震前自明也较为常见。1976 年 7 月 28 日唐山

7.8 级地震前几天，唐山及其邻区很多收音机失灵，声音忽大忽小，时有时无，调频不准，有时连续出现噪音。同样是唐山地震前，市内有人见到关闭的荧光灯夜间先发红后亮起来，北京有人睡前关闭了日光灯，但灯仍亮着不息。

电磁异常还包括一些电机设备工作不正常，如微波站异常、无线电厂受干扰、电子闹钟失灵等。

一旦发现异常的自然现象，不要惊慌失措，要保持冷静，迅速分析情况，因为所有自然灾害的发生都会有一定的征兆，越早发现越好做好逃生准备，就近寻找逃生的工具。

4.1.2　地震自救

(1) 地震时应选择室内结实、能掩护身体的物体下(旁)躲避，如桌子等坚固家具的下面，并紧紧抓牢桌子腿；或选择易于形成三角空间的地方，如炕沿下、坚固家具附近、内墙墙根、墙角、厨房、厕所、储藏室等开间小、有支撑的地方；或选择室外开阔、安全的地方。如在室内没有桌子等可供藏身的场合，无论如何，也要用坐垫、包等物保护好头部。

(2) 摇晃时立即关火，失火时立即灭火。地震时立即关闭正在使用的取暖炉、煤气炉等。即便发生失火的情形，在 1～2min 之内，还是可以扑灭的。为了能够迅速灭火，请将灭火器、消防水桶放置在距离用火场所较近的地方。

(3) 不要慌张地向户外跑。地震发生后，慌慌张张地向外跑，碎玻璃、屋顶上的砖瓦、广告牌等掉下来砸在身上，是很危险的。此外，水泥预制板墙、自动售货机等也有倒塌的危险，不要靠近这些物体。

(4) 将门打开，确保出口。钢筋水泥结构的房屋，由于地震的晃动会造成门窗错位，打不开门。平时要事先考虑到万一被关在屋子里，如何逃脱的方法，准备好梯子、绳索等。

(5) 在室外，要保护好头部，避开危险之处。在繁华街、楼区，最危险的是玻璃窗、广告牌等物掉落下来砸伤人，要注意用手或手提包等物保护好头部。

(6) 在教室、商场、剧场时服从指挥。在商场、地下街等人员较多的地方，最可怕的是发生混乱。请依照商店职员、警卫人员的指示来行动。或选择结实的柜台、商品(如低矮家具等)或柱子边，以及内墙角等处就地蹲下，用手或其他东西护头；避开玻璃门窗、玻璃橱窗或柜台；避开高大不稳或摆放重物、易碎品的货架；避开广告牌、吊灯等高耸或悬挂物。正在上课时，要在教师指挥下迅速抱头、闭眼、躲在各自的课桌下。在操场或室外时，可原地不动蹲下，双手保护头部，注意避开高大建筑物或危险物，不要回到教室。震后应当有组织地撤离。千万不要跳楼，不要站在窗外，不要到阳台上去，必要时应在室外上课。在剧院，就地蹲下或趴在排椅下；注意避开吊灯、电扇等悬挂物；用包等保护头部。

(7) 不使用电梯。在发生地震、火灾时，不能使用电梯。万一在搭乘电梯时遇到地震，将操作盘上各楼层的按钮全部按下，一旦停下，迅速离开电梯，确认安全后避难。高层大厦以及现代建筑物的电梯，都装有管制运行的装置。地震发生时，会自动停在最近的楼层。万一被关在电梯中，请通过电梯中的专用电话与管理室联系、求助。

(8) 汽车靠路边停车，管制区域禁止行驶。发生大地震时，汽车会像轮胎泄了气似的，无法把握方向盘，难以驾驶。必须充分注意，避开十字路口将车子靠路边停下。为了不妨碍避难疏散的人和紧急车辆的通行，要让出道路的中间部分。市中心地区的绝大部分道路将会全面禁止通行。充分注意汽车收音机的广播，如果附近有警察，要依照其指示行事。有必要避难时，为不致卷入火灾，请把车窗关好，车钥匙插在车上，不要锁车门。

(9) 务必注意山崩、断崖落石或海啸。在山边、陡峭的倾斜地段，有发生山崩、断崖落石的危险，应迅速到安全的场所避难。在海岸边，有遭遇海啸的危险。感知地震或发出的海啸警报，注意收音机、电视机等的信息，迅速到安全的场所避难。

(10) 避难时要徒步，携带物品应在最少限度。因地震造成的火灾蔓延燃烧，会出现危及生命、人身安全等情形，应采取避难的措施。避难的方法，原则上以市民防灾组织、街道等为单位，在负责人员及警察等带领下采取徒步避难的方式，携带的物品应在最少限度。绝对不能用汽车、自行车避难。

在发生大地震时，为防止混乱，每个人依据正确的信息，冷静地采取行动，极为重要。

4.1.3 地震逃生训练

学校每学期可以组织全校师生进行1～2次紧急疏散的演习。可以事先告知学生，本周有演习，但学生们具体不知道是哪一天。等到特定的一天，课间操或者学生休息时，模拟地震现场，学校用高音喇叭发出警报：地震了，全校应急疏散演练开始。

首先教室内应急避震演练：信号员发出“地震警报”信号；上课教师(演练时为班主任或辅导员)立即停止授课，转而成为教室演练负责人，立即告知学生“地震了，大家不要慌”。指挥学生迅速抱头、手绢捂嘴，闭上眼睛，躲在各自的课桌下或课桌旁，尽量蜷曲身体，降低身体重心，并尽可能用书包保护头部；最后一排靠里的同学面向墙，蹲在墙角处。演练时间为1分钟；之后，信号员发出解除“地震疏散”信号；老师让学生睁眼抬头，并告知学生“地震已过，现在撤离教室，进入下一步紧急疏散演练环节”。

要求事先规划好每个班的疏散路线，根据不同的教学楼、不同的教室安排不同的楼梯，两个班疏散时合用一个楼梯，每班必须排成单行。每个班级疏散到操场上的位置固定，每次各班级都站在自己的地方。教室里前半部分学生从前门撤离，后半部分学生从后门撤离，每列走哪条通道，要事先安排好。要求2楼、3楼教室里的学生跑得快些，以免堵塞逃生通道；4楼、5楼的学生跑得慢些，否则会在楼道中造成人流积压。学校紧急疏散时，有人计时，不比速度，只讲评各班级存在的问题。

加强平时的演习，一旦地震发生，师生们能以最快、用熟练的方式疏散。如四川安县的桑枣中学，紧临着“5.12”大地震最为惨烈的北川，当汶川大地震发生时，桑枣中学绝大部分学生都在教学楼里上课。当他们感觉到大地的震动时，各个教室里的学生们立刻按照老师的要求钻进课桌下，在第一阵地震波过后，大家又在老师的指挥下立刻进行了快速而有序地紧急疏散。在地震发生后短短1分36秒左右的时间里，全校2323名学生，178名教师从不同的教学楼和不同的教室中，全部冲到操场。地震时，师生正是按照平时演习时的要求、用熟练的方式疏散，确保了所有学生和老师的生命安全。

4.2 火 灾

4.2.1 火灾征兆

火灾分内因火灾和外因火灾。外因火灾一般是突发性的，没有明显预兆。内因火灾先有预兆，如室内温度升高，湿度增加，出现雾气，或墙壁出现水珠；煤在自燃过程中，使空气中的氧含量减少，CO_2 增多并放出 CO 等有害气体，引起人头痛、精神疲乏等慢性中毒现象；室内出现煤油味、汽油味、松节油味或燃煤气味，表明已发展为自燃阶段晚期，很快就会出现烟雾和明火。火灾发生时，烟气会向远处蔓延，看见烟，闻到烧焦东西的煳味是最为常见的征兆，这种煳味往往是塑料、海绵等化工制品燃烧的味道，相当刺鼻难闻，毒性很大。如果同时发生停电，或听到玻璃破碎声，或有人叫"起火啦"等两三种征兆一起出现，这时肯定已经发生了火警，应赶紧逃生。

4.2.2　火灾自救

1. 建筑物内火灾自救

生活中有很多东西可以引发火灾，如家用电器、厨房设备、装修等。一旦失火，应保持镇静，立即拨打"119"报警电话，迅速判断危险源和安全地点，决定逃生的路线。千万不要盲目地跟从人流和相互拥挤、乱冲乱窜。撤离时要注意，朝明亮处或外面空旷的地方跑，要尽量往楼层下面跑，若通道已被烟火封阻，则应背向烟火方向离开，通过阳台、气窗、天台等往室外逃生。下面介绍几种发生火灾时的自救方法。

(1) 绳索自救法：高层、多层公共建筑内一般都设有高空缓降器或救生绳，人员可以通过这些设施安全地离开危险的楼层。如果没有这些专门设施，而安全通道又被堵塞，在救援人员不能及时赶到的情况下，可以迅速利用身边的绳索或床单、窗帘、衣服等自制简易救生绳，并用水打湿从窗台或阳台沿绳缓滑到下面楼层或地面。在下滑过程中，脚要成绞状夹紧绳子，双手交替往下爬，确保安全逃生。

(2) 匍匐前进法：由于火灾发生时烟气大多聚集在上部空间，因此在逃生过程中应尽量将身体贴近地面匍匐或弯腰前进。

(3) 毛巾捂鼻法：火灾烟气具有温度高、毒性大的特点，一旦吸入很容易引起呼吸系统烫伤或中毒，因此疏散中应用湿毛巾捂住口鼻，起到降温及过滤的作用。

(4) 棉被护身法：用浸泡过的棉被、毛毯或棉大衣盖在身上，确定逃生路线后用最快的速度钻过火场并冲到安全区域。但如身上衣服已着火，应赶紧设法脱掉衣服或就地打滚，压灭火苗，最好能及时跳进水中或向身上浇水、喷灭火剂。

(5) 毛毯隔火法：将毛毯等织物钉或夹在门上，并不断往上浇水冷却，以防止外部火焰及烟气侵入，从而达到抑制火势蔓延速度、增加逃生时间的目的。

(6) 跳楼求生法：跳楼逃生，也是一个逃生办法。但应该注意的是，只有消防队员准备好救生气垫并指挥跳楼时，或楼层不高(一般 4 层以下)，不跳楼即烧死的情况下，才采取跳楼的方法。跳楼要有技巧，跳楼时应尽量往救生气垫中部跳或选择有水池、软雨篷、草地等方向跳；若有可能，要尽量抱些棉被、沙发垫等松软物品或打开大雨伞跳下，以减缓冲击力。如果徒手跳楼一定要扒窗台或阳台使身体自然下垂跳下，以尽量降低垂直距离，落地前要双手抱紧头部身体弯曲蜷成一团，以减少伤害。

(7) 管线下滑法：当建筑物外墙或阳台边上有落水管、电线杆、避雷针引线等竖直管线时，可借助其下滑至地面，同时应注意一次下滑时人数不宜过多，以防止逃生途中因管线损坏而致人坠落。

(8) 竹竿插地法：将结实的晾衣杆直接从阳台或窗台斜插到室外地面或下一层平台，两头固定好以后顺杆滑下。

(9) 攀爬避火法：通过攀爬阳台、窗口的外沿及建筑周围的脚手架、雨棚等突出物以躲避火势。

(10) 楼梯转移法：当火势自下而上迅速蔓延而将楼梯封死时，住在上部楼层的居民可通过老虎窗、天窗等迅速爬到屋顶，转移到另一家或另一单元的楼梯进行疏散。切勿进入电梯，因为电梯的供电系统在火灾时随时会断电，或因热的作用电梯变形而使人被困在电梯内，同时由于电梯井犹如贯通的烟囱般直通各楼层，剧毒烟雾会直接威胁被困人员的生命。

(11) 卫生间避难法：当实在无路可逃时，可利用卫生间进行避难，用毛巾紧塞门缝，把水泼在地上降温，也可躺在放满水的浴缸里躲避。但千万不要钻到床底、阁楼、大橱等处避难，因为这些地方可燃物多，且容易聚集烟气。

(12) 火场求救法：发生火灾时，可在窗口、阳台或屋顶处向外大声呼叫、敲击金属物品或投掷软物品，白天应挥动鲜艳布条发出求救信号，晚上可挥动手电筒或白布条引起救援人员的注意。

(13) 逆风疏散法：应根据火灾发生时的风向来确定疏散方向，迅速逃到火场上风处躲避火焰和烟气。

2. 交通工具火灾逃生方法

1) 公共汽车火灾逃生方法

公共汽车火灾的特点是火势蔓延迅猛，人员疏散困难。假若我们乘车外出遭遇火灾，应根据情况采取有效措施。

(1) 如果汽车着火，应立即让驾驶员停车并开启所有车门，使乘客从车门迅速下车。

(2) 如果火焰较小但封住了车门，乘客可用随身衣物蒙住头部冲下车。

(3) 如果车门线路被烧坏，门已无法打开，乘客应用手动方式拉紧急制动阀打开车门，或者砸开就近的窗户进行多方位的有序疏散，切不要争抢，以免堵塞，延误逃生时间。

(4) 如果乘客的衣物被引燃，不要惊恐，应迅速脱下衣服，用脚踩灭火焰或就地打滚，或用其他衣物捂住着火部位，切忌不要带火奔跑，否则会使火势变大。

2) 列车火灾逃生方法

旅客列车是人们日常外出旅游、探亲、工作相对快速便捷的交通工具之一，也是我国客流量最大的交通运输工具，一旦发生火灾，极易造成人员的大量伤亡。乘坐列车遇到突发火灾事故，应注意以下逃生方法：

(1) 保持冷静，不要慌乱，更不能盲目地乱跑乱挤或开窗跳车。从高速行驶的列车跳下不但可能摔伤，而且在开窗的同时会造成风助火势，使得本来可以控制的小火变大。所以一旦发现火情，应趁火势尚小的时候及时扑救，同时立即向乘务员或其他工作人员报告，以便他们根据火灾情况采取应急措施。

(2) 列车在运行中，火受风向影响向列车后部蔓延，所以疏散时应避开火势蔓延的方向。

(3) 如果情况紧急，一时找不到工作人员，旅客可迅速跑到车厢两头连接处或车门后侧拉动紧急制动阀，使列车尽快停下来，或就近取灭火器实施灭火。

(4) 火势较小时，不要开启车厢的门窗，以免新鲜空气的进入加速火势的蔓延。此外，应自觉协助工作人员利用列车上的灭火器材实施扑救。同时，有序地从座位中间的人行过道，通过车厢的前后门向相邻车厢或外部疏散。

(5) 车厢内浓烟弥漫时，应用湿毛巾、口罩、随身衣物捂住口鼻，并尽量低姿行走，防止吸入大量有毒气体而窒息。

(6) 如果车厢内火势较大,应待列车停稳后,打开车窗或者用坚硬的物品击碎车窗玻璃从车窗逃生。

3) 客船火灾逃生方法

客船火灾不同于陆地火灾。发生火灾时,应根据具体情况,选择适当的逃生方法,不应盲目地跟从他人乱跑乱撞,更不可一味等待他人的救援,要积极地利用客船内部设施进行自救和互救,以免贻误逃生时间。

(1) 登船后,首先应了解救生衣、救生艇、救生筏等救生用具存放的位置,熟悉自己周围的环境,牢记客船的各个通道、出入口以及通往甲板的最近路径。客船发生火灾时,一定要充分利用客船内部的内梯道、外梯道、舷梯、缆绳、救生艇、救生筏等,走捷径,在最短的时间内脱离险境。

(2) 如果航行中机舱起火,应在工作人员的引导下向客船的前部、尾部和露天甲板疏散。如果火势蔓延,已无法在船上躲避时,可利用救生绳、救生梯撤离到救援船只上,或穿上救生衣跳进水中逃生。但在跳船时,应选择船的上风舷跳下,若船体已经倾斜,则应从船头或船尾跳下。

(3) 如果客船的前部楼层起火,尚未蔓延至机舱,客船应及时采取紧急靠岸、自行搁浅等紧急措施,使船体保持稳定状态,避免火势向后蔓延。同时,被困人员应迅速向主甲板、露天甲板疏散,然后再借助救生器材向岸上、救生船只或水中逃生。

(4) 如果烟火已经封死了内走道,未来得及逃生,应关闭房门,利用室内床单、衣服等物品隔绝烟气的侵入,延长逃生时间。位于相邻房间,应关闭内走廊的房门,向左右船舷的舱门方向疏散。若大火封锁了通向露天的梯道,如位于着火层以上,应尽快撤离到顶层,然后借助缆绳向下逃生。

4.2.3 火灾急救

根据烧伤的不同类型,可采取以下急救措施:

(1) 采取有效措施扑灭身上的火焰,使伤员迅速离开致伤现场。当衣服着火时,应采用各种方法尽快地灭火,如水浸、水淋、就地卧倒翻滚等,千万不可直立奔跑或站立呼喊,以免助长燃烧,引起或加重呼吸道烧伤。灭火后伤员应立即将衣服脱去,如衣服和皮肤黏在一起,可在救护人员的帮助下把未粘的部分剪去,并对创面进行包扎。

(2) 防止休克、感染。为防止伤员休克和创面发生感染,应给伤员口服止痛片(有颅脑或重度呼吸道烧伤时,禁用吗啡)和磺胺类药,或肌肉注射抗生素,并给口服烧伤饮料,或饮淡盐茶水、淡盐水等。一般以多次喝少量为宜,如发生呕吐、腹胀等,应停止口服。要禁止伤员单纯喝白开水或糖水,以免引起脑水肿等并发症。

(3) 保护创面。在火场,对于烧伤创面可不做特殊处理,尽量不要弄破水泡,不能涂龙胆紫一类有色的外用药,以免影响烧伤面深度的判断。为防止创面继续污染,避免加重感染和加深创面,对创面应立即用三角巾、大纱布块、清洁的衣服和被单等,给予简单而确实的包扎。手足被烧伤时,应将各个指、趾分开包扎,以防粘连。

(4) 合并伤处理。有骨折者应予以固定;有出血时应紧急止血;有颅脑、胸腹部损伤者,必须给予相应处理,并及时送医院救治。

(5) 迅速送往医院救治。伤员经火场简易急救后，应尽快送往临近医院救治。护送前及护送途中要注意防止休克。搬运时动作要轻柔，行动要平稳，以尽量减少伤员痛苦。

4.2.4 火灾逃生训练

启动程序：学校成立火灾逃生演练指挥部，总指挥在学校广播中宣布："老师们，全体同学，学校火灾应急疏散演练马上就要开始，请大家做好准备，各就各位。"紧急疏散演练开始：

(1) 信号员发出"紧急疏散"信号。

(2) 每班靠前后门的两位学生立即把门打开，教师迅速将全班学生分成两路纵队，并指挥其有秩序地出门。

(3) 学生在老师带领下有秩序地从楼梯向下撤离，并按照预定的疏散路线，迅速撤离到事先指定的地点整队。

(4) 撤离次序：先从不安全地带开始，再由底层到高层。每个班级分成两个小组分别从教室的两个安全出口(门)，沿着右墙角边有秩序地进行撤离现场，不抢道、不惊慌。每个被疏散的学生一只手用书包护头、另一只手用袖口捂着鼻子和嘴、猫着腰、不讲话。迅速撤到大操场集合，并就地蹲两分钟(注：在楼梯口负责引导的教师应注意观察学生疏散秩序，负责记录疏散过程中，扰乱秩序或不按规定的学生)。

(5) 搜救组：当学生全部撤离完之后，分组对每个教室仔细地搜查一遍，确认没有人员后向演习总指挥报告。

(6) 撤离后在操场集中排队，各班班长协助教师清点本班同学人数，并及时上报给班主任或辅导员。班主任或辅导员整理并清点本班同学人数，及时上报给现场总指挥。

(7) 医疗救护：对在紧急疏散过程中受伤的学生进行救护，必要时送往医院救助，同学之间可展开自救互救(止血、包扎、人工呼吸等)。演练结束后，各班有秩序地回到教室，班主任老师及时做好总结，以巩固提高学生火灾逃生演练的效果。通过本次演练活动，培养学生遵守纪律、团结协作的精神，提高突发公共事件下的应急反应能力和自救互救能力。

4.3 水 灾

4.3.1 水灾预案

(1) 经常检查学校周边的情况，定期召开安检巡逻人员会议，加强自我防范意识，杜绝意外事故的发生。学校应组织相关人员定期或不定期地对学校周边的山体及水进行巡查。对可能存在的山体松动、水渗漏等情况，巡查人员要及时报告给分管领导及学校主要领导。

(2) 在汛期内，密切关注天气变化，及时关注气象台发布的暴雨预警信息，全面掌握汛情、灾情和各类动态消息，即时了解风情、水情、雨情，进一步检查落实各项防汛应急措施，组建各类防汛抢险队伍，落实抢险物资。

(3) 如遇台风、暴雨、洪潮等恶劣天气，实行 24 小时值班制，并增派人员巡查，加强防范措施，迅速组织人员疏通排水。当有红色暴雨警报讯号时，学校停课；当有黑色暴雨警报讯号时，全面停课，人员撤出，学校留下值班人员进行巡查。

(4) 在出现紧急情况的时候，在场的教师和领导要注意按照应急疏散指示、标志和图示合理正确地疏散学生。

(5) 搞好防汛宣传和安全常识教育，抓好防汛演练。定期对师生加强防范教育，积极开展模拟灾害现场、紧急疏散等形式多样、针对性强的安全教育活动。每学期不少于 3 个课时。

4.3.2　水灾自救

(1) 洪水到来之前，要关掉煤气阀和电源总开关，以防电线浸水而漏电失火、伤人。时间允许的话，赶紧收拾家中贵重物品放到楼上，如时间紧急，可把贵重物品放在较高处，如桌子，柜子或架子上，以免被水浸。

(2) 在洪水到来之前，要采取必要的防御措施，首先要堵塞门的缝隙，如旧地毯、旧毛毯都是理想的塞缝隙的材料，还要在门槛外堆放沙袋，以阻止洪水涌入。

(3) 洪水到来时，来不及转移的人员，要就近迅速向山坡、高地、楼房、避洪台等地转移，或者立即爬上屋顶、楼房高层、大树、高墙等高的地方暂避，如果人在树上，最好用绳子把自己绑在树上，以免犯困时掉下来。

(4) 如洪水继续上涨，暂避的地方已难自保，则要充分利用准备好的救生器材逃生，或者迅速找一些门板、桌椅、木床、大块的泡沫塑料等能漂浮的材料扎成筏逃生。

(5) 如果已被洪水包围，要设法尽快与当地政府防汛部门取得联系，报告自己的方位和险情，积极寻求救援。注意千万不要游泳逃生，游泳会遭电击。不可攀爬带电的电线杆、铁塔，也不要爬到泥坯房的屋顶，因为土墙、土坯房被洪水浸泡后容易坍塌。

(6) 万一被洪水卷走，要尽可能抓住木板、树干等漂浮物，不让身体下沉，等待救援。如果没有东西可抓，千万不要慌，应尽量采取仰卧位，让口鼻露出水面，深吸气，浅呼气，使身体漂浮水面，等待救援机会。

(7) 发现高压线铁塔倾斜或者电线断头下垂时，一定要迅速远避，防止直接触电或因地面“跨步电压”触电。

(8) 洪水过后，要做好各项卫生防疫工作，预防疫病的流行。

4.3.3　水灾逃生训练

为了让学生更深入地了解安全逃生常识，进一步增强安全意识，提高学生在突发事件中的应变能力和逃生本领。学校每学期应该组织学生进行防洪逃生演练。演练程序可类同地震、火灾。学生们在教室里或寝室里，当学校的广播响起：“洪水来了，请各位同学立即做好逃生准备。”同学们在老师、辅导员和寝室管理员的组织下有序地快速离开教室或寝室，到达指定地点、高地或相对安全的地方避洪。医疗救护组在相对安全处待命，对伤者进行救护治疗，同时清点学生人数。

4.4　其他自然灾害的安全与预防

4.4.1　山洪

1. 山洪的形成

最常见的山洪是由暴雨引起的，通常指在山区沿河流及溪沟形成的暴涨暴落的洪水及伴随发生的滑坡、崩塌、泥石流。拦洪设施的溃决也可引发山洪。山洪灾害是指山洪暴发而给人们带来的危害,包括人员伤亡、财产损失、基础设施毁坏及环境资源破坏等。山洪灾害分为泥石流灾害、滑坡灾害和溪河洪水灾害。

2. 山洪的预防

居住在山洪易发区或冲沟、峡谷、溪岸的居民,每遇连降大暴雨时,必须保持高度警惕,特别是在晚上,如有异常,应立即组织人员迅速离开现场,就近选择安全地方落脚,并设法与外界联系,做好下一步救援工作。切不可心存侥幸或救捞财物而耽误避灾时机,造成不应有的人员伤亡。要做到以下预防措施:

(1) 一定要保持冷静,迅速判断周边环境,尽快向山上或较高地方转移;如一时躲避不了,应选择一个相对安全的地方避洪。

(2) 山洪暴发时,不要沿着行洪道方向跑,而应向两侧快速躲避。

(3) 山洪暴发时,千万不要轻易涉水过河。

(4) 被山洪困在山中,应及时与当地政府防汛部门取得联系,寻求救援。

4.4.2 雷电

1. 雷电的形成

伴有雷声和闪电现象的天气,气象上称为雷暴。雷暴天气时,当云层与地面之间的电位差达到一定强度时,就会发生放电现象,闪电击到地面或击中某些物体会造成雷击。据研究,雷击的电流强度通常可达几万安培,温度可达摄氏两万度,如此强大的电流和高温,其危害程度可想而知。

2. 雷电的预防

(1) 在雷雨天,人应尽量留在室内,不要外出,关闭门窗。在室外工作的人应躲入建筑物内。

(2) 尽量不要靠近门窗、炉子、暖气炉等有金属的部位,也不要赤脚站在泥地或水泥地上,脚下最好垫有不导电的物品坐在木椅子上等。不使用无防雷措施或防雷措施不足的电视、音响等电器,不宜使用水龙头。尽量少用电话和手提电话。

(3) 不要在河里游泳或划船,以防雷电通过水介击中人体。

(4) 在野外遇雷雨时,尽快找一低洼或沟渠蹲下,不要在孤立的大树、高塔、岗亭、电线杆下避雨。

(5) 如果在雷电交加时,头、颈、手处有蚂蚁爬走感,头发竖起,说明将发生雷击,应赶紧趴在地上,这样可以减少遭雷击的危险,并拿去身上佩戴的金属饰品和发卡、项链等。一旦有人遭到雷击,应及时进行抢救,救护方法同触电急救相同,及时做人工呼吸和体外心脏按压等,同时急送医院。

(6) 在户外躲避雷雨时,应注意不要用手撑地,应双手抱膝,胸口紧贴膝盖,尽量低下头,因为头部较之身体的其他部位最易遭到雷击。

(7) 在雷雨天气中,不宜在旷野中打伞,或高举羽毛球拍、高尔夫球棍、锄头等;不宜进行户外球类运动,雷雨天气进行高尔夫球、足球等运动是非常危险的;不宜在水面和水边停留;不宜在河边洗衣服、钓鱼、游泳、玩耍。

(8) 在雷雨天气中,不宜快速开摩托、快骑自行车或在雨中狂奔,因为身体的跨步越大,电压越大，也越容易伤人。

4.4.3　浓雾

1. 浓雾的形成

在近低层空气中悬浮大量小水滴或冰晶微粒，使人的视线模糊不清，当事人的水平能见距离下降到1000m以下时，称为雾。雾有等级之分，能见距离小于1000m大于500m时称为轻雾；能见距离不足500m时称为大雾；能见距离不足200m时称为浓雾。

2. 浓雾的预防

(1) 尽量不要外出，必须外出时，要戴上口罩，防止吸入有毒气体。

(2) 尽量少在雾中活动，不要在雾中锻炼身体。

(3) 行人穿越马路要当心，应看清来往车辆。

(4) 驾驶车辆和汽车要减速慢行，听从交警指挥，乘车(船)不要争先恐后，遇渡轮停航时，不要拥挤在渡口处。

4.4.4　海啸

1. 海啸的形成

海啸是指由水下地震、火山爆发或水下塌陷和滑坡等激起的巨浪，在涌向海湾内和海港时所形成的破坏性的大浪。海啸发生在大量海水突然被置换或转移时。形成海啸的原因主要有3个：地震活动、海底山崩、宇宙影响。

(1) 地震活动：地震活动是海啸最主要的原因。在海洋中或在海洋附近，在地震的形成或减弱时都会发生海啸。在地震发生时，海底板块变形，造成海水移位。在地震减弱时，地壳板块之间相互滑动，造成大量的旋流，而引发了大量海水的置换和转移。但破坏性的地震海啸，只在出现垂直断层，震源在海底下50km以内，里氏震级大于6.5级的条件下才能发生。海啸时掀起的狂涛骇浪，高度可达十几米至几十米不等，会形成"水墙"。全球地震海啸发生区的分布基本上与地震带一致。破坏性较大的地震海啸平均六七年发生一次，其中约80%发生在环太平洋地震带上。2011年日本地震海啸就属于此种类型。

(2) 海底山崩：海底山崩也能导致海啸。海底山崩常发生在地震期间或在海底火山爆发时，这些山崩以及地震中落下的沉淀物和岩石也会导致大规模海水的移动，引发海啸。

(3) 宇宙影响：在海洋中，宇宙的影响是最不经常引起海啸的因素。这就好像是向池塘里扔石头，除非扔进大量的石头，否则不会引起海啸。当石块冲击水时，从落水点处向外会引起阵阵微波。在宇宙的影响中，这些微波也会导致大规模的海啸，当海水接近岸边时海啸会增强。

2. 海啸的预防

海啸的预防分为在海啸前和发生海啸时。在海啸前：

(1) 地震海啸发生的最早信号是地面强烈震动，地震波与海啸的到达有一个时间差，正好有利于人们预防。感觉强烈地震或长时间的震动时，需要立即离开海岸，不要靠近海边、江河的入海口，快速到高地等安全处避难。如果听到有关附近地震的报告和海啸预警，要做好预防海啸的准备，即使没有感觉到震动也要立即离开海岸。海啸有时会在地震发生几小时后到达离震源上千千米远的地方，通过收音机或电视等掌握信息，在没有解除海啸警报之前,勿靠近海岸。

(2) 如果发现潮汐突然反常涨落,海平面显著下降或者有巨浪袭来,并且有大量的水泡冒出,都应以最快速度撤离岸边。

(3) 海啸前海水异常退去时往往会把鱼虾等许多海生动物留在浅滩,场面蔚为壮观。此时千万不要前去捡鱼或看热闹,应当迅速离开海岸,向内陆高处转移。

(4) 通过氢气球可以听到次声波的"隆、隆"声。

发生海啸时:

(1) 发生海啸时,航行在海上的船只不可以回港或靠岸,应该马上驶向深海区,深海区相对于海岸更为安全。因为海啸在海港中造成的落差和湍流非常危险,船主应该在海啸到来前把船开到开阔海面。如果没有时间开出海港,所有人都要撤离停泊在海港里的船只。

(2) 海啸登陆时海水往往明显升高或降低,如果看到海面后退速度异常快,立刻撤离到内陆地势较高的地方。

4.4.5 山火

在干燥的天气,尤其在秋冬季节,山火于倾斜的草坡上顺风向上蔓延速度极快,远足者绝不可轻视山火的威力,在任何时间都应小心火种。切勿在非指定的烧烤地点或露营地点生营火煮食;吸烟人士应避免吸烟;烟蒂和火柴必须完全熄灭才可抛弃于垃圾箱内或带走。由于山火于日间比较难以看见,应随时留意飞灰和火烟味。如发现山火,尽快速远离火场。切记山火蔓延速度极难估计,如发现前路山下远处有山火,也不应冒险尝试继续行程,以免被山火所困。遇到山火时应保持镇静,切勿惊慌,并估计以下情况,以便迅速离开火场。

(1) 山火的蔓延方向,避免沿山火蔓延的方向逃走。

(2) 附近小径的斜度,选较易逃走的小径。

(3) 附近植物的高度及密度,选择植物少的地方。沿现有的小径逃生。若山火近在眼前又无路可逃,则应以衣物包掩外露皮肤逃进已焚烧过的地方,这样可减轻身体受伤的机会。如情况许可,切勿往山上走,因会消耗体力。并且勿走进矮小密林及草丛,因为山火在这些地方可能会蔓延得很快而且热力也较高。

(4) 紧急拨打求救电话或发出求救信号。

4.4.6 斜滑的山径

登山或远足时如遇湿滑的石面、泥路或布满沙粒的干噪劣地,容易在下坡时滑倒受伤。在滑倒受伤时,应检查有没有扭伤、擦伤或其他伤势,如较严重应立即进行急救。有时骨折并不容易由表面察觉,若发现伤处红肿或痛楚,伤者可以继续行走,用手杖帮助或队友扶持,不可以强行独自行走,以免加重伤势。在扭伤或行动困难时,利用手机或派人求救,并将伤者移至阴凉而平坦的干爽地面上,用衣物覆盖保温,等待救援人员到达。

4.4.7 山体塌方

暴雨时或经连日大雨,天然或人工斜坡渗进大量雨水后,极易导致山泥倾泻,引发山体塌方。斜坡底部或疏水孔有大量泥水透出时,显示斜坡内的水份已饱和,斜坡之中段或顶部有裂纹或有新形成的梯级状,露出新鲜的泥土,都是山泥倾泻的先兆,应尽快远离这些斜坡。

若遇山泥倾泻阻路，切勿尝试踏上浮泥前进，应立刻后退，另寻安全小径继续行程或中止行程。如队友被山泥掩没，切勿随便尝试自行拯救，要避免更多人遇到伤亡，应立刻通知有关部门准备适当工具进行救援。

4.4.8　迷路

陌生环境、天气不佳或准备不足的情况下，容易导致迷途。选用有明确路标的山径，出发前详细计划行程，都可以减少意外的发生。应留意当天的天气报告，避免在天气情况不佳时进行远足。切记带备必需物品，例如地图、指南针、水、食物、手电筒、雨具、收音机、急救药箱、哨子、手机、记事簿和笔等。应利用指南针及地图设法找出所处位置。设法记忆曾经走过的途径，并经原路折回起点。若不能依原路折回起点，应留在原地等候救援，切勿再往前进，以免消耗体力及增加救援的难度。若决定继续前进，寻路时应在每一路口留下标记，如不能辨认位置，应往高地走，居高临下较易辨认方向，且容易被救援人员发现。切忌走向山涧深谷，因为身处深谷不易辨认方向，向下走时虽容易，但下山危险性高，要再折回高地时也困难，以致消耗大量体力。如果天气寒冷而御寒装备不足、雷雨时或遇到山火，可暂离高地待情况好转时，再到较高位置等候救援。

运动能力篇

第5章 球类运动

球类运动深受广大体育爱好者的青睐，目前也是最为普及的体育项目之一。常见的球类运动主要有篮球、足球、排球、羽毛球、网球、乒乓球等，此外还有高尔夫球、沙滩排球、棒球、垒球、板球、壁球、橄榄球、曲棍球、水球等。

5.1 篮 球

篮球运动是一个由两队参与的球类运动，每队出场5名队员。目的是将球投进对方球篮得分，并阻止对方获得球或得分。可将球向任何方向传、投、拍、滚或运，但要受规则的限制。篮球比赛的形式多种多样，其中最流行的街头三人篮球赛更讲究个人技术。

5.1.1 篮球运动基本概述

1. 篮球运动的起源

篮球运动是由美国马萨诸塞州斯普林费尔德市基督教青年会干部训练学校的体育教师詹姆士·奈·史密斯(J. N. Smith)于1891年发明的。当时他看到当地儿童在做摘桃入筐的游戏，受到启发，发明了投篮游戏。这是篮球运动的雏形，后来又将游戏从室外移至室内，将桃筐悬挂在室内两侧离地面约3.05m高的墙壁上，以篮球代替其他物体向篮筐中投射，展开攻守对抗的比赛。这便是篮球运动的起源。

2. 现代篮球运动发展综述

现代篮球运动是一项集体性、综合性的运动。现代篮球运动吸引并深受世界各国人民喜爱，已经发展成为一项技艺化的国际竞技体育运动，在国际篮球业余联合会指导下，以独特的比赛规则和竞赛方式为追求更高、更快、更强的奥林匹克精神展开对抗、竞争、拼搏，已成为世界上单项体育人口最多的运动项目之一。世界性的国际篮球业余联合会成员有两百多个，是国际单项竞技运动协会中成员最多的组织，由该组织举行的4年一度的国际奥林匹克运动会男、女篮球锦标赛，已成为现代国际体育竞赛引人注目的大型全球性的赛事活动，代表着世界最高水平，汇集着世界最强的队伍和最著名的明星，再加上美国NBA职业联赛，三大赛事已被誉为现代世界最高层次的篮球文化。

5.1.2 篮球运动基本技术

篮球技术是指篮球比赛中运动员为了进攻与防守所采用的专门动作方法的总称，包括移动动作、控制支配球动作和争夺球动作。

1. 移动技术

1) 急停

急停是队员在跑动中突然制动速度的一种动作方法，也是各种脚步动作衔接和变化的过渡动作。比赛中急停多是与其他技术结合在一起运用。

动作要领：

(1) 跨步急停。队员在快速跑动中急停时，先向前跨出一大步，用脚跟先着地过渡到全脚抵住地面，并迅速屈膝，同时身体微向后仰，后移重心。然后再跨出第二步，脚着地时脚尖稍向内转，用前脚掌内侧蹬地，两膝弯曲，身体稍有侧转，微向前倾，重心移至两脚之间，两臂屈肘并自然张开，帮助控制身体平衡。

(2) 跳步急停。队员在中慢速移动时，用单脚或双脚起跳，上体稍后仰，两脚同时平行落地，落地式全脚掌着地，用前脚掌内侧蹬住地面，两膝弯曲，两臂屈肘微张，以保持身体平衡。

练习方法：

(1) 保持基本站立姿势，慢跑两三步接着做跨步急停和跳步急停。

(2) 以稍快节奏跑三五步接着做跨步急停和跳步急停。

(3) 快跑中听或看信号做跨步急停。

(4) 跑动中做接球急停，然后传球。

(5) 运球结束时做急停，接着传球或投篮。

2) 滑步

滑步是防守移动的一种主要方法，它易于保持身体平衡，可向任何方向移动。滑步可向侧、向前和向后进行滑动来阻截对方的移动。

动作要领：

(1) 侧滑步。两脚平行站立，两膝较深弯曲，上体微向前倾，两臂侧伸。向左侧滑步时，右脚前脚掌内侧蹬地，左脚向左跨出，在落地的同时，右脚紧随滑动，向左脚靠近，两脚保持一定距离，左脚继续跨出。在滑步时，要保持屈膝低重心的姿势，身体不要上下起伏，重心保持在两脚之间，眼要注视对手。向右侧滑步的脚步相反。

(2) 前滑步。两脚前后站立。向前滑步时，后脚的前脚掌内侧蹬地，前脚向前跨出一小步，着地后，后脚紧随着向前滑动，保持前后开立姿势。

(3) 后滑步。后滑步动作方法与前滑步相同，只是向后方移动。

(4) 滑跳步(碎步)。多用于外线防守。两脚平行开立，比肩稍宽，两膝保持弯曲。移动时，不停地以前脚掌蹬地，用小而快的步法向左、右、前、后移动。移动时步幅小，保持平步防守姿势，上体不要起伏。

练习方法：

(1) 听和看手势做向左、向右、向前、向后滑步。

(2) 向前滑步变后滑步接侧滑步。

3) 交叉步

交叉步多用于持球突破中，是一种通过一侧脚步的假动作迫使对手重心发生移动而从另一侧超越对手的动作方法。

动作要领：以右脚做中枢脚为例，左脚向前方跨出半步，做向左突破的假动作，当对手重心向右移动时，左脚前脚掌内侧迅速蹬地，向对手左侧跨出一大步，同时上体右转探肩，贴近对手，右脚迅速蹬地跨步，加速超越对手。

练习方法：

(1) 原地徒手或结合球做两种交叉步脚步动作的练习。可在教师的口令下集体做。

(2) 每人一球，利用假动作做交叉步脚步动作的练习，主要体会假动作、蹬跨、转体探肩、推放球加速几个技术环节的衔接和连贯动作。

4) 后撤步

后撤步是变前脚为后脚的一种起步方法。队员为了保持有利位置，特别是当进攻队员向自己前脚外侧持球突破或摆脱时，常用后撤步移动堵截，并与滑步、跑等结合运用。

动作要领：撤步时，用前脚掌内侧蹬地，腰部用力向后转体，前脚后撤，同时后脚的前脚掌碾地，当前脚后撤着地后，紧接着滑步，保持身体平衡与防守姿势。后撤角度不宜过大，动作要迅速，身体不要起伏。

练习方法：

(1) 先让学生在无对抗的情况下自己体会模仿动作，让他们建立自己的初步身体动作。

(2) 采用分解法提高动作的规格。教师向学生示范正确技术的分解动作，让学生在正确动作的表象下模仿，在教师的纠正下逐步提高动作规格，最终掌握准确的后撤步脚步动作。

2. 投篮技术

1) 单手肩上投篮

动作方法：以右手投篮为例，右脚在前，左脚稍后，两膝微屈，重心落在两前脚掌上；右手五指自然分开，翻腕持球的后部稍下，左手扶在球的侧上方，举球于同侧头或肩的前上方，目视球筐，大臂与肩关节平行，大、小臂约成 90°，肘关节内收。投篮时，下肢蹬地发力，身体随之向前上方伸展，同时抬肘向投篮方向伸臂，用手腕前屈和手指拨球的动作将球柔和地从食、中指端投出。球离手时，手臂要随球自然跟送，脚跟提起，如图 5-1 所示。

图 5-1　单手肩上投篮

动作要点：上、下肢协调用力，抬肘伸臂充分，手腕前屈，手指柔和地拨球将球投出，中、食指控制方向。

2) 行进间低手上篮

动作方法：以右手投篮为例，右脚跨出一大步的同时接球，接着左脚跨一小步并用力蹬地起跳，右腿屈膝上抬，身体重心前移，双手向前上方举球。当身体接近最高点时，左手离球，右手外旋，掌心向上托球，并充分向篮球上方伸展，接着屈腕，食、中指用力拨球，通过指端将球投出，如图 5-2 所示。

动作要点：腾空时身体向前上方充分伸展，投篮出手前保持单手低手托球的稳定性，指腕上挑动作要协调。

图 5-2 行进间低手上篮

3）双手胸前投篮

动作方法：双手持球于胸前，肘关节自然下垂，两脚左右或前后开立，两膝微屈，重心落在两脚之间，目视瞄准点；投篮时，两脚蹬地，上肢随着脚蹬地向前上方伸展，两手腕同时外翻，拇指下压，手腕前屈，食、中指用力拨球，使球通过拇指、食指、中指指端投出。球出手后，两手自然向下、向外翻，脚跟提起，身体随投篮出手方向自然伸展，如图 5-3 所示。

图 5-3 双手胸前投篮

动作要点：自然屈肘下垂，投篮时两臂用力均衡，前臂内旋，手指拨球用力与下肢动作要协调一致。

3. 运球技术

1）原地高、低运球

（1）高运球。

动作方法：运球时两腿微屈，上体稍前倾，目平视，以肘关节为轴，前臂自然伸屈，用手腕、手指柔和而有力地按拍球的后上方。球的落点控制在运球手臂的同侧脚的外侧前方，球的反弹高度在腰胸之间，如图 5-4 所示。

图 5-4 高运球和低运球动作

动作要点：手按拍球的部位要合理，手脚要配合协调。

（2）低运球。

动作方法：两腿应迅速弯曲，重心下降，上体前倾，球的落点在体侧，用上体和腿保护球。同时用手腕和手指短促地按拍球的后上方，使球控制在膝关节的高度，两腿用力后蹬，继续快速前进。行进间低运球拍球的部位在球的后上方或后侧方，如图 5-4 所示。

动作要点：重心降低，上体前倾，按拍球短促有力。

2）变向运球

(1）体前单手变向运球。

动作方法：以右手为例，当体前变向时，将球从身体右侧拍向体前中间的位置，再将球迅速拨回右侧，然后按拍球的后上方，左脚向右侧前方跨出，上体右转，侧肩挡住对手，从防守的左侧突破，继续运球前进，如图 5-5 所示。

图 5-5　变向运球

动作要点：身体重心转移迅速，按拍球部位正确、熟练。

(2）体前变向换手运球。

动作方法：以右手为例，运球队员从对手右侧突破时，先向防守者左侧做变向运球假动作。当对手向其左侧移动堵截运球时，运球队员突然按拍球的右后上方，使球经自己体前右侧反弹至左侧前方，如图 5-6 所示。

图 5-6　体前变向换手运球

动作要点：变向时重心降低，用力蹬地，假动作逼真，换手变向要快。

3）胯下运球

动作方法：以右手运球为例，胯下变向时，左脚向左前方跨步的同时，右手按拍球的右侧上方，使球从两腿之间穿过，右脚向左前方跨出，换左手运球继续加速前进，如图 5-7 所示。

图 5-7　胯下运球

动作要点：变向时重心降低，转体探肩，蹬地突然，还原快速有力，换手变向后加速要快。

4）背后运球

动作方法：以右手运球从背后换左手时右脚前跨，右手将球拉到右侧身后，迅速转腕按拍球的右后方，使球从背后反弹至左侧前方，左脚同时向左前方跨步，换左手运球加速前进，如图 5-8 所示。

图 5-8 背后运球

动作要点：拍球的方法正确，变化迅速，跨步及时，重心跟上。

5）运球转身

动作方法：以右手运球为例，变向时，用左脚在前为轴，左后转身的同时，右手将球拉至身体的后侧方，并按拍球落在身体的外侧方，然后换左手运球，加速前进，如图 5-9 所示。

图 5-9 运球转身

动作要点：最后一次运球要用力，转身要迅速，重心不要起伏，按拍球的部位正确，转、蹬、转拍协调连贯。

4. 传接球技术

传接球技术是指在篮球比赛中进攻队员之间有目的地支配球、转移球的方法。它是进攻队员在场上相互联系和组织进攻战术的纽带，也是实现战术配合的工具手段。现代篮球运动要求运动员在比赛中运用传接球技术时应做到隐蔽、及时、多变、准确，巧妙地利用球的转移调动防守，打乱对方的防守部署，创造良好的进攻机会，提高攻击效率。

1）双手接球

动作要领：接球时，要上步伸出双手迎球，两拇指成“8”字形，手指向上，掌心向前似持球状。肩、臂、腕、指肌肉放松。指端接触球时，迅速收臂将球后引至身前或体侧，或将球置于腹前。应特别注意保护球，同时注意保持身体平衡，做好迅速衔接下一个动作的准备姿势，如图 5-10 所示。

图 5-10 双手接球

2）单手接球

动作要领：单手接球时，接球手自然伸出迎球，五指自然分开，手心对球，腕、指放松。指端接触球时，顺球来势迅速收臂领球于身前或体侧，另一只手迅速扶球，保持身体平衡，做好下一个进攻动作的准备姿势，如图5-11所示。

图5-11　单手接球

3）双手胸前传球

动作要领：双手持球于胸腹之间，两肘自然弯曲于体侧，身体成基本站立姿势，眼平视传球目标。传球时后脚蹬地发力，身体重心前移，两臂前伸，两手腕随之旋内，拇指用力下压，食指、中指用力拨球并将球传出。球出手后，两手略向外翻，如图5-12所示。

图5-12　双手胸前传球

4）单手传球

动作要领：单手持球方法与双手持球方法相同。传球时，传球手在短促地前伸小臂的同时，手腕稍向后屈，又急促向前扣，并稍向内翻，同时食、中、无名指用力拨球，将球传出。注意，向前伸前臂只是帮助腕、指发力，动作幅度应减到最小，以便使传球更加突然和隐蔽，如图5-13所示。

图5-13　单手传球

练习方法：

(1) 原地传接球练习。两人一组对面站立，做各种传球练习，也可以对墙练习，并用各种方法接反弹回来的球。间隔距离根据需要由近至远。

(2) 移动传接球练习。两人一组对面站立，一人原地传球，另一人前后、左右移动接球，传接球一定次数后，互相交换练习。两个人也可以在跑动中进行练习。间隔距离根据需要由近至远。

5. 持球突破技术

持球突破技术是持球队员运用脚步动作和运球技术快速超越对手的一项攻击性很强的技术。持球突破不仅能创造良好的个人攻击机会，而且能造成对方犯规，打乱对方的防守部署。持球突破技术动作主要由蹬跨、侧身探肩、推放球和加速等几个环节组成。

(1) 蹬跨。持球队员必须迅速、积极有力地蹬地才能迅速启动突破对手。在突破时，屈膝降低重心并前倾上体，使重心前移，从而提高移动的水平速度。重心前移与积极有力蹬地相互配合，便能达到迅速启动的效果。突破时跨出的第一步要稍大，抢占有力的超越位置，但以不影响前进速度为宜。跨出的脚要落在紧靠对手的侧面，脚尖向着突破方向，以便第二步蹬地加速突破防守。

(2) 侧身探肩。上体前移与侧身探肩同步进行，重心向里靠，内侧手臂前摆，迅速占据空间有利位置，以便于突破对手和保护球。

(3) 推放球。突破前，双手持球于腰胯部位，在侧身探肩的同时将球稍向侧移，同侧手扶球的后上部位，另侧手托球的下部。突破时突然起动蹬地产生初速超越时立即向前下方推放球，要做到球领人，以利于衔接下一个动作和加速推进。

(4) 加速。在完成上述动作之后，若未能摆脱防守，则中枢脚迅速蹬地，加速前进。

蹬跨、侧身探肩、推放球和中枢脚蹬地等环节之间相互衔接，相互促进，快速连贯地完成突破。加速是前3个环节的继续，只有熟练地掌握这几个环节，才能较好地掌握持球突破技术。

持球突破技术分为交叉步持球突破和同侧步持球突破两种。

1) 交叉步持球突破

动作要领：以右脚做中枢脚为例，突破前，两脚左右开立，与肩同宽，两膝微屈，重心控制在两腿之间，持球于胸腹之间。突破时，左脚前脚掌内侧用力蹬地，同上体右转探肩，贴近对手，球移至右手，向左脚右斜前方推放球，右脚用力蹬地跨步，加速超越对手，如图5-14所示。

图 5-14 交叉步持球突破

2) 同侧步持球突破

动作要领：以左脚做中枢脚为例，突破前，两脚左右开立稍大于肩，两膝微屈，重心控制在两腿之间，持球于胸腹前。突破时，右脚向右前方跨出一大步，同时转体探肩，重心前移，右手放球于右脚侧前方，左腿迅速蹬地并向右前方跨出，加速运球超越对手，如图5-15

所示。

练习方法：队员在篮球场内以篮筐为目标，选择一定的位置，做下列动作：

(1)原地持球做瞄篮或虚晃动作，练习控制身体平衡以及投篮和突破相结合的脚步动作。

(2) 做向左、向右、向前方抛球(高度在胸肩之间)，然后用单手领接球跳步急停，再做衔接交叉步或同侧步突破的脚步动作。

(3) 背向篮筐站位，向前、后转身，面对篮后再做交叉步或同侧步突破的脚步动作。

(4) 背向篮筐站位，向侧前方抛球做抢步急停，并衔接前、后转身持球突破的脚步动作。

在以上脚步动作熟练之后，就可以根据上面的动作做持球突破上篮的练习了。

图 5-15　同侧步持球突破

6. 防守技术

防守技术是指队员合理地运用脚步移动和手臂动作积极地抢占有利位置，阻挠和破坏对手的进攻意图和行动，达到夺球反攻的目的所采取的各种专门动作方法的总称。个人防守技术的好坏反映了一名队员的防守能力，个人防守能力是全队防守的基础，只有成功地完成一防一的任务，才能更好地配合防守和完成全队整体防守的任务。

1) 防守有球队员

在比赛中，有球队员通过传球、运球突破、投篮等技术进行攻击。防守队员的主要任务是尽力干扰和破坏其投篮，堵截其运球突破，封锁其助攻传球，并积极地抢、打、断球来争取转守为攻，如图 5-16 所示。

图 5-16　防守有球队员

动作要领：防守有球队员时，防守人应站在对手与球篮之间，使对方、自己和球篮保持在一条直线上。一般对手离球篮近则防守者应离对手近些，离球篮远则离对手远些。还应根据对手的进攻技术特点(善投、善传或善突)以及防守战术的需要调整防守距离。

练习方法：

(1) 半场一对一练习。一人持球进攻,一人防守。进攻队员开始先做准备投篮和突破的动作,让防守队员练习防投、防突的上步、撤步及扬手等动作,然后进攻队员积极进攻,增加防守难度。

(2) 全场一对一练习。进攻者运球突破,防守者被突破后重新站好防守位置,练习继续进行。要求防守队员始终与运球队员保持一臂距离。

(3) 二对二练习。进攻队员可以进行传、突、投、空切等动作,防守队员根据对手持球或不持球的情况进行积极防守。

(4) 四对四练习。在半场,4 个进攻队员站成一个四角形互相传球。防守队员根据球的位置不断地调整位置,练习协防。开始时消极防守,注意协防。

2) 防守无球队员

在比赛中,防守队员绝大部分时间是防守不持球队员,主要任务是不让或少让对手在有效的攻击区内接球,尽可能地抢断传向自己对手或传越自己防守区域的球。

动作要领:防守无球队员时,始终要保持"球—我—他"的选位原则,即防守者的位置始终要位于对手和球篮之间,并偏向有球的一侧,与球和所防对手三者要成钝角三角形,防守者始终位于钝角处,视野范围内一定要有自己所防队员和持球进攻队员。防守者与对手的距离要和对手距球的远近成正比,做到对手近球则近,对手远球则远,人、球、区三者兼顾,控制对手接球。

练习方法:

(1) 防守外线进攻队员摆脱练习。球在圈顶或 45°时,前锋队员或后卫队员向下或向另一侧摆脱后接球,刚开始要消极防守。

(2) 防守内线进攻队员摆脱练习。球在圈顶或 45°时,中锋队员向下线摆脱或在罚球线附近向另一侧摆脱后接球,逐渐加强防守。

7. 抢篮板球技术

篮球比赛中,抢篮板球是获得球权的重要来源之一,是争取主动、战胜对方的重要因素。进攻队抢得篮板球不仅可以增加进攻次数和篮下直接得分的机会,而且可以造成"外投里抢",增强外围队员投篮的信心,提高士气。防守队抢到篮板球不仅能转守为攻,为发动快攻创造有利条件,而且能加重进攻队员外线投篮的顾虑,降低其投篮命中率。

1) 双手抢篮板球

双手抢篮板球的优点是握球牢固,便于结合其他进攻动作;缺点是制高点和控制球的范围不及单手抢球,如图 5-17 所示。

动作要领:起跳到空中时,两臂用力伸向球反弹的方向,身体和手达到最高点时,双手将球握紧,腰腹用力,迅速屈臂,将球下拉置于身前。

练习方法:

(1) 个人练习。自己向头上抛球约 5m,跳到最高点时双手手臂伸直抢球,每组练习 10～20 次。

(2) 两人一组练习。一人向上抛球,另一人做抢球练习,可规定 10～20 次轮换。

2) 单手抢篮板球

处于对手背后或侧面的不利位置时,可采用这种方法。

动作要领:身体在空中充分伸展,达到最高点时手臂伸直,指端触球,用力屈腕屈指迅速握球，前臂随之拉球于胸前，另一手护球，如图 5-18 所示。

练习方法：参照双手抢篮板球的练习方法。

3）点拨球

当遇到对方身材比较高大或者球离身体较远不易获球时，可运用点拨球方法将球点拨给同伴或者自己便于接球的位置。

动作要领：点拨球的要领和单手抢篮板球相似，只是用指端点拨球的侧方或侧下方。也可以先用单手挑拨球的下方，使球远离对手，然后重新起跳，用双手或单手将球接住，如图 5-19 所示。

图 5-17　双手抢篮板球

图 5-18　单手抢篮板球

图 5-19　点拨球

练习方法：

(1) 单人练习。自己将球上抛约 5m，跳到最高点点拨球，注意点拨的方向，之后第二次起跳，单手或双手接球。

(2) 三人练习。两个队员面对面站立，第 3 名队员高抛球，模仿比赛开始时跳球的动作，点拨球后第二次起跳单手或双手接球。每人做 10～20 次，依次轮换。

5.1.3　篮球运动基本战术

攻守战术基础配合是指两三个人之间有目的、有组织的攻守合作行动的配合方法，它是组成全队攻守战术的基础。

1. 进攻战术基础配合

1）传切配合

传切配合是指队员之间利用传球和切入技术组成的简单配合。包括一传一切配合和空切配合。

(1) 一传一切配合。指持球队员传球后，利用快速起动或假动作摆脱防守向篮下切入接回传球的配合。

动作要领：①传球给②，①向左侧做切入假动作，然后突然从右侧切入，侧身接②的回传球上篮或投篮，如图 5-20 所示。

练习方法：练习者分成两组，①组每人一球，①传球给④后向左侧做切入假动作，突然变向从右侧切入接④的回传球投篮，④传球后跟进抢篮板球，①和④交换位置到队尾，依次练习，如图 5-21 所示。

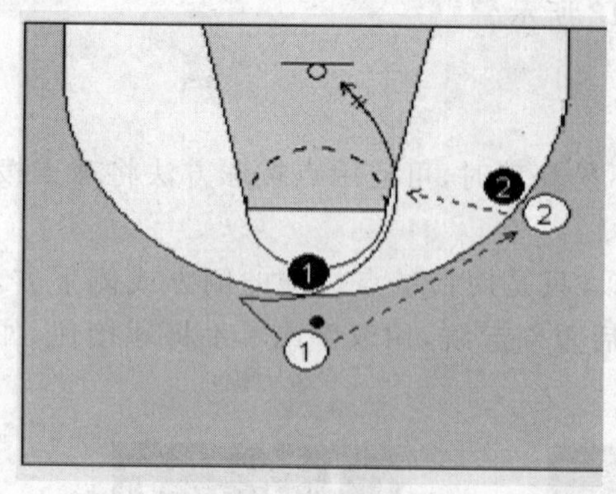

图 5-20 一传一切配合

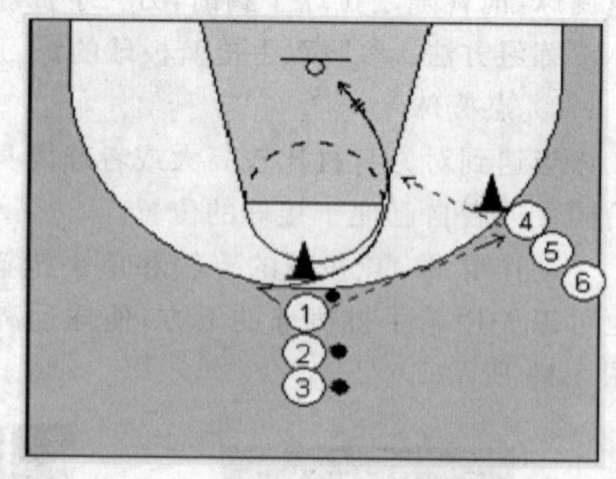

图 5-21 一传一切配合练习实例

(2) 空切配合。指无球队员想办法摆脱对手切向防守空隙区域接球投篮或做其他配合。

动作要领：①传球给②时，③突然横切或沿底线切向篮下接②的传球投篮，如图 5-22 所示。

练习方法：

练习者分 3 组，①组每人一球，①传球给②，①立刻到③队的队尾，①传球的同时③向底线做假动作，然后突然横切接②的传球投篮，②跟进抢篮板球，然后到①队的队尾，③投完篮到②队的队尾，依次练习，如图 5-23 所示。

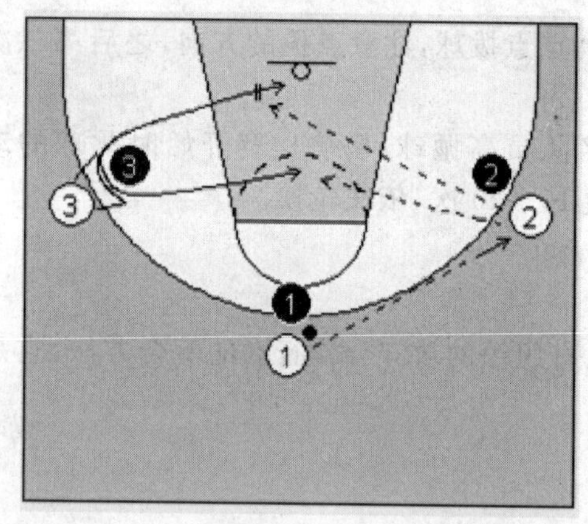

图 5-22 空切配合

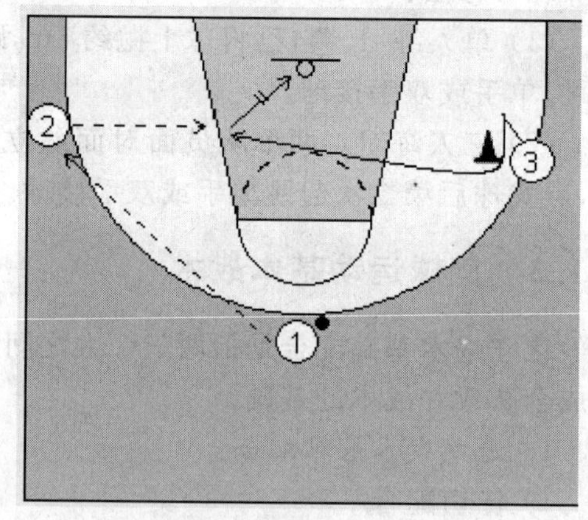

图 5-23 空切配合练习实例

2）突分配合

突分配合是指持球队员突破对手后遇到对方补防时及时将球传给进攻位置最佳的队友进行攻击的配合方法。

动作要领：①运球纵向突破❶，遇到❷补防时及时传球给②进攻，如图 5-24 所示。

练习方法：练习者分两组，④组每人一球，③和⑥防守，①接④的传球后突破，遇到⑥补防时，将球传给④投篮，防守队员抢篮板球交换到队尾，①和④回原位防守②和⑤，依次练习，如图 5-25 所示。

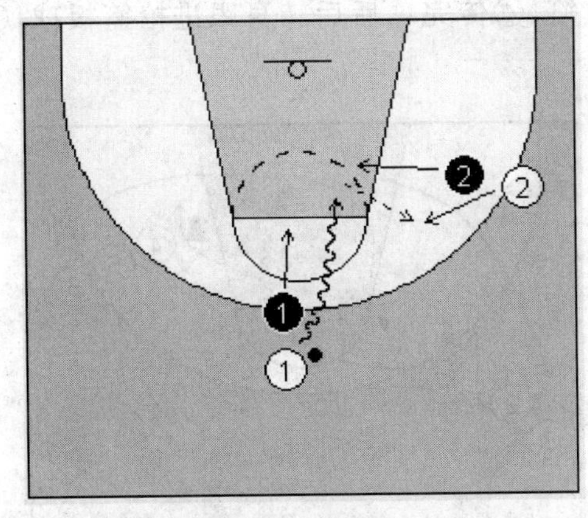
图 5-24　突分配合

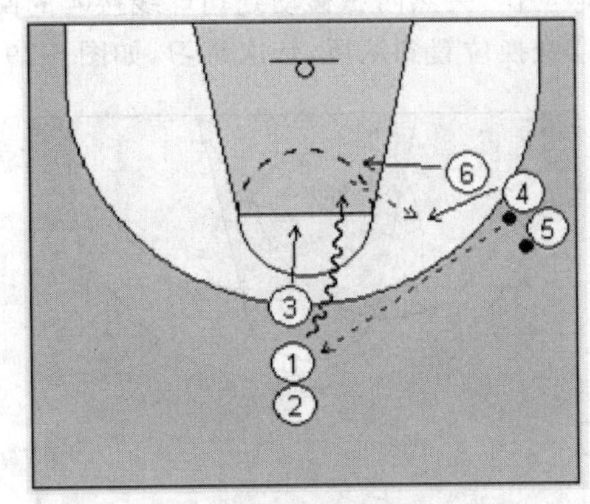
图 5-25　突分配合练习实例

3）掩护配合

掩护配合是指进攻队员选择合适的位置借用自己的身体用合理的技术动作挡住同伴防守者的移动路线，使同伴借以摆脱防守投篮或接球进攻的配合方法。

动作要领：①传球给②后做向右切入的假动作，然后突然移动到❷的身体左侧做侧掩护，②接球后做投篮或向左侧突破的假动作，当①掩护到位后，②立刻从右侧贴着①的身体突破进攻，如图 5-26 所示。

练习方法：练习者分左右两组，③给①做侧掩护，①贴近③的身体从右侧切入，③随之后转身跟进，①和③交换位置到队尾，然后④给②做掩护，依次练习，如图 5-27 所示。

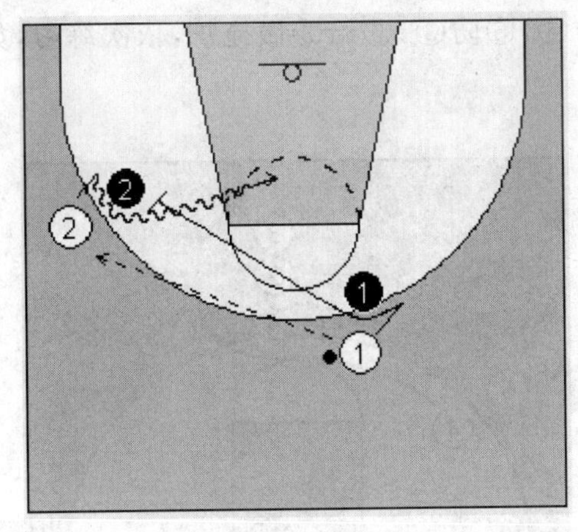
图 5-26　掩护配合

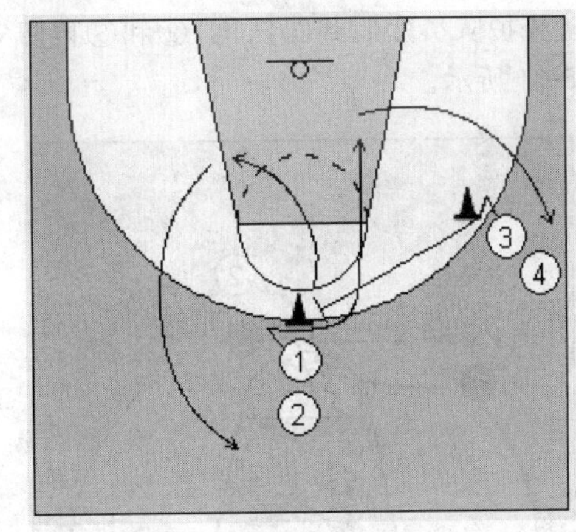
图 5-27　掩护配合练习实例

4）策应配合

策应配合是指进攻队员背对或侧对球篮接球后通过各种方式与外线队员的切入相结合，借以摆脱对手，创造多种进攻机会的配合方法。

动作要领：②传球给跑到罚球线附近的③，突然向右移动，在策应队员③身前与①交叉绕切，③可将球传给绕切的①或②，也可自己投篮，如图 5-28 所示。

练习方法：练习者分成两组，①组每人一球，①传球给踢到罚球线附近的④后做向左切入假动作，突然向右移动到罚球线接④的回传球上篮，④传完球后后转身跟进抢篮板球，①和④交换位置到队尾，依次练习，如图 5-29 所示。

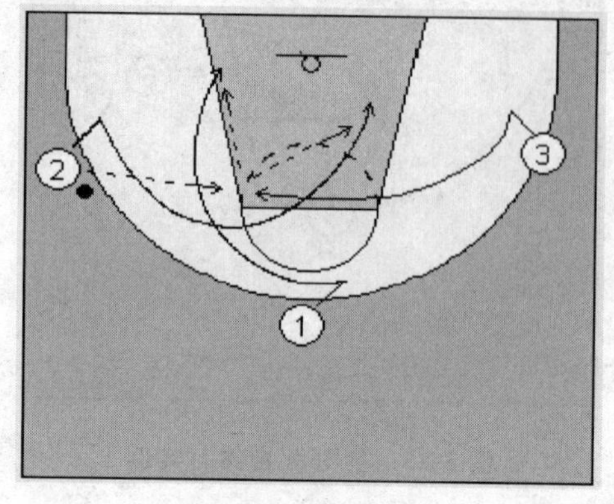

图 5-28 策应配合

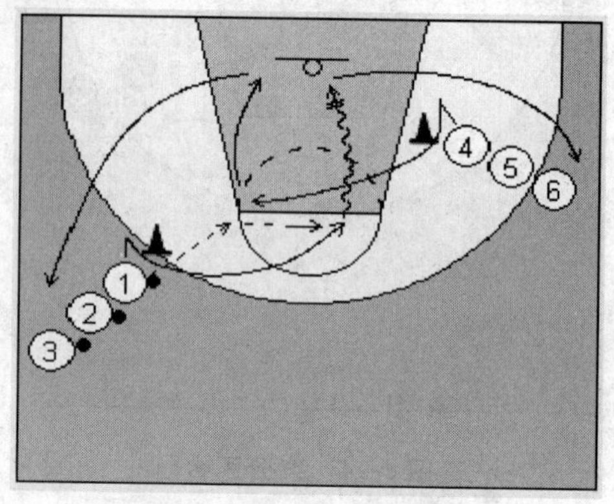

图 5-29 策应配合练习实例

2. 防守战术基础配合

1）挤过配合

挤过配合是指对方进行掩护时，防守队员在掩护队员接近自己的瞬间迅速抢前横跨一步贴近自己的对手，并从两名进攻队员之间挤过去，继续防守自己对手的配合方法。

动作要领：①给②做掩护，当①接近❷的瞬间，❷抢前横跨一步贴近②，并从①和②之间主动挤过去继续防守②，如图 5-30 所示。

练习方法：练习者分成两组，④和①先防守，⑤给②做掩护，①挤过防守后到⑥队尾，④跟随掩护队员然后到③队尾，②和⑤再防守，②防⑥，⑤防③，⑥给③做掩护，依次练习，如图 5-31 所示。

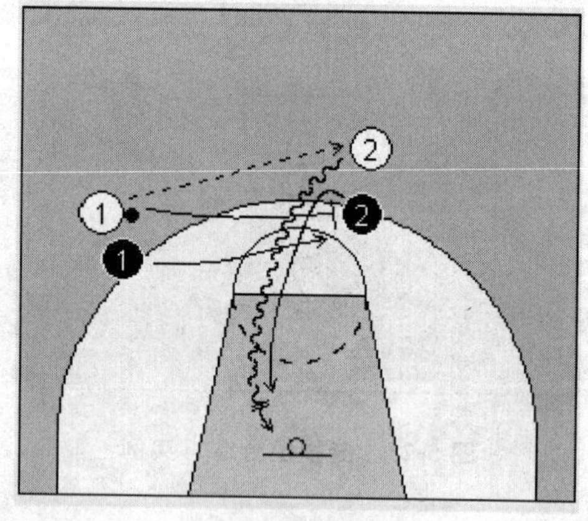

图 5-30 挤过配合

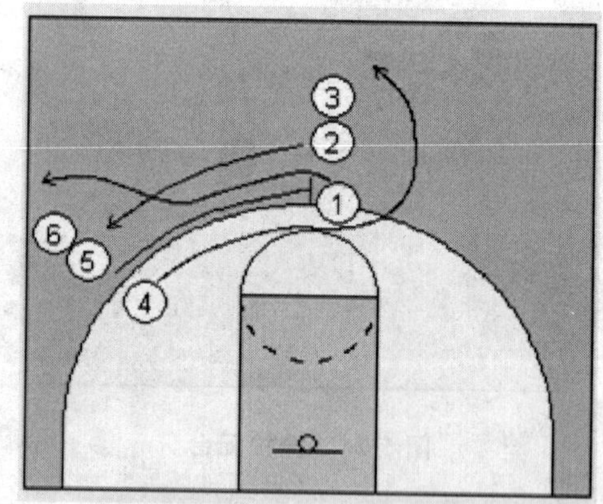

图 5-31 挤过配合练习实例

2）交换配合

交换配合是指对方进行掩护时，防守掩护者的队员及时提醒防守被掩护者的队员主动地交换自己所防对手的配合方法。

动作要领：②传球给①，然后给①做掩护，①运球突破，同时❷提醒❶交换防守并立即防守①，❶立即调整位置防守②，如图5-32所示。

练习方法：练习者分为两组，①和④先防守，⑤给②做掩护，④及时提醒①交换防守，④防②，①防⑤，然后①和④交换位置到队尾，②防⑥，⑤防③，依次练习，如图5-33所示。

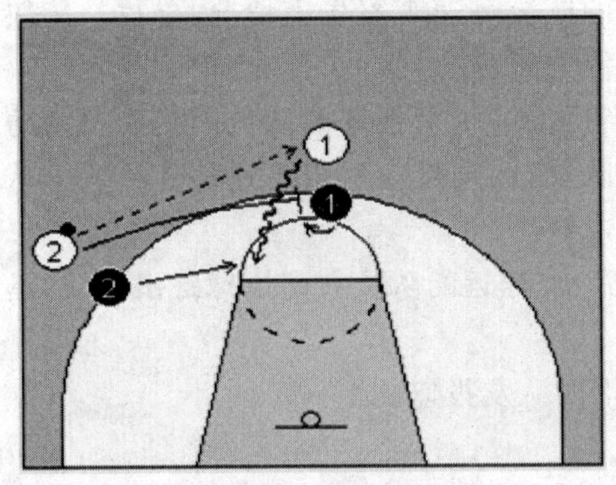

图5-32　交换配合

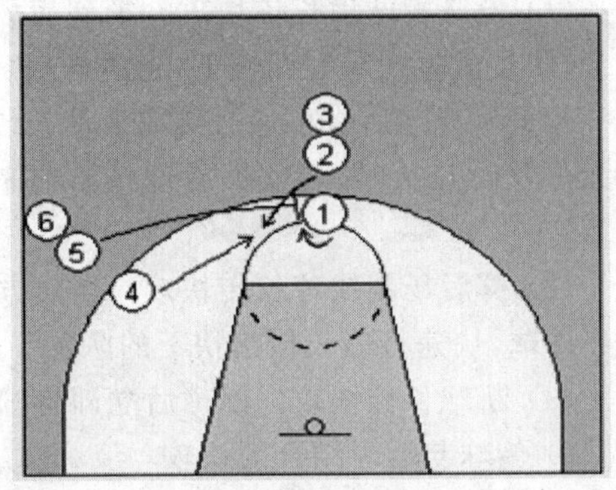

图5-33　交换配合练习实例

3）人盯人防守和区域联防

（1）人盯人防守。

人盯人防守战术是指由攻转守时，全队有组织地迅速退回后场，在半场范围内，每个防守队员负责盯住一个进攻队员，控制其行动，并协助同伴完成全队防守任务的整体防守战术。

人盯人防守有分工明确、责任到位、针对性强、便于掌握等特点。在对抗日趋激烈的现代篮球比赛中，运用人盯人防守战术能有效地破坏对方进攻时的习惯打法，充分发挥个人的防守能力，调动个人的防守积极性。它是防守战术体系中最常用的战术之一。

（2）区域联防。

区域联防是由攻转守时，防守队员迅速退回后场，每一个队员分工负责协同防守一定的区域，随着球的转移而积极地调整自己的位置，形成一定的阵形，把每一个防区的同伴有机地结合在一起所组成的全队防守战术。

现代联防防守战术的特点是，防守队员以防人为主，随着球的转移和进攻队员的穿插移动，不断地选择有利的防守位置，对有球区域以多防少，无球区域以少防多。在防守区域内，其主要任务是监视和限制进攻队员的活动，做到防守为主、人球兼顾。

当对方外围中、远距离投篮较差，内线队员攻击力较强时，运用区域联防能够发挥集体防守的优势，弥补本队个人防守技术的不足，限制对方的内线进攻，减少本方犯规，有利于组织抢后场篮板球发动快攻。区域联防站位阵形有“2-3”、“3-2”、“1-3-1”、“1-2-2”、“2-1-2”5种基本阵形。当前，区域联防战术已经扩大了防区，从单一的固定防守阵形向着综合多变的方向发展，并经常采用轮转换位、紧闭、夹击等手段，形成了“一攻一守”对位区域联防，使区域联防战术更具有针对性、攻击性、综合性等特点。

3. 快攻与防守快攻

快攻是指防守转入进攻时以最快的速度将球推进至前场，争取造成人数上和位置上的优势与主动，果断合理地进行攻击的一种进攻战术。防守快攻是指比赛中由进攻转入防守时，用于阻止和破坏对方使用快攻的防守战术。

1）长传快攻

长传快攻是队员在后场获球后，用一次或两次传球把球传给快下的同伴进行攻击的一种方法。有以下几种方式：

（1）抢篮板球后长传快攻。抢到后场篮板球的队员迅速观察场上情况，寻找长传快攻机会，队友通过判断立即快下，超越防守队员接长传上篮。

抢得篮板球后也可通过接应发动长传快攻，当抢得后场篮板球的队员因受到严密防守而无法及时长传时，可立即将球传给前来接应的队友，队友接应后再迅速长传给快下队员投篮。

（2）掷后场端线球长传快攻。当对方投中篮后，离球近的队员立即捡球跨出端线，迅速掷界外球，快速将球长传给快下的队友投篮。

（3）断球长传快攻。断球后立即将球传给快下的队友投篮。

2）传球与运球结合的快攻

传球与运球结合的快攻分为 3 个阶段。

（1）发动与接应阶段。快攻的接应分固定接应和机动接应两种，固定接应又包括地区固定队员接应、固定地区不固定队员的接应、固定队员不固定地区的接应等形式。机动接应是防守队抢到篮板球后，根据对方的具体情况，将球传给处于有力接应位置的队友。

快攻的发动与接应形式分为：抢篮板球后快攻的发动与接应、断球后快攻的发动与接应、跳球后和掷后场端线界外球快攻的发动与接应。

（2）快攻的推进阶段。快攻的推进阶段是指快攻发动与接应后，至快攻结束前中场配合的阶段。其形式有传球推进、运球推进、传球与运球结合推进等形式。传球推进是队员间运用快速传球向前场推进。这种推进的特点是速度快，对队员行进间传球技术要求高。推进过程中队员要保持纵深队形，无球队员要积极摆脱防守，并准备随时接球，有球队员要准确判断、及时传球，要尽量避免横传球。

运球推进是指接应队员接球后立即快速向前场运球突破。运球推进中要随时观察场上情况，及时将球传给快下的同伴，以免影响快攻的速度。

传球与运球结合推进是根据场上情况，及时快速地向前场推进，机动性较大，在推进过程中能传就不运，不能传要立刻快速运球突破，以保持推进的速度。

（3）快攻的结束阶段。快攻的结束阶段是指快攻推进到前场最后完成攻击的阶段，此阶段是快攻成败的关键。下面介绍两种主要的配合方式以及练习方法。

① 二攻一配合。

练习一：利用快速传球接球投篮。当快速传球推进中的队员遭遇到防守时及时将球传给切入篮下的球员投篮。

练习二：突破分球投篮。快速突破的球员遇到防守阻截时及时将球传给有空位的队友投篮。

② 三攻二配合。

三攻二时，左右两侧快下的队员要拉开，中间队员应占据偏后位置保持三角纵深队形，以扩大攻击面，并根据防守情况选择进攻路线，增加防守的压力。

练习一：当防守队员平行站位时，持球队员中路突破遭遇防守堵截，将球立即传给切入篮下的队友，若这名队员又遇到防守应立即把球传给外线空切进来的队友。

练习二：防守队员前后站位时，一般中路的防守力量比较强，因此进攻队员应从两侧发动攻击，中路持球队员运球推进到前场将球传给翼侧的队友，接球后该队员快速向篮下运球切入，如果遇到防守堵截及时将球传给另一翼侧空切进来的队友。

③ 人数相等时的进攻方法。

在快攻结束阶段处于攻防人数相等时，利用区域的优势在对方立足未稳时进行攻击。在进攻中常用突分、传切、掩护、策应等配合造成局部以多打少的攻击局面。

5.1.4 篮球运动基本规则

1. 比赛场地

比赛场地应是一块长方形、平坦且无障碍物的坚实平面。对于国际篮联主要的正式比赛以及所有新建的比赛场地，其尺寸应是长28m、宽15m，要从界线的内沿测量。篮球运动比赛场地如图5-34所示。

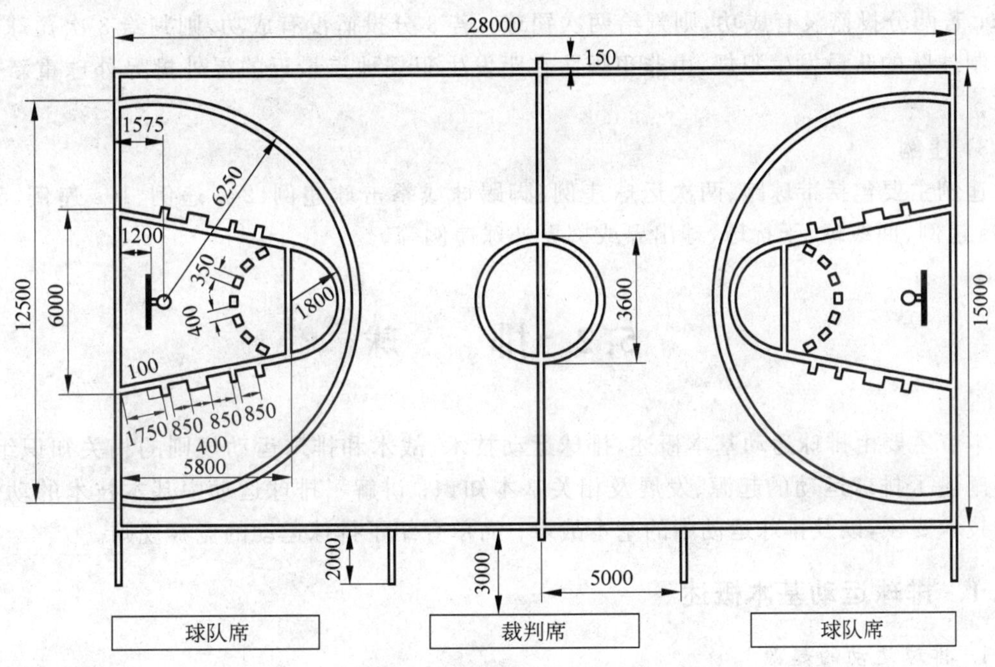

图5-34 篮球运动比赛场地

2. 比赛器材

1）球篮

球篮应由篮圈和篮网组成。篮圈内径45cm，圈材直径最小是1.6cm，最大为2.0cm，篮圈的顶沿距地面3.05m。篮网应系在每一篮圈的12个（围绕篮圈）等距离的位置上。连接篮网的器件不应有任何尖棱或容得手指进入的空隙。网长不短于40cm，不长于45cm。

2）篮球

篮球应是圆形的，为认可的单纯的橙色并带有8瓣按惯例成型的镶片和黑色的接缝。充气后使球从大约1.80m的高度（从球的底部量起）落到球场的地面上，反弹起来的高度在1.20～1.40m之间，球的接缝宽度不得超过0.635cm，球的圆周不得小于74.9cm，不得大于

78cm。重量不得少于567g,不得多于650g。

3. 主要规则

1）技术犯规

主要包括队员的技术犯规和场外人员的技术犯规。

队员的技术犯规是指所有不包括与对方队员接触的队员犯规。场外人员的技术犯规包括教练员、助理教练员、替补队员和随队人员犯规。

2）侵人犯规

犯规是违反规则的行为,含有与对方队员的身体接触或违反体育道德的举止。侵人犯规则是在活球、球进入比赛状态或死球时涉及与对方队员接触的队员犯规,包括阻挡、撞人、背后防守、用手拦阻、拉人、推人、非法掩护等。如果被判侵人犯规,要登记犯规队员一次侵人犯规。如果对没有做投篮动作的队员犯规,由非犯规队在距发生犯规地点最近的界外掷界外球重新开始比赛。如果对正在做投篮动作的队员犯规,若投中篮,要计得分并判给一次罚球；若两分投篮没有成功,则判给两次罚球；若3分投篮没有成功,则判给3次罚球。如果控制球队的队员发生犯规,由非犯规队在距发生犯规地点最近的界外掷界外球重新开始比赛。

3）违例

违例主要包括带球跑、两次运球违例、脚踢球或拳击球违例、24s违例、10s违例、5s违例、3s违例、回线球、干扰球、球出界或掷界外球违例等。

5.2 排　　球

本节主要由排球运动基本概述,排球运动技术、战术和排球运动规则的相关知识组成。主要阐述了排球运动的起源、发展及相关基本知识；讲解了排球运动中基本技术的动作方法和技术要领,以及排球运动中的基本战术；简单介绍了排球运动的竞赛规则。

5.2.1 排球运动基本概述

1. 排球运动的起源

排球运动于19世纪末始于美国。1895年,由美国马萨诸塞州霍利奥克市基督教男子青年会的体育干事威廉·摩根(W.G.Morgan)首创。他认为美国当时流行的橄榄球、篮球等项目运动过于激烈,只适合年轻人参加,不利于多数中老年人参加,于是希望能找到一种运动负荷适当,参加人数多、趣味性高、男女老少皆宜参加的活动方式。摩根先生从网球、篮球等运动中受到启发,他将网球的运动形式加以改造,使其成为一种多人参加的隔网用手直接击球的游戏性活动。并把球网增高到1.98m的高度上,先后用网球、篮球进行了试验,最后制作了外表是皮的,内装橡胶球胆,圆周为63.5～68.5cm,重量为255～340g的历史上第一个排球,与现代排球近似。

它在打法上采用网球的一些技术,规则类似棒球,由9局组成,连胜3分为一局,双方上场人数不限,但必须均等。事后摩根把这种游戏性的活动取名为"Mitonlle",即"小王子"的意思。1896年在春田大学举行会议,进行了历史上的第一次排球比赛,摩根亲自上场做示范，当时场上的人数是 5 对 5。美国普林菲尔德市立学校的艾特哈尔斯戴特博士观看比赛后发现游戏的特点与网球的打法很相似，提议将“小网子”改名为“Volleyball”，有“空中飞球”之意，且多数人都同意。从此，“空中飞球”开始起飞，人们根据 Vollryball 的译音，把“空中飞球”称为“华利波”，并沿用至今。

2. 排球运动的发展

1）排球运动在世界的发展

排球运动问世至今已有一百多年的历史，在这一百多年中，排球运动的发展大体经历了 3 个阶段：从娱乐排球向竞技排球过渡的阶段；竞技排球迅速发展的阶段；竞技排球的多元化和娱乐排球的兴起阶段。

排球运动出现以后，通过教会的传播活动和美国军队的军事与战争活动，传播到了世界各国。由于各地传入排球运动的时间及采用的比赛规则不同，所以其开展该项运动的形式及运动水平的提高程度也不尽相同。1897 年 7 月在美国体育杂志上公开介绍了排球比赛的打法及简单规则，从此排球运动在全美逐渐开展起来。1900 年首先传入邻邦加拿大，1905 传入古巴，1912 年传入乌拉圭，1914 年传入墨西哥。排球运动传入亚洲较早，当排球传入亚洲时，规则尚处于不完善的阶段，亚洲各国均经历了 16 人、12 人、9 人制这一过程，直到 20 世纪 50 年代才引进 6 人排球。1900 年传入印度，1905 年传入中国，1908 年传入日本，1910 年传入菲律宾。

2）排球运动在我国的发展

在我国，排球运动的历史可以追溯到 20 世纪初。自 1905 年排球由美国传教士传入中国，首先是在香港、广州的几所中学中开展，当时称为“队球”。1930 年旧中国第四届全运会之前，经中华全国体育协进会研究，根据其球在空中被来回排击和参加者成排站位这两个特点，将“对球”改成“排球”。

20 世纪 80 年代初，中国女排在主教练袁伟民的带领下，形成了攻防全面、战术多变，以高制亚洲、以快制欧洲的技/战术打法，并在 1981—1986 年创造了举世瞩目的“五连冠”伟业，在世界排球运动发展中为中国写下了最辉煌的篇章。

5.2.2 排球运动基本技术

1. 排球技术概述

排球技术是指在比赛规则允许的条件下，运动员采用各种合理的击球动作和配合动作的总称。排球技术有两种：一种是有球技术，包括传球、垫球、发球、扣球、拦网等；一种是无球技术，包括准备姿势和移动。排球技术主要由手法和步伐两部分组成。

2. 排球基本技术

1）准备姿势与移动

准备姿势和移动是排球基本技术内容之一，又称为无球技术，是完成传球、垫球、发球、扣球和拦网等各项击球技术的前提和基础。准备姿势的目的是为了更好地移动和完成各项击球技术，而快速移动又必须做好准备姿势，以上两者是互相联系、密不可分的。

准备姿势分为稍蹲准备姿势、半蹲准备姿势和深蹲准备姿势 3 类。

(1) 稍蹲准备姿势。

动作方法：两脚左右开立与肩同宽，一脚在前，两膝微屈，身体重心位于两脚之间，并稍靠近前脚，后脚跟稍提起，上体稍前倾，两臂放松，自然弯曲于腹前。两眼注视球，两脚保持微动状态。

技术要领：膝稍屈，重心偏前，脚跟离地，处于微动状态。

(2) 半蹲准备姿势。

动作方法：同稍蹲姿势相似，但两膝弯曲，膝部垂直线前于脚尖。

技术要领：重心低于稍蹲，膝部超过脚尖，身体适当放松。

(3) 深蹲准备姿势。

动作方法：同稍蹲姿势相似，膝部弯曲的程度大于半蹲准备姿势，上体更前倾，重心靠前。

技术要领：重心再降低，身体保持微动状态。

移动分为并步、滑步、交叉步、跨步、跑步和综合步6种。

(1) 并步。两脚前后站立与肩同宽，两膝微屈，上体稍前倾，两臂放松，自然置于胸前。并步时，前脚向来球方向跨出一步，后脚迅速跟上。主要用于近距离的移动。

(2) 滑步。两脚平行站立略比肩宽。向左滑步时，左脚先向左侧迈出一步，右脚迅速跟上做滑步。主要用于来球距离体侧稍远。

(3) 交叉步。两脚左右站立，(向左时)上体稍向左转，右脚从左脚前向左交叉迈出一步，然后左脚再向左侧方向跨出一大步，同时重心移至左脚。主要用于体侧2～3m的来球。

(4) 跨步。两脚前后站立，跨步时一腿用力蹬地，另一腿向来球方向跨出一大步，后腿随重心前移自然跟上，两手做好迎球动作。主要用于来球低、速度快、距离身体1m左右时，如图5-35所示。

图 5-35 跨步

(5) 跑步。跑步时一脚蹬地起动，另一脚迅速向前跟上，两脚交替进行，两臂配合摆动。主要用于球距离身体较远时。

(6) 综合步。两种移动步伐综合运用称为综合移动步伐。主要用于身体离球较远，采用一种步伐不便于完成击球动作时。

2) 发球

发球是比赛的开始，也是进攻的开始。是队员在发球区由自己抛球，用一只手将球直接击入对区的技术动作。准确而有攻击性的发球，不仅可以直接得分，而且还可以破坏对方的进攻和战术组成。

(1) 正面上手发球。

动作方法：

① 准备姿势。两脚自然开立，左脚在前，左手托球于体前。

② 抛球。左手将球抛于右肩前上方，高度适中，同时右臂抬起，屈肘后引，肘与肩平，上体稍向右侧转动。

③ 挥臂击球。利用蹬地使上体向左转动，收腹带动手臂向前上方快速挥动。在右臂伸直的最高点，用全掌击球后中下部，手指和手掌要张开与球吻合，手腕要迅速做推压动作，以使击出的球呈上旋飞行，如图5-36所示。

技术要领：

① 将球平稳上抛高1m。

② 利用上体转动、收腹带动手臂挥动，加速做弧形鞭甩。

图 5-36　正面上手发球

③ 以全手掌击球中下部,手腕向前推压使球呈上旋飞行。

(2) 正面上手飘球。

动作方法:近似于正面上手发球,但抛球稍低、稍靠前。击球时五指并拢,手腕稍后仰,用掌根击球中下部,击球要快,手指手腕要紧张,不加推压动作。击球后,手臂要有急停动作,如图 5-37 所示。

图 5-37　正面上手飘球

技术要领:

① 抛球稍低、略靠前,挥臂轨迹呈直线。

② 用掌根平面击球的中下部,手腕不推压。

③ 手臂击球后要急停。

(3) 勾手发飘球。

动作方法:两脚自然开立,左手持球于胸前。左手将球平稳地抛在左肩前上方。抛球时,右臂向体侧后下方摆动。击球时,右脚蹬地,带动手臂挥动。挥动时手臂伸直,手腕保持紧张,用掌根或半握拳击球的中下部。击球后,手臂挥动要急停,如图 5-38 所示。

图 5-38　勾手发飘球

技术要领：

① 抛球点不宜过高，约在左肩前上方。

② 击球前的手臂挥动应与地面平行用力。

③ 击球时用掌跟平面击球的中下部，击球后要急停。

(4) 正面下手发球。

动作方法：

① 准备姿势。两脚自然开立，左脚在前，两膝微屈，上体稍前倾，重心偏后脚。

② 抛球。左手将球轻轻抛起在体前右侧，离手高约 20cm。

③ 挥臂击球。抛球时，右臂伸直以肩为轴向后摆，借右脚蹬地做转体动作，身体重心随着右臂右后向前摆动而迁移，在腹前以全手掌击球的后下部，如图 5-39 所示。

图 5-39 正面下手发球

技术要领：

① 抛球置于右肩前下方。

② 右臂伸直，以肩为轴，右后向前摆动击球。

③ 利用虎口或掌跟击球的后下方。

(5) 侧面下手发球。

动作方法：队员左肩对网，两脚左右开立，约与肩同宽，两膝微屈，上体稍前倾，重心落在两脚之间，左手将球抛送于胸前，距身体约一臂之远，离手高约 30cm。抛球时，右臂摆至右侧后下方，接着利用右脚蹬地向左转体的力量，带动右臂向前上方摆动，在腹前用全手掌击球的右下方，如图 5-40 所示。

图 5-40 侧面下手发球

技术要领：

① 将球抛在身体正前方，离身体一臂之远。

② 利用蹬地向左转体，带动右臂向前摆动击球。

③ 用虎口或全掌击球的后下方。

(6) 跳发球。

动作方法：发球队员面对球网，站在离端线 3～4m 处，用右手或双手将球抛至右肩前上方，抛球高度约为肩上方 2m 左右，落点在端线附近。随着抛球动作，队员迅速向前做 2～3 步助跑起跳。起跳时，两臂积极自然摆动，挥臂击球动作类似正面扣球，如图 5-41 所示。

图 5-41　跳发球

技术要领：

① 抛球前要向前助跑，两臂自然摆动。

② 击球时，两脚蹬地，胸腹带动手臂向下甩，满掌击球，落地稳。

3) 垫球

垫球是指通过手臂或手的坚硬部位的垫击动作，使来球从垫击面上反弹出去的一项排球的基本技术。主要用于接发球、接扣球、接拦回球，有时也用于组织进攻。垫球技术按动作方法分为：正面双手垫球、体侧垫球、背垫球、挡球、滚翻、前扑、鱼跃垫球等。垫球技术按用途可分为接发球、接扣球、接拦回球、接其他球等。

(1) 正面双手垫球。两脚开立略比肩宽，成半蹲姿势站立，两手掌根相靠，手指重叠，两手手指平行向前，手腕下压，两前臂外翻成一个平面，当球飞到腹前一臂距离时，两臂夹紧前伸，插到球下，向前上方蹬地抬臂，迎接来球，如图 5-42～图 5-44 所示。

图 5-42　正面双手垫球

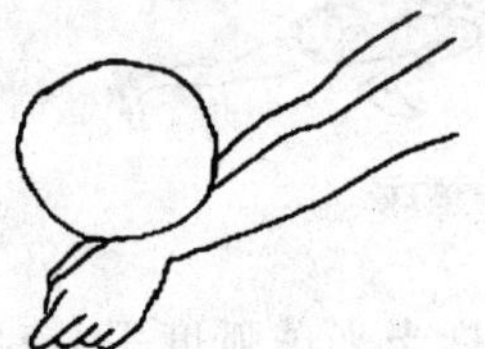

图 5-43　击球部位

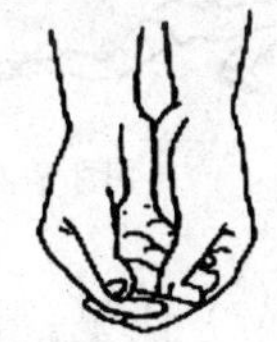

图 5-44　击球手形

(2) 体侧垫球。当球从左侧飞来时，右脚前掌先内侧蹬地，左脚向左跨出一步，重心随之移到左脚上，保持两膝弯屈，同时两臂夹紧向左伸出，右肩微向下倾斜，用向右转腰和收腹动作，配合两臂自左后方向前截住球飞行的路线，用两前臂垫击球的后下部，如图 5-45 所示。

图 5-45　体侧垫球

(3) 背垫球。背垫时，要判断好来球的方向，迅速移动到球的落点处，背对出球方向，两臂夹紧伸直，插在球下。击球时，蹬地抬头挺胸，展腹后仰，直臂向后上方摆动抬送，如图 5-46 所示。

(4) 单手垫球。当来球较远，来不及用双手垫球时，可采用单手垫球。这种垫球动作快，手臂伸得远，击球范围大。但由于触球面积小，控球能力比双手垫球能力差。单手垫球可采用虎口、掌跟、手臂及前臂内侧击球，运用单手击球时，可结合各种移动步伐来击球，如图 5-47 所示。

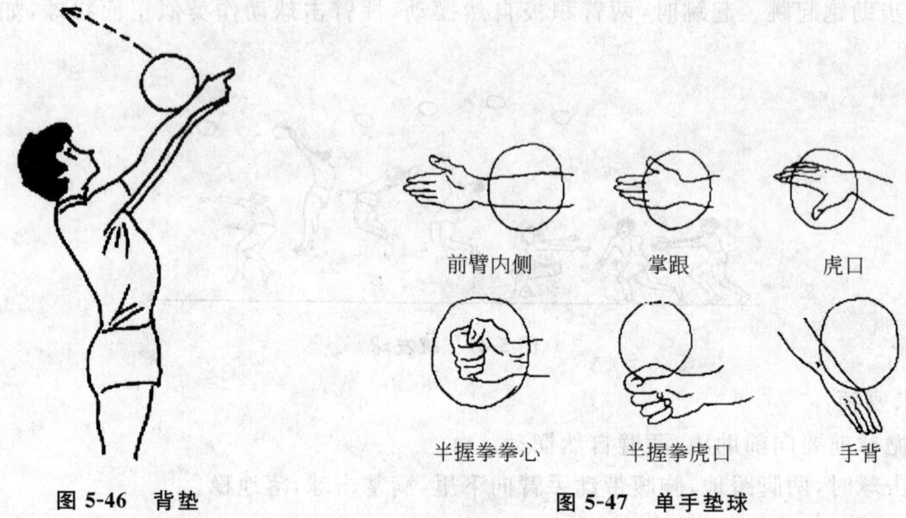

图 5-46　背垫　　图 5-47　单手垫球

（5）跨步垫球。跑步垫球是指当来球低而远时，可向前跨出一大步，屈膝制动，重心落在跨出的腿上，上体前倾，两臂插入球下，用前臂垫击球的后下部，如图 5-48 所示。

（6）低姿垫球。低姿垫球是指来球较低，队员需要深蹲降低身体重心，双手贴近地面向上垫击。一般可以分为低蹲垫球、半跪垫球和全跪垫球 3 种。该方法适用于来球在身体附近或较低部位时。如图 5-49 所示为半跪垫球。

图 5-48　跨步垫球　　图 5-49　半跪垫球

（7）让垫。让垫是指当来球弧度平、速度快、前冲而追胸时，队员将身体向后侧移动，正面避开来球的飞行路线，让球飞向体侧，用体侧垫球的方法将球垫起。

（8）侧卧垫球。侧卧垫球是指来球在队员体侧，且远而低，身体需向侧伸展。击球前，以同侧脚向来球方向跨出一大步，身体重心落在跨出的腿上，臀部下降，两臂向下方直插球下，同时身体向内侧转动，使臀部、背侧依次倒地，如图 5-50 所示。

图 5-50　侧卧垫球

(9) 前扑垫球。前扑垫球是指当队员来不及接前方或斜前方的低远球时，身体向前下方扑出，同时两臂前伸插入球下，用两臂将球垫起。击球后，两手迅速着地，两肘顺势弯屈以缓冲身体重力。

(10) 滚翻垫球。当来球距身体远且低时，可采用滚翻垫球，如图 5-51 所示。

图 5-51　滚翻垫球

(11) 鱼跃垫球。鱼跃垫球是指以鱼跃姿势腾空跃起体前垫球的方法，当来球低且远时运用较多，如图 5-52 所示。

图 5-52　鱼跃垫球

(12) 脚垫球。脚垫球是指用脚将球击起的垫球方法，是一项应急技术，是排球技术中手击球动作的补充技术，是在来球用手无法触及迫不得已的情况下才使用的。

4) 传球

传球是指在胸部及以上部位用双手(或单手)借助蹬地、伸臂动作，通过手腕手指的弹击力量来完成的击球技术动作。传球按照传球方向一般可以分为正面传球、背传球、侧传球和跳传球。

(1) 正面传球。正面传球是指面对目标的传球，是最基本的传球方法，其控球面积大，传球的稳定性和准确性较高。

动作方法：两脚开立，与肩同宽，两膝微屈，两臂屈肘自然抬起，放松置于脸前，手腕稍后仰，十指张开成半球形，两拇指相对成"一"字形。当来球时，全身协调用力，蹬地，伸膝，伸腰，手指手腕屈伸，使两手迎向来球。最重要的是，利用伸臂和手腕手指的紧张和球压在手指上产生的反弹力将球传出去，如图 5-53 所示。

(2) 背传球。背传球是指背对传球目标。因背传可以变化传球路线，迷惑对方，在比赛中常采用。

动作方法：上体稍后仰，双手自然抬起置于脸前，微微仰头挺胸，触球时手腕后仰，掌心向上，拇指托在球下利用蹬地、挺胸、展腹、抬臂、伸肘和指腕的弹力，把球向后上方弹出，如图 5-54 所示。

图 5-53　正面传球　　图 5-54　背传球

(3) 侧传球。

动作方法：同正面传球一样，但击球点应偏向传出方向的一侧，上体和双臂向传球方向一侧伸展，异侧手臂动作的幅度应大些，伸展的速度也应快些，如图 5-55 所示。

(4) 跳传球。跳传球是指运动员在空中跳起传球。跳传可加快进攻的节奏，具有较强的隐蔽性，在比赛中也多采用。

动作方法：起跳最好是向上垂直跳起，不宜向前或向侧跳起，起跳在空中后，双臂上摆置脸前，身体在空中保持平衡，当身体升到最高点时，靠伸臂动作和手腕手指的弹力将球传出，如图 5-56 所示。

图 5-55 侧传球

图 5-56 跳传球

5) 扣球

扣球是指队员利用起跳，将高于球网上沿的球用力地扣入对方区域的一种击球的方法，是排球中攻击性最强的一项技术。扣球一般可分为正面扣球、勾手扣球、单脚起跳扣球、吊球、快球和自我掩护扣球等。在此以正面扣球为例进行介绍。

(1) 准备姿势。队员站在离球网 3m 左右处，观察来球，做好向各个方向助跑起跳的准备。

(2) 助跑。助跑时左脚先向前迈出一步，紧接着跨出右脚，左脚及时并上，踏在右脚之前，两脚尖稍向右转，两臂绕体侧向上摆。

(3) 起跳。助跑跨出最后一步，挺胸展腹，上体稍向右转，随着双腿蹬地向上起跳，两臂配合起跳有力地向上摆动，如图 5-57 所示。

(4) 空中击球。挥臂时，转体收腹，依次带动肩、肘、腕关节向前上方成鞭甩动作挥动。击球时，五指微张，以掌心为主，在手臂伸直的最高点击球的后中部，手腕要推压，使球向前下方旋转飞行，如图 5-58 所示。

图 5-57 正面扣球起跳

图 5-58 空中击球

(5) 落地。完成击球动作后，身体同时顺势屈膝、收腹自然下落。

6) 拦网

拦网是指队员用腰部以上身体的任何部位，在球网附近高于球网上沿，试图阻拦击过来的球，并触及球。拦网可以直接拦死、拦回对方的球，是防守的第一道防线，也是反攻的重要环节。拦网分为单人拦网和集体拦网两种形式。

(1) 单人拦网。

动作方法：

① 准备姿势。面对球网，两脚开立与肩同宽，两膝弯屈，上体稍前倾，重心落在两脚之间和两前脚掌上，两臂自然放松屈于胸前。

② 移动。根据不同情况，采用不同步法，迅速移动到位。

③ 起跳。移位后立即制动，起跳时，两腿屈膝，重心降低，随即两脚用力蹬地。两臂以肩发力，以大臂为半径，在体侧做屈臂小弧形摆动，两臂随之上举，身体充分伸展向上腾起。

④ 空中动作。起跳后，两手臂向上伸直，两手之间的距离应以不漏球为宜。拦网时，向上提肩，手臂尽量上伸，两手指紧张，拇指、小指尽量外伸，并且尽可能地包住球，手腕下压盖在球的前上方。

⑤ 落地。拦球后，手臂要先后摆或上提，从网上收回至本方上空，以免触网。同时，屈膝缓冲，双脚落地，随即转身面向后场，准备下一个接球。

(2) 集体拦网。

集体拦网除上述个人拦网技术的要求外，应着重注意互相协作配合。集体拦网可分为双人拦网和三人拦网两种。双人拦网主要在对方大力扣球时采用。三人拦网多在对方扣球进攻力强的情况下运用，关键在于移动迅速，取位恰当，配合密切。

5.2.3 排球运动基本战术

1. 排球战术的分类

排球战术可分为个人战术和集体战术两大类，如图 5-59 所示。

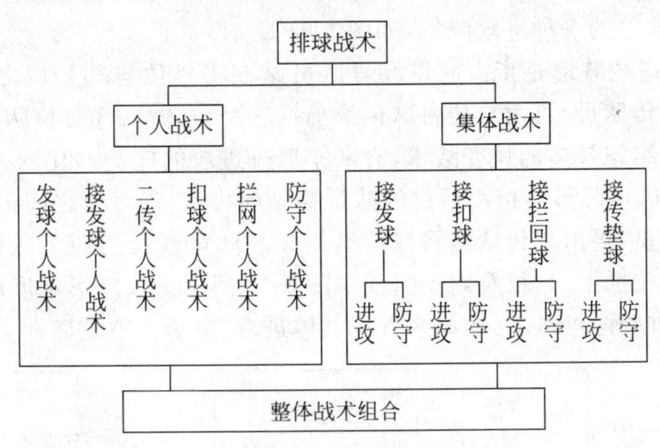

图 5-59　排球战术分类

2. 阵容配备

阵容配备是指在比赛时，从本队的实际情况出发，把全队的力量合理搭配组织起来，最大限度地发挥每一个队员的技术、战术特长。根据各队不同的技术水平和战术特点，阵容配备一般分为3种形式，如图5-60所示。

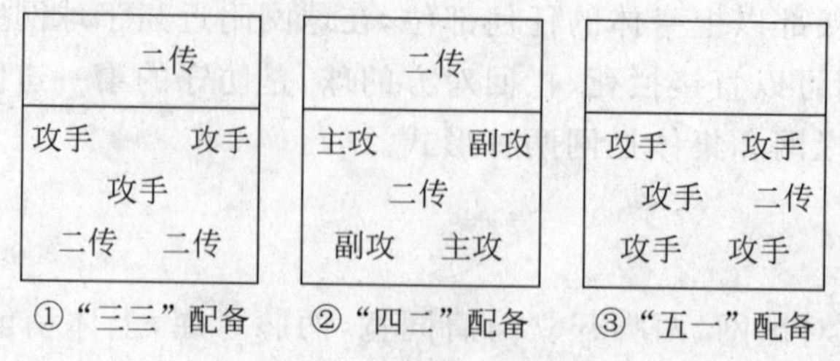

图5-60 阵容配备形式

(1)"三三"配备：由3名进攻队员和3名二传队员组成。站位时，一名进攻队员间隔一名二传队员。多适用于水平较低的球队。

(2)"四二"配备：由4名进攻队员和两名二传队员组成，他们分别站在对角的位置上。优点是便于组织前排二传的两点进攻和后排二传插上传球的三点进攻。但缺点是前排进攻点相对较少，隐蔽性差。

(3)"五一"配备：由5名进攻队员和一名二传队员组成。其优点是加强了拦网和前排进攻力量，全队只需适应一名二传队员的技术特点，容易建立默契。缺点是当二传队员轮转到后排时，影响前排进攻。多适用于水平较高的球队。

3. 交换位置

交换位置是为了最大限度地发挥每个队员的特长，调动一切积极因素，加强攻防力量，同时，弥补由于队员身体技术发展不平衡所带来的某些缺陷。

4. 进攻战术

进攻战术是指在接过对方发、扣、拦、垫过来的球后，全队所采取的有目的、有组织的配合进攻行动。

(1)"中二三"进攻阵形是由前排③号位队员担任二传，其他队员将球垫传给二传队员，再由二传队员将球传给前排④号位队员、②号位队员或后排③名队员进攻。该阵形是排球战术中最基础、最简单的一种进攻阵形，如图5-61所示。

(2)"边二三"进攻阵形是指由前排②号队员站在①号位与③号位之间担任二传，其他队员将球传垫给二传队员，再由二传将球传给前排④号位队员、③号位队员或后排③名队员进攻。该阵形可以组织较多的快变战术，有利于后排进攻的掩护，如图5-62所示。

(3)"插三二"进攻阵形是指由后排的队员插到前排②、③号位之间担任二传，其他队员将球传垫给二传队员，再由二传队员将球传给前③名队员或后排两名队员进攻。方法有①号位、⑥号位、⑤号位插上，站位及跑动路线如图5-63所示。该阵形可形成多种互相掩护的战术配合，加上后排的两点进攻，形成多方位立体进攻，突破对方的防线。

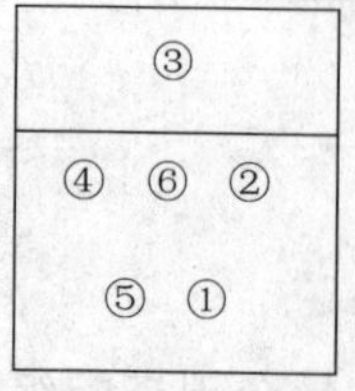

图5-61 "中二三"阵形

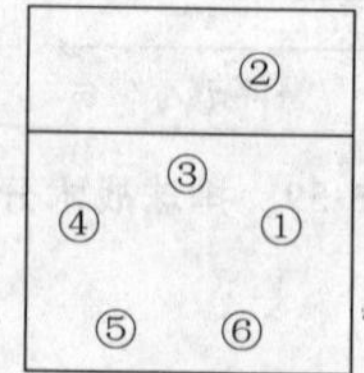

图5-62 "边二三"阵形

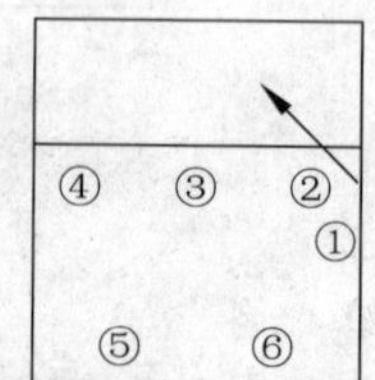

图5-63 "插三二"阵形

5. 防守战术

排球的防守战术是组织进攻或反攻(或反攻战术)的基础,没有严密的防守,进攻就无从发挥。而一切防守战术都应从积极为进攻和反攻创造条件的角度进行设计和考虑。

1) 接发球的防守战术

站位的阵形,不仅要有利于接球,还要有利于本方所采用的进攻战术。同时,还要根据对方发球的特点,采取不同的阵形。通常采用 5 人接发球和 4 人接发球。

(1) 5 人接发球站位阵形：除 1 名二传队员站在网前或从后排插上准备二传不接发球外,其余 5 名队员都担负一传任务的接发球站位阵形。优点是队员均衡分布,每人接发球的范围相对减小,组织进攻比较方便,适合接发球水平不太高的球队。其缺点是相对距离远,不利于⑤号队员插上、③号队员快攻、队员间相互换位,如图 5-64 所示。

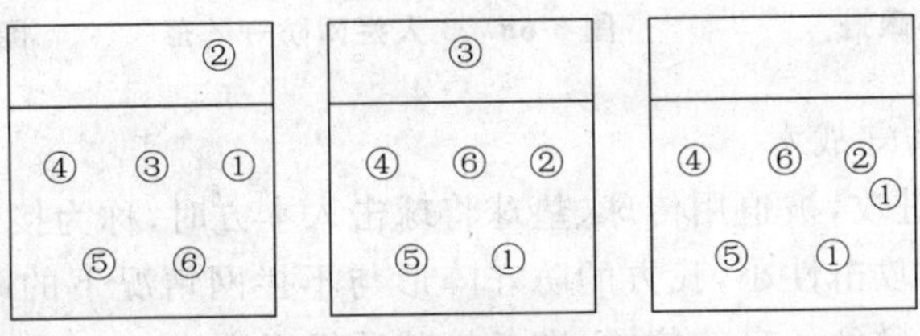

图 5-64　5 人接发球站位阵形

(2) 4 人接发球站位阵形：插上二传队员与同列的前排队员均站在网前不接发球,其他 4 人站成弧形接发球的站位阵形。其优点是便于后排插上和不接发球的前排队员及时换位；缺点是对接发球的 4 人要求有较高的判断、移动能力和掌握较好的接发球技术。

2) 接扣球的防守战术

接扣球的防守战术是前排拦网与后排防守的整体配合,根据对方进攻情况、本队队员特长、防守后的反攻打法,一般可分为不拦网、双人拦网和 3 人拦网的防守阵形。

(1) 不拦网防守阵形：对方进攻较弱,没有必要进行拦网时,可采用不拦网的防守阵形。这种阵形与 5 人接发球站位阵形相似,如图 5-65 所示。

(2) 单人拦网防守阵形：当对方扣球威胁不大、扣球路线变化不多、轻打中吊球较多时,可以主动采用单人拦网的防守阵形,如图 5-66 所示。

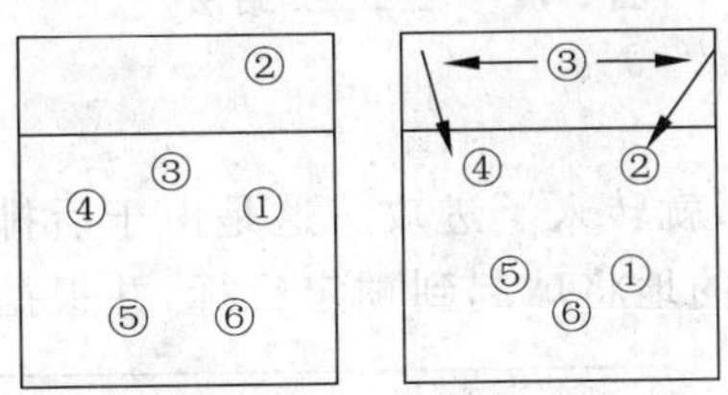

图 5-65　不拦网阵形

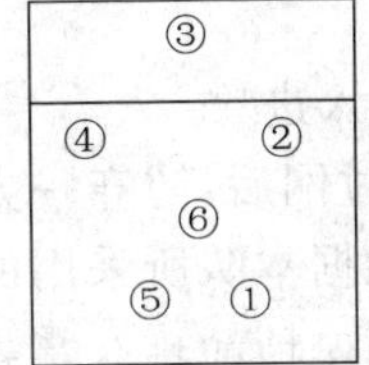

图 5-66　单人拦网的防守阵形

(3) 双人拦网防守阵形：对方水平较高、进攻力量较强、进攻路线变化较多时,多采用这种防守阵形,即两人拦网、4 人接球。该阵形通常分为“边跟进”和“心跟进”两种形式,如图 5-67 所示。

(4) 3 人拦网防守阵形：对方扣球进攻实力强,在不善吊球的情况下可采用 3 人拦网,3 人后排接球的防守阵形,如图 5-68 所示。

3）接拦回球的防守战术

本方扣球时必须加强保护，积极防起被拦回来的球，并及时组织继续进攻。由于拦网人可以将手伸过网拦，拦回的球通常速度快、角度小，因而接拦回球的保护阵形应形成多道防线的弧形状，且第一道防线紧跟在扣球人身后。以④号队员进攻为例，③号、⑤号队员形成第一道防线，②号、⑥号为第二道防线，①号保护后场，为第3道防线，如图5-69所示。

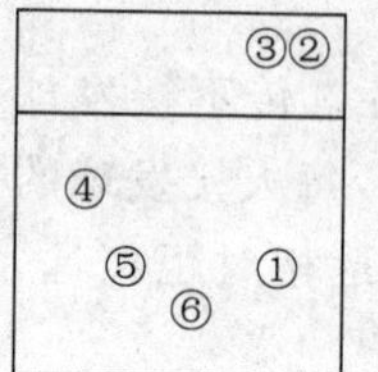

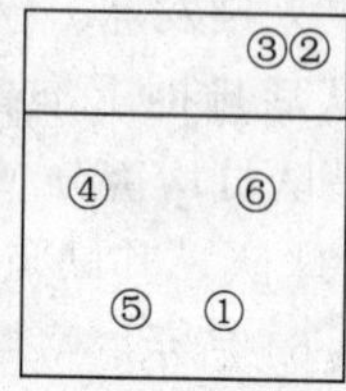

图5-67 边跟进和心跟进

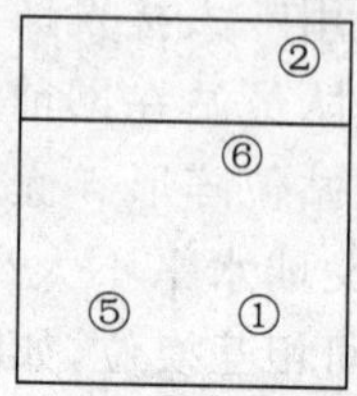

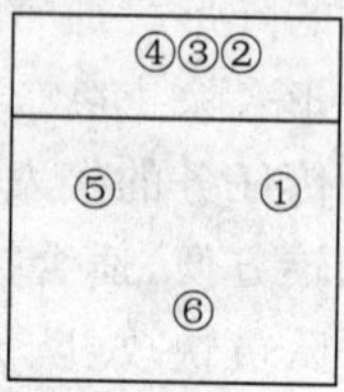

图5-68 3人拦网防守阵形

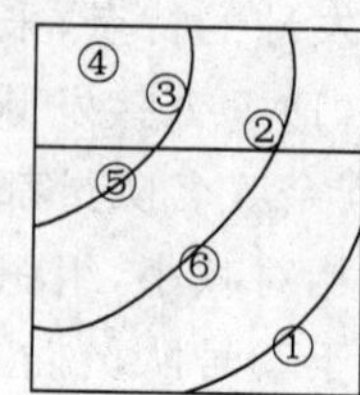

图5-69 接拦回球防守战术

4）接传、垫球的防守战术

当对方无法组织进攻，被迫用传球、垫球将球击入本方时，称为接传、垫球的防守。在这种情况下，由于来球的攻击性小，我方的防守阵形与不拦网情况下的防守阵形相同，除二传队员外，其他队员迅速撤到各自的位置，准备接球后组织进攻。

6. 攻防转换

1）由进攻转入防守

当球扣入对方区后，进攻的一方应立即转入防守状态。当球扣过网或二传不慎传球过网后，前排队员应迅速靠网前站位，准备拦网；后排队员由上前保护扣球，迅速退守原位，准备防守。其阵形一般有“三一二”站法和“三二一”站法两种，如图5-70和图5-71所示。

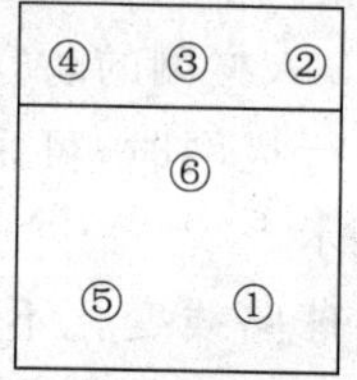

图5-70 “三一二”站法

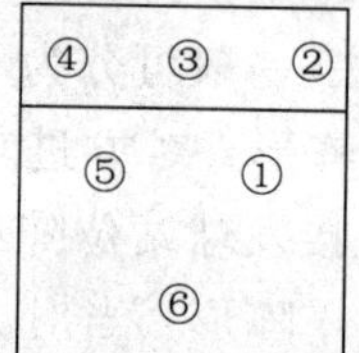

图5-71 “三二一”站法

2）由防守转入进攻

当对方扣球过网后，防守一方在防守的一刹那就转入了进攻。这是由于后排队员在防守来球时，必须根据本队所采用的进攻战术，有目的地将球起到预定目标，并根据保护扣球的部署，立即跟进保护前排队员进攻。其他队员迅速移动换位，形成进攻阵形。

5.2.4 排球运动基本规则

1. 场地

6人制排球比赛场地：长18m，宽9m，四周至少有2m无障碍区（室内3m），如图5-72所示。正式国际比赛场地边线无障碍区至少

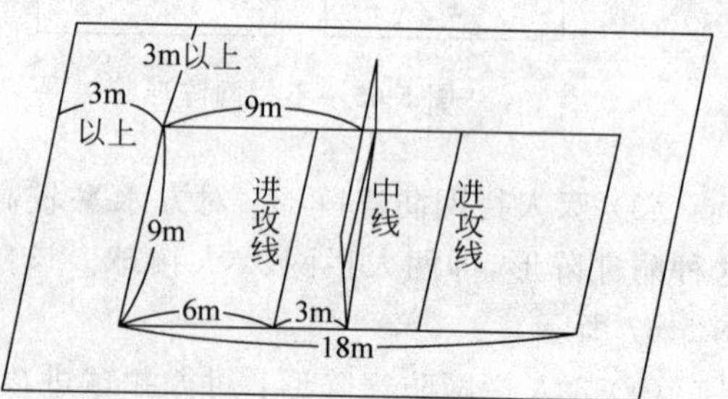

图5-72 场地图

5m，场地上空从地面起至少 7m 的无障碍空间。球网长 9.50m，宽 1m，标准网高：女子为 2.24m，男子为 2.43m。

2. 比赛方法

排球比赛经常采用的比赛方法有 3 种：循环制、淘汰制和混合制。循环制主要采用单循环和双循环两种：单循环是指参加比赛的各队之间均相互比赛一次(以 6 人队为例，如表 5-1 所示)；双循环制是指参加比赛的各队之间均相互比赛两次。淘汰制是指在比赛中失败一次即退出比赛，获胜者进入下一轮比赛，直到最后决出冠/亚军为止，多用于参赛队数较多，比赛期限较短的比赛。混合制是指将淘汰制和循环制相结合。

表 5-1　单循环(以 6 人队为例)

第一轮	第二轮	第三轮	第四轮	第五轮
1～6	1～5	1～4	1～3	1～2
2～5	6～4	5～3	4～2	3～6
3～4	2～3	6～2	5～6	4～5

3. 比赛得分

在新的得分规则下，一方在获得发球权的同时得分，即所谓的每球得分制。每场比赛由 5 局组成，采用五局三胜制。在前 4 局的比赛中，获胜的一方必须达到 25 分，同时比对方高出两分，若比数为 24：24，则必须领先对方两分(如 26：24；27：25)。在决胜局的比赛中获胜一方只需达到 15 分，同时比对方高出两分。

4. 比赛程序与规则

赛前由第一裁判执行掷硬币，决定第一轮比赛发球权及场地权，若须进入决胜局，第一裁判须再次进行掷硬币的选择。比赛前，两队可先后进行网前热身。比赛开始时，各队必须始终保持 6 名队员在场比赛，每局开始时所决定的球员位置轮转顺序均须维持到该局结束。

1) 场上队员位置关系

双方队员必须在本场区内各站两排，每排 3 名队员，靠近球网的 3 名队员为前排队员，其位置为 4 号队员(左)、3 号队员(中)、2 号队员(右)；另 3 名队员为后排队员，其位置为 5 号队员(左)、6 号队员(中)、1 号队员(右)。在发球瞬间，双方队员必须站在自己的位置上，否则为“位置错误”。场上位置根据发球的一刹那场上队员脚的着地部位来判定。球发出之后，双方队员在本场区和无障碍区内可随意跑动。

2) 轮转

整局比赛的轮转顺序、发球顺序、球员位置都依阵容单来决定。当接发球队取得发球权时，该队球员必须依顺时针方向轮转一个位置(②号位置的球员轮转到①号位置发球，①号球员则轮转到⑥号位置，依此类推)，由①号位的队员发球。

3) 正确的击球

在本方场区上空击球，允许到障碍区外救球。每方最多击球 3 次，就应将球击进对方场区，若连续击球 3 次以上(拦网除外)，则被列为“四次球”犯规。比赛中身体的任何部位都可触球，但球必须被击出，不可接住或抛出，否则为“持球”犯规；也不能连续击球两次，否则为“连击”犯规。

4) 暂停和换人

每队每局只有两次暂停 (时间为 30s) 和 6 人次换人的机会。且暂停时，队员必须离开场区；换人时要在换人区进行。除了教练员和场上队长外，其他人不允许向裁判员请求暂停和换人。每队可以报自由防守队员 1～2 人，但在场上只能保持 1 名自由防守队员，自由防守队员换人不受裁判及换人次数限制，换人区域为球队席前的进攻线至端线延长线的无障碍区内。

5）球网附近的犯规

比赛时，身体触及球网、标志杆、标志带都属于"触网"犯规；队员的整只脚、手或身体的其他任何部位越过中线并触及对方场区，则构成"过中线"犯规；拦网时拦网队员不能伸手过网触及对方第一次、第二次击球；后排队员不能参加拦网。

6）发球犯规

发球轮次错误、在非发球区发球、裁判鸣哨后 5s 内未发球、发球试图、击球时非空中单手击球、发出的球从非过网区过网或球出界、发球队的队员的发球掩护等。

7）裁判法

正式比赛第一裁判一人，二裁一人，司线员 2～4 人，记录员 1 人，宣告员 1 人。裁判员是两队的组织者，他贯穿着比赛的始终、起到"桥梁"和"纽带"的作用。裁判员水平的高低及态度的好坏会直接影响比赛的顺利进行，所以裁判员要以有利于增进两队的团结，有利于打出水平、赛出风格作为出发点，严格贯彻八字方针：严肃，认真，公正，准确。

5.3 足　球

足球运动是世界上开展最广泛、影响最大的体育运动项目之一，高水平足球比赛紧张、激烈、精彩，战局跌宕起伏、变幻莫测，胜负难以预料。本章主要论述足球运动的起源与发展历程、足球运动的基本规则、足球基本技术的动作原理与方法，以及足球战术理论与原则，帮助大家更好地了解并开展足球运动。

5.3.1 足球运动基本概述

1. 足球运动的起源

足球运动是一项古老的体育活动，源远流长。一直以来，关于足球运动的起源有很多说法。国外研究足球的历史学家认为：足球可能源于中国古代的"蹴鞠"、日本的"克马锐"、罗马的"哈巴斯托姆"，并且这 3 种说法都能在历史遗留的线索中找到依据。

2004 年年初，国际足联确认足球起源于中国，"蹴鞠"是有史料记载的最早的足球活动。《战国策》和《史记》是最早记录蹴鞠的文献典籍，前者描述了 2300 多年前的春秋时期，齐国都城临淄（现山东临淄）流行蹴鞠活动，后者则记载，蹴鞠是当时训练士兵、考察兵将体格的方式。

所以说，足球的故乡是中国，后来经过阿拉伯人传到欧洲，发展成现代足球。

现代足球的起源可追溯至公元前 3 世纪流传于古希腊和古罗马一种野蛮的手脚并用的游戏——哈帕斯托姆。在公元 10 世纪前后，这项运动流传于英格兰，与当地的原始足球混杂在一起，形成了形式各异的早期足球游戏。随着时间推移，到 19 世纪初，这种游戏发展成一种类似于现代足球的游戏。

2. 足球运动的发展

1857 年，英国成立了第一个足球俱乐部——谢菲尔德足球俱乐部。此后，英国各地区相继成立了俱乐部。由于比赛不断增多，迫切需要成立一个全国性的足球组织，统一全国的比赛规则，组织全国的足球比赛。1863 年 10 月 26 日，英国 11 个足球俱乐部的代表在伦敦召开会议，成立了世界上第一个足球运动组织——英格兰足球协会。为此，国际上把这一天视为现代足球运动的诞生日。同年 12 月 8 日，该协会修改了 1848 年由剑桥大学制定的世界上第一部文字形式的足球规则——剑桥规则，制定了全国统一的比赛规则，从而使现代足球流行于全国。

19 世纪末，新西兰、阿根廷、智利、意大利等国相继成立了足球协会。1904 年 5 月 21 日，法国、比利时、西班牙、荷兰、丹麦、瑞典和瑞士的足协代表在巴黎成立了国际足球协会联合会(简称国际足联，法文缩写为 FIFA)，以协调各国足球运动的开展，组织世界各国的足球竞赛活动。现在，国际足联组织的世界性比赛包括世界杯足球赛、奥运会足球赛、世界青年足球锦标赛、世界少年足球锦标赛、世界女子足球锦标赛等。这些比赛大大推动了足球运动在世界各国的普及、发展和提高。

1885 年，英国首创职业足球俱乐部，随后欧洲各国先后成立了职业足球俱乐部。继英国之后，欧洲和南美洲的一些国家在 20 世纪中叶大部分实行了足球职业化，有关职业化的章程也在逐渐完善。20 世纪 90 年代初，在全球"足球热"的冲击下，亚洲各国也纷纷实行足球职业化。

1994 年，我国的足球职业联赛正式开始，共有 26 个俱乐部队参加。2004 年，中国足球职业联赛改名为中国足球协会超级联赛和中国足球协会甲级联赛，中国职业足球开启了新的历程。

5.3.2 足球运动基本技术

1. 颠球

颠球是指运动员用身体的各个有效部位连续地触击球，并加以控制，尽量使球不落地的技术动作。

技术动作要领：

(1) 双脚脚背颠球。脚向前上方摆动，用脚背击球，击球时踝关节适度保持紧张，击球的下部。两脚可交替击球，也可一只脚支撑，另一只脚连续击球。击球时用力均匀，使球始终控制在身体周围，如图 5-73 所示。

(2) 双脚内侧、外侧颠球。抬脚屈膝，用脚的内侧或外侧向上摆动，击球的下部，两脚内侧或外侧交替击球，如图 5-74 所示。

图 5-73　脚背颠球

图 5-74　双脚内侧、外侧颠球

(3) 大腿颠球。抬腿屈膝，用大腿的中前部位向上击球的下部，两腿可交替击球，也可一只脚做支撑，用另一侧的大腿连续击球，如图 5-75 所示。

(4) 头部颠球。两脚开立，膝盖微屈，用前额部位连续顶球的下部。顶球时，两眼注视球，两臂自然张开，以维持身体平衡，如图 5-76 所示。

图 5-75　大腿颠球

图 5-76　头部颠球

2. 踢球

踢球指运动员有目的地用脚把球击向预定目标的技术。踢球是足球技术中最重要的技术，主要用于传球和射门。

踢球的方法很多，但主要有脚内侧踢球、脚背正面踢球、脚背内侧踢球、脚背外侧踢球，以及脚尖踢球和脚跟踢球。然而它们的动作结构完全一致，均由助跑、支撑脚的站位、踢球腿的摆动、脚触球、踢球后的随前动作 5 个环节组成。

(1) 脚内侧踢球：是用脚内侧部位(跖趾关节，舟骨、跟骨等所形成的平面)踢球的一种方法，如图 5-77 所示。其特点是脚与球接触面积大，出球准确平衡，且易于撑握。但由于踢球时要求大腿前摆到一定程度时需要外展且屈膝，故大腿与小腿的摆动都受到限制，因此出球力量相对较小。

图 5-77　脚内侧踢球

技术动作要领：(脚内侧踢定位球)直线助跑，支撑前的最后一步稍大些，支撑脚站在球的侧面约 15cm 处，脚尖正对出球方向，支撑腿膝关节微屈。在支撑脚着地时，踢球腿大腿带动小腿由后向前摆动，在前摆的过程中大腿外展，当膝关节的摆动接近球的正上方时小腿做爆发式摆动，在触球前将脚跟送出，使得脚内侧部位所形成的平面与出球方向垂直，踢球脚脚底与地面平行，脚尖微微翘起，踝关节功能性地紧张使脚形固定，触(击)球后身体跟随移动，髋关节向前送。

(2) 脚背正面踢球(又称正脚背踢球)：脚背正面踢球如图 5-78 所示，由于其摆幅相对较大，加之用脚背踢球，接触面(与球)相对较大，因而踢球力量也大，准确性较强。但受以上的因素影响，出球的方向及性质变化相对较小。在比赛中经常使用脚背正面踢定位球、地滚球、空中球、反弹球及倒勾球。球的性质多为不旋转的直线球。

图 5-78　脚背正面踢球

技术动作要领：(脚背正面踢定位球)直线助跑，最后一步稍大些，支撑脚积极着地支撑，在球的侧面 10～12cm 处，脚尖正对出球方向，膝关节微屈，踢球腿随跑动向后摆动，小腿屈曲，支撑的同时踢球腿以髋关节为轴，大腿带动小腿由后向前摆动。当膝关节摆至接近球的正上方时，小腿做爆发式的摆动，脚趾屈，以脚背正面部位击球的中后部，击球后身体及踢球腿随球前移。

(3) 脚背内侧踢球(又称内脚背踢球)：这是一种用第一跖骨和跖趾关节部位触击球的踢球方法，如图 5-79 所示。其技术结构与前两类踢球方法相同，但技术细节有所区别。

技术动作要领：(脚背内侧踢定位球)斜线助跑，助跑方向与出球方向约成 45°，最后一步稍大，以支撑脚底积极着地，脚尖指向出球方向，距球内侧后方约 20～25cm，膝关节微屈。在支撑的同时，踢球腿已完成后摆，并开始以髋关节为轴大腿带动小腿由后向前摆动，当大腿摆至与支撑腿接近同一平面时，小腿做爆发式摆动，此时脚尖外转、脚背绷直，以脚背内侧部位触击球，击球后踢球腿及身体继续随球向前。

(4) 脚背外侧踢球(又称外脚背踢球)：脚背外侧踢球是用第三、四、五跖骨部位接触球的一种方法，如图 5-80 所示。由于踢这种球的脚踝灵活性较大，摆腿方向变化较多，且助跑时又是正常的跑动姿势，故其出球的隐蔽性较强，足球比赛中各种距离的弧线球及非弧线球均可使用。

图 5-79　脚背内侧踢球

图 5-80　脚背外侧踢球

技术动作要领：(脚背外侧踢定位球)助跑、支撑脚站位及踢球腿摆动均与脚背正面踢球技术的 3 个环节相同，脚触球是用脚背外侧部位。此时要求膝关节和脚尖内转，脚背绷紧，脚趾紧屈并提膝，触(击)球后身体随踢球腿的摆动前移。

3. 接球

接球是指运动员有目的地用身体的合理部位把运行中的球接下来，控制在所需要的范围内，以便更好地衔接下一个技术动作。接球是为下一个动作服务的，接球质量的好坏会直接影响下一个动作的顺利完成。比赛中来球的性质、状态不同，所以接球应根据不同情况，采用不同的动作方法。

技术动作要领：接球的方法有多种，常用的有脚内侧、脚背正面、脚背外侧、脚底、大腿、腹部、胸部、头部等部位的接球。

1）脚内侧接球

如图 5-81 所示，这是用脚内侧部位接球的一种技术。由于脚触球面积大，动作简单，较易掌握，比赛中经常使用这种技术接各种地滚球、平球、反弹球、空中球。

技术动作要领：支撑脚脚尖正对来球，膝关节微屈，同侧肩正对来球。接球腿提膝，大腿外展，脚尖微翘，脚底基本与地面平行，脚内侧正对来球并前迎，在脚内侧与球接触的一刹那迅速后撤，把球接在脚下。若需将球接在侧面，支撑脚脚尖应向同侧斜指，脚内侧与来球方向成一定角度触球，同时支撑脚提踵，以前脚掌为轴做适当转动，身体移动。当来球力量不大时，只需将脚提到一定的高度，并使脚内侧与地面形成锐角轻触球即可。也可在触球时用下切动作使球前进之力部分转变为旋转力，而将球接在脚下。

2）脚背外侧接球

如图 5-82 所示，将接球点放在接球腿一侧，支撑腿膝关节微屈。接球腿提起屈膝，脚内翻使小腿和脚背外侧与地面成一锐角，并对着接球后球运行的方向，脚离地面的高度应略等于球的半径，然后大腿向接球后球运行的方向推送，同时身体随球移动。

图 5-81　脚背内侧接球

图 5-82　脚背外侧接球

3）脚背正面接球

如图 5-83 所示，这种方法多用于接有较大抛物线的来球。根据球的落点，及时移动到位，脚背正面上迎下落的球，在球与脚面接触的一瞬间，接球脚与球下落的速度同步下撤，此时大腿膝关节、踝关节、脚趾均保持适度的紧张，脚尖微翘将球接到需要的地方。

脚背正面接高空落下之球时，也可以将脚微抬，并适度背屈，在球接触脚背的瞬间，踝关节放松将球接到身体附近。

4）脚底接球

如图 5-84 所示，脚底接球技术便于掌握，易于将球接到位置，故常被用来接各种地滚球和反弹球。

技术动作要领：身体正对来球方向，移动前迎，支撑脚站在球的侧面（或前或后均可），脚尖正对来球方向，膝关节微屈，同时接球腿提起，膝关节微屈，脚背略屈，使脚底与地面小于 45°（且脚跟离开地面），一般以前脚掌接触球的上部为宜。在触球瞬间接球脚可轻微跖屈（前脚掌下点）将球停住，也可根据需要在接球同时将球推向前方或拉向身后。

图 5-83　脚背正面接球

图 5-84　脚底接球

5）大腿接球

大腿接球一般可以用来接抛物线较大的高空球和略高于膝的低平球，如图 5-85 所示。

图 5-85　大腿接球

（1）大腿接抛物线较大的下落球：面对来球方向，根据球的落点迅速移动到位，接球腿大腿抬起，在球与大腿接触的瞬间，大腿下撤将球接到需要的位置。

（2）大腿接低平球：面对来球方向，根据来球高度，接球腿大腿微屈，送髋前迎来球，在球与大腿接触瞬间收撤大腿，使球落在所需要的位置。

6）胸部接球

由于胸部接球部位较高，加之胸部面积大、肌肉较丰满等特点，易于掌握，故是接高球的一种好方法。胸部接球包括挺胸式和收胸式两种方法，如图 5-86 和图 5-87 所示。

图 5-86　挺胸式接球

图 5-87　收胸式接球

(1) 挺胸式接球：面对来球站立(两脚左右或前后开立)，两膝微屈，重心置于支撑面内，上体后仰，下颌微收，两臂自然张开，维持身体平衡。在接触球瞬间，两脚蹬地，膝关节伸直，用胸部轻托球的下部使球微微弹起于胸前上方。对于较高的平直球也可采用这种方法将球接于胸前，但触球瞬间膝关节由直变屈，脚由提起状态变为全脚掌落地，整个身体保持接球时的姿势，下撤将球接在胸前。

(2) 收胸式接球：多用于接齐胸高的平直球。面对来球，两脚左右或前后开立，两臂自然张开，挺胸迎球，触球瞬间收胸、收腹、臀部后移将球接在体前。若需将球按在体侧，则触球瞬间转体将球接在转体后相应的一侧。

7) 头部接球

高于胸部的来球可用头部接球。根据球的运行路线，面对来球，用前额正面接触球的中下部，下颌微抬，两臂自然张开，提踵伸膝，触球瞬间全脚掌着地，屈膝、塌腰、缩颈，全身保持上述姿势下撤将球接在附近。

4. 运球

运球技术从狭义上讲，仅指运球的方法，即指用身体的某一部分触球，使球能随运球者一起运动；从广义上看，则不仅让球随人运动，还必须越过对方的防守，也就是说，如何使用这些运球方法达到越过对方防守的目的。

1) 技术动作要领

常用的运球技术有脚内侧、脚背正面、脚背外侧和脚背内侧运球，如图 5-88～图 5-91 所示。

图 5-88 脚内侧运球

图 5-89 脚背正面运球

图 5-90 脚背外侧运球

图 5-91 脚背内侧运球

(1) 脚内侧运球：要求在运球前进时支撑脚始终领先于球，位于球的侧前方，肩部指向运球方向，支撑腿膝关节微屈，重心放在支撑腿上，另一条腿提起屈膝，用脚内侧推球前进，然后运球脚着地。由于肩部指向运球方向，身体侧转，虽然移动速度较慢，但身体前倾，有利于将对方与球隔开，因而这种技术多用在运球寻找配合传球时，或有对方阻拦需用身体做掩护时。

(2) 脚背正面运球：运球时身体持正常跑动姿势，上体稍前倾，步幅不宜过大，运球腿提起，膝关节稍屈，髋关节前送，提踵，脚尖下指，在着地前用脚背正面部位触球的后中部将球推送前进。

由于脚背正面运球时身体持正常跑动姿势，故可以发挥出较快的速度，因而这种技术多用在运球前方一定距离内无对手阻拦时。

(3) 脚背外侧运球：运球时身体持正常跑动姿势，上体稍前倾，步幅不宜过大，运球腿提起，膝关节稍屈，髋关节前送，提踵，脚尖绕矢状轴向内旋转，使脚背外侧正对运球方向，在运球脚落地前用脚背外侧推拨球的后中部。脚背外侧运球时，身体姿势与正常跑动时相同，因而可以发挥出较快的速度，故与脚背正面运球有相同的用途。另外，利用脚腕的动作可以很快地改变脚背外侧面正对的方向，故在运球脚一侧改变方向时也多采用这种运球方法。这种方法能用身体将对手与球隔开，故掩护时也常使用。

(4) 脚背内侧运球：身体稍侧转并自然协调放松，步幅小，上体前倾，运球腿提起外展，膝微屈外转，提踵，脚尖外转，使脚背内侧正对运球方向，在运球脚落地前用脚背内侧推拨球，使球随身体前进。

脚背内侧运球由于身体稍侧转，不能采用正常跑动姿势，因而不适用于高速运球。但由于接触部位和支撑位置的特点易于完成向支撑脚一侧的转动，故多用于向支撑脚一侧的转动变向运球。

2) 其他

(1) 拨球：利用脚踝关节向一侧的转动，达到用脚背内侧或脚背外侧触球，将球拨向身体的侧前方、侧方、侧后方。

在过人时若使用拔球，还要在拨球后立即跟上推球，使球按预定方向运行。

(2) 拉球：将前脚掌放在球的上部或侧上部，另一脚放在球的侧后方支撑，然后将触球脚向后下方用力将球拉回。

回拉球一般都是在躲开或引诱对方出脚抢球的瞬间将球拉回造成对方抢球落空，使其重心随抢球脚前移，乘对手难以返回的瞬间将球迅速推送出去越过防守。

拉球时，除了往回拉以外，也常使用接触球的上部向左右侧拉球。

(3) 扣球：这种方法与拨球相同，不同的是，其用力是突然的，并伴随着突然转身或急停，使对手在来不及调整重心的瞬间，突然从反方向推送球越过对手的防守。

(4) 挑球：用脚背部位触球的下部并突然向上方挑起，在对手来不及实施挡球动作时球已越过，运球者随球迅速跟进。注意，球一般不要挑得太高。

(5) 颠球：运球过程中，有时球在空中或地面上跳动，根据对手抢截时所处的位置或实施抢截的时间，用恰当的部位将球颠起，越过对手达到过人的目的。

3) 运球过人方法

前面所述仅是运球的基本方法，掌握了这些基本方法后，在无对手阻拦时可以将球控制在自己的周围。但若遇到对手阻拦,要想越过对手的阻拦,必须恰当地综合使用这些方法,抓住对手瞬间出现的漏洞,达到越过对手的目的。

(1) 利用速度强行过人。持球者以突然的快速推拨球(力量较大)并与快速的奔跑相结合越过对手的阻拦。使用这种方法必须具备以下几个条件:对手身后的较大纵深内无其他的防守者,或其他防守者难以补位,或持球者高速运球。对手跑上来准备抢球,或持球者与防守者僵持时持球者突然推拨球起动。这种方法主要是利用自己的起动速度或抓住对手突停突起或突然起动时所耽误的时间。

(2) 利用身体的掩护强行过人。当持球者接近对手时双方速度减慢,持球者侧身用身体靠住对手以另一侧脚将球拨出,同时转身将对手倚在身后并随球越过对手。这种方法一是要求持球队员有能力倚住对手而不被对方挤开;二是将球控制在远离对手一侧,对手伸脚时不能触及球;三是在抵住对手时不可将重心偏离支撑面,否则一旦对手闪开自己也将失去平衡。

(3) 利用变速运球过人。对手在持球者侧面,持球者用另一侧脚运球,利用运球速度的变比达到甩掉对手或越过对手的目的。这种方法主要针对防守者是被动的,容易被运球者甩掉达到过人的目的。有时采用突停突起甩掉对手,运球者必须能很好地控制球与自己的身体,做到球随人来,人随球走,这样才能达到过人的目的。

(4) 恰当地组合推、拨、挑、扣、拉、颠等动作过人。以单脚或双脚轮流选用上述动作,对组合起来的动作适时地变化运球的方向与速度,使对手难以判断过人的方向与时机,或造成对手重心出现错误的移动,运球者抓住其漏洞而越过对手。

(5) 利用穿裆球过人。当运球者遇到对手从正面阻拦时,发现对手两脚开立较大,而且重心在两脚之间,运球者应侧身运球接近对手,抓住时机将球从对手两脚之间推(拨)过,身体也随着从防守者侧面越过并控制球。这种过人的方法有时可以收到奇效。因为防守运球队员时,多把注意力放在防止运球者从身体侧面越过,加之防守者使用左右开立的站法,脚下站得较死,转身比较困难,妨碍了转身、起动的速度。当防守者两腿左右开立并不大时,可以用假动作引诱防守者使其两腿分开较大,然后再使球穿裆而过。

(6) 人球分路过人。这种方法主要是利用防守者注意力集中在球上,并认为可以触到球的心理,达到过人的目的。因此当防守者出脚抢球时,运球者抢先将球推(拨)到前方,而防守者的抢球脚未触到球着地时,身体重心也移过来了,这时运球者迅速从防守的另一侧越过去控制球,防守者再转身起动很难追上。若在推球时使用"蹭"的方法,蹭出弧线球,则更有利于运球者越过防守者后控制球。

(7) 运球假动作过人。这种方法是运球者利用腿部、上体的晃动使对手产生错觉,在对手做抢球动作时,使其重心产生错误的移动,运球者则抓住时机从另一方向越过对手。

5. 抢截球

抢截球技术是指运动员在足球竞赛规则允许的范围内,使用身体的合理部位将对手的控球权夺过来或破坏掉。

技术动作要领:

(1) 正面跨步堵抢。抢球者两脚前后开立,迎着运球者而站,两膝微屈,身体重心下降并置于两脚间,当运球者与抢球者间的距离缩小到一定范围(即抢球者上前跨一大步可能触及球),运球者脚触球后即将落地或刚刚落地时,抢球者后脚用力蹬地并跨步向前,以脚内侧去堵截球，当已堵住球时，另一只脚应迅速上步。若抢球脚堵住球，同时对手也堵住球，则抢球者应将另一只脚迅速前移做支撑脚，抢球脚在不脱离球的情况下迅速向上提拉，使球从对手脚面滚过，身体重心也迅速跟上并将球控制好。

(2) 合理冲撞抢球 。当防守者并肩与运球者跑动追球时，防守者重心稍下降，靠近对手一侧的手臂紧贴身体，利用对方同侧脚离地的过程，用肘关节以上部位适当冲撞对手同样的部位，使对手身体失去平衡，乘机将球控制住。

6. 头顶球

头顶球是指运动员有目的地用前额将球击向预定目标的动作。足球比赛中遇到胸以下部位不能触及或规则不允许触及的一些球时就需要用头部来处理，因为头是人体最高的部位，颧骨的前面较为平坦，只要掌握顶球技术，顶出的球就会有力。现代足球比赛中对时间与空间的争夺异常激烈，头顶球技术的使用不仅使运动员占据空间，而且能争取时间，所以头顶球是处理高空球的最重要的手段。

使用头顶球技术，不仅可以进行传球、抢断球、高球射门，而且利用鱼跃头顶球可以扩大运动员的控制范围，防守时抢险。

技术动作要领：

(1) 原地头顶球时，身体正对来球方向，眼睛注视运动中的球，两脚左右开立(或前后开立)，膝关节微屈，重心置于两脚间的支撑面上(或后脚上)，两臂自然张开。当球运行到垂直于地面的垂线时，两腿用力蹬地，迅速向前摆体，微收下颌，在触球瞬间颈部做爆发式振摆，用前额正面击球中部，上体随球前摆。

(2) 原地向侧顶球时，顶球前，腿向顶球方向的同侧前跨一步，两膝微屈，身体重心放在后腿上，上体和头稍向异侧倾斜并转体约450°，两眼注视来球，两臂自然张开。顶球时后腿蹬地，上体和头向出球方向迅速扭转，屈体甩头，在与出球方向同侧肩的前上方，用额骨侧面将球顶出。

(3) 跳起向前顶球时，当跳到最高点并在来球接近身体垂直线时，收腹、摆头，用前额将球顶出。

(4) 跳起向侧顶球时，起跳动作与前额正面跳起顶球的动作相同。在跳起上升的过程中上体侧屈，侧对来球，在跳到最高点顶球时，急速转体甩头，用额骨侧面将球顶出。顶球后两膝微屈，缓冲落地。

7. 掷界外球

由于掷界外球时接球人不受越位规则的约束，因此，不仅用于恢复比赛，而且可以为进攻创造有利条件，尤其是在前场30m内掷界外球，将球直接掷入门前，可以给对方造成很大的威胁，如图5-92所示。

图5-92 掷界外球

技术动作要领：

(1) 原地掷界外球。面对出球方向，两脚前后或左右开立，每脚均有一部分站立在边线上或边线外。膝关节弯曲，上体后仰成背弓，重心移到后脚上(左右开立时，重心在两脚间)，两手自然张开，拇指相对，持球的侧后部，屈肘将球置于头后。掷球时，后脚用力蹬地(或两脚用力蹬地)，两腿迅速伸直，身体重心由后脚移到前脚，收腹屈体，同时两臂急速前摆。当球摆到头上时用力甩腕将球掷入场内。掷球时，后脚可沿地面向前滑动，两脚均不得离地。

(2) 助跑掷界外球。两手持球放在胸前，在助跑迈出最后一步时，上体后仰成背弓，同时将球上举至头后，掷球时的动作与原地掷界外球动作相同。将球掷出后，后脚可在地面上向前滑行，但不得离地。

5.3.3 足球运动基本战术

足球战术就是比赛中为了战胜对手，根据主、客观的实际所采取的个人和集体配合的手段的综合表现。

足球运动是一项对抗性的运动项目，是由进攻和防守这对矛盾所组成的。足球战术是指比赛双方为了充分发挥个人与集体的特长，进攻对方弱点，取得比赛胜利所采取的个人和集体配合手段的综合表现。

根据攻防的基本特点，足球战术可分为进攻战术、防守战术、比赛阵形三个部分。在进攻和防守战术中，又分别包括个人、集体与全队的攻防战术。

1. 进攻战术

1) 个人进攻战术

个人进攻战术是指在比赛中为了战胜对手而采取的符合整体进攻目的的个人行动。个人进攻战术是构成局部和整体进攻战术的环节。个人进攻战术行动水平的高低直接影响着局部和整体进攻战术的质量。个人进攻战术包括传球、射门、运球突破和跑位等。

(1) 传球。传球是集体配合的基础，是完成战术配合、创造射门机会的主要手段。选择传球目标、掌握传球时机和控制传球力量是传球的主要战术内容。传球按距离可分为短传(15m 以内)、中传(15～29m)和长传(30m 以上)；按传球的高度可分为地滚球、低平球和高空球；按传球的方向可分为直传、斜传、横传和回传。为了使各种传球达到预期效果，应注意以下问题：

① 培养良好的传球意识，隐藏传球意图。养成抬头观察的习惯，扩大视野范围。传球前要注意观察，预见同队队员和防守队员的意图。比赛中应多采用直接传球、变向传球、结合假动作传球和运用多种传球脚法的变化来隐蔽传球意图和方向。

② 把握传球时机。把握恰当的传球时机的能力，标志着运动员传球战术意识的高低。传球早了，同伴不易获球；传球晚了，不利于同伴接球摆脱或是易掉入对方越位陷阱。

③ 提高传球准确性。准备的传球是全队协同配合与进攻成败的关键，传球失去准确性，其结果必然功亏一篑。传球的准确性体现在动作的规范熟练、合理地运用不同的脚法，并能控制好出球的方向、距离、弧度、力量和落点。

(2) 射门。射门是一切进攻战术配合的最终目的和进攻得分的唯一手段，也是进攻战术最重要、最困难、最振奋人心的环节。想要在对方严密防守下有效地完成射门，必须有强烈的射门欲望，善于抓住射门时机，选择合理的射门方法。

① 强烈的射门进球意识和欲望。所有队员应懂得：具有强烈的射门进球意识和欲望，捕捉一切射门的机会是进球获胜的前奏，要敢于在激烈对抗中完成射门行动，要勇于承担射不进的责任。

② 射门必须准确、突然、有力。准确是射门的前提，在此基础上，要射得突然、有力，使对方守门员猝不及防，尤其是远射更应强调力量。

③ 把握射门时机，选择最佳的射门方法和射门角度。一旦出现射门机会，应果断地、快速地起脚射门，任何犹豫均会造成动作迟缓而丧失射门良机。要敏锐观察对方守门员的位置和移动情况，选择好射门方法和角度。

(3) 运球突破。运球突破是撕开对方防线，创造以多打少局面的锐利武器，也是更多地创造射门和传球机会的有效手段。一般在下列情况下采用运球突破：

① 控球队员在没有射门、传球可能时，可运球突破对手，创造射门和传球的机会。

② 在攻守转换过程中，防守队员身后有较大空档时，应大胆运球突破其防守。

③ 同伴处于越位位置而又没有其他更好的传球选择时，应采取运球突破，直接攻门。

(4) 跑位。跑位是指比赛中队员在无求的情况下，通过有意识的跑动，为自己或同伴创造进攻机会的行动。跑位是整体进攻战术的基础，是本队获得球权的准备行动，也是拉开对方防线，获得必要进攻时间和空间的重要手段。

跑位的目的是为自己或同伴创造得球的时间和空间，跑位需要具有高度整体配合意识的多名队员协同行动。正确的跑位可达到摆脱、接应、拉开、切入、插上、套边、包抄、扯动和牵制等目的。

跑位要及时、合理。场上出现的空档往往是稍纵即逝的，跑早了，跑晚了都会失去机会。所以首先要观察好控球同伴所处的场区位置、控球情况、出球路线和方向。其次，还要观察其他无球同伴的活动及对方的布防情况。

多变的行动：

① 传球后立即跑位。只有这样才能形成接连不断、协调一致的进攻配合。

② 要力争向前跑位。只有向前切、插入对方的防守空档，才能更快、更有效地撕破对方防线，获得射门机会。

③ 隐藏跑位意图。跑位前要利用假动作和变速、变向来迷惑对手，然后突然启动，摆脱对手的紧逼，跑向预定位置。

2) 整体进攻战术

整体进攻战术是指为了完成进攻战术任务所采取的全局性的配合方法。整体进攻战术设计人员比较多，是全队协调一致的行动，体现了一个队的进攻实力和配合能力。下面介绍几种常见的进攻战术。

(1) 边路进攻。利用球场两侧地区发起进攻的方法称为边路进攻。边路进攻的发起、推进通常有两种渠道：一是意识进攻过程始终沿边路而行；二是通过中路转移至边路。边路进攻是全队进攻战术的主要形式之一，其主要特点是充分利用宽度原则，拉开防守面，削弱中路的防守力量，打破对方防线制造缺口。

(2) 中路进攻。中路进攻是利用球场中间区域组织的进攻。中路进攻一般来自于中路直向推进和边中转移两种形式。这种进攻虽能直接射门，但难度最大，因中路防守最为严密，前方的攻击手必须是反应极其敏锐、意识强、技术高、敢于冒险、速度快和善于路位策应的队员。

（3）快速反击。快速反击是指防守方在获得球权后，在对方尚未形成稳固防守态势时，快速攻击对方，从而创造射门机会的配合。比赛中当攻方进攻时，后卫线往往压至中场附近，防守人数也由于插上进攻和助攻而相对减少，此时如能抓住对方防区空隙较大和回防较慢的机会，乘其失球发动快速反击，往往能取得良好的效果。

2. 防守战术

防守战术是比赛中为了阻止对方进攻和重新获得球权所采取的个人和集体配合的方法。进攻和防守是矛盾的两个方面，二者相互制约，相互促进。没有稳固的防守，再锐利的进攻也不能导致比赛的胜利，只防守不攻也不能获胜。

1）个人防守战术

个人防守战术是指为了控制对手所采取的个人战术行动。个人战术行动体现了整体战术的特征。个人战术行动是整体战术的基础。它包括选位与盯人、断球、抢球等。

（1）选位与盯人。选位是指防守队员根据位置职责和临场情况，选择适当的防守位置。盯人是指在正确选位的基础上，对防守的对手实施监控或是严密控制其进攻行动。选位的基本原则是进攻队员、防守队员和本方球门中点三点成一线，并保持适当距离；选位一定要先于进攻队员，同时兼顾球和空间情况的变化。盯人应在正确选位的基础上，根据不同场区和任务，对进攻队员实施紧逼盯人或是松动盯人。

（2）断球。断球是指将对方的传球从途中截下或破坏的战术行为。断球是转守为攻最主动、最有效的战术行动。断球前要正确判断持球队员与接应队员的意图，预测传球的时间和路线，并在正确选位的基础上，偏向有球一侧移动。

2）抢球

抢球是指将对方控运的球抢过来或是破坏掉的战术行动，抢球是重要的个人战术，是个人防守能力的重要标志。抢球首先要选择在持球对手与球门中点之间站位，通过移动与持球对手保持最适宜的距离。在对手接控球未稳或是控、运球两个触球动作之间的时机，将球抢下来或破坏掉。

3）整体防守战术

整体防守战术是指全队所采取的防守配合。整体防守战术按形式分为人盯人防守、区域盯人防守和混合盯人防守。

（1）人盯人防守。人盯人防守是指每个防守队员都有固定盯人对象的防守形式。这种战术的突出特点是，在全场攻守的每一时间和空间，两两对垒的情况总是使每一个进攻队员始终处于压力之中。人盯人防守要求每一个队员必须具有较强的个人作战能力，同伴之间要互相协作，每一防守队员必须要有较强的体力素质。

（2）区域盯人防守。区域盯人防守的基本含义是每一防守队员占据一定的活动区域，当进攻者进入该防区时，区域防守队员实施严密盯人，以控制进攻者在此区域的一切有效行动。区域盯人打法规定了每一个防守者的明确任务，但同伴之间仍需必要的协作，当某一区域盯人防守失败后，邻近队员应及时补位，被突破防守队员应及时与其换位，以求整体防守的有效性。

（3）混合防守。混合防守是人盯人防守和区域盯人防守两种形式交织在一起的防守打法。其最大特点是能根据对手情况，灵活地将人盯人防守和区域盯人防守的优点充分运用，以提高全队防守的效益。混合防守通常选择体力好、个人作战能力强的队员以人盯人防守盯住对方的核心队员，其他队员采用区域盯人防守。

5.3.4　足球运动基本规则

足球竞赛规则是足球运动的重要组成，了解足球竞赛理论和方法，对于指导我们成功地参与比赛，有效地组织比赛，提高鉴赏足球比赛的水平都大有裨益。

1. 比赛场地

1）场地面积

比赛场地应为长方形，其长度不得多于 120m 或少于 90m，宽度不得多于 90m 或少于 45m。足球运动比赛场地如图 5-93 所示。

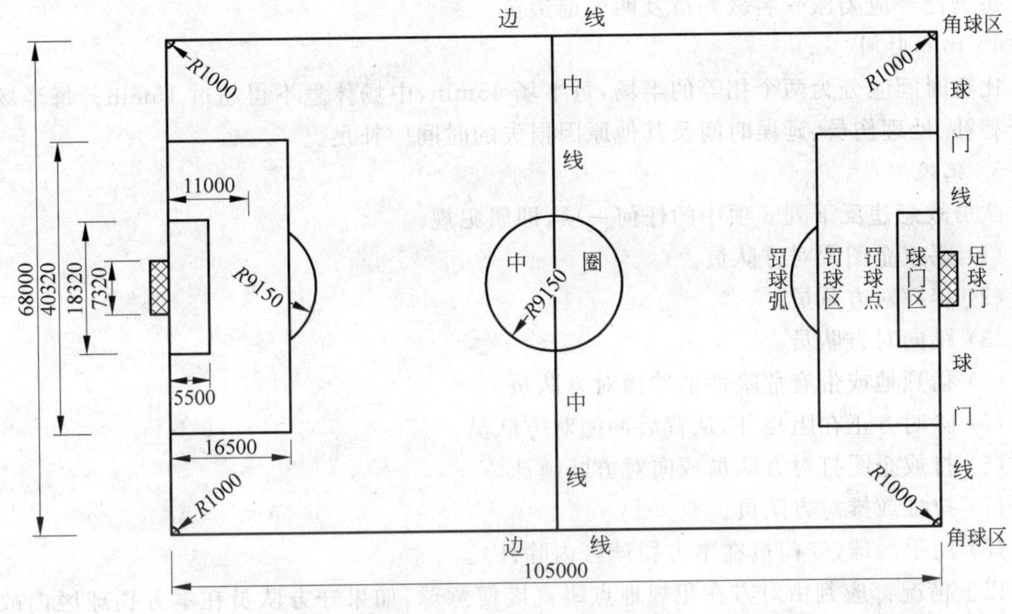

图 5-93　足球运动比赛场地

2）画线

较长的两条线称为边线，较短的称为球门线。场地中间所画的一条横穿球场的线，称为中线。场地中央应做一个明显的标记，并以此点为圆心，以 9.15m 为半径，画一个圆圈，称为中圈。

3）球门

球门应设在每条球门线的中央，由两根相距 7.32m 与角旗距离相等的直立门柱与一根下沿离地面 2.44m 的水平横木连接组成。球网附加在球门后面的门柱及横木和地上。

4）球门区

在比赛场地两端距球门柱内侧 5.50m 处的球门线上，向场内各画一条长 5.50m 与球门线垂直的线，一端与球门线相接，另一端画一条连接线与球门线平行，这 3 条线与球门线范围内的地区称为球门区。

5）罚球区

比赛场地两端距球门柱内侧 16.50m 处的球门线上，向场内各画一条长 16.50m 与球门线垂直的线，一端与球门线相接，另一端画一条连接线与球门线平行，这 3 条线与球门线范围内的地区称为罚球区，在两球门线中点垂直向场内量 11m 处各做一个清晰的标记，称为罚球点。以罚球点为圆心，以 9.15m 为半径，在罚球区外画一段弧线，称为罚球弧。

6）角球区

以边线和球门线交叉点为圆心，以 1m 为半径，向场内各画一段 1/4 的圆弧，这个弧内地区称为角球区。

2. 比赛人数

(1) 上场比赛的两个队每队队员人数不得超过 11 人。

(2) 每队必须有一名守门员。

3. 裁判员

每场比赛应委派一名裁判员及两名巡边员。

4. 比赛时间

比赛时间应分为两个相等的半场，每半场 45min，中场休息不得超过 15min。每半场中由于替补、处理伤员、延误时间及其他原因损失的时间应补足。

5. 犯规

队员故意违反下列 8 项中的任何一项，即属犯规。

(1) 踢或企图踢对方队员。

(2) 绊摔对方队员。

(3) 跳向对方队员。

(4) 猛烈地或带有危险性地冲撞对方队员。

(5) 除对方正在阻挡外，从背后冲撞对方队员。

(6) 打或企图打对方队员或向对方吐唾沫。

(7) 拉扯或推对方队员。

(8) 用手触球(守门员在本方罚球区内除外)。

以上情况都应判由对方在犯规地点踢直接任意球，如果守方队员在本方罚球区内故意违反上述 8 项中的任何一项，应判罚球点球。

6. 不当行为

队员犯有下列行为中的任何一项，应由对方在犯规地点踢间接任意球。

(1) 裁判员认为其动作带有危险性。

(2) 同队队员故意将球踢给或是将界外球掷给守门员，守门员用手触球。

(3) 裁判员认为由于战术上的目的，有意停顿比赛，延误比赛时间而使本队获得不正当的利益。

(4) 守门员在本方罚球区用手控制球后，在发出球之前持球超过 6s。

(5) 阻挡对方守门员从其手中发球。

7. 界外球

当球的整体不论在地面或空中越出边线时，应由出界前最后触球队员的对方队员，在球出界处掷向场内任何方向。掷球时，掷球队员必须面向球场，两脚均应有一部分站立在边线上或边线外，不得全部离地，用双手将球从头后经头顶掷入场内。

8. 球门球

当球的整体不论在空中或地面从球门外越出球门线，而最后踢或触球者为攻方队员时，由守方队员在球门区内任何地点直接踢出罚球区恢复比赛。

9. 角球

当球的整体不论在空中或地面从球门外越出球门线，而最后踢或触球者为守方队员时，由攻方队员在离球出界处较近的角球区内踢角球。

10. 任意球

任意球分两种：直接任意球(这个球可以直接射入犯规队球门得分)及间接任意球(踢球队员不得直接射门得分，除非球在进入球门以前曾被其他队员踢或触及)。

11. 罚球点球

罚球点球应从罚球点上踢出，必须明确主罚队员。踢球时除主罚队员和对方守门员外，其他队员均应在该罚球区外及比赛场内。

12. 越位

凡进攻队员较球更接近于对方球门线者，即为处于越位位置。下列情况除外：

(1) 该队员在本方半场内。

(2) 至少有对方队员两人比该队员更接近于对方的球门线。

(3) 队员直接得球门球、界外球、角球，不被判为越位。

5.4 网　球

近年来，网球运动深受欢迎，在大中城市开展得较为广泛。本节由网球运动基本概述、网球运动技术、战术和运动规则等相关知识组成，主要阐述了网球运动中基本技术的动作方法和技术要领，以及基本战术，帮助我们更好地了解并开展网球运动。

5.4.1 网球运动基本概述

网球与高尔夫球、保龄球、桌球并称为“世界四大绅士运动”。它的起源可以追溯到12世纪至13世纪的法国，当时在传教士中流行着一种用手掌击球的游戏，方法是在空地上两人隔一条绳子，用手掌将布包着头发制成的球打来打去。14世纪中叶，这种供贵族消遣的室内运动从法国传入英国，16世纪至17世纪是英法宫廷从事网球活动的兴盛时期，平民无缘涉足，网球被称为“贵族运动”。

1873年，英国人M.温菲尔德把早期的网球打法改进，1874年又进一步确定了场地大小和网的高低。1875年，英国板球俱乐部制定了网球比赛规则。1877年7月由全英板球俱乐部在温布尔顿举办了第一届草地网球赛，后来该组织把网球场地改为长方形(23.77m×8.23m)，每局采用15、30、40等记分法，球网的高度为99cm。1884年，由英国伦敦玛丽勒本板球俱乐部把球网高度改为91.40cm。从此网球运动冲出宫廷，走向了社会。1912年3月1日，澳大利亚、英国、法国等12国的网协代表在巴黎召开会议，成立了国际网球联合会，总部设在伦敦。1980年，中国网球协会被接纳为该会正式成员。15分制的由来是用15分为记分法，始于15世纪，它是参照天文学中的六分仪而来。六分仪与1/6个圆一样共有60°，每度为60分。当时网球比赛每局有4分，4个15分为1°，4个15°构成1/6的圆，采用15为基数来计算每一球的得失。至于将45改成40是为了报分发音简便的原因。最初每盘为

4局，每局4分，到17世纪初改为每盘6局。

进入20世纪90年代，网球的发展有这样几个特点：一是普及，据有关资料透露，1990年年初，在国际网联注册的就有156个协会；二是水平高，争夺激烈；三是随着器材的改革，尤其是球拍的研制，网球将向着力量、速度型方向发展；四是随着网球各种大赛奖金的不断提高，网球的职业化、商业化程度会越来越高。总之，作为世界第二大运动的网球运动将以其无比的魅力和不断发展的技术赢得越来越多的爱好者和观众。

5.4.2 网球运动基本技术

1. *握法*

(1) 大陆式握拍，如图5-94所示。这种握拍法还被称为"榔头"式握拍法，因为采用这种握拍时，食指根部压在与拍面水平的平面上，拍面的角度几乎与地面垂直，所以就像在用拍框的侧面钉钉子一样。大陆式握拍法适合用来击打任何类型的球，但在发球、打截击球、过顶球、削球及防守球时采用这种握拍效果更好。

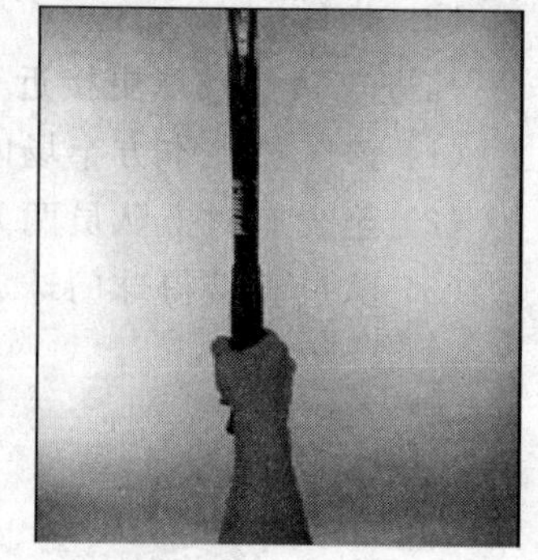

图5-94 大陆式握拍

优势：运用大陆式握拍法可以在发球或打过顶球时手臂自然下压，这样不仅攻击的效果最好，而且给手臂的压力也最小。由于在打正手和反手球时不需要调整握拍法，因此大陆式握拍法也是打网前截击球的最佳选择，因为采用这种握拍法可以使攻防转换十分迅速。同时，它还适用于在防守时击打已到达身体侧面、击球点较晚的球。

劣势：用大陆式握拍法很难打出带上旋的击球或削球。这就意味着击球点必须要比球网高，由于球在这一点停留的时间非常短暂，所以留下的击球时间很短。另外，这种握拍不容易处理高速的落地球。

(2) 东方式正手握拍，如图5-95所示。在此介绍一个采用东方式握拍的小窍门：将手平放在拍弦上，然后下滑到拍柄根部抓握；或者把球拍平放在桌面上，闭上眼，将球拍拿起。从技术的角度讲，东方式正手握拍就是先以大陆式握拍法持拍，然后逆时针方向旋转球拍(左手握拍的选手需顺时针方向转动)，直到食指的根部压到下一个接触的斜面为止。

优势：东方式正手握拍可以称为"万能握拍法"。采用这种握拍，拍面可以通过摩擦球的后部击出上旋球，还可以打出有很大力量和穿透性的平击球。同时，东方式握拍很容易转换到其他握拍方式，因此，对于喜欢上网的选手，东方式握拍也是不错的选择。

劣势：与大陆式握拍相比，尽管东方式握拍的击球点在身体前部要更高更远一些，但它仍不适用于打高球。虽然东方式握拍击出的球比较有力量和穿透性，但更多的是平击球，这就导致稳定性会差一些，因此很难适应多回合的打法。因此，东方式握拍不适用于希望打出更多上旋球的选手。

(3) 半西方式正手握拍，如图5-96所示。以东方式握拍，然后逆时针方向(左手握拍则顺时针方向旋转)旋转球拍，使食指根部压在下一条拍棱上。在职业网球巡回赛中，底线力量型选手多采用这种握拍方式。

优势：相对于东方式握拍，这种握拍可以让选手给球打出更多上旋，使球更容易过网，也更好控制线路，因此，很适合打上旋高球和小角度的击球。而且这种握拍可以打出更深远的平击球，还适合大幅度地引拍，强烈的上旋有助于把更多的球打在场内。这种握拍在身体前部的击球点比东方式握拍更高、更远，因此更有利于控制高球。

劣势：半西方式握拍不适合回击低球。因为采用这种握拍时，拍面自然地呈关闭状态，这样迫使选手必须打球的下部然后向上挑，于是容易给对手留下进攻机会。另外，如果从这种握拍转换到大陆式握拍法需要做很大的调整，因此多数底线力量型打法的选手在上网时会很不舒服。

(4) 西方式正手握拍，如图 5-97 所示。在半西方式握拍的基础上，逆时针转动拍面(左手握拍顺时针转动)，使食指根部接触到下一个平面，这种握拍就是完全的西方式握拍法。喜欢打强烈上旋的土场选手多采用这种握拍法。

图 5-95　东方式正手握拍

图 5-96　半西方式正手握拍

图 5-97　西方式正手握拍

优势：这是一种很“极端”的握拍，手腕的位置迫使拍面强烈地击打球的后部，从而产生更多的上旋。选手可以让击出的球恰好过网，但过网后它就会立刻下坠，而球在落地后还会高高地弹起，这就迫使对手退至底线后回球。这种握拍比其他任何一种正手握拍法的击球点都要更高、更远。正是因为西方式握拍法对高球的良好控制，许多土场选手和青少年都很青睐这种握拍法。

劣势：回击低球是此种握拍法的致命点。这就是为什么许多采用这种握拍的职业选手在球速较快、球的反弹较低的硬地或草地场上比赛时表现得不尽如人意的原因。同时，选手需要以更快的挥拍动作来给球加上必要的旋转，否则，击出的球会既没有速度也没有深度。对于一部分选手来说，采用这种握拍也很难打出线路较平的球。

(5) 东方式反手握拍，如图 5-98 所示。以大陆式握拍开始，顺时针旋转球拍(左手持拍为逆时针)，使食指根部压在上一个斜面，便形成了东方式反手握拍。

优势：同东方式正手握拍一样，可以给手腕提供良好的稳定性。选手打出的球可以略带旋转，或直接打出很有穿透力的球。而且，采用这种握拍只要做非常小的调整就可以回到大陆式握拍，这样选手在削球或在网前截击时都会比较轻松。

劣势：尽管这种握拍法能很好地处理低球，但它不适合打高于肩部的上旋回球，因为这种握拍法很难控制这样的回球，所以在多数情况下，选手只能采用防守式的削球将球打回对手场内。

(6) 超东方式反手握拍，如图 5-99 所示。这是西方式正手握拍选手多采用的反手握拍，因此也有人将其称为半西方反手握拍。可以采用大陆式握拍，并逆时针将球拍转至下一个平面。选手的食指根部仍处于拍柄的上端，但其他 3 个手指的根部几乎与食指处于一条与拍柄平行的直线上。这样的握拍就像在拍柄上握拳一样。

优势：同西方式正手握拍一样，这种握拍也是很多土场选手采用的握拍法。采用这种握拍法时，拍面比普通东方式反手握拍关闭得更多一些，而且击球点也在身体前更高更远的位置，这样有利于处理高球，而且也容易打出带上旋的回球。许多能打出极具杀伤力的反手球的选手都是采用这种握拍法。

劣势：与西方式正手握拍有着相似的局限性，即不适合处理低球。因为它也是一种极端的握拍法，因此也不能很快地转换握拍法来打网前球。采用这种握拍的选手通常喜欢打底线或进行单打比赛。

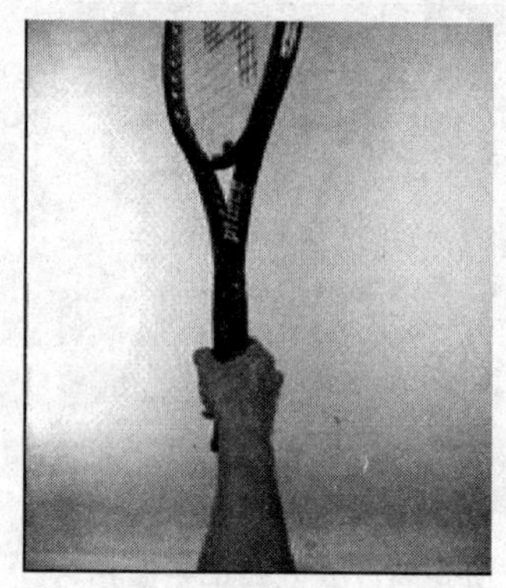

图 5-98 东方式反手握拍

图 5-99 超东方式反手握拍

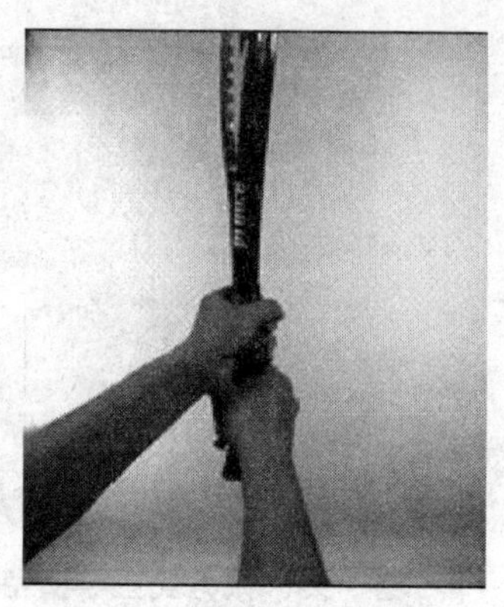

图 5-100 双手反手握拍

(7) 双手反手握拍，如图 5-100 所示。使拍面处于大陆式和东方式反手握拍的中间位置，然后用另一只手以东方式正手握拍法放在持拍手的前方。

优势：适用于单手力量不足或双手具有良好协调性的选手。比起单手反手击球，双手反手借助肩部的转动和小幅度的挥拍来发力。因此采用双手反拍来接发球的成功率比较高。这个握拍法还适合处理低球，而且在回球时力量很足。

劣势：因为是双手握拍，这就限制了跑动。因此在进行大幅度移动击球时很困难，而且不容易转身挥拍。同时，双手反拍选手过分依赖上旋球。要想有效地击出削球，在双臂挥出的同时，还要保持前肩的稳定性。对于习惯扭臀转肩的双手反手选手来说，这并非易事。另外，网截击对许多双手反手选手来说也是一件很头疼的事，因此他们在上网时会感到很不舒服。

2. 正手击球

1) 准备姿势

面向球网，两脚开立，略宽于肩，稍屈膝，上体稍前倾，重心置于前脚掌。球拍指向正前方，几乎与地面平行。右手握拍(以右手握拍为例，以下同)，左手托着拍颈，眼睛始终盯着来球方向。

2) 移动转体引拍

当判断球朝左手方向飞来时，双脚迅速右转，肩右转 90°，同时转髋，左脚向右前方上步，重心移至右脚，右手自然向后引拍，将球拍引于身体右后。引拍时肘部要自然弯曲下垂，手腕固定，左手前伸保持身体平衡。

3）挥拍击球

将球拍迅速向前挥动，手腕要固定紧绷，握紧球拍，球拍从稍低于腰部处开始做弧线运动，逐步上升，向前挥动，要迎上去击球。击球时拍面基本垂直于地面，同时将身体重心由右脚移向左脚。击球时身体随之转动，腰部带动大臂击球。

4）随球跟进

当球离开球拍后，击球动作不要停止，应使球拍随出球方向挥一段距离，握拍手臂向前伸展。肘关节向前上跟进，挥至左肩一侧，拍头指向天空。同时身体完全转过来，重新面向球网。在完成一次击球后，应立即回到准备姿势状态，为下一次击球做准备。

整个过程如图 5-101 所示。

图 5-101　正手击球

3. 反手削球（单手）

1）准备姿势

向左转髋、转肩，右手持拍，左手拖住拍颈，向右后方引拍，同时身体 90°转向左脚使右肩对准来球方向。

2）前挥送拍

完成前挥动作时应保持手腕固定，通过下肢、髋、肩的发力将力量自下而上送至球拍。

3）挥拍击球

击球时，拍面要垂直于地面，对准来球伸直肘部快速挥动击球的中下部，手臂前挥，路线由低到高。

4）随球跟进

击球后，手臂要保持击球时的动作继续前送，前移重心，充分上扬手臂。

反手削球如图 5-102 所示。

4. 截击球

截击球是指击打过网后还未落地的空中球。一般在发球后或底线回球质量不高时使用。截击球一般采用大陆式握拍法，初学者可先采用东方式握拍法进行练习。

图 5-102 反手削球

1）正手截击

（1）准备姿势：正手截击时跨步、移动重心和后摆球拍几乎同时进行，拍头要始终高于手腕。

（2）挥拍击球：正手截击时要保持前臂伸直，手腕固定，发力短促、有力。截击球多采用切击，击球点在身体的右前方。

（3）随球跟进：截击球的随挥动作幅度较小，一般不超过身体中线。截击动作完成后迅速调整姿势，准备迎接下一个来球。

正手截击如图 5-103 所示。

图 5-103 正手截击

2）反手截击

（1）准备姿势：进行反手截击时，身体略向左转，同时重心移至左脚，左手扶住拍颈，向左前跨，右脚对准来球方向。

（2）随球跟进：反手截击球的随挥动作幅度较小，一般不超过身体中线，以便快速还原，准备进行下一个动作。

（3）反手击球的击球点：反手击球的击球点要在身体的左前方，比正手更靠前。击球时手腕固定，肘部下拉，用肩和前臂的力量向下击球。

反手截击如图 5-104 所示。

图 5-104 反手截击

5. 挑高球

1) 准备姿势

挑高球分正手和反手挑高球两种，其握拍方法和正、反手击球的握拍方法相同。其引拍动作和正、反手击球的引拍基本相同，只是挑高球要求高而深，需要更充分的后摆动作。

2) 挥拍击球

向前挥拍时，球拍击打球的下部，向前上方击球。在整个击球过程中，保持手腕紧绷，握紧球拍。挑高球要将球打得高而且深，但稍有偏差很容易出界，因此挑高球的落点应在场地的中间。

3) 随球跟进

随挥动作是将球挑到足够高度的关键，因此应加长击球的时间，顺着球的飞行路线向上做随挥动作，球拍尽可能送远，动作在身体前面的高处结束。随挥动作结束后，应立即回到端线后面中间的有利位置。

6. 反弹球

1) 准备姿势

采用大陆式握拍法，击球前身体重心与其他击球方式的准备姿势类似，对着来球方向迅速降低拍面位置。

2) 挥拍

击反弹球的后摆幅度要小于其他击球方式，底线位置后摆动作稍大一些，中、前场后摆幅度很小，几乎只是磕球过场。

3) 击球

与其他击球动作相比，反弹球的击球位置更低，拍面更要保持垂直和平行，击球点要尽量在身体的侧前方。

4) 随球跟进

随挥的技术要领与正反手击球基本相同，可跟进来球速度、位置掌握运用。

7. 高压球

高压球俗称扣球，是在头顶上方扣杀的一种击球技术，是有效的得分手段，如图 5-105 所示。

图 5-105　高压球

1) 准备姿势

看到对方挑高球时，应尽快调整位置，用垫步或后退步、前进步移动到球落点后面，侧身对网，两脚前后开立，左手指向来球，眼睛注视来球。

击球前要将球拍提前举到头上，重心放在右脚。

2) 击球与随挥

击球时，注意腿部蹬伸、转腰、提重心、顶肘、挥拍、收腹、鞭打击球，同时重心前移，在最高点击球。

随挥路线是从击球后至身体左下方为止，重心完全移至前脚。

8. 发球

发球是比赛得分的重要手段，也是运动员技术水平的重要标志，如图 5-106 所示。初学者应认真理解动作要领并认真进行练习。

图 5-106 发球

1）抛球

发球的技术动作要求在身体协调放松的状态下进行，左手伸直在身体侧前方的最高点抛球，保持球在头的前上方垂直下落，抛球后双臂保持反L形。

2）挥臂

当球拍自然下垂到"搔背"状态时，开始向上挥小臂，直至手臂与身体充分伸展。

3）击球

整个挥拍动作与高压球动作技术一样自下而上用力，手臂内旋扣腕击球左侧（初学者可采用击球左后上方的削击发球）。

4）随球跟进

击球后，要继续保持球拍自然挥摆至身体的左下方，同时重心前移，使身体迅速调整位置回到准备状态。

9. 接发球技术

接发球技术在网球比赛中有着非常重要的作用，是控制对手、争取主动的主要手段，如图 5-107 所示。接发球技术要求选手有精准的判断力和良好的控球技术。

图 5-107 接发球

1）准备姿势

注意观察对方发球的站位和意图，身体重心比底线击球时更低一些，两眼紧盯对方发球。

2）移动转身

在对方发球后立即做出判断，迅速移动站好位置并确定回球方式，同时做好转身后摆动作。

3）接球

初学者一般发球速度不快，可采用对拉底线的击球方法接球。如果感到对方击球速度较快，应采用交叉上步或侧身击球的方式接球，来球角度较大的可用削球进行接球。

4）随球跟进

随球跟进动作要充分，还原动作要快，然后迅速移动到中场位置。

5.4.3　网球运动基本战术

1. 单打战术

战术的运用是给对手制造困难，使其回球质量降低，充分发挥自己的长处，加大攻击力度。因此，要了解和认识网球的基本战术。

1) 发球战术

(1) 变换发球落点：在经常发出外角球的同时要考虑突然换发内角球。

(2) 变换发球位置：不时地变换发球位置，增加对手的接球和对发球路线判断的难度。

2) 发球截击技术

发球后上网空中截杀将球打至对方空档，或采用两次截击，先打出较深的直线截击球，然后迅速上网进行第二次截击球，将球打至对方空档。

3) 接发球战术

在接对手力量不大的二发时，要控制好落点打直线球，趁对手回球质量不高时可上网将球截杀到对方空档。当一发的球速不快时，也可采用上述战术。

4) 对攻战术

当发球或接发球进攻都不奏效时，双方展开对攻，底线对攻的主要战术是加大击球深度和伺机变换落点。

5) 对付上网截击的战术

当对方采用发球上网的战术时，可跟进对手的站位采用挑高球和打穿越球，这是对上网的有效回击方法。

2. 双打战术

1) 发球

与打单发球不同的是，不仅要考虑一发的成功率，还要考虑增加对方接发球的难度，给同伴创造进攻机会，一般发对方反手或变换发球位置。

2) 接发球

利用直线球使对方网前平移截击，将球回击到对方的中场，减少失误率和对方的截击成功率。

3) 截击

截击是双打比赛的重要得分手段。利用边角球限制对方上网，利用脚下球控制对方网前选手，利用快速截击攻击对方远点和防守空档创造进攻和得分机会。

5.4.4　网球运动基本规则

网球比赛分为单打和双打两种形式。球员用网球拍将球击过网，落入对方的场地上。每位球员的目的都是尽力将球打到对方的场地上，这样一来一回，直到有一方将球打出界或没接到球为止。在正式比赛前，需要确定比赛由谁先发球。在整个比赛中，双方球员轮流发球，发球员在发球前应站在端线后、中点和边线的假定延长线之间的区域里。发出的球应从网上越过，落在对角的对方发球区内。每局第一分球记为15，第二分球为30，接下来为40。在每局比赛中，至少要比对手多两分才能结束该局比赛。

1. 场地规则

1）比赛场地

国际网联和国家体委颁布的《网球竞赛规则》中规定，一片标准网球场地的占地面积不小于36.6m（南北长）×18.3（东西宽）m，这一尺寸也是一片标准网球场地四周围挡网或室内建筑内墙面的净尺寸。在这个面积内，有效双打场地的标准尺寸是23.77m（长）×10.98m（宽），在每条端线后应留有余地不小于6.40m，在每条边线外应留有余地不小于3.66m。在球场安装网柱，以两柱中心测量，柱间距是12.80m，网柱顶端距地面是0.914m，如图5-108所示。

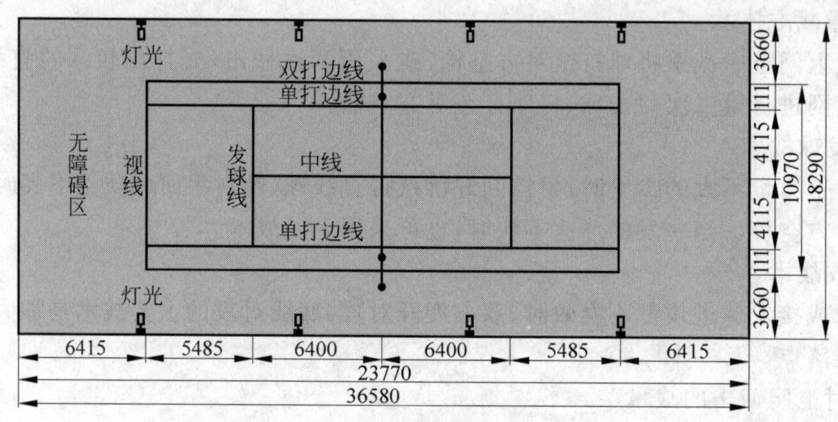

图 5-108 网球场地

如果是两片或两片以上相连而建的并行网球场地，相邻场地边线之间的距离不小于4.0m。如果是室内网球场，端线6.40m以外的上空净高不小于6.40m，室内屋顶在球网上空的净高不低于11.50m。

2）球拍、球

（1）球拍。

现在一般选择碳素石墨材料制成的球拍，这种球拍手感较好。选择球拍要考虑以下几个因素：

① 重量。球拍的重量分轻、中、重3种。练习者应根据自己的力量选择，重量适中，能用得上力就可以。

② 面积。分为小拍面、中拍面、大拍面，初学者一般选用大拍面的球拍。

③ 硬度。球拍的硬度分为10个等级，1～5级为软性球拍，6～10级为硬性球拍。使用硬度较大的球拍容易造成肘关节受伤，即“网球肘”。因此，初学者应选用中性偏软的球拍。

④ 拍柄。选择粗细适宜的球拍，因为过粗不易控制，过细握不紧球拍。

（2）网球。

网球一般为黄绿色。球的弹性为：在2.45m的高度自由下落到混凝土地面的弹起高度为1.35～1.47m。

3）球网

球网粗绳索或钢丝绳最大直径为0.8cm，网的两端应附着或挂在两个网柱顶端，网柱应为边长不超过15cm的正方形方柱或直径为15cm的圆柱。网柱不能超过网绳顶端2.5cm。

每侧网柱的中点应距场地0.914m，网柱的高度应使网绳或钢丝绳顶端距地面的垂直距离为1.07m。在单双打两用场地上悬挂双打球网进行单打比赛时，球网应该由两根高度为1.07m的“单打支杆”支撑，该支杆截面应是边长小于7.5cm的正方形方柱或直径小于7.5cm的圆柱。每侧单打支杆的中点应距单打边线0.914m。球网需要充分拉开，以便能够有效填补两根支柱之间的空间，并有效打开所有网孔，网孔大小以能防止球从球网中间穿过为宜。球网中点的高度应该是0.914m，并且用不超过5cm宽的完全是白色的网带向下绷紧固定。球网上端的网绳或钢丝绳要用一条白色的网带包裹住，每一面的宽度介于5～6.35cm。在球网、网带及单打支杆上都不能有广告。

4）球场线

球场两端的界线叫底线，两边的界线叫边线。在距离球网两侧6.4m的地方各画一条与球网平行的线，为发球线。球网与每一边的发球线和边线组成的场地再被发球中线分为两个相等的区域，为发球区，发球中线是一条连接两条发球线中点并与边线平行的线，线宽须为5cm。每一条底线被一条长10cm、宽5cm的发球中线的假定延长线分为相等的两个部分，由一条短线分隔，该短线为“中点”，它与所处的底线呈直角相连，自底线向场内画。除了底线的最大宽度可以不超过10cm以外，所有其他线的宽度均应为2～5cm。所有的测量都应以线的外沿为准。

2. 发球规则

1）发球前的规定

发球员在发球前应站在端线后、中点和边线的假定延长线之间的区域里，用手将球向空中任何方向抛起，在球接触地面以前，用球拍击球（仅能用一只手的运动员，可用球拍将球抛起）。球拍与球接触时，即完成了球的发送。

2）发球时的规定

发球员在整个发球动作中，不得通过行走或跑动改变原站的位置，两脚只允许站在规定位置，不得触及其他区域。

3）发球员的位置

（1）每局开始，先从右区端线后发球，得或失一分后，应换到左区发球。

（2）发出的球应从网上越过，落到对角的对方发球区内或其周围的线上。

4）发球失误

未击中球，或发出的球在落地前触及固定物（球网、中心带和网边白布除外），又或者违反发球站位规定。发球员第一次发球失误后，应在原发位置上进行第二次发球。

5）发球无效

发球触网后，仍然落到对方发球区内，或接球员未做好接球准备。

6）交换发球

第一局比赛终了，接球员成为发球员，发球成为接球。以后每局终了，均依次互相交换，直至比赛结束。

3. 通则

1）交换场地

双方应在每盘的第1、3、5等单数局结束后，以及每局结束双方局数之和为单数时，交换场地。

2）失分

发生下列任何一种情况，均判失分。

(1) 在球第二次着地前，未能还击过网。

(2) 还击的球触及对方场区界线以外的地面、固定物或其他物件。

(3) 还击空中球失败。

(4) 故意用球拍触球超过一次。

(5) 运动员的身体、球拍在发球期间触及球网。

(6) 过网击球。

(7) 抛拍击球。

(8) 发球双失误。

(9) 击球时人的身体触网。

3）压线球

落在线上的球都算界内球。

4. 双打规则

1）双打发球次序

每盘第一局开始时，由发球方决定由何人首先发球，对方同样地在第 2 局开始时决定由何人首先发球。第 3 局由第 1 局发球方的另一球员发球。第 4 局由第 2 局发球方的另一球员发球。以下各局均按此秩序发球。

2）双打接球次序

先接球的一方，应在第 1 局开始时决定何人先接发球，并在这盘单数局继续先接发球。双方同样应在第 2 局开始时决定何人接发球，并在这盘双数局继续先接发球。他们的同伴应在每局中轮流接发球。

3）双打还击

接发球后，双方应轮流由其中任何一名队员还击。如运动员在其同队队员击球后，再以球拍触球，则判对方得分。

5. 计分方法

1）胜 1 分

遇到下列情况时，判对方胜 1 分。

(1) 发球员连续两次发球失误或脚误时。

(2) 接球员在发来的球没有着地前用球拍击球，或球触及自己的身体及所穿戴的衣物时。

(3) 在球第二次落地前未能还击过网时。

(4) 还击球触及对方场区界线以外的地面、固定物或其他物件时。

(5) 还击空中球失败时。

(6) 在比赛中，击球员故意用球拍拖带或接住球，或故意用球拍触球超过一次时。

(7) “活球”期间，运动员的身体、球拍(不论是否握在手中)或穿戴的其他物件触及球网、网柱、单打支柱、绳或钢丝绳、中心带、网边白布或对方场区以内的场地地面。

(8) 还击尚未过网的空中球(过网击球)。

(9) 除握在手中(不论单手或双手)的球拍外，运动员的身体或穿戴的物体触球。

(10) 抛拍击球时。

(11) 比赛进行中，运动员故意改变其球拍形状。

(12) 发球或回球时出界(注意：出界的判法为球的第一个落点是否过第二白线)。

2) 胜 1 局

(1) 每胜 1 球得 1 分,先胜 4 分者胜 1 局。

(2) 双方各得 3 分时为“平分”,平分后,净胜两分为胜 1 局。

3) 胜 1 盘

(1) 一方先胜 6 局为胜 1 盘。

(2) 双方各胜 5 局时,一方净胜两局为胜 1 盘。

4) 决胜局计分制

在每盘的局数为 6 平时,有以下两种计分制。

(1) 长盘制：一方净胜两局为胜 1 盘。

(2) 短盘制(抢七)：决胜盘除外,除非赛前另有规定,一般应按以下办法执行。

① 先得 7 分者为胜该局及该盘(若分数为 6 平,一方需净胜两分)。

② 首先发球员发第 1 分球,对方发第 2、3 分球,然后轮流发两分球,直到比赛结束。

③ 第 1 分球在右区发,第 2 分球在左区发,第 3 分球在右区发。

④ 每 6 分球和决胜局结束都要交换场地。

5) 短盘制的计分

(1) 第 1 个球(0：0),发球员 A 发 1 分球,1 分球之后换发球。

(2) 第 2、3 个球(报 1：0 或 0：1,不报 15：0 或 0：15),由 B 发球,B 连发两分球后换发球,先从左区发球。

(3) 第 4、5 个球(报 3：0 或 1：2、2：1,不报 40：0 或 15：30、30：15),由 A 发球,A 连发两球后换发球,先从左区发球。

(4) 第 6、7 个球(报 3：3 或 2：4、4：2 或 1：5、5：1 或 6：0、0：6),由 B 发 1 分球后交换场地,若比赛未结束,B 继续发第 7 个球。

(5) 比分打到 5：5、6：6、7：7、8：8、……时,需连胜两分才能决定谁为胜方。但在记分表上则统一写为 7：6。

(6) 决胜局打完之后,双方队员交换场地。

6) 赛制

实行淘汰赛。一场比赛中,男子单打比赛除大满贯赛事和 ATP1000 大师系列赛决赛采用五盘三胜制以外,均使用三盘两胜制。女子比赛全部采用三盘两胜制。

5.5 羽　毛　球

本节介绍羽毛球运动的基本知识、手法和步法等,了解主要战术,以锻炼身体、陶冶情操,掌握羽毛球运动的简单比赛方法。

5.5.1 羽毛球运动基本概述

羽毛球运动起源于 19 世纪中叶,当时在印度的浦那城内有一种以绒线织成的球,上插羽毛,练习者手持木拍隔网击球的活动很受人们的喜爱。后由英国退役军官带回英国,逐步演变为一项竞技运动。

羽毛球运动是深受广大青少年喜爱的项目，具有一定的观赏性、娱乐性和锻炼性。羽毛球运动的特点是灵活、快速、多变，因而对灵敏性、协调性、爆发力、耐力等有较高的要求。但作为一般的健身活动，羽毛球运动对场地、器材的要求很低，只需要有两个人、两只拍、一只球，一般的大厅、广场、校园、公园和空地，都可以活动，其设备简单、携带方便、容易组合，是人们喜欢的健身活动之一。

5.5.2 羽毛球运动基本技术

1. 握拍法

握拍手指要自然分开、放松握拍，保证手指和手腕的灵活，在击球时再握紧拍柄发力击球。根据不同的击球位置、角度采用不同的握拍方法，以保证击球技术的正常发挥。

1）正手握拍

虎口对准拍柄窄面内侧棱面，采用握手式握拍法。掌心不要紧贴拍柄，注意保持一定的间隙，如图 5-109 所示。

2）反手握拍

在正手握拍的基础上将拍柄稍向外转，用拇指指腹顶贴在拍柄内侧的宽面上，如图 5-110 所示。

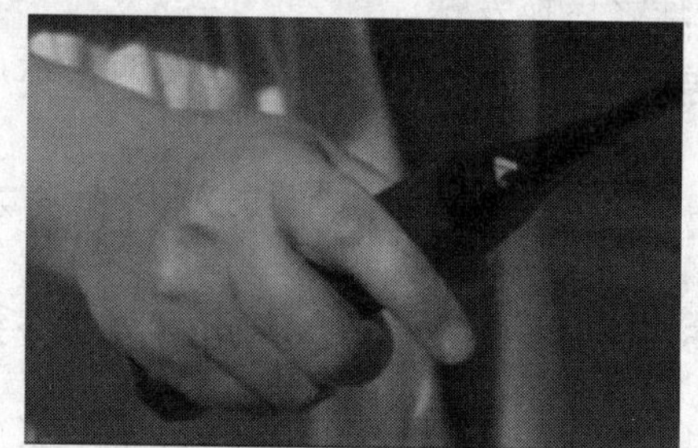

图 5-109 正手握拍

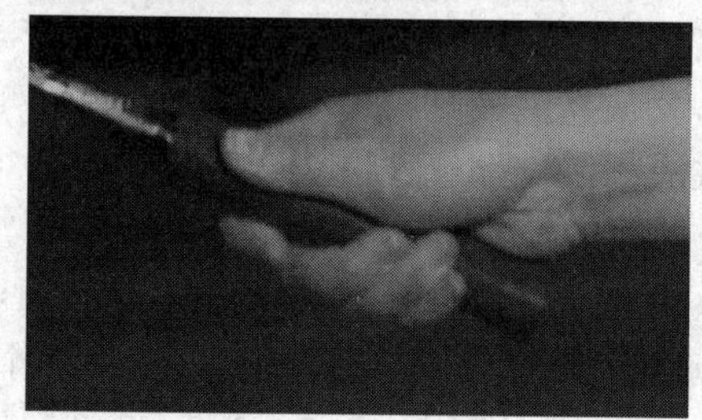

图 5-110 反手握拍

3）错误握拍

紧攥球拍，俗称拳式握法。掌心没留空间，手腕活动受限，不利于扣杀技术的发挥。

2. 发球

发球是羽毛球运动最基本的技术之一，是开始进攻的关键。发球质量的高与低直接关系到比赛的主动和被动，甚至会直接导致得失分。

1）正手发高远球

准备动作如图 5-111 所示。

技术要领：两脚前后开立，侧对发球方向，随着左手放球，持拍手臂前臂由后上方向下经身体侧下，向前上方挥拍并急速内转，带动手腕发力，以正拍面发力击球，击球点在膝关节前上方，击球后球拍面应在左肩前上方，如图 5-112 所示。

2）正手发网前球

技术要领：与正手发高远球基本相同，区别在于前臂挥动的幅度和手腕后伸幅度小一些，在向斜前方挥拍时，主要用前臂力量，击球时拍面从右向左斜向切击球托后部，使球贴网而过，如图 5-113 所示。

图 5-111　发球准备动作　　图 5-112　正手发高远球

3）反手发网前球

技术要领：反手握拍，利用拇指的力量向前推顶球拍，用球拍对球托做横切推送，使球贴网而过，如图 5-114 所示。

图 5-113　正手发网前球　　图 5-114　反手发网前球

发球易犯错误及纠正方法如表 5-2 所示。

表 5-2　发球易犯错误及纠正方法

易犯错误	纠正方法
发球不远不高，前臂抽拉向上所致，击球点太靠近身体 发球用不上力，手臂大于手腕用力，手臂快于手腕用力	击球点在膝上方前约 40cm 位置击球时要转肩，手腕加速发力向上鞭打

3. 击球

羽毛球击球技术包括击高远球、平高球、吊球、挑球、扣杀球、搓球等，本书着重介绍击高远球、吊球、挑球和扣杀球。

1）击高远球

击高远球分为正手击高远球和反手击高远球两种，如图 5-115 和图 5-116 所示。

图 5-115　正手击高远球　　图 5-116　反手击高远球

技术要领：侧身对准球落点(一般头顶上方)，抬头挺胸引拍做准备向上、向前蹬转，挥拍手腕鞭打。

注意：击球点要点，挥拍时前臂带动手腕鞭打，防止大臂发力击球。

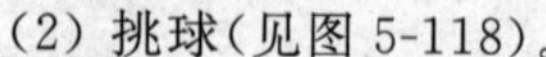

2）吊球与挑球

(1) 吊球(见图 5-117)。

技术要领：引拍准备对准来球，蹬转击球在额前上方，小臂带动手腕斜压球侧，手腕主动快抹击球。

图 5-117　吊球

(2) 挑球(见图 5-118)。

技术要领：对准来球引拍准备，小臂带动手腕向上、前挑击，击球点在同侧脚膝前方，手腕发力快于手臂用力。

图 5-118　挑球

3）扣杀球(见图 5-119)

扣杀球是一项攻击性很强的技术，按技术可分为大力扣杀、轻杀、劈杀和点杀。准备动作与击高远球相同，击球点在眼前上方偏向持拍肩一方，但由于力量和手腕、手指的变化会产生不同的效果。

图 5-119　扣杀

技术要领：蹬转收腹发力击球于眼前上方，击球时应充分发挥腰腹、肩臂、手腕和手指的力量，击球后重心落在前脚上，并尽快还原动作。

扣杀球易犯错误和纠正方法如表 5-3 所示。

表 5-3　扣杀球易犯错误和纠正方法

易犯错误	纠正方法
扣杀球无力，击球点偏后，手臂发力扣杀球落点飘远，手腕未能用力扣压	击球前移、加强手腕力量主动用手腕向前、下快速甩压

4）网前球（见图 5-120）

网前球技术是由搓、推、勾、扑等技术组成的，变化较多。网前球技术的好坏取决于手腕、手指对球感的熟练程度，同时也是变化最多、表现细腻悦目的技术。

技术要领：可用切、推、拉等技术搓击球之底部或侧底部击球过网。

注意：击球点应在球网上沿位置，网下的击球点是被动的击球。

图 5-120　网前球

练习方法如下。

（1）练习一：吊球与挑球。

方法：两人一组，一人在半场前场，另一人在半场后场，做连续一吊一挑练习。

要求：结合上网步法。

（2）练习二：扣杀球练习。

方法：找一高墙，距 4m 左右，右手握拍，左手将球高高抛于自己额前上方，然后对准击球于墙上。

（3）练习三：网前球练习。

方法：两人一组，隔网进行（无网也可以），可以用一人供球、一人做练习的方法进行搓、挑、切等方法的练习。

要求：初学者首先保证球能过网，随着水平的提高可考虑球的高低和滚动或斜线的变化。

4. 基本步法

1）起动

对来球有反应判断，即从中心位置上准备接球姿势转为向击球位置出发，称为起动。

2）移动

移动主要指从中心位置起动后到击球位置的移动方法。

（1）垫步：当右（左）脚向前（后）迈出一步后，后脚跟紧，紧接着以同一脚向同一方向再迈一步，称为垫步。

（2）交叉步：左右脚交替向前、向侧或向后移动为交叉步。

（3）小碎步：以小的交叉步移动的动作为小碎步。

（4）并步：右脚向前（或向后）移动一步时，左脚即刻向右脚跟并一步，紧接着再向前（后）移动一步，称为并步。

（5）蹬转步：以一脚为轴，另一脚做向后或向前蹬转步。

（6）蹬跨步：在移动的最后一步，左脚用力向后蹬的同时，右脚向来球的方向跨出一大步，称为蹬跨步。

3）步法到位配合击球

所谓步法到位，即根据不同的击球方式，运动员应站到最适合这种击球的最有利位置上。

4）回动(回中心位置)

击球后应尽力保持身体平衡,并即刻向中心位置移动,以便在中心位置上做好迎击下一个来球的准备,称为回动。

5）上网移动步法

从中心位置移动到网前击球的步法,称为上网移动步法。可采用两步或三步交叉步加蹬跨步移动的方法,也可采用垫一步再跨一大步的移动方法。

6）两侧移动步法(接杀球)

从中心向左右两侧移动到击球点上击球的步法,称为两侧移动步法。该步法用于中场接杀球,起跳突击。

7）后退移动步法

从中心移动到后场各个击球点的位置上击球的步法,称为后退击球法。其动作有正手后退步法、头顶击球步法。

8）前后场连贯移动步法

两个或两个以上击球动作之间的移动相互连贯、步法之间衔接迅速,称为连贯移动步法,如接杀→放网→勾→推。

5.5.3 羽毛球运动基本战术

1. 单打基本战术

1）发球抢攻战术

发球可根据对手的站位、回击球的习惯球路、反击能力、打法特点、精神心理状态等情况,运用不同的发球方法,以取得前几拍的主动权,可打乱对方的整个战略部署,造成对方措手不及。

2）接发球抢攻战术

接发球抢攻战术是接发球战术中最易得分、最有威胁的一种战术。但是,其前提是对方在发球时质量欠佳。

3）攻后场战术

攻后场是通过击高球、重复压对方底线两角,造成对方的被动,然后寻找机会进攻。

4）打四方战术

在对手步法较慢、体力较差、技术不全面的情况下,以快速、准确的落点攻击对方场区的4个角落,寻找机会向空档进攻。

5）杀、吊上网战术

当对手打来后场高球时,本方先杀球配合吊球把球下压,落点选在场区的两条边线附近,以使对手被动回球。

2. 双打基本战术

1）攻人战术(二打一)

集中攻击对方有明显弱点的人,并伺机攻击另一人因疏忽而露出的空档,或对此人偷袭。

2）攻中路战术

当对方分边防守站位时,将球攻击对方两人中间；当对方前后站位时,可将球下压或平推两边半场。

3）后攻前封战术

后攻前封战术，就是当本方处于主动进攻的前后站位时，站在后场的队员见高球就杀或吊网前，迫使对方接球挡网前，为本方前场队员创造封网扑杀的机会。前场队员要积极封锁前场，迫使对方被动挑高球，为本方创造再进攻的机会。

5.5.4 羽毛球运动基本规则

1. 场地

羽毛球比赛场地分为单打场地和双打场地，场地规格如图5-121所示，球网中央顶端离地面高1.524m，网柱高1.55m。球重4.74～5.5g，有16根羽毛插在半球的软木托上。

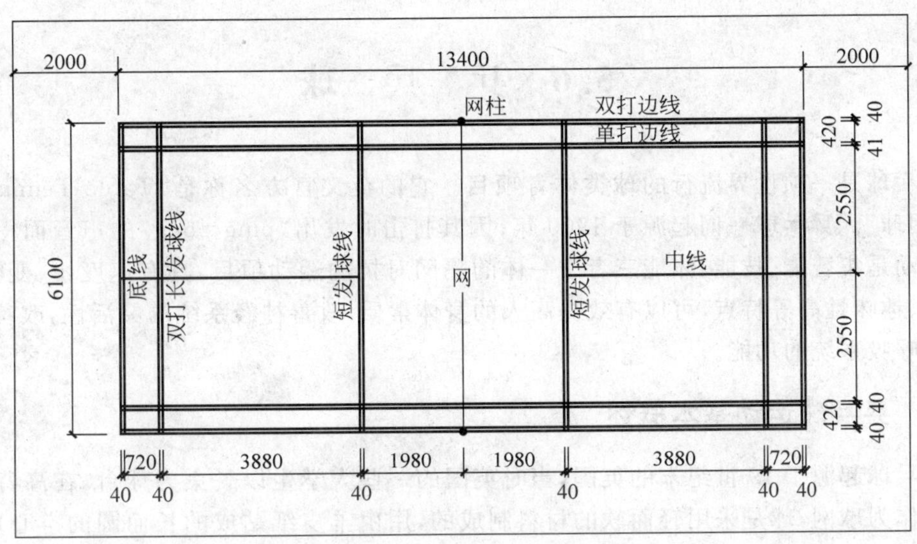

图5-121 羽毛球场地

2. 常用的比赛规则

（1）对界外球的判定，球托落在线上为界内球。

（2）选择发球权，一局比赛后交换场区。由领先的一方继续发球，不需要重新选择发球权。

（3）发球击球点不得明显超过发球人腰部，整个球拍头要明显低于整个握拍手部。

（4）发球必须从本方右区发向对方右区，得分后换至左区；发球必须要使球的落点超过前发球线。在双打发球时，发球不得过后发球线。

（5）一旦发球员和接发球员做好准备，任何一方都不得延误发球；发球员和接发球员应站在斜对角的发球区内，脚不得触及发球区和接发球区的界线；从发球开始至发球结束前，发球员和接发球员的两脚都必须有一部分与场地的地面接触，不得移动；发球员的球拍，应首先击中球托；发球员的球拍击中球的瞬间，整个球应低于发球员的腰部；发球员的球拍击中球的瞬间，球拍杆应指向下方；发球开始后，发球员必须连续向前挥拍，直至将球发出；发出的球向上飞行过网，如果未被拦截，球应落在规定的接发球区内。

（6）违例主要包括不合法发球；比赛进行中，球落在场地界线外（即未落在界线上或界线内)；从网孔或网下穿过；未从网上方越过；触及天花板或四周墙壁；触及运动员的身体或衣服；触及场地外其他物体或人；被击时停滞在球拍上，紧接着被拖带抛出；被同一运动员两次挥拍连续两次击中(但一次击球动作中，球被拍框和拍弦面击中，不属违例)；被同方两名运动员连续击中。

3. 计分方法

(1) 任何一方将球打“死”在对方的有效位置或者因为对方出现违例或失误均可得分。

(2) 单打和双打项目，都是以一方先得 21 分为胜一局，如果每局双方打到 20 平后，一方先得 2 分即算该局获胜，若双方打成 29 平后，一方领先 1 分，即算该局获胜。

(3) 正式的羽毛球比赛，每场比赛均采用三局两胜制，即比赛时，当有一方连续胜了两局或在双方各胜一局后，某方再胜了决胜局(第三局)，即取得了这场比赛的胜利。

5.6 乒 乓 球

乒乓球是一项世界流行的球类体育项目。它的英文官方名称是“Table Tennis”，意即“桌上网球”。乒乓球一词起源于 1900 年，因其打击时发出“ping pong”的声音而得名。乒乓球运动是集智能、技能、体能三者于一体的隔网对抗的运动项目，具有速度快、变化多、技巧性强、趣味性高等特点，可以有效提高人的身体素质，改善神经系统的灵活性，改善心血管系统和呼吸系统的功能。

5.6.1 乒乓球运动基本概述

乒乓球起源于 19 世纪末的英国，当时英国的一些大学生以餐桌为球台，在高背椅上挂一根线作为球网，球是采用轻而软的材料制成的，用由羊皮纸贴成的长而圆的空心球拍，像打网球一样在台子上打来打去，有人称这项运动为“Table Tennis”，即“桌上网球”。

1900 年左右，随着轻工业的发展，有人将球改成用赛璐珞制成的空心球。这种球在触及球拍和在桌面上弹起时会发出“乒、乓”的声音，因此，后来有人根据球触拍、触桌时发出的声音，称这项运动为“乒乓球”。此后，乒乓球运动便逐渐发展起来。

第一次大型比赛是 1900 年 12 月在英国伦敦举行，当时参加比赛的人数达到 300 多人。

1903 年，英国人古德发明了胶皮球拍，有力地促进了乒乓球技术的发展。1926 年，国际乒乓球联合会正式成立，并决定举行第一届世界乒乓球锦标赛。

从 1926 年到 1951 年，世界各国选手大多使用表面有圆柱形颗粒的胶皮拍，击球时增加了弹性和摩擦力，可以使球产生一定的旋转，因而出现了削下旋球的防守型打法，不少运动员采用这种打法获得了世界冠军。这一时期乒乓球运动的优势在欧洲，其中匈牙利队成绩最突出。20 世纪 50 年代初，奥地利人发明了海绵球拍，日本运动员用这种球拍创造了远台长抽进攻型打法，这种打法具有正手攻球力量大、速度快、发球抢攻威胁大等优点，因而速度慢、旋转弱、攻击力不强的欧洲防守型打法被逐渐取代，使日本夺得了 20 世纪 50 年代乒乓球运动的优势，这是乒乓球运动水平的第一次大提高。

1959 年，中国运动员容国团获得了第二十五届世界乒乓球锦标赛男子单打冠军，中国运动员开始登上了国际乒坛，并且逐渐形成了以“快、准、狠、变”为技术风格的直拍近台快攻打法。在 1961 年第二十六届世界锦标赛中，中国第一次夺得了男子团体世界冠军，并连续获得第二十七、二十八届男子团体冠军。中国近台快攻的优点是站位近、速度快、动作灵活、正反手运用自如，比日本远台长抽打法又大大前进了一步。20 世纪 60 年代，中国乒乓球技术水平位于世界最前列，乒乓球运动的优势由日本转移到中国。这是乒乓球运动水平的第二次大提高。

乒乓球运动在日本、中国发展的同时，欧洲运动员从失败中总结经验教训，经过近二十年的努力，终于取日本弧圈球技术和中国近台快攻打法之长，创造出适合于他们的先进打法，即以弧圈球为主结合快攻的打法和以快攻为主结合弧圈球的打法。这两种打法的特点是防守较强、速度快、能拉能打、低拉高打、回旋余地较大，乒乓球运动又推进到防守和速度紧密结合的新高度。这是乒乓球运动水平的第三次大提高。

20 世纪 70 年代以来，由于国际交往和学习研究的加强，各种打法取长补短，使乒乓球技术得到了更快的发展和提高。1982 年，国际奥委会决定从 1988 年起把乒乓球列为奥运会正式比赛项目，引起了世界各国对乒乓球运动的进一步重视，推动了乒乓球运动更快地发展。

5.6.2　乒乓球运动基本技术

1. *握拍方法*

乒乓球握拍方法分直拍握法和横拍握法两种，不同的握法各有其优缺点，从而产生了各种不同的打法。初学者可以根据自己的习惯和爱好，选择适合自己的握拍方法。

1）直拍握法

以食指第二指关节和拇指第一指关节分别夹住球拍边沿，拍柄贴于食指根部，然后三指自然弯曲贴于拍后上端 1/3 处，如图 5-122 所示。

2）横拍握法

虎口贴于拍肩，拇指在拍后，食指在拍前，其余三指自然握住拍柄，如图 5-123 所示。

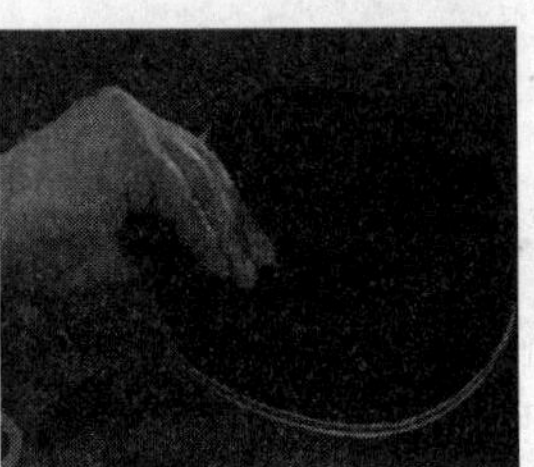

图 5-122　直拍握法

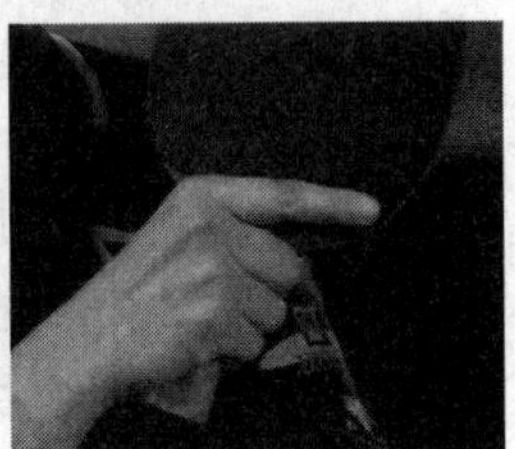

图 5-123　横拍握法

2. *移动步法*

1）单步

击球时以一脚前脚掌为轴，另一脚向不同方向移动，重心随之跟上。

2）跨步

击球时以来球同侧脚先向侧跨出一步，另一脚再跟着移动一小步。

3）并步

击球时一脚先向另一脚移动一步，另一脚在移动脚落地后向来球方向移动一步，移动范围较跨步大，如图 5-124 所示。

4）跳步

击球时以来球一侧用力蹬地，两脚同时离地向来球方向移动，如图 5-125 所示。

图 5-124 并步步法

图 5-125 跳步步法

5）交叉步

击球时以来球同方向脚为支撑脚，另一脚在体前交叉，向来球方向跨一大步，然后支撑脚迅速跟上，移动一步。适用于大范围移动。

3. 发球与接发球技术

1）发球

发球是乒乓球的基本技术，在比赛中占有重要的地位。发球多变且质量好，不仅能使对方回接失误，己方得分，而且可以为己方进攻创造良好的机会。下面简要介绍几种发球的方法：

（1）平击球。发球时，持球手将球向上抛起，与此同时持拍手向后引拍，当球从高点下降到低于球网时，持拍手以肘部为轴心，前臂向前方横摆击球。向前挥拍时，拍面稍前倾，击球中上部。击球后，第一落点应在球台的中区。

（2）上旋球。发球时，球拍向前上方用力，摩擦球的中上部。

（3）下旋球。发球时，球拍向前下方用力，摩擦球的中下部。

（4）侧旋球。发球时，球拍拍面稍向左侧或右侧倾斜，向左侧或右侧用力，擦击球的中后部。

2）接发球

接发球与发球的重要性相同。如果接发球能力较强，不仅能够抑制对方的进攻战术，而且能够为己方争取主动。

接发球常用推、搓、拉、攻等方法来回击。接发球的方法可根据对方球拍开始运行的方向选择。如对方球拍由左向右触球，应向对方球台的左方回接。如由上向下触球则为下旋球，由下向上触球则为上旋球。而且接发球时要注意对方发球时的站位，同时还要密切注意对方发球时的挥拍动作、球拍的移动方向及触球瞬间用力的大小，以正确地判断对方发球的性质和落点，及时用相应的方法回击。

4. 击球技术

1）推挡球技术

推挡球以反手推挡球为主，是我国直拍快攻打法的基本技术之一。推挡技术的特点是站位近、动作小、变化多。推挡球技术可以通过变换节奏的快慢、力量的大小，以及落点、路线、旋转的变化来调动对方，为进攻争取主动，如图 5-126 所示。

图 5-126　推挡球技术

下面介绍几种推挡技术：

(1) 平挡。平挡球动作简单，容易掌握，是初学者入门的技术，可以用来熟悉球性，体会击球时的拍形变化，提高控球的能力。

动作要点：在引拍阶段，近台站位，两脚平行或左脚稍前，两脚间距离与肩同宽或稍比肩宽，重心在前脚掌上。击球前，前臂与台面平行伸向来球。球拍触球时，球拍稍向前倾斜，主要借助来球的反强力将球挡回。

(2) 快推。快推的回球速度快，而且线路可以变化。在对攻和相持中运用快推两大角或突击对方空档，使对方应接不暇，造成直接失误或露出破绽，以争取时间，为自己抢攻创造条件。

动作要点：击球前，执拍手上臂和肘关节内收，前臂略向外旋。击球时，手臂快速向前伸，同时球拍向前倾斜，在来球上升期击球中上部。

(3) 减力挡。在对攻相持中，对方远离球台或对方回过来力量不大、旋转较弱的球时，使用减力挡变化力量和落点来调动对方，使其前后奔跑，然后伺机用正手或侧身抢攻，获得主动。

动作要点：击球前，稍屈前臂使球拍略为提高，拍面稍前倾。当球在台面弹起时，手臂向前迎球，同时身体重心略升高，整个动作用力很小。拍触球的刹那间，手臂和手腕要稍向后收，以减慢回球的速度。

2) 攻球技术

攻球技术是乒乓球运动的主要技术，也是得分的主要手段，如图 5-127 所示。

图 5-127　攻球技术

乒乓球的攻球技术又分为快攻、扣杀、中远台攻球、拉抽、台内攻球、杀高球、快带等技术。

(1) 正手快攻。在比赛中，常运用正手快攻与落点相结合的方法来调动对方，为扣杀创造条件，也可直接得分。

动作要点：近台站位，两脚平行站立或左脚稍前，引拍时，手臂自然弯曲，并做内旋，使拍面稍前倾，以前臂后引为主(幅度小)，将球拍引至身体右侧后方。当球跳至上升期时，在上臂带动下，前臂快速向左前方挥动，拍面稍前倾，击球中上部，手腕配合外展。

(2) 正手快带。与正手攻球相似，主要利用来球的前进力量将球带出。这是一项对付弧圈球的技术，以速度快、弧线低、落点变化多为自己下一板主动进攻创造条件。

动作要点：近台站位，引拍时，手臂自然弯曲，手臂内旋，使拍面前倾，几乎是原位迎球，向后引拍很小，将球拍引至身体右前方。当来球跳至上升期时，拍面前倾，球拍高于来球，击球中上部，借助腰、髋的转动，手臂迎前带击。

(3) 正手快拉。是一项对付削球选手的重要技术，具有速度快、动作小、线路活的特点。比赛中运动员往往以快拉技术，攻击削球的左、中、右不同落点，配合拉轻、重力量和旋转变化的球为起板扣杀创造条件。

动作要点：左脚稍前，手臂根据对方来球旋转强弱做内旋，使拍面接近垂直，或做外旋，使拍面稍后仰，前臂下沉，将球拍引至身体右后下方。当来球跳至高点期开始下降时，在上臂带动下，前臂加速向左前上方挥动，手腕同时做外展。若来球下旋强，拍面稍后仰，击球中下部；若来球下旋弱，拍面接近垂直，击球中部。

(4) 正手台内攻球。正手台内攻球，动作小，速度快，以手腕发力为主，是还击近网短球的重要技术。主要用于回击对方强烈的下旋短球。对方发加转近网短球时，能以快点还击，并结合落点变化，可在前三板中争得较多的抢先进攻的机会。

动作要点：站位靠近球台，手臂自然弯曲迎前，前臂伸向台内，并根据来球旋转程度手臂相应地做内旋或外旋，调整板面角度。当来球跳至高点期，下旋时拍面稍后仰，击球中下部，前臂、手腕向前上方发力；上旋时拍面稍前倾，击球中上部，手臂直接向前用力。

(5) 正手扣杀。是比赛中常见的一项技术，是重要的得分手段。扣杀大多是在其他技术取得主动和优势的情况下才运用。在发球抢攻中，对方回出较高的球时常使用扣杀。其特点主要是力量重、球速快、威力大。如把落点变化结合起来运用，往往能直接得分。

动作要点：左脚稍前，手臂自然弯曲，并做内旋，使拍面稍前倾，随着腰、髋的转动，手臂向后移动，将球拍引至身体右后方。当来球跳至高点期时，拍面前倾，击球中上部，上臂带动前臂，同时加速向左前下方发力挥动。

(6) 正手中远台攻球。是运动员在中远台对攻时常用的一项技术。攻球的力量较重，进攻性较强。由于站位较远，步法移动范围也比较大。比赛中中远台攻球可为扣杀寻找机会，也能直接得分。

动作要点：左脚稍前，远台站位。手臂自然弯曲，并做内旋，使拍面接近垂直，随着腰、髋向右转动，手臂向后移动，将球拍引至身体右后方。当来球跳至下降前期，拍面接近垂直，击球中部，向上摩擦，上臂带动前臂同时加速向左前上方挥动。

5. 搓球技术

常用的搓球技术有慢搓和快搓，如图 5-128 所示。

图 5-128 搓球技术

1）慢搓

慢搓动作幅度大，在来球的下降期击球，回球速度慢，但有利于增加搓球的旋转强度。慢搓一般适用于回接旋转较强、线路稍长的来球。在对搓中，快、慢搓结合起来，可以变化击球节奏，牵制对方。

动作要点：击球时，应根据来球的具体情况，控制好拍面的后仰角度。以前臂用力为主，转腕动作不宜过大。搓加转球时，增加向下用力，同时增加前送的幅度。

2）快搓

快搓动作幅度小，回球速度快，借来球的前进力将球搓回，常用于接发球或削过来的近网下旋球。在对搓中，利用快搓变化击球节奏，缩短对方回球的准备时间。

动作要点：身体重心前移，身体靠近来球。快搓时，前臂主动前伸插向球的中下部。

6. 正手弧圈球技术

正手弧圈球技术的特点是力量大、速度快，技术使用的稳定性比较高。在进攻时，正手弧圈球在击球的时间和空间方面有较多的选择余地，可以根据来球性质进行调整，因此是弧圈球技术中最具威力的进攻性技术，如图 5-129 所示。

图 5-129　正手弧圈球技术

1）正手拉高吊弧圈球技术

动作要点：拉球前身体重心较低。引拍时，球拍向下后引，身体随之向右转动，右肩下沉，重心在右脚上。击球时，向上方偏前挥拍，摩擦球的中部。身体重心向左迅速移动，身体稍向上抬起，拉球的高点后期。

2）正手拉前冲弧圈球技术

动作要点：身体重心比拉加转弧圈球略高。引拍时，向后下方引拍，位置略高于拉高吊弧圈球，拍面适当前倾，腰向后方转动，重心移至右脚，以便于充分利用身体的力量。击球时，球拍向前上方挥动，拉球点在腹侧前方，在高点期或前期摩擦球的中上部，身体重心移向左脚。

5.6.3　乒乓球运动基本战术

战术是指在比赛中，运动员根据自己和对手的具体情况，正确而又有目的地把自己所掌握的各种技术有意识地组合起来，从而充分发挥自己的技术风格特点，制约对方的长处，紧紧抓住对方的弱点，为战胜对手采取合理有效的手段和方法。下面介绍几种常用的基本战术：

1. 发球抢攻战术

发球抢攻是我国直板快攻打法的“撒手锏”，是力争主动、先发制人的主要战术。各种类型打法的运动员都普遍采用发球抢攻来抢占每个回合的上风。发球战术运用的效果主要取

决于发球的质量和第三板进攻的能力。发球抢攻战术因打法的类型不同而有所差异,但常用的发球抢攻战术主要有以下几种:

(1) 正手发转球与不转球结合落点变化进行抢攻。

(2) 侧身正手(高抛或低抛)发左侧上(下)旋球结合落点变化进行抢攻。

(3) 反手发右侧上(下)旋球结合落点变化进行抢攻。

(4) 反手发急球或急下旋球结合落点变化进行抢攻。

2. 接发球战术

接发球战术与发球抢攻战术同样重要,在某种意义上讲,接发球水平的高低可以反映运动员的实战能力以及各项基本技术的应用程度。事实上,接发球者只是暂时处在被控制状态,如果破坏了发球者的抢攻意图或者为他制造了障碍,减弱了对方抢攻的质量,也就意味着已经脱离被控制状态,变被动为主动了。常用的接发球战术有:

(1) 接发球抢攻。

(2) 盯住对方的弱点处寻找突破口。

(3) 控制接发球的落点。

3. 搓攻战术

搓攻战术是进攻型打法的辅助战术之一,主要利用搓球旋转的变化和落点的变化为抢攻创造机会。这一战术在基层比赛中被普遍采用。常用的搓球战术有:

(1) 慢搓与快搓结合。

(2) 搓转与不转球结合落点变化,制造机会,伺机突击。

(3) 搓球控制落点变化进行突击。

(4) 搓中变推或抢攻。

4. 对攻战术

对攻战术是进攻型打法在相持阶段常用的一项重要战术。快攻类打法主要依靠反手推挡(或反手攻球)和正手攻球(或正手拉弧圈球)技术,充分发挥快速多变的特点来调动对方。常用的对攻战术有以下几种:

(1) 紧逼对方反手,伺机抢攻或侧身抢攻、抢拉。

(2) 攻对方两角。

(3) 攻追身球战术。

(4) 变化击球节奏,加力推和减力挡结合,发力攻、拉与轻打、轻拉结合,也可造成对手的被动局面。

5.6.4 乒乓球运动基本规则

1. 球台

(1) 球台的上层表面称为比赛台面,应为与水平面平行的长方形,长 2.74m,宽 1.525m、高 76cm。乒乓球运动比赛场地如图 5-130 所示。

(2) 比赛台面不包括球台台面的侧面。

(3) 比赛台面可用任何材料制成,应具有一致的弹性,即当标准球从离台面 30cm 高处落至台面时,弹起高度应约为 23cm。

(4) 比赛台面应呈均匀的暗色,无光泽,沿每个 2.74m 的比赛台面边缘各有一条 2cm

图 5-130　乒乓球运动比赛场地

宽的白色边线，沿每个 1.525m 的比赛台面边缘各有一条 2cm 宽的白色端线。

(5) 比赛台面由一个与端线平行的垂直的球网划分为两个相等的台区，各台区的整个面积应是一个整体。

(6) 双打时，各台区应由一条 3mm 宽的白色中线划分为两个相等的“半区”。中线与边线平行，并应视为右半区的一部分。

2. 球网装置

(1) 球网装置包括球网、悬网绳、网柱及将它们固定在球台上的夹钳部分。

(2) 球网应悬挂在一根绳子上，绳子两端系在高 15.25cm 的直立网柱上，网柱外缘离开边线外缘的距离为 15.25cm。

(3) 整个球网的顶端距离比赛台面 15.25cm。

(4) 整个球网的底边应尽量贴近比赛台面，其两端应尽量贴近网柱。

3. 球

(1) 球应为圆球体，直径为 40mm，重量为 2.7g。

(2) 球应用赛璐珞或类似的材料制成，呈白色、黄色或橙色，且无光泽。

4. 球拍

(1) 球拍的大小、形状和重量不限，但底板应平整、坚硬。

(2) 底板厚度至少应有 85%的天然木料，加强底板的黏合层可用碳纤维、玻璃纤维或压缩纸等纤维材料，每层黏合层不超过底板总厚度的 7.5%或 0.35mm。

(3) 用来击球的拍面应用一层颗粒向外的普通颗粒胶覆盖，连同黏合剂厚度不超过 2mm；或用颗粒向内或向外的海绵胶覆盖，连同黏合剂厚度不超过 4mm。

(4) “海绵胶”即在一层泡沫橡胶上覆盖一层普通颗粒胶，普遍颗粒胶的厚度不超过 2mm。

(5) 覆盖物应覆盖整个拍面，但不得超过其边缘。靠近拍柄部分以及手指执握部分可不予以覆盖，也可用任何材料覆盖。

(6) 底板、底板中的任何夹层、覆盖物以及黏合层均应为厚度均匀的一个整体。

(7) 球拍两面不论是否有覆盖物，必须无光泽，且一面为鲜红色，另一面为黑色。拍身边缘上的包边应无光泽，不得呈白色。

(8) 由于意外的损坏、磨损或褪色，会造成拍面的整体性和颜色上的一致性出现轻微的差异。只要未明显改变拍面的性能，就可以允许使用。

(9) 比赛开始时及比赛过程中运动员需要更换球拍时，必须向对方和裁判员展示他将要使用的球拍，并允许他们检查。

5. 定义

(1) 回合：球处于比赛状态的一段时间。

(2) 球处比赛状态：从发球时，球被有意向上抛起前，静止在不执拍手掌上的一瞬间。到该回合被判得分或重发球。

(3) 重发球：不予判分的回合。

(4) 一分：判分的回合。

(5) 执拍手：正握着球拍的手。同理，不执拍手为未握着球拍的手。

(6) 击球：用握在手中的球拍或执拍手手腕以下部分触球。

(7) 阻挡：对方击球后，处于比赛状态的球尚未触及本方台区，也未超过比赛台面或其端线，即触及本方运动员或其穿带的任何物品。

(8) 发球员：在一个回合中，首先击球的运动员。而接发球员指在一个回合中，第二个击球的运动员。

(9) 端线：球台的端线包括端线两端的无限延长线。

6. 合法发球

(1) 发球时，球应放在不执拍手的手掌上，手掌张开和伸平，球应是静止的，在发球方的端线之后和比赛台面的水平面之上。

(2) 发球员须用手把球几乎垂直地向上抛起，不得使球旋转，并使球在离开不执拍手的手掌之后上升不少于 16cm。

(3) 当球从抛起的最高点下降时，发球员才可击球，使球首先触及本方台区，然后越过或绕过球网装置，再触及接发球员的台区。在双打中，球应先后触及发球员和接发球员的右半区。

(4) 击球时，球应在发球方的端线之后，但不能超过发球员身体(手臂、头或腿除外)离端线最远的部分。

(5) 运动员发球时，有责任让裁判员或副裁判员看清他是否按照合法的发球规定发球。

① 如果裁判员怀疑发球员某个发球动作的正确性，并且不能确信该发球动作不合法，一场比赛中此现象第一次出现时，裁判员可以警告发球员而不予判分。

② 在同一场比赛中，如果运动员发球动作的正确性再次受到怀疑，不管是否出于同样的原因，不再警告而判失一分。

③ 无论是否第一次或任何时候，只要发球员明显没有按照合法发球的规定发球，无须警告被判失一分。

④ 运动员因身体伤病而不能严格遵守合法发球的某些规定时，可由裁判员做出决定免予执行，但须在赛前向裁判员说明。

7. 重发球

1) 回合出现下列情况应判重发球

(1) 如果发球员发出的球在越过或绕过球网装置时，触及球网装置，此后成为合法发球，或被接发球员或其同伴阻挡。

(2) 如果在接发球员或同伴未准备好时，球已发出，而且接发球员或其同伴均没有企图击球。

(3) 由于发生了运动员无法控制的干扰，而使运动员未能合法发球、合法还击或遵守规则。

(4) 裁判员或副裁判员暂停比赛。

(5) 在双打时，运动员错发、错接。

2) 可以在下列情况下暂停比赛

(1) 要纠正发球、接发球次序或方位错误。

(2) 要实行轮换发球法。

(3) 警告或处罚运动员。

(4) 由于比赛环境受到干扰，以致该回合结果有可能受到影响。

8. 比赛次序

(1) 在单打中，首先由发球员合法发球，再由接发球员合法还击，然后两者交替合法还击。

(2) 在双打中，首先由发球员合法发球，再由接发球员合法还击，然后由发球员的同伴合法还击，再由接发球员的同伴合法还击，此后，运动员按此次序轮流合法还击。

9. 合法还击

对方发球或还击后，本方运动员必须击球，使球直接越过或绕过球网装置，或触及球网装置后，再触及对方台区。

10. 一分

除被判重发球的回合，下列情况运动员得一分：

(1) 对方运动员未能合法发球。

(2) 对方运动员未能合法还击。

(3) 运动员在发球或还击后，对方运动员在击球前，球触及了除球网装置以外的任何东西。

(4) 对方击球后，该球越过本方端线没有触及本方台区。

(5) 对方阻挡。

(6) 对方连击。

(7) 对方运动员用不符合要求的拍面击球。

(8) 对方运动员或其穿戴的任何东两使球台移动。

(9) 对方运动员或其穿戴的任何东西触及球网装置。

(10) 对方运动员不执拍手触及比赛台面。

(11) 双打时，对方运动员击球次序错误。

(12) 执行轮换发球法时，接发球运动员或其双打同伴，包括接发球一击，完成了 13 次合法还击。

11. 一局比赛

在一局比赛中，先得 11 分的一方为胜方，10 平后，先多得两分的一方为胜方。

12. 一场比赛

(1) 一场比赛应采用五局三胜制或七局四胜制。

(2) 一场比赛应连续进行，但在局与局之间，任何一名运动员都有权要求不超过两分钟的休息时间。

13. 发球、换发球和方位的选择

(1) 选择发球、接发球和台区方位的权力应由抽签来决定，中签者可以选择先发球或先接发球，或选择先在某一方台区。

(2) 当一方运动员选择了先发球或先接发球，或选择先在某一方台区后，另一方运动员拥有另一个选择的权力。

(3) 在获得每两分之后，接发球方即成为发球方，依此类推，直至该局比赛结束，或者双方比分都达到10分或实行轮换发球法，此时，发球和接发球次序仍然不变，但每人只轮发一分球。

(4) 在双打的第一局比赛中，先发球方确定第一发球员，再由先接发球方确定第一接发球员。在以后的各局比赛中，第一发球员确定后，第一接发球员应是前一局发球给他的运动员。在双打中，每次换发球时，前面的接发球员应成为发球员，前面的发球员的同伴应成为接发球员。

(5) 一局中，首先发球的一方，在该场下一局应首先接发球。在双打决胜局中，当一方先得10分时，接发球方应交换接发球次序。

(6) 一局中，在某一方位比赛的一方，在该场下一局应换到另一方位。在决胜局中，一方先得5分时，双方应交换方位。

14. 发球、接发球次序和方位的错误

(1) 裁判员一旦发现发球、接发球次序错误，应立即暂停比赛，并按该场比赛开始时确立的次序，按场上比分由应该发球或接发球的运动员发球或接发球；在双打中，则按发现错误时那一局中首先有发球权的一方所确立的次序进行纠正，继续比赛。

(2) 裁判员一旦发现运动员应交换方位而未交换时，应立即暂停比赛，并按该场比赛开始时确立的次序按场上比分运动员应站的正确方位进行纠正，再继续比赛。

(3) 在任何情况下，发现错误之前的所有得分均有效。

第6章 形体舞蹈

6.1 健 美 操

青春、健康、激情、活力是每一个人向往的生活状态，而健美操运动为实现这一目标插上了飞翔的翅膀。健美操是近几十年发展起来的一项新兴的体育运动项目。它起源于生活，起源于人类对于人体健与美的追求，是体操、舞蹈、音乐三者有机结合的产物。

6.1.1 健美操简介

1. 健美操的兴起与发展概况

健美操起源于20世纪60年代末，最早是美国太空总署为太空人所设计的体能训练内容。1968年美国太空总署Kenneth Cooper博士根据宇航员所处的特殊环境和对宇航员身体机能的特殊要求，为太空人的体能训练设计了Aerobics Exercise（健美操锻炼），这种有氧操出现不久便因其对身体机能，尤其对心血管和体型的作用引起了人们的注意。1969年杰姬·索伦森综合了这种有氧操的特点，并结合当时流行于美国黑人的各种爵士舞和非洲民间舞，创编了一种操、舞结合的健身舞。这种舞带有娱乐性，形式新颖，把较强的节奏性和自然而大幅度的动作融为一体，对现代健美操的形成产生了深远的影响。

20世纪70年代，健美操运动逐渐被大众所接受。随后美国电影明星简·方达根据自己的健身体会和经验撰写并出版了《简·方达健身术》一书，引起了世界轰动。该书的出版与发行加强了世界各国人民对健美操的认识，掀起了各国竞相开展健美操运动的高潮，也使得健美操运动得以在世界范围内迅速传播。20世纪70年代末80年代初，现代健美操热传到了中国。1982年2月中国青年出版社出版了《美·怎样才算美》一书，选登了陈德易创编的"女青年健美操"和牛乾元创编的"男青年哑铃操"，从此，"健美操"一词迅速被广大体育工作者采用。目前健美操已经被教育部列为高校体育教育专业的主干必修课，并已成为我国各级各类学校体育课或课外活动中一项深受师生欢迎的教学内容和锻炼项目。1987年我国第一家健美操健身中心"利生健康城"面向社会开放，首次把健美操这项新的体育运动介绍给广大群众，吸引了大批的健身爱好者，使越来越多的人喜欢并参与到健美操运动中来。

随着大众健美操在世界范围内的广泛开展，具有竞争性的健美操比赛也开始出现。竞技健美操最先出现在美国和日本。在美国，从事健身行业的教练为了使健身活动更具有挑战性和竞争性，创编了竞技健美操。1983年，国际健美操联合会成立，并在美国举办了首届全美健美操锦标赛。在日本，健美操出现最早的主要目的是为了健身。1984年在日本举行了首届远东地区健美操大赛。1985年国际健美操与健身联合会成立，培养了大批的健美操人才。1990年，美国和日本分别举办了健美操世界冠军赛和健美操世界杯赛，标志着竞技健美操已作为一个新兴的体育竞赛项目，正式登上了国际舞台。

1987年5月，我国首次在北京举行了竞技健美操比赛——"长城杯"健美操邀请赛，标志着我国竞技健美操正式形成。1988年到1998年10年间，我国的竞技健美操处于不断的研究探索中，并逐步的完善和发展。1999年，我国正式使用《国际健美操规则》，这标志着我国竞技健美操正式与国际接轨。2005年在德国举行的第七届世界运动会中，中国队六人操勇夺金牌，实现了中国竞技健美操在世界大赛上金牌"零的突破"，标志着我国的竞技健美操发展到了一个新的水平。从2005年杜伊兹堡世界运动会到2009年高雄世界运动会，中国竞技健美操队六人项目一举夺得了"五连冠"。2011年2月24日到27日，健美操世界杯系列赛（第一站）在法国 Aix-les-Bains 拉开帷幕，我国健美操运动员大获全胜，包揽了全部金牌。这些成果都标志着我国竞技健美操运动已经进入世界第一集团军。

2. 健美操的概念

健美操是一项以有氧运动为基础，以健、力、美为特征，融体操、舞蹈、音乐于一体的身体练习。它既是健身美体、陶冶情操的大众健身方式，又是竞技运动的一个项目。

3. 健美操的分类

健美操是体育中的一个综合性的边缘学科，随着健美操运动的不断发展出现了种类繁多的类型，健美操的内容更加丰富、形式更加多样，根据不同类型健美操所要达到的主要目的和侧重完成的任务，可将健美操分为健身健美操和竞技健美操两大类，如表6-1所示。

表6-1 健美操分类表

健身健美操			竞技健美操
徒手健美操	轻器械健美操	特殊场地健美操	
传统有氧健美操	踏板操	水中健美操	男子单人
形体健美操	哑铃操	功率自行车操	女子单人
爵士健美操	花球操	联合器械操	混合双人
搏击健美操	皮筋操	垫上健美操	3人（混合或同性别）
拉丁健美操	健身球操		6人（混合或同性别）
瑜伽健美操			
迪斯科健美操			
街舞			

1）健身健美操

健身健美操是一种有氧运动，也称为有氧健身操，如图6-1所示。健身健美操以健身为目的，在有氧功能的条件下，按照一定的顺序全面锻炼身体的各个部分，来提高有氧代谢能力，增进健康，健美形体，焕发精神，娱乐身心。为了保证一定的运动负荷和锻炼的全面性，其动作多有重复（可持续中低强度的全身性运动达1个小时之多）并均以对称的形式出现，也可使用器械增加锻炼效果。健身健美操由于面向大众，又称为大众健美操。健身健美操动作比较简单，实用性强，音乐速度也较慢，一般为每10秒20～24拍，而且练习的时间可长可短，在练习的要求上也可以根据个体情况变化，并且严格遵循健康、安全的原则，在保证安全的基础上，达到锻炼身体的目的。它适应不同年龄、性别、职业、基础的人群，受到广大群众的喜爱，已在世界范围内得到广泛的普及与开展。近年来，随着人们对健身运动的要求越来越高，出现了多种时尚的徒手健美操和健身舞，进一步丰富了健身健美操的练习形式。

2）竞技健美操

竞技健美操是在健身健美操的基础上发展起来的，其主要目的是“竞赛”，如图 6-2 所示。目前世界上较为公认的竞技健美操的定义是：

图 6-1　健身健美操

图 6-2　竞技健美操

竞技健美操是在音乐伴奏下，完成连续复杂的和高强度动作的能力，该项目起源于传统的有氧健身舞。竞技健美操有特定的竞赛规则和评分办法，其成套动作必须展示连续的动作组合、柔韧性和力量，并在综合运动 7 种基本步伐的同时，高质量地、完美地完成各类难度动作。竞技健美操对人的身体素质、技术能力和艺术表现力有较高的要求，是展示人体健、力、美和全面素质的竞赛项目。竞技健美操在参赛人数、比赛场地和成套动作的时间等方面都必须严格按照规则进行。规则对成套的编排、动作的完成、难度动作的数量等也有严格的规定。

由于竞赛的主要目的是取胜，竞技健美操音乐速度为每 10 秒 26 拍以上，因此在动作的设计上更加多样化，并严格避免重复动作和对称性动作。近年来，运动员为争取好的成绩，均在比赛的成套动作中加入了大量的难度动作，如各种大跳成俯撑、空中转体成俯撑等，对运动员的体能、技术水平和表现力等方面都提出了更高的要求。

4．健美操的特点

在长期的实践过程中，健美操已经从一项单纯的健身运动逐步发展成为一项独立的体育竞赛项目，在运动形式、动作技术特征及竞赛组织方法等方面有其自身的特点。随着现代物质文明的提高，人们花钱买健康的观念不断增强，健美操运动在我国越来越受到欢迎，已经成为人们现代文明生活中不可缺少的组成部分。

1）健身美体的实效性

健美操是随着时代的发展和人们对美的追求日益增强，以人体解剖学、人体生理学、体育美学、体育心理学等多学科理论为基础，以健身美体为目的而创立的。与其他项目相比，健美操动作讲究健美大方，强调力度和弹性，趋向不停顿地连续走、跑、跳，使练习者消耗过剩的脂肪，增强肌肉力量，提高协调灵敏性，学会健美的体姿表现。可以说，健美操对塑造人健美的体型、培养健美体态、提高人的协调性和弹跳能力、培养审美意识均有良好的作用，因此，参加健美操运动可达到增进健康、健美的效果。

2）鲜明的时代性和韵律感

健美操把基本体操、现代流行时尚运动项目（如拉丁舞蹈、爵士舞蹈、流行街舞）等特有动作元素与音乐节奏巧妙地结合在一起，形成了具有鲜明特色和强烈时代感的新型体育项目。其动作素材多为富有时代感的现代舞蹈、时尚体操，其音乐多取材于迪斯科、爵士、摇滚等现代音乐，节奏强劲有力、旋律优美。健美操动作具有强烈的节奏性特点，并通过音乐充分地表现出来。健美操音乐因其动作风格特点的需要而更强调旋律的激昂振奋、节奏的鲜明强劲，使健美操体现出一种鲜明的韵律感，充满青春活力，符合当代青年的审美要求。

3）高度的艺术性

健美操是融合体操、舞蹈、音乐于一体的追求人体健与美的运动项目，属于健美体育的范畴，具有高度的艺术性。健美操的艺术性主要体现在其"健、力、美"的项目特征上。"健康、力量、美丽"是人类有史以来所追求的身体状况的最高境界，在健美操运动中，无论是健身健美操还是竞技健美操，都无处不表现出"健、力、美"的特征，包含着高度的艺术性的因素，使健美操不同于其他运动项目，这也正是人们热爱健美操运动的原因之一。

健美操动作协调、流畅、有弹性，使练习者不仅锻炼了身体，增强了体质，而且从中得到了"美"的享受，提高了审美意识和艺术修养。健美操运动员在比赛中所表现出来的健美的体魄、高超的技术、流畅的编排和充沛的体力等，无不给观众留下深刻的印象，充分体现出健美操运动的"健、力、美"特征和高度的艺术性。

4）广泛的群众性

健美操能够健身美体，符合现代人追求健美身心的需要。健身健美操的动作套路形式多种多样，节奏有快有慢，套路有长有短，动作有难有易，运动负荷和运动强度的大小可任意调节，适合于不同行业、不同年龄、不同性别、不同体质的人锻炼，各种人群都能从健美操练习中找到适合自己的方式，并得到快乐。如中老年人可选择低强度的有氧练习，达到锻炼身体、娱乐身心、保持健康的目的。对于具有较好身体素质、有意进一步提高的年轻人来说，可选择难度较高、运动量较大的竞技健美操作为练习手段，通过竞技健美操练习，不仅锻炼了身体，而且提高了技术水平，满足其进取心要求。此外，健美操锻炼对场地、器材条件要求不高，练习起来简便安全，适合不同地区、不同条件的人群开展，由此可见，健美操运动具有广泛群众性的特点。

5. 健美操的功能

1）增强体质、塑造形体

人体的运动系统是由肌肉、骨骼、关节和韧带组成的。健美操锻炼是人体各大小肌肉群和各关节相互配合、协调活动的过程。长期参加健美操锻炼可以增强人体运动系统功能，促进心血管系统的提高，提高呼吸系统的水平，改善消化系统与神经系统机能，使人的心肺耐力、肌肉力量、平衡性、灵敏性、柔韧性和协调性等身体素质得到提高。健身健美操作为一项有氧运动，其健身功效已经基本达成共识。有研究认为，有氧运动最能发展人体的心肺功能，而健美操不仅具有有氧运动的功效，而且兼备发展身体素质的作用，可以说健美操是目前增进健康、增强体质较为理想的运动。

形体美是现代社会人们追求美的一个重要方面，也是人们参加各种健身锻炼所追求的一个重要目标。"形体"分为姿态和体型。姿态即我们平时的一举一动表现出来的行为习惯，受后天行为因素的影响较大。体型是我们身体的外形，通过体育锻炼也可适当改善。良好的身体姿态是形成一个人气质风度的重要因素。健美操练习的动作要求和身体姿态要求与我们日常生活中的状态要求基本一致。因此，通过长期的健美操练习，可以改善不良的身体姿态，形成优美的体态，将外在美和内在美融为一体，从而在日常生活中表现出一种良好的气质和修养，给人以朝气蓬勃、健康向上的感觉。健美操运动还可以塑造健美的体型。通过健美操练习，尤其是力量练习，可使骨骼粗壮、肌肉围度增大，从而弥补先天的体型缺陷，使人变得匀称、健美。其次，健美操练习可以消除体内和体表多余的脂肪，维持人体吸收与消耗的平衡，降低体重，保持健美的体型。最后，健美操练习可使中、小学生形成正确的身体姿势，使大学生动作更加优美，体态更加矫健，肌肉更富有弹性，从而促进人们的身体和谐发展。

2）提高素质

健美操中有许多不对称的动作和较复杂的上下肢配合动作，经常从事健美操练习有助于提高人的协调灵敏素质。同时，健美操强调动作的力度和幅度，长期锻炼有助于提高人的力量和柔韧素质，对于持续练习者，尤其是有氧健美操，有助于提高练习者的耐力素质。

健美操运动给人们带来身体的健康、肌肉的匀称、体态的高雅、动作的优美，以及各种表演、比赛带来的喜悦，欢快的情绪，美的体验，可以培养学生良好的体育审美爱好和情趣，提高音乐、舞蹈等艺术素养。同时，创新是健美操的生命力，不仅要求在健美操动作设计上要有所创新，还鼓励在健美操风格、音乐、服饰等方面大胆探索，尤其是竞技健美操的套路，一经参赛就失去新意，必须重新创作。所以健美操的发展过程也是创新的过程，健美操练习，特别是体育专业的学生参加具有创编性质的健美操训练，挖掘与表现出来的人体美、健康美、动作美、姿态美，能丰富想象力，发展创造力，增强韵律感，提高音乐素养，从而提高认识美、鉴赏美、表现美，以及创造美的能力和素养。

3）陶冶性情、调节心理

健美操锻炼能使人在接受美和享受美的过程中提高美的鉴赏力，陶冶美的情操。健美操动作具有独特的表现力和感染力，音乐强劲，具有强烈的韵律感，能使人很快地进入角色，全身心地投入到锻炼中来。健美操的集体配合以及队列、队形的变化更富有艺术欣赏价值，人们不仅在锻炼中强健了身体，还受到了美的熏陶。

随着时代的发展和社会的进步，人们在享受科学技术所带来的舒适生活和各种便利的同时，也受到了来自方方面面的精神压力。研究证明，长期的精神压力不仅会引起各种心理疾病，还会引起各种与精神压力有关的疾病。体育运动不仅可以令人心情愉快，排除紧张、郁闷的情绪，还可以使人的心灵和性情得到陶冶和改善，使人的身心全面、健康、和谐的发展。健美操作为一项体育运动，其动作优美、协调，能全面锻炼身体，同时有旋律优美的音乐伴奏，是缓解压力的最好方式。在轻松优美的健美操锻炼中，练习者的注意力从烦恼的事情上转移开，忘掉失意和压抑，尽情享受健美操运动所带来的快乐，从而缓解精神压力，使人保持更强的活力和最佳的心态。

6.1.2　健美操基本动作

健美操基本动作是构成健美操组合动作及成套动作的基本要素，是扩展和丰富健美操动作及组合的核心动作；健美操基本动作是健美操教学的基础内容，是学习健美操组合动作及成套动作的前提和基础。健美操基本动作主要由基本步法、上肢动作和躯干动作等组成。

1. 基本步法的概念和分类

基本步法是健美操动作中最小的单位，是健美操练习的一个重要部分，通过基本步伐的练习，能培养练习者的协调性和韵律感。

健美操基本步法根据人体运动时对地面的冲击力大小分为无冲击力步法、低冲击力步法和高冲击力步法。

1）无冲击力步法

此类动作是指两腿始终接触地面，身体重心在两脚之间，没有腾空的动作。

（1）弹动（Spring），如图 6-3 所示[①]。

（2）半蹲（Squat），如图 6-4 所示。

（3）弓步（Lunge），如图 6-5 所示。

（4）提踵（Calf raise），如图 6-6 所示。

图 6-3　弹动　图 6-4　半蹲　图 6-5　弓步　图 6-6　提踵

2）低冲击力步法

此类动作是指在做动作时始终有一个脚接触地面。根据动作完成形式的不同，可分为以下 4 类。

第一类：踏步类

动作描述：此类动作两脚依次抬起，在下落时膝、踝关节有弹性地缓冲。

动作变化：

（1）踏步（March），如图 6-7 所示。

（2）走步（Walk），如图 6-8 所示。

（3）一字步（Easy walk），如图 6-9 所示。

（4）V 字步（V-step），如图 6-10 所示。

（5）曼步（Mambo），如图 6-11 所示。

图 6-7　踏步　图 6-8　走步　图 6-9　一字步

① 所有图片来源于肖光来，马鸿涛，张平．体育院校通用教材《健美操》．北京：人民体育出版社，2008 年 9 月第一版．

图 6-10　V 字步　　　　图 6-11　曼步

第二类：点地类

动作描述：此类动作两腿有弹性地屈伸，点地时，主力腿稍屈，另一腿伸直(脚尖或脚跟点地)。

动作变化：

(1) 脚尖前点地(Tap forward)，如图 6-12 所示。

(2) 脚跟前点地(Heel)，如图 6-13 所示。

(3) 脚尖侧点地(Tap side)，如图 6-14 所示。

(4) 脚尖后点地(Tap back)，如图 6-15 所示。

图 6-12　脚尖前点地

图 6-13　脚跟前点地

图 6-14　脚尖侧点地

图 6-15　脚尖后点地

第三类：迈步类

动作描述：一脚先迈出一步，同时移动身体重心，另一脚点地，做并步或抬起的动作，落地自然，缓冲有弹性。

动作变化：

(1) 并步(Step touch)，如图 6-16 所示。

(2) 迈步点地(Step tap)，如图 6-17 所示。

(3) 迈步屈腿(Step curl)，如图 6-18 所示。

(4) 迈步弹踢(Step flick)，如图 6-19 所示。

(5) 迈步吸腿(Step knee)，如图 6-20 所示。

(6) 侧交叉步(Grapevine)，如图 6-21 所示。

图 6-16 并步　图 6-17 迈步点地　图 6-18 迈步屈腿　图 6-19 迈步弹踢

图 6-20 迈步吸腿　图 6-21 侧交叉步

第四类：单脚抬起类

动作描述：一腿支撑，另一腿以各种形式抬起、还原，保持两腿有控制地稍屈膝弹动，同时收腹保持身体的稳定。

动作变化：

(1) 吸腿(Knee lift)，如图 6-22 所示。

(2) 踢腿(Kick)，如图 6-23 所示。

(3) 弹踢(Flick)，如图 6-24 所示。

(4) 后屈腿(Leg curl)，如图 6-25 所示。

图 6-22 吸腿

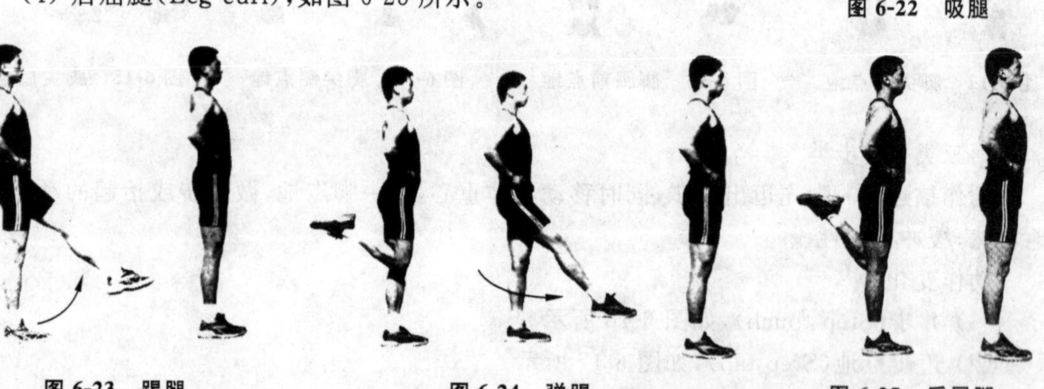

图 6-23 踢腿　图 6-24 弹踢　图 6-25 后屈腿

3) 高冲击力步法

此类动作是指双脚同时离开地面的动作，有腾空的动作，分为以下 4 类。

第一类：迈步跳起类

动作描述：一脚迈出，重心移动，跳起，单脚或双脚落地。

动作变化：

(1) 并步跳(Step jump)，如图 6-26 所示。

(2) 迈步吸腿跳(Step knee jump)，如图 6-27 所示。

(3) 迈步后屈腿跳(Step curl jump)，如图 6-28 所示。

图 6-26　并步跳

图 6-27　迈步吸腿跳

图 6-28　迈步后屈腿跳

第二类：双脚起跳类

动作描述：双脚起跳、双脚落地的动作。

动作变化：

(1) 并腿纵跳(Jump)，如图 6-29 所示。

(2) 分腿半蹲跳(Step jack)，如图 6-30 所示。

(3) 开合跳(Jumping jack)，如图 6-31 所示。

(4) 并腿滑雪跳(Ski jump)，如图 6-32 所示。

(5) 弓步跳(Lunge jump)，如图 6-33 所示。

图 6-29　并腿纵跳

图 6-30　分腿半蹲跳

图 6-31　开合跳

图 6-32　并腿滑雪跳

图 6-33　弓步跳

第三类：单腿起跳类

动作描述：先抬起一腿，另一腿跳起的动作。

动作变化：

(1) 吸腿跳(Knee lift jump)，如图 6-34 所示。

(2) 后屈腿跳(Leg curl jump)，如图 6-35 所示。

(3) 弹踢腿跳(Flick jump)，如图 6-36 所示。

(4) 摆腿跳(Leg lift jump)，如图 6-37 所示。

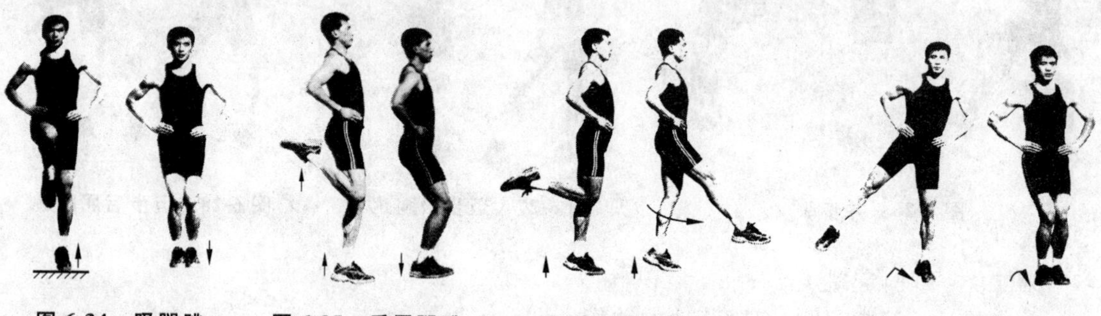

图 6-34 吸腿跳　图 6-35 后屈腿跳　图 6-36 弹踢腿跳　图 6-37 摆腿跳

第四类：后踢腿跑类

动作描述：两腿交替依次后屈，轻快跑跳。

动作变化：

(1) 后踢腿跑(Jogging)，如图 6-38 所示。

(2) 小马跳(Pony)，如图 6-39 所示。

图 6-38 后踢腿跑

图 6-39 小马跳

2. 上肢动作

上肢动作由手臂的自然摆动、力量练习以及基本体操的徒手动作组成，主要包括常用的手型和手臂基本动作，其目的是丰富健美操动作内容。

1) 手型

健美操中手型有很多种，手型的选用可以使手臂动作更加多样、灵活。下面介绍常见的手型。

(1) 掌：并掌、开掌、花掌、立掌，如图 6-40 所示。

(2) 拳：如图 6-41 所示。

图 6-40　掌

图 6-41　拳

2）手臂基本动作

（1）自然摆动，如图 6-42 所示。

（2）手臂屈伸，如图 6-43 所示。

（3）屈臂提拉，如图 6-44 所示。

（4）直臂提拉，如图 6-45 所示。

（5）冲拳，如图 6-46 所示。

（6）推，如图 6-47 所示。

图 6-42　自然摆动

图 6-43　手臂屈伸

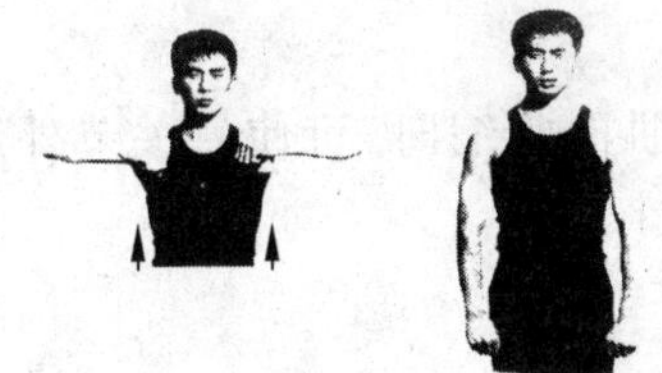
图 6-44　屈臂提拉

图 6-45　直臂提拉

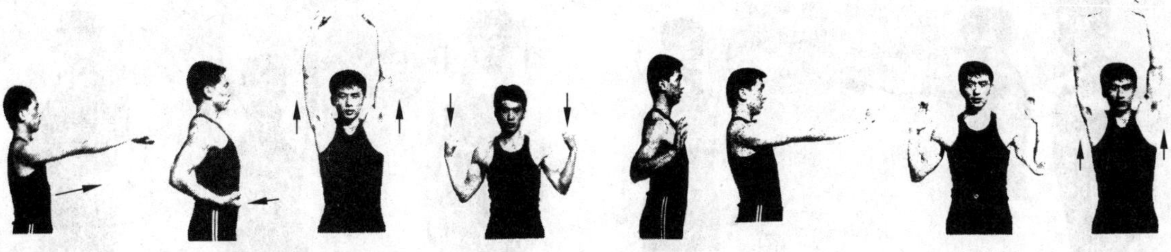
图 6-46　冲拳

图 6-47　推

3. 躯干动作

在健美操运动中，躯干主要起连接、保护和固定作用。躯干部分的练习通常是为了发展和平衡躯干前后肌肉而设计的。

图 6-48 含胸

1）胸部

当胸大肌收缩时，可使肩关节内收、臂屈和水平内收。

（1）含胸，如图 6-48 所示。

（2）俯卧撑，如图 6-49 所示。

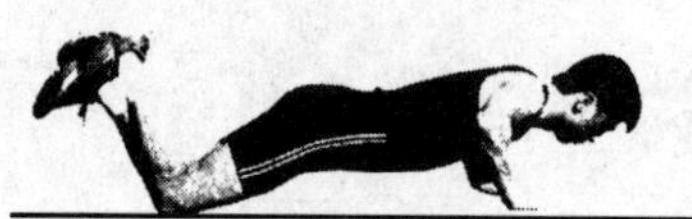

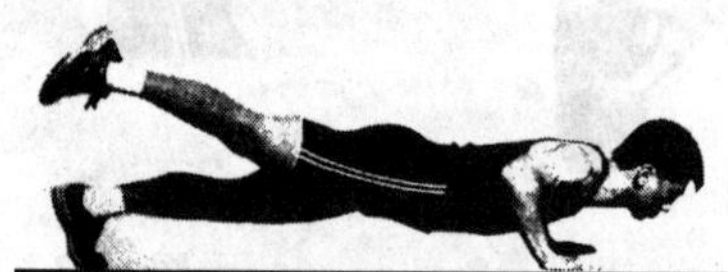

图 6-49 俯卧撑

2）肩背部

背部肌肉主要包括背阔肌、斜方肌、菱形肌等，当背部肌肉收缩时，可使肩关节外展、下沉，使臂伸和在垂直方向内收。

（1）外展，如图 6-50 所示。

（2）提肩、沉肩，如图 6-51 所示。

（3）上举、下拉，如图 6-52 所示。

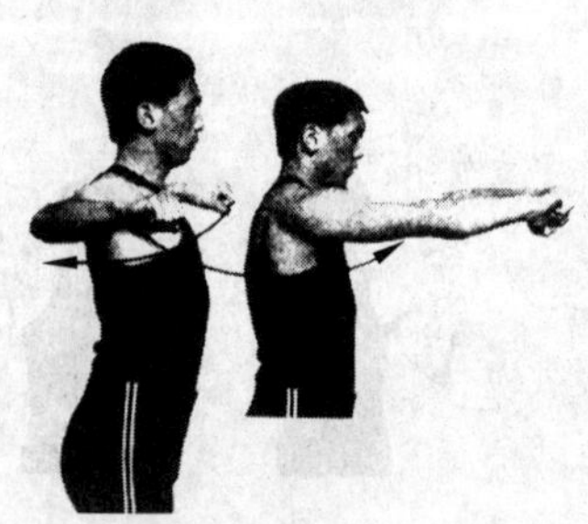

图 6-50 外展

图 6-51 提肩、沉肩

图 6-52 上举、下拉

3）腰腹部

腰腹部肌肉主要由腹直肌、腹斜肌、腹横肌和竖脊肌组成，它们的作用都是为了保护身体的稳定性及收紧腹部。腰腹肌收缩，可使脊柱前屈、侧屈或扭转，使骨盆前倾或后倾，使胸廓向对角线方向屈。

（1）仰卧起坐，如图 6-53 所示。

（2）侧卧抬起，如图 6-54 所示。

（3）仰卧提髋，如图 6-55 所示。

（4）站立侧屈，如图 6-56 所示。

（5）站立体转，如图 6-57 所示。

（6）俯卧两头起，如图 6-58 所示。

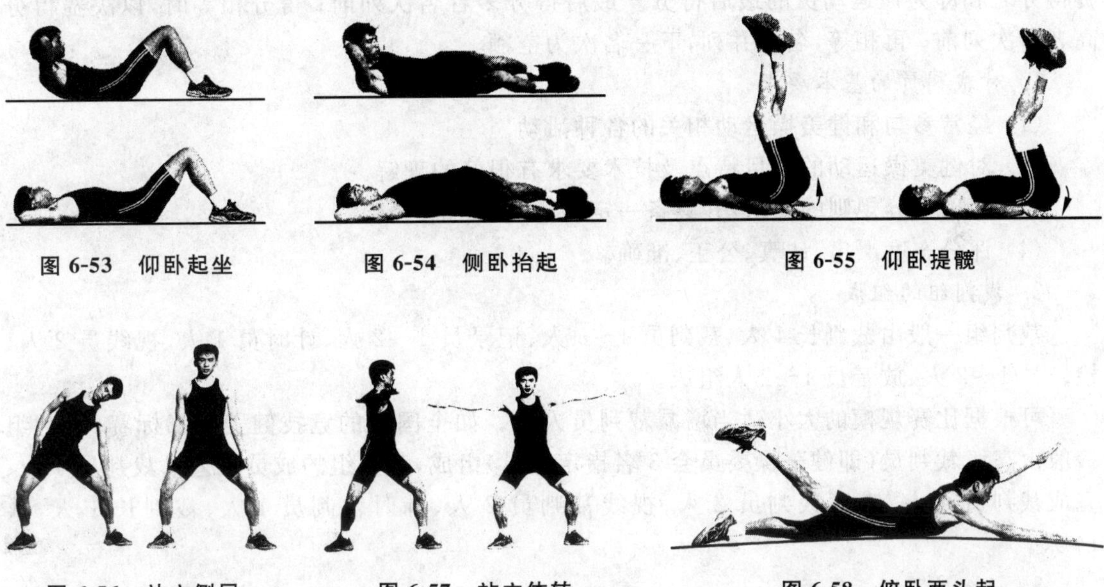

图 6-53　仰卧起坐　　图 6-54　侧卧抬起　　图 6-55　仰卧提髋

图 6-56　站立侧屈　　图 6-57　站立体转　　图 6-58　俯卧两头起

6.1.3　健美操竞赛规则简介

健美操竞赛从 1986 年首届“长城杯”全国健美操邀请赛发展到今天，比赛规模不断扩大，比赛组织不断正规化，规则也不断修改完善，目前已和国际接轨。竞赛活动逐渐分为健身性健美操和竞技性健美操的比赛。两种比赛有各自的评分规则和评分方法。

大众性健美操的评分规则参照中国健美操协会编写的《大众普及性健美操评分规则》2001 年版。

全国健美操形象大使比赛与全国健身健美操教练员比赛评分方法相似。预赛采用淘汰制评选，裁判员根据选项后的总体表现对入选的选手打“√”，如有并列，全国健美操形象大使比赛以形象与形体展示入选“√”多者列前，全国健身健美操教练员比赛以指定领操入选“√”多者列前，再并列，均进入复赛，进入复赛名单在预赛后公布。复赛和决赛采用 10 分制评分并公开示分，裁判员的最小评分单位为 0.1 分，复赛和决赛裁判员的评分去掉 1～2 个最高分和最低分，中间 3 个分的平均分为该项得分，再扣除裁判长减分为最后得分。对比赛成绩和结果不接受申述。

竞技健美操的评分规则参照《FIG 国际健美操竞赛规则》2005—2008 年版。

竞技健美操分团体得分和单项得分。团体分计算：预赛中各单项成绩之和为团体总分，总分多者名次列前；分数相等时，以在单项中获高分多者列前；再相等，名次并列，下一名为空额。单项分计算：艺术分是去掉 4 名艺术裁判员评分的最高分和最低分，所剩分的平均分为最后艺术分。完成分是去掉 4 名完成裁判员的最高分和最低分，所剩分的平均分为最后完成分。艺术分与完成分所允许的最大分差、中间两个有效分的分差不得超过规则中的规定。

若有效分的分差多于以上要求，则取全部 4 个分数的平均分。难度分是两名裁判员一致同意的分数为最后得分，若意见分歧则取平均分。艺术分、完成分和难度分相加为总分；从总分中减去难度裁判员、视线裁判员和裁判长减分为运动员的最后得分。预赛得分与决赛得分之和即为该运动员的最后得分。最后得分多者名次列前；得分相等时，以决赛得分高者名次列前；再相等，名次并列，下一名次为空额。

1. 对裁判员的基本要求

(1) 经常参与和健美操运动相关的各种活动。

(2) 对健美操运动的项目特点及技术要求有很好的理解。

(3) 明确评分规则的要求，并具备一定的评分技巧与经验。

(4) 评分态度严肃、认真、公正、准确。

2. 裁判组的组成

裁判组一般由裁判长 1 人、裁判员 4～5 人、记录员 1～2 人、计时员 1 人、视线员 2 人、检录员 1～2 人、放音员 1～2 人组成。

可根据比赛规模的大小适当增减裁判员人数。如全国性的竞技健美操锦标赛，裁判组一般由高级裁判员(即健美操委员会 3 名指定成员)组成，裁判组的成员是艺术裁判员 4 人、完成裁判员 4 人、难度裁判员 2 人、视线裁判员 2 人、计时裁判员 1 人、裁判长 1 人，共 14 人。

3. 评分方法

根据规程，比赛可采用公开示分或不公开示分的方法。

大众健美操比赛评分采取公开示分的方法，成套动作的满分是 10 分，裁判员各自独立进行评分，评分精确到 0.1 分。从裁判员的评分中去掉 1～2 个最高分和最低分，中间 3 个分数的平均分即为得分，减去裁判长减分即为最后得分。

4. 评分要点

1) 健身性健美操比赛的评分

一般中小型健美操比赛以健身性健美操比赛为主，其主要目的是丰富人们的业余文化生活，促进健美操运动在广大群众中开展，宣传健美操运动，吸引更多的人加入到健美操运动中来。因此，健身性健美操比赛的评分重点和要求与竞技健美操比赛不同。

健身性健美操的评分因素是：热情与活力、能力与技术，以及动作的编排。

2) 竞技性健美操比赛的评分

竞技性健美操比赛的评分分为高级裁判组和裁判组。

第一类：高级裁判组的评分职责

监督整个比赛情况，处理影响比赛进程的违纪情况或特殊情况；查看裁判员的评分，对在裁判工作中表现不佳或倾向性打分的裁判员提出警告；根据记录情况，对评分不满意或不公平的裁判予以警告；更换被警告后仍表现不佳的裁判员。

第二类：裁判组评分的职责

(1) 艺术裁判的职责是根据下列标准评价成套动作的创编：操化动作、难度动作、过渡(或连接)和托举动作的成套创编；音乐的使用；操化动作组合；比赛场地的利用；表现力与同伴的配合。10 分的艺术分按照以上 5 项均分，每项 2 分，以 0.1 递增。

(2) 完成裁判的职责是对成套动作完成情况的评分，取决于技术技巧、合拍与一致性。

(3) 难度裁判的职责是使用 FIG 官方速记符号记录全部成套动作中的难度动作，数出难度动作的数量。对最先出现的 12 个难度动作按照动作分值和最低完成要求给予 0.1～1.0 的分值，对于难度的组合形式，每次予以 0.1 的加分，并计入 12 个难度总分之中。对于 12 个难度动作之外的难度动作、难度动作缺类和超过两次以俯撑落地的动作给予减分。

(4) 视线裁判的职责是对运动员出现身体任何部位触及标志带线以外的地面进行减分，每次减 0.1 分。

6.2 形体训练

形体训练是一项以自然性和韵律性动作为基础、以节奏为中心的运动。其练习内容符合女子生理及心理特点，各类动作体现出优美性和艺术性特征，能充分展现协调、韵律、柔美、优雅等女性健美气质，使学生的身体能得到全面锻炼，并陶冶美的情操。

6.2.1 形体训练简介

形体训练是在现代应用美学的普及和广泛的健美需求下产生的。“美”是人类不懈追求的永恒目标。人与动物的显著区别之一，就在于人类随着生产力和自身的不断发展，产生了对自身的审美标准。人体代表了自然界的最高创造物，而人体美是社会和文明进步的集中体现，是通过自然的人体形象(包括神情、体态和形体语言等)来表现社会人的精神追求。在整体美中，形体美对人们的视觉冲击力和感染力是最强烈的。

人体美的发展历程表明，当社会处于经济兴旺、政治革新、文化繁荣的时期，人体美的审美价值会受到重视；当社会停滞不前、经济衰退、思想被束缚时，人体美会遭到禁锢，欣赏人体美被斥为异端。所以，创造和欣赏人体美，与人类的历史文化背景和社会大、小环境有密切的关系。人体美体现着人的本质力量和尊严，洋溢出奋发向上感和生活美感，激起审美愉悦。人人都渴望自己健美，羡慕那些比自己健美的人，并力求赶上或超越。所以，维纳斯的形体是均匀、丰满、优雅、妩媚，并体现和谐统一的典型，她的美让人惊羡、崇敬。而大卫的雕像，则以其阳刚之美成为男性健美的化身。

人体形象美，包括静态美和动态美。静态美主要包括容貌美和形体美，动态美主要包括动作姿势美、动作姿态美等。容貌美来自遗传和个体发展。从容貌上看，是人人各异，千人千面，每个人都有其个性特征。美的容貌，应该是五官端正和谐、发秀肤洁、轮廓清楚、立体感强。形体美，是整个人体形象最突显、极重要的要素。除了五官端正、配合协调以外，还应该骨骼发育正常，关节匀称；肌肉发达、匀称，皮下脂肪适度；皮肤光滑，肤色健康；脊柱正视挺直,侧视曲度正常;胸部丰挺,腰部适中。总体看上去要朝气蓬勃、健美、有力量。体格强健、肌肤丰泽、生机盎然、反应敏捷,这才是真正健美的表征和显现。

动作姿势美,体现人的动态美。人的形体美不是雕塑型的,人体的各部分经常处于动态变化之中。形态动作美的基本要求是:站有站相,坐有坐相,走有走相,卧有卧相。可以想象,一个人天生丽质,但举手投足不恰当、不雅观,其形象必然会大为减退;但相貌虽然普通,举止却很得体、很高雅,就会显现出非凡的魅力。因此,动作美是人体形象美的精华要素。美的姿势在于端庄、优雅、潇洒、稳健、刚柔得当;美的动作在于敏捷、利落、准确、协调。两者相结合就是动作姿态美,它应与社会环境、时空相协调。动态美比静态美更蕴涵着美的丰富信息,更能反映和体现人的心态。端庄、优雅、健康、敏捷、和谐、英姿飒爽、生机盎然是人的青春魅力所在,是心灵美的表现。动作姿态美,主要依赖于后天的训练与修养,即后天综合素质的塑造。形体训练的宗旨就在于通过健美训练,塑造人的形体美和动作姿势美,进而促进人的风度美。人体形象美构成一个人的风采气度,是思想、个性、气质通过姿势动作、言谈举止等表现出来的人体综合态势。形体训练有助于美好形象的形成和发展。

6.2.2 体态训练

体态,是指人的身体姿态,也是人的肢体语言。端庄文雅的举止能够给人深刻而美好的印象,正如著名哲学家培根所说:“相貌的美高于色泽的美,而秀雅合适的动作美又高于相貌的美,这是美的精华。”没有经过专门训练的人很难具备各种规范而典雅的姿态。因此,大家必须了解和掌握规范的体态动作要领,结合相关的柔韧性训练,矫正不正确的动作,塑造并形成较规范优美的体态,以适应自身成长和未来工作的需要。

1. 正确的站姿

俗话说“站如松”,形容人的身躯像树干一样挺拔、伟岸。要想获得如此效果,必须掌握以下动作要领。

1)基本站姿

(1)脚跟靠紧,双腿直立。

(2)躯干挺直,重心应在两腿中间,收腹、挺胸、提臀、立腰。

(3)双肩放松,稍向下压,手臂自然垂于身体两侧。

(4)拔颈,头正,眼睛平视,面带微笑,略收下颌。

(5)整体感觉是顶天立地。

2)几种不同站姿

(1)脚跟靠紧,脚尖分开呈“V”字形,身体直立,双手置于身体两侧,其他同基本姿态。

(2)右脚的脚跟置于左脚踝骨位置,呈“T”字形,身体直立,双手置于身体两侧,其他同基本姿态。

(3)身体直立,右手搭在左手上,拇指藏于虎口之中,置于腹前,双脚可呈“V”字形或“T”字形,其他同基本姿态。

(4)双腿分开,两脚平行,比肩宽略窄一些,身体直立,右手搭在左手上,贴在臀部,其他同基本姿态。

2. 端庄的坐姿

“坐”是人们日常工作、学习、生活、休息中离不开的一种姿态。俗话说“坐如钟”,形容人的坐姿像钟一样沉稳、端庄、大方、舒展，起立落座之时应该轻如鸿雁。基本坐姿有：

(1) 脚跟靠紧，两膝并拢，双腿正放或侧放，大小腿之间保持90°。

(2) 坐在椅子上，应至少坐满椅子的2/3，脊背直立或轻靠椅背。

(3) 立腰、挺胸，上体自然挺直。

(4) 双肩平正放松，双臂自然弯曲放于膝上，也可放于椅子或沙发扶手上，掌心向下。

(5) 头要正，眼睛平视，面带微笑，略收下颌。

(6) 起立和落座时要轻要稳。落座时，右脚向后退半步，同时女生拂裙摆；起立时，右脚同样后退半步用力蹬地起身站直。

3. 优美的走姿

俗话说"行如风"，比喻人的步态应该像风一样轻盈、敏捷。只有这样才能呈现一种朝气蓬勃、积极向上的精神状态，给人留下一幅难以忘怀的动态美的画面。正确的走姿有：

(1) 在站立的基础上，重心应该平行地向前移动，切忌重心上下或左右摆动。

(2) 行走时，双脚的脚尖应向正前方，同时，双脚内侧在一条直线上，脚跟先着地，膝和脚腕要自然放松，步幅适当，一般情况下两脚相隔一脚长的间隔(也应考虑性别、身高、着装及场合等因素)。

(3) 收腹，提臀，挺胸，立腰，上体挺直。

(4) 双肩平稳，双臂前后自然摆动，摆幅30°～35°为宜，双肩不要过于僵硬。

(5) 头要正，眼睛平视，微收下颌，面带微笑。

(6) 拐弯或上下楼时，要从容不迫，控制自如。

6.2.3　基本功训练

1. 人体面和空间点的训练

所谓点、面，是指人体与空间形成的关系。为了在训练中能更准确地找到人体形态所处的位置，把空间做分割，分为若干个面和多个点，这些点面都是以人的自身为参照物来确定的。人体成正立姿势，脸对的面为正面，手为侧面，背为后面，依此类推。点是以人体四周的空间顺时针方向每隔45°为一个点，以正前方为1点，依此类推，共8个点。

点、面的确定为训练者用自身形体的面积极与点发生联系提供了可操作性，它调动了人体的主动性，形成了明确、统一的动作形态，使人体动态更准确、更生动。

2. 脚位

脚位训练是在保持良好站姿的同时解决如何变换重心、保持方向等问题的关键，它贯穿于动作的始终。在姿态训练中，当站在一个脚的位置上时，身体不是在自然状态下，而是在形体训练中所需要的规格和位置上，如"丁"字位、开位、交叉位等，特别是正位和开位的训练非常重要。使学生尽快改变自然状态，有利于腿形的发育，使训练更加有效。无论哪种站法，都要注意膝盖和脚趾的关系，一般膝盖的方向与自己的脚面、脚趾在一个方向。否则，容易影响肌肉形状发育，使肌肉受到损伤。

1) 脚的位置

(1) 正位：两脚靠紧，脚尖与膝盖垂直，面向一点。

(2) "八"字位：两脚跟相靠，两脚尖打开45°。在"八"字的基础上向旁移出一定距离为大"八"字位。

(3)“丁”字位：一只脚的脚跟与另一只脚的足弓处相接触，会形成“丁”字位，脚尖朝斜前方。

(4) 踏步：(以左脚为例)右脚在左脚后用脚掌踏地，可绷脚，也可脚尖点地。

(5) 芭蕾脚位：分一位、二位、三位、四位、五位。

① 一位：两脚跟并拢，两脚尖向外侧打开，成“一”字形。

② 二位：在一位脚的基础上，一脚向旁移出，两脚保持一条直线，两脚跟相距一脚。

③ 三位：两脚尖向外侧打开，前脚与后脚内侧重叠一半站立。

④ 四位：两脚尖向外侧打开，两脚平行，前脚尖与后脚跟成一直线，两脚间距约一脚。

⑤ 五位：两脚尖向外侧打开，两脚前后重叠、平行相靠。

2) 动作要求

所有的站立姿势都要保持身体挺拔，两腿夹紧，收腹，立腰，挺胸，抬头，肩部放松，立背舒展，往外扩背，胯部上提，膝盖伸直。脚往下踩，脚趾分开，抓紧地面。

3. 手位

常言道：“手舞足蹈。”说明手位在形体的训练中作用是非常大的，不仅可以表现各种风格，同时在完成动作技巧时能起到平衡和协调作用。手位训练包括手指、手腕和手形。在动作中，其形态、形象和动作最富有细腻感和感情色彩。手的位段不仅标志了各种特征，而且构成了一个动作的基础架子。在进行手位训练时，要特别强调手位的规范、准确、细致，强调与身体整体的协调配合。

1) 手的位置

(1) 兰花指。五指分开，中指下压，大拇指和中指靠拢，形成兰花状，称兰花指。

(2) 拳。五指全屈握紧，大拇指捏食指。

(3) 芭蕾手位。分一位、二位、三位、四位、五位、六位、七位。

① 一位：两臂于体前成弧形，掌心向内，指尖相对，手臂稍离开身体。

② 二位：两臂前举至身体的前部，手臂成弧形，掌心向内，指尖相对。

③ 三位：两臂成弧形上举至头前上方，掌心相对。

④ 四位：两臂成弧形，一臂上举，掌心向内，另一臂前举，掌心向内。

⑤ 五位：一臂上举，掌心向内，另一臂侧举，掌心向前，两臂成弧形。

⑥ 六位：一臂侧举，掌心向前，另一臂前举，掌心向内，两臂成弧形。

⑦ 七位：两臂成弧形侧举，掌心向前。

2) 动作要求

芭蕾手臂的7个基本位置动作，一定要做到部位准确，手臂要始终保持弧形、身体要挺拔，肩部要放松，抬头，眼随手看，头部要随手臂的运动方向有规律地转动。

4. 擦地

擦地是腿部训练中的基础动作，能训练脚背、脚趾的力量、软度、灵巧性和控制能力，擦地可向前、向侧、向后做。

1) 基本动作

(1) 预备姿势：站一位或五位脚准备。

(2) 动作要领：主力腿直立，保持重心，动力腿向前、向侧或向后擦出，脚跟往前顶，用全脚擦地，经脚掌、脚趾伸向远处，脚尖与主力腿脚跟成一直线。动力腿伸直，胯部要正。收回时，膝盖保持伸直，脚尖沿原路线经脚掌到全脚擦地收回。

2）动作要求

保持膝、胯部正直，重心始终在主力腿上；动力腿向前擦出时，绷脚尖，脚后跟向前顶；向侧擦出时，膝盖、脚面向侧顶；向后擦时，脚尖带动外展擦出，脚跟前顶；擦地和收回时，脚尖始终不离开地面，同时保持正确的身体姿态。

5. 下蹲

蹲是两腿屈伸的训练，可使腿部肌肉的力量得到发展，尤其是踝、膝关节的力量和柔韧性，以便为单跳和各种控制打下良好的基础。蹲分为全蹲和半蹲两种。

1）基本动作

(1) 预备姿势：可按各种脚位姿势站立进行。

(2) 动作要领：两膝尽量外展，保持后背直立。缓缓向下蹲，全脚踩紧地面，下蹲到最大限度及半蹲位。随后以脚踝和膝盖的力量将身体均匀推起成直立。做全蹲时，当过半蹲时，脚后跟缓慢地稍微抬起，继续下蹲到最深处，随后脚跟徐徐着地，同时将身体缓缓推起成直立。

2）动作要求

上体正直，髋、膝和踝外展，重心始终保持在两腿中间；动作要求连贯、缓慢、有控制；腿部肌肉要保持对抗性，下蹲时腿要有阻力的感觉，直起时要有下压的感觉；二位脚下蹲时，不起脚后跟。

6. 基本功组合练习

1）手位和蹲的组合(5×8 拍)

预备姿态：成一位站姿，手一位，脚一位。

(1) 脚一位半蹲：手由一位，二位，三位，七位，回到一位。

(2) 脚二位半蹲：手由一位，二位，三位，七位，回到一位。

(3) 脚三位半蹲：手由一位，二位，三位，七位，回到一位。

(4) 脚四位半蹲：手由一位，二位，三位，七位，回到一位。

(5) 脚五位半蹲：手由一位，二位，三位，七位，回到一位。

2）手位和擦地的组合

预备姿势：面向 8 点方向站立

(1) 前擦地(2×8 拍)：

① 第 1 个八拍。

第一拍：右脚前擦地。

第二拍：脚收回。

第三至八拍：重复第一至二拍动作。

② 第 2 个八拍。重复第 1 个八拍动作。

(2) 后擦地(2×8 拍)：

① 第 1 个八拍。

第一拍：右臂前六位手，同时左脚后擦地。

第二拍：脚收回。

第三至八拍：重复第一至二拍动作。

② 第 2 个八拍。动作同第 1 个八拍。

(3) 左右脚侧擦地(2×8 拍):

① 第 1 个八拍。

第一拍：身体面向 1 点方向。右脚右侧擦地，七位手。

第二拍：右脚收成后五位脚。

第三拍：左脚左侧擦地。

第四拍：左脚收成后五位脚。

第五至八拍：重复第一至四拍动作。

② 第 2 个八拍。动作同第 1 个八拍，但脚收回时成前五位脚。

(4) 侧擦地压脚跟(2×8 拍):

① 第 1 个八拍。

第一拍：右脚侧擦地。

第二拍：右脚后跟下压成全脚掌着地，重心移到两脚间。

第三拍：重心移到左脚，右脚绷脚尖点地。

第四拍：右脚收回成五位脚。

第五至八拍：动作同第一至四拍，但方向相反。

② 第 2 个八拍。动作同第 1 个八拍。

(5) 身体转向两点方向，一位脚站，重复前面(1)～(4)步动作。

(6) 七位手练习。

第一至二拍：二位手。

第三至四拍：三位手。

第五拍：四位手。

第六拍：五位手。

第七拍：六位手。

第八拍：经七位手成一位手。

(7) 重复(1)～(6)步动作，但方向相反。

6.2.4 姿态的组合练习

姿态组合动作是进行形态训练的常用形式，是对初学者进行形体教学的主要内容。它是练习者在掌握若干基本动作之后，进一步巩固动作技术，提高动作的协调性、节奏感及表现力的重要手段。

1. 地上动作组合

1) 踝关节练习(4×8 拍)

预备姿势：直腿坐地，脚尖绷直，两手后撑。

(1) 第 1 个八拍。

第一至二拍：钩脚尖上屈。

第三至四拍：踝关节上屈。

第五至六拍：踝关节伸展，脚尖保持不变。

第七至八拍：脚尖伸展，踝关节保持不变。

(2) 第 2 个八拍同第 1 个八拍。

(3) 第 3 个八拍。

第一至四拍：两踝同时向外绕环一周，脚尖保持伸展姿势。

第五至八拍：两踝同时向内绕环一周，脚尖保持伸展姿势。

(4) 第 4 个八拍同第 3 个八拍。

2) 膝关节练习(4×8 拍)

预备姿势：直腿坐地，两手后撑。

(1) 第 1 个八拍。

第一至二拍：左腿向上屈膝，脚尖前点地。

第三至四拍：左腿伸直还原至开始动作。

第五至八拍：动作同第一至四拍，换右脚练习。

(2) 第 2 个八拍动作同第 1 个八拍的第一至四拍，两脚同时完成两次。

(3) 第 3 个八拍。

第一至二拍：动作同第 1 个八拍的第一至二拍。

第三至四拍：左膝向右侧屈，上体保持挺胸抬头，右脚保持不变。

第五至六拍：动作同第一至二拍。

第七至八拍：还原成开始动作。

(4) 第 4 个八拍同第 3 个八拍，换右脚练习。

3) 头颈动作练习(6×8 拍)

预备姿势：盘腿坐地，头颈直立，两臂自然放松，两手放于膝上。

(1) 第 1 个八拍。

第一至二拍：低头。

第三至四拍：还原。

第五至六拍：抬头。

第七至八拍：还原。

(2) 第 2 个八拍。

第一至二拍：向左偏头(侧屈)。

第三至四拍：还原。

第五至八拍：同第一至四拍，方向相反。

(3) 第 3 个八拍。

第一至二拍：向左转头。

第三至四拍：还原。

第五至八拍：同第一至四拍，方向相反。

(4) 第 4 个八拍。

第一至二拍：向右转头 90°。

第三至四拍：还原。

第五至八拍：同第一至四拍，方向相反。

(5) 第 5 个八拍。

第一至四拍：头颈从左向右绕环一周。

第五至八拍：同第一至四拍，方向相反。

(6) 第 6 个八拍同第 5 个八拍。

4) 胸腰练习(6×8 拍)

预备姿势：盘腿坐地，上体直立，两臂放松，两手自然放于膝上。

(1) 第 1 个八拍。

第一至四拍：上体向前含胸、低头，手臂动作不变。

第五至八拍：展胸、立腰、低头，手臂动作不变。

(2) 第 2 个八拍同第 1 个八拍。

(3) 第 3 个八拍。

第一至四拍：上体左侧转腰，头颈左侧低头，右臂屈肘，手指触左肩。

第五至八拍：还原成预备姿势。

(4) 第 4 个八拍同第 3 个八拍，方向相反。

(5) 第 5 个八拍。

第一至四拍：上体左侧屈，头颈自然低头，右臂动作不变，右手到三位。

第五至八拍：上体从侧经前压回到开始动作，右臂从三位经二位至七位。

(6) 第 6 个八拍同第 5 个八拍，方向相反。

5) 肩部动作练习(6×8 拍)

预备姿势：盘腿坐地，上体直立，两臂自然放松，两手放于膝上。

(1) 第 1 个八拍。

第一至四拍：两肩同时上提，耸肩。

第五至八拍：两肩同时下沉，沉肩。

(2) 第 2 个八拍。

第一至四拍：完成一次第 1 个八拍动作。

第五至八拍：重复第一至四拍。

(3) 第 3 个八拍。

第一至四拍：左肩完成一次耸肩、沉肩动作。

第五至八拍：右肩完成一次耸肩、沉肩动作。

(4) 第 4 个八拍同第 3 个八拍。

(5) 第 5 个八拍。

第一至四拍：两肩同时向前绕环一周。

第五至八拍：同第一至四拍，方向相反。

(6) 第 6 个八拍。

第一至四拍：两肩同时向后绕环一周。

第五至八拍：同第一至四拍，方向相反。

6) 踢腿动作组合(8×8 拍)

预备姿势：盘腿坐地，两手后撑。

(1) 第 1 个八拍。

第一至二拍：左腿向上屈膝，脚尖点地。

第三至四拍：小腿向上伸直。

第五至六拍：同第一至二拍。

第七至八拍：还原。

(2) 第 2 个八拍同第 1 个八拍，换右脚做练习。

(3) 第 3 个八拍。

第一至四拍：左腿向上踢腿两次，右腿伸直不变。

第五至八拍：右腿向上踢腿两次，左腿伸直不变。

(4) 第 4 个八拍：两臂经前向后，上体控制后倒成仰卧。

(5) 第 5 个八拍：左腿向前大踢腿两次。

(6) 第 6 个八拍：右腿向前大踢腿两次。

(7) 第 7 个八拍：两手握左腿搬腿。

(8) 第 8 个八拍：两手握右腿搬腿。

2. 芭蕾手位组合(4×8 拍)

预备姿势：左脚前三位站立，一位手。

(1) 第 1 个八拍。

第一至四拍：手臂从一位到二位，同时左脚前擦至点地，两眼平视前方，如图 6-59 所示。

第五至八拍：手臂从二位到三位，左脚画圆至侧点地，抬头右转 45°，如图 6-60 所示。

(2) 第 2 个八拍。

第一至四拍：手臂从三位到四位(右臂到二位)，左脚画圆至后点地，同时成右脚在前弓步，如图 6-61 所示。

第五至八拍：腿部动作不变，右臂从二位打开成五位。

(3) 第 3 个八拍。

第一至四拍：手臂从五位到六位，同时收回左脚经半蹲三位站立，如图 6-62 所示。

第五至八拍：手臂从六位到七位，脚部动作不变，如图 6-63 所示。

(4) 第 4 个八拍：手臂从七位还原成一位，结束。

图 6-59　手位组合(1)

图 6-60　手位组合(2)

图 6-61　手位组合(3)

图 6-62　手位组合(4)

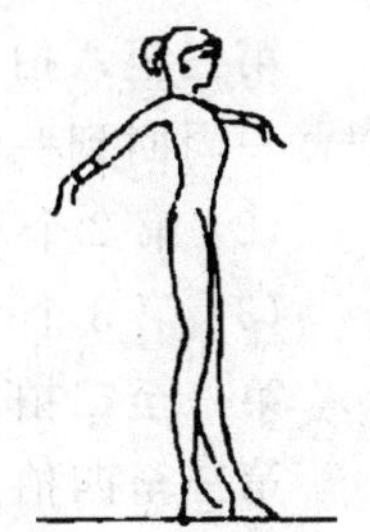

图 6-63　手位组合(5)

3. 芭蕾姿态组合(8×8 拍)

预备姿势：身体面对二点，成左脚在前的三位站立，手臂一位。

(1) 第 1 个八拍。

第一至四拍：手臂从一位到二位，同时左脚向前擦地前点地，如图 6-64 所示。

第五至八拍：手臂从二位到右手在上、左手在侧的五位，头右转 45°，脚的动作不变，如

图 6-65 所示。

(2) 第 2 个八拍：右臂从三位开始向后轮转，左臂到三位，右臂到一位，同时右腿半蹲，左脚前点地，如图 6-66 所示。

(3) 第 3 个八拍。

第一至四拍：手臂从三位合到一位，同时重心前移成四位蹲，重心在两腿之间，如图 6-67 所示。

第五至八拍：手臂从二位分开成右臂向前、左臂向侧的姿势，同时，重心前移到左脚，右脚后点地，如图 6-68 所示。

(4) 第 4 个八拍：手臂回一位，同时收右腿成吸腿向右转体 270°右脚在前的三位站立。

(5) 动作同第 1 个八拍至第 4 个八拍，方向相反。

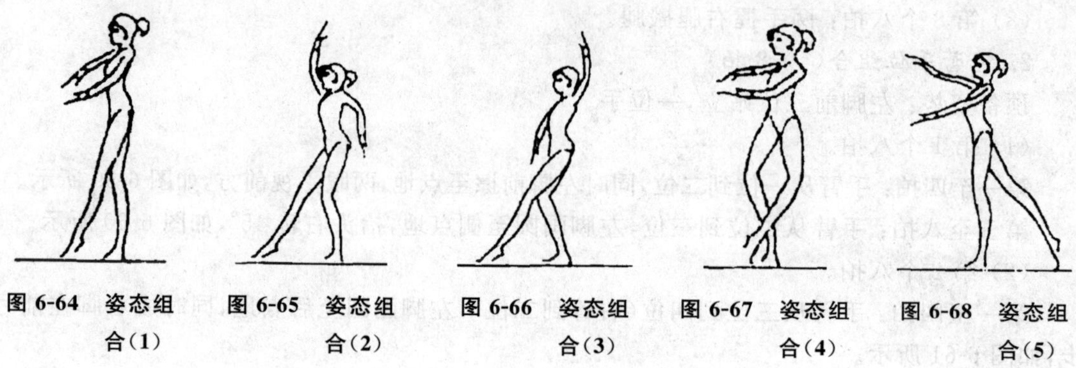

图 6-64 姿态组合(1) **图 6-65 姿态组合(2)** **图 6-66 姿态组合(3)** **图 6-67 姿态组合(4)** **图 6-68 姿态组合(5)**

4. 手臂摆绕环与波浪练习

1) 组合 1：手臂摆动与波浪(4×8 拍)

预备姿势：直腿并立，手臂一位。

(1) 第 1 个八拍。

第一至二拍：双膝弹动一次，同时左右臂前后摆一次。

第三至八拍：双膝在第四拍和第六拍时各弹动一次，两臂从前后平举开始向前后方向摆臂一周回到一位，摆臂成左手前平举，右手后侧举。

(2) 第 2 个八拍同第 1 个八拍，手臂方向相反。

(3) 第 3 个八拍。

第一至二拍：左脚向左侧一步，右脚尖侧点地，同时两臂向左摆动至水平。

第三至四拍：重心移至右脚，左脚尖侧点地，同时两臂从左侧经下摆动至右平举。

第五至六拍：右脚并左脚立踵，同时两臂经右、下、左、上绕环一周。

第七至八拍：同第一至二拍。

(4) 第 4 个八拍同第 3 个八拍，动作相同，方向相反。

2) 组合 2：手臂摆动与绕环(4×8 拍)

预备姿势：并腿站立，手臂一位。

(1) 第 1 个八拍。

第一至二拍：两臂同时前摆至水平，双膝弹动一次。

第三至四拍：两臂从水平下摆至下垂，双膝弹动一次。

第五至六拍：两臂同时做侧摆至水平，双膝弹动一次。

第七至八拍：两臂摆动收回，双膝弹动一次。

(2) 第 2 个八拍同第 1 个八拍。

(3) 第 3 个八拍。

第一至二拍：左脚向左侧一步，右脚尖侧点地，同时，右臂前摆至水平，左臂侧摆至侧平举。

第三至四拍：右脚收回与左脚并立，同时两臂收回到一位。

第五至八拍：双膝弹动一次，同时手臂做左臂前摆，右臂侧摆至水平，收回。

(4) 第 4 个八拍同第 3 个八拍，动作相同，方向相反。

3) 组合 3：波浪练习 (6×8 拍)

预备姿势：并腿站立，手臂一位。

(1) 第 1 个八拍。

第一至四拍：两臂向前做小波浪一次，不超过 45°。

第五至八拍：两臂向前做中波浪一次，不超过 90°。

(2) 第 2 个八拍：两臂向前做大波浪一次，不超过 135°。

(3) 第 3、4 个八拍同第 1、2 个八拍。

(4) 第 5 个八拍。

第一至四拍：右脚向前一次，左脚后点地，右臂向右侧做水平波浪一次，左臂自然下垂。

第五至八拍：同第一至四拍，方向相反。

(5) 第 6 个八拍。

第一至四拍：左脚上前一步两脚并立，同时屈伸一次，两臂由内向外交叉分开成斜上举。

第五至八拍：两腿屈伸一次，同时两臂经上举交叉统环到水平举做一次波浪。

4) 组合 4：波浪练习(6×8 拍)

预备姿势：两腿并立，手臂一位。

(1) 第 1 个八拍。

第一至四拍：两臂同时向左侧 45°做一次波浪。

第五至八拍：两臂同时向右侧 45°做一次波浪。

(2) 第 2 个八拍。

第一至四拍：左脚上前一步，重心前移，右脚后点地，同时两臂向左侧做波浪一次。

第五至八拍：同第一至四拍，方向相反。

(3) 第 3 个八拍同第 2 个八拍。

(4) 第 4 个八拍。

第一至四拍：左脚上步并立，同时屈膝、含胸，两臂向前交叉。

第五至八拍：伸膝，同时展胸，两臂内外展开。

6.3　瑜　伽

瑜伽是一个通过提升意识，帮助人们充分发挥潜能的哲学体系及其指导下的运动体系。瑜伽姿势是一个运用古老而易于掌握的方法，提高人们生理、心理、情感和精神方面的能力，是一种达到身体、心灵与精神和谐统一的运动形式。

6.3.1　瑜伽简介

1. 瑜伽的起源

瑜伽起源于印度，流行于世界。瑜伽(yoga)一词的意思是同一和结合，源自梵语"yuji"(结合)。结合指的是人们的个体意识与宇宙意识相融，通俗地讲，它是一种能让身体、心灵达到平衡和谐的方法和途径。瑜伽是东方最古老的强身术之一，产生于公元前，是人类智慧的结晶。瑜伽也是印度先贤在最深沉的观想和静定状态下，从直觉了悟生命的认知。

瑜伽是纯粹的、内在的实践活动。瑜伽自古以来就是一种行为和体验，它并非教导人们去相信或不相信一些概念或理论，瑜伽的全部就是去做、去经历和体验，无论是传统的师徒传承还是现代教学，瑜伽是练习、是日常行为、是生活方式、是善举、是自我修养、是内视、是对生命存在的全方位的经历和体验，在整个实践过程中了解生命存在的真相。在瑜伽的练习过程中，最先体现出来的就是身体的器官功能开始协调，身体开始变得健康起来。渐渐地，这种协调与平衡就会散发开来，由表及里带来一系列的惊喜。比如，身体开始恢复活力，衰老的进程开始缓慢，身体开始均匀，举止开始优雅，内心的镇定与喜悦油然而生。这是练习瑜伽最快、最直接的感受，仅仅这些就足以吸引众多练习者，更何况瑜伽所带来的变化还远不止这些。在印度，瑜伽还是医疗的辅助手段，瑜伽对许多疑难疾病有着神奇疗效。如今瑜伽的理疗效果已被全世界的人们所接受，并在实践过程中取得了明显的成效，尤其在心理疗效上瑜伽带来的效果令人振奋。

2. 瑜伽的分类

现今大家所接触到的各种流派，不同名称的各种各样的瑜伽分类，其实就是在不同层面上的练习，有些是在身体层面，有些是在能量层面，有些是在心理层面，有些是在意识行为层面，有些是在灵性层面，但它们在做的是同一件事情——清洁。古老和现今流行的被人们广为实践的瑜伽流派种类繁多，但现今最流行也最为人熟悉的瑜伽修炼方法是哈达瑜伽(Hatha Yoga)。经过五千年的演变及发展，加上传统瑜伽的口耳传授方式(而非书面传授)，瑜伽的博大精深导致了其在传授中的不确定性，结果涌现出各种各样练习哈达瑜伽的派别，而世界上的各个瑜伽分支对瑜伽姿势的命名也有所不同。尽管这样，大多数瑜伽分支都遵循既定的基本规则，只是在教授的方法、重点和练习上稍有不同而已。但被教授的"主角"，仍是瑜伽。因每个人的喜好、年龄、体质及性情不同，应选择最适合自己的派系练习。下面简单介绍当今最流行、最为人熟悉的几个哈达瑜伽派系。

(1) Ananda Yoga：该派认为身体及灵性上的修习同样重要，必须先洁净和提升能量，为冥想做好充分准备。随着脑海内反复地做提示和肯定(Affirmation)，每一个瑜伽姿势最终用于扩阔或提升自我意识(Self-awareness)。Ananda Yoga 的另一特色是着重一系列"能量法运动(Energization Exercises)"，要求身体某部位反复收紧及放松，同时配合呼吸方法将能量带至该处。它强调做瑜伽姿势时必须极度放松，从而为其后的冥想做好准备。

(2) Ashtanga Yoga：又名 Power Yoga，是哈达瑜伽中最讲求体力的，共有 240 个瑜伽姿势，以 6 组动作单元结合呼吸串联起来，借以提升身体的"热力"，从而强化身体。因为强调力量(Strength)、柔韧度(Flexibility)和元气(Stamina)三者同样重要，而深受运动员或热爱剧烈运动的人所喜爱。

(3) Anusara Yoga：Anusara是当今世界上发展最快速的瑜伽派别之一。Anusara字意为“与上天恩典共舞”。在深层的哲学基础上，它结合了许多古典派别的特色，发展出一套饶富创意，强而有力且细腻的哈达瑜伽。此派由美籍瑜伽大师John Friend在美国与印度向许多世界级大师学习后创立。John Friend在印度遇见恩师上人Gurumayi Chidvilasananda时已是Iyengar派系认证多年的瑜伽老师，在上人深深的精神感召下决定创立Anusara派系瑜伽。Anusara使用“通用顺位法原则”(Universal Principles of Alignment)打开身体，且具有高度疗效。使用此种方式练习身体并凡事正面时，我们便能绽放心灵并了解身为人的无限潜能。Anusara是对心灵的礼赞，并且尊重个别学生得天独厚的能力或极限。Anusara的特色是在充满活力、趣味和转化能量的流畅姿势中，偶尔停下来学习特殊的调整顺位法或者搭档练习。Anusara派拥有当今世界上最具严谨的训练及认证课程。每个认证合格的老师都在瑜伽身体调整顺位、复健、解剖学、瑜伽历史和哲学、领导能力、教学技巧上有数千小时以上的训练。

(4) Integral Yoga：该派结合所有实践瑜伽的步骤——瑜伽姿势、调息法、无私的奉献、祈祷、唱声、冥想及自省，特别强调瑜伽是以冥想为最终目的，多过人体结构的分析，鼓励学员练习时要“松弛”(Easeful in body)、“平静”(Peaceful in mind)以及“有为”(Useful in life)。每一堂瑜伽课会长达75min，其中45min用在瑜伽姿势的锻炼上，紧随着放松、呼吸练习，最后是冥想部分。具有难度之余，却温和而沉静，被喜欢全面地学习传统瑜伽的人所追随。

(5) Iyengar Yoga：Iyengar Yoga可以说是近年来西方最为人熟悉的哈达瑜伽学派。它由国际著名的印度瑜伽大师B. K. S. Iyengar创立，将瑜伽科学化及医学化，借以改善个人生理及心理上的种种毛病。这一派导师特别强调做瑜伽姿势时手脚、盆骨、脊椎骨等身体部分的配合、绝对正确的位置和肌肉收紧放松的配合，对细节的掌握非常注重，因此能打好瑜伽姿势良好的基础，以及改善一些身体姿势的问题。这一派也特别重视“站式”的锻炼，呼吸技巧则稍为次要。此外，Iyengar Yoga认为练习时必须应个人体形上的限制，因此特别鼓励学员借道具来提高姿势的准确性，这些道具包括毛毡、砖、揽枕、椅子、绳子等。

(6) Kripalu Yoga：Kripalu Yoga常被形容为“动态的冥想”，较少着重锻炼瑜伽姿势时的生理细节，更多注重瑜伽姿势带给人在感情及心理上的感受，因此要求学员保持温柔、慈悲及内省的态度。这一派认为，身体有它的智慧，会发出信息，提示个人应怎样将瑜伽姿势流畅自然地练习下去。每一个瑜伽姿势都会保持一段很长的时间，以求发掘或释放被压抑了的情感。这种内省式的哈达瑜伽由3个阶段组成：持续锻炼(瑜伽姿势)、意志和放下(心灵)，以及顺从身体的智慧。在这3个阶段里，瑜伽姿势会应不同情况有不同难度：温和的、中等的以及剧烈的。

(7) Kundalini Yoga：Kundalini Yoga历史久远，深信生命的能量(Kundalini)隐藏于尾椎部位，只要通过各种修行(呼吸、姿势、唱声及冥想)，能量便会被启发、引导至脊椎的各个“气轮”(Chakras)上；而“顶轮”(Crown)被打通了，人便能悟道。这一派特别着重几种呼吸的技巧：鼻孔的交替呼吸(Alternate Nostril Breathing)、缓慢、横膈膜的呼吸(Diaphragmatic Breathing)，以及一种被称为“火焰”(Breath of Fire)的呼吸法。

(8) Viniyoga：该派瑜伽既讲求瑜伽姿势的细节，也讲求体力和耐力。学习瑜伽，必须以“Vinyasa Krama”为原则，即“有组织地研究”(an organized course of Yoga study)，结合瑜伽姿势、调息法、冥想、课本研究、辅导、心象、祈祷、唱声及仪式，它会应学员的个别心理状况、身体限制，以及文化差异而教导瑜伽姿势。脊骨的健康及呼吸比起怎样完成瑜伽姿势更为重要，而且呼气和吸气会有意识地以不同时间及长度进行，以配合瑜伽姿势的锻炼。

(9) Bikram Yoga：别号“高温瑜伽”的 Bikram Yoga，由瑜伽大师 Bikram Choudhury 始创，是近年来健身界的新宠，课堂在一个较高温度的室内进行(38～42℃)，令体温快速提升，加速排汗及排毒功能。每课结合 26 个瑜伽姿势，帮助提高身体的柔韧度、强化肌肉和各个关节及韧带，最终达到身心松弛的目的。

3. 瑜伽的八分支法

(1) 制戒(Yamas)：也称外制，是指外在控制，宇宙的道德戒律。

(2) 遵行(Niyamas)：也称内制，是指内在控制，通过自律进行自我净化。

(3) 体位(Asanas)：是指瑜伽姿势，也称调身。

(4) 调息(Pranayama)：是指有节律的呼吸，控制呼气，也称调息。

(5) 制感(Pratyahara)：精神从感觉和外部事物的奴役中解脱出来，是指感觉消失，控制内心，也称调心。

(6) 专注(Dharana)：集中注意，一心一意。

(7) 冥想(Dhyana)：静坐冥想。

(8) 三摩地(Samadhi)：由冥想而来的超意识全部集中到灵魂中，和宇宙合二为一。

6.3.2 瑜伽基本动作及辅助练习方法介绍

1. 手型

(1) 合掌：五指并拢伸直。

(2) 分掌：五指分开伸直。

(3) 并掌：掌心相对，十指并拢(或拇指交叉)。

(4) 推掌：手掌上翘，五指并拢伸直。

(5) 交叉掌：十指交叉相握。

(6) 拳：握拳，拇指在外。

2. 头部

(1) 前屈：头向前低。

(2) 后屈：头向后仰。

(3) 头侧屈：头向一侧倾，耳部对准肩。

(4) 左转：头部绕身体垂直轴向左转动。

(5) 右转：头部绕身体垂直轴向右转动。

(6) 左绕：头部从右侧屈，稍抬头，经前屈绕至左侧屈，稍抬头。

(7) 右绕：头部从左侧屈，稍抬头，经前屈绕至右侧屈，稍抬头。

(8) 左绕环：头从左侧屈开始，经前、侧、后，还原的 360°绕环。

(9) 右绕环：头从右侧屈开始，经前、侧、后，还原的 360°绕环。

3. 肩部

(1) 提肩：肩胛骨做向上的运动。

(2) 沉肩：肩胛骨做向下的运动。

(3) 肩绕环：以肩关节为轴做弧形运动。包括向前绕、向后绕和绕环。

4. 手臂

(1) 举：以肩关节为轴心，手臂的活动范围不超过 180°。包括前、后、侧上、侧下、侧平举等。

(2) 屈：手臂以肘关节为轴心产生的弯曲。包括胸前平屈、肩侧屈、肩上侧屈、肩上前屈、腰肩屈、头后屈。

(3) 绕：手臂向内、外、前、后做大于 180°小于 360°的弧形运动。

(4) 绕环：以肩关节为轴心，手臂向前、向内、向后绕环。

(5) 旋：以肩或肘为轴做手臂旋内或旋外的动作。

5. 胸部

(1) 含胸：两肩内含，缩小胸腔。

(2) 挺胸：两肩外展，扩大胸腔。

(3) 移胸：髋部固定不动，胸向左、右的水平移动。

6. 腰部

(1) 体前屈：下肢不动，脊柱向前弯曲。

(2) 体后屈：下肢不动，脊柱向后弯曲。

(3) 体侧屈：下肢不动，脊柱向两侧弯曲，包括左侧屈、右侧屈。

(4) 转：上体脊柱沿身体的垂直轴左右扭转，包括左转、右转。

(5) 绕：上体脊柱沿身体的垂直轴做弧形与圆形运动，包括左绕、右绕和绕环。

7. 髋部

(1) 顶髋：髋关节的水平运动，包括前、后、左、右顶髋。

(2) 展髋：髋关节向两侧打开。

(3) 收髋：髋关节向内收紧。

8. 下肢

(1) 站立：上体直立，两腿并拢，双脚并拢。

(2) 提踵立：上体直立，脚跟提起，用前脚掌站立。

(3) 分腿站立：上体直立，两脚前、后或左、右开立，两脚与肩同宽或大于两倍肩宽，重心于两脚之间。

(4) 蹲：包括半蹲和全蹲。脚尖向前，大腿小腿约成 90°为半蹲，小于 90°为全蹲。可分为并腿蹲与分腿蹲。

(5) 弓步：两腿前后或左右开立，一腿屈膝，一腿伸直，屈膝的腿与脚尖垂直。包括前弓步、后弓步、侧弓步。

(6) 跪立：大腿与小腿成直角的跪姿。包括双腿跪立、单腿跪立。

9. 地面

(1) 直角坐：上体伸直，臀部坐地，两腿并拢伸直。包括双腿、单腿。

(2) 分腿坐：上体伸直，两腿分开。

(3) 金刚坐：上体伸直，两腿屈膝，臀部坐在脚跟上。

(4) 散坐：上体伸直，两腿向外屈膝，盘坐。

(5) 半莲花坐：上体伸直，两腿弯曲，右腿脚底抵住左大腿内侧，左脚放在右大腿上方。

(6) 至善坐：上体伸直，两腿弯曲，右腿抵住左大腿内侧，左脚跟靠近耻骨，脚底放在右大腿和右小腿之间。

(7) 莲花坐：上体伸直，两腿弯曲，两脚交叉放在大腿上方，脚底朝天，脚跟放在肚脐下方区域。

(8) 仰卧：面部朝上，身体躺在地面上。

(9) 俯卧：面部朝下，身体趴在地面上。

(10) 侧卧：面部朝前，身体侧面接触地面。

(11) 仰撑：面部朝上，双臂伸直支撑地面，双腿或单腿同时支撑地面。

(12) 俯撑：面部朝下，双臂伸直支撑地面，双腿或单腿同时支撑地面。

(13) 跪撑：面部朝下，双臂伸直支撑地面，单腿跪地支撑地面。

6.3.3 瑜伽三脉七轮

瑜伽描述的三脉七轮如图 6-69 所示。

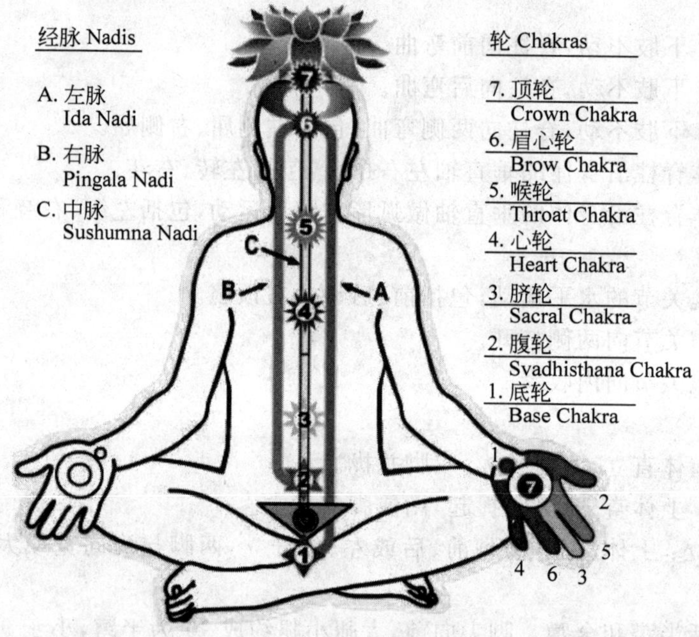

图 6-69 三脉七轮位置图

我们每个人体内都有一个内在的能量系统，其主要部分为三条静脉：左脉、右脉、中脉。左脉（又称阴脉或月亮脉），相对于过去，是感性的，掌管了愿望的力量。右脉（又称阳脉或太阳脉），相对于将来，是理性的，掌管了行动的力量。中脉位于脊柱中部，相对于此刻、进化和灵性，是人类与宇宙灵力合一的唯一通道，是喜乐之源。

瑜伽认为人体是由五大元素组合而成的，即以太、气、火、水和土，并由身体中不同的脉轮(Chakras)所支配。人体身体内的 7 个脉轮，分别控制着身体的某个特殊部位和某些内分泌腺体。

(1) 第 1 个是底轮(Base Chakra)：位于肛门附近的腺体中心，是各种身体、心智和灵性渴望的储藏所，控制着人体中固体的成分，和身体健康、排泄功能有关。

(2) 第 2 个是腹轮(Svadhisthana Chakra)：位于生殖器官部位附近的腺体中心，控制了行腺体及身体中的液体成分，主宰人的性功能。

(3) 第 3 个是脐轮(Sacral Chakra)：位于肚脐附近的腺体中心，控制了身体中火的成分及胰脏和肾上腺的分泌，主导人们的活力和世俗的活动，支配人的精力和消化功能。

(4) 第 4 个是心轮(Heart Chakra)：位于靠近心脏附近的腺体中心，控制着气体的成分，也控制了胸部的胸腺和淋巴腺，和人体的呼吸、循环功能有关。

(5) 第 5 个是喉轮(Throat Chakra)：位于喉头附近的腺体中心，控制着甲状腺和副甲状腺，与说话功能有关。同时也调整了人体的精力，并控制着人体的活动。

(6) 第 6 个是眉心轮(Brow Chakra)：位于脑的正中，控制着脑下垂体、松果体，主宰世俗和灵性的知识，支配着心神方面的功能。

(7) 第 7 个是顶轮(Crown Chakra)：位于脑顶，超越了生物学及心理学的范畴，其功能只能用哲学和灵性的语言来描述。

这 7 个脉轮影响着人体的内分泌系统，协调了它们的平衡，对人的身心健康有很大影响。眉轮和顶轮主导灵性的功能，底轮、腹轮和脐轮则主导身体上的功能，心轮和喉轮主导心智的活动。它们之间是相互影响的，瑜伽通过一系列练习，打开中脉，使这些脉轮连通，实现能量的转移和统一，最终让原始的能量与宇宙的能量连接成一体。

6.3.4　瑜伽基本动作

1. 拜日式

向太阳祈祷式(Surya Namaskara)简称拜日式。Surya 意思是太阳，而 Namaskara 是敬礼或者是尊敬的意思。该组动作包括了 12 个体位，每一个体位都能很好地给身体提供能量，当动作变得娴熟而自动时，呼吸和动作变得完全协调一致，能量将会充满身体并洋溢出来，整个节奏和韵律将与一天的 24 个小时，一年的 365 天及整个宇宙的韵律一起脉动。12 个体位依次是祈祷式、后屈式、前屈式、骑马式、山峰式、八体触地式、眼镜蛇式、山峰式、骑马式、前屈式、体后屈和祈祷式。

练习拜日式的时间最好在清晨日出时面对着太阳，或者在日落时，这是一天中最安静的时刻。当然要是不能在这两个时间段练习，也可以在其他时间练习，但在练习时要空腹并带着虔诚。

图 6-70 是拜日式的 12 个体位导图。开始就是结束，结束就是开始，没有开始也没有结束，开始时就是一个结束，结束时又是一个开始，这是一个像轮子一样运作的节奏和韵律，可以从中了解生命、了解自然的法则。

2. 风吹树式

1) 动作过程

直立，两腿开立与肩同宽，吸气，两臂经体侧举过头顶，十指交叉掌心朝下；呼气，身体向左侧屈(见图 6-71)，保持几秒；吸气回正，呼气向另一侧弯曲。练习 5～10 次。身体侧屈时尽量保持脊柱伸展，注意心轮。

2) 益处

能按摩体侧和腰围的肌肉，可以平衡左右体侧的肌肉群。

图 6-70　拜日式的 12 个体位导图

3. 直角式

1）动作过程

直立，两脚并拢或略分开，双臂放体侧，吸气，两手经体侧举过头顶，双手合十或手指交握，抬头；呼气，体前屈，直到背部和双腿形成一个直角（见图 6-72），保持该姿势 5 秒；吸气，回到直立姿势后，呼气放下手臂。练习 3～5 次。

图 6-71　风吹树式

图 6-72　直角式

2）益处

能放松上背部和胸腔，对纠正不良坐姿也有效果。

4. 三角式

1）动作过程

直立，两脚分开约 1 米，左脚的脚尖朝外，右脚脚尖略微内扣，吸气，两手侧平举，屏住呼吸，将上半身向左平移，保持髋关节朝前的位置；呼气，体侧屈，左手落在左脚的脚背上，右手与左手保持一直线，掌心向前，转头，眼睛看着右手的手指方向（见图 6-73），屏气，保持时间超过 30 秒自然呼吸，吸气起身体原路返回，呼气，手臂收回，同时两脚尖收回。换方向做同样的动作。髋关节要保持打开，骨盆保持朝前的位置，脊柱保持伸展。

2）益处

可以收紧体侧的肌肉，减去腰部的多余脂肪，还可以放松腿后侧的肌肉。

5. 战士二式

1）动作过程

两腿开立，有两个肩膀宽。右脚脚尖朝外，吸气两手侧平举，眼睛看着右手手指的方向，呼气右弓步（见图 6-74），注意膝盖不要超过脚尖，保持 30 秒。吸气，膝盖伸直，呼气，手臂收回、脚尖收回。同样的动作反方向练习。左右各做 3～5 次。保持脊柱挺直，胸腔打开，重心保持在两脚之间，髋关节和肩关节保持平行。

图 6-73　三角式

图 6-74　战士二式

2）益处

加强腿部、腹部和背部肌肉的力量，激发能量。

6. 扭转侧角伸展

1）动作过程

正弓步右腿在后，双手胸前合十，吸气，背部挺直，呼气，身体向左扭转，右肩外侧落在左膝外侧，脊柱保持伸展（见图 6-75）。换方向，动作相同，练习 3～5 次。扭转时脊柱保持伸展。

2）益处

扩展胸部，伸展脊柱，放松髋关节，加强腿部肌肉；强化内脏，改善体态。

7. 鹰式

1）动作过程

直立，屈膝，左腿向前绕过右腿，左脚背绕到右小腿后，弯曲肘部于胸前，两臂缠绕，右手臂放在后面，双手掌尽量贴在一起，双手臂相交，像老鹰的嘴巴一样，弯曲右膝，身体前倾，靠近大腿，眼睛凝视前方盯着一点，保持平衡（见图 6-76），保持一段时间，换腿换手练习。

图 6-75　扭转侧角伸展

图 6-76　鹰式

2）益处

拉伸手臂大腿的肌肉，锻炼神经系统。

8. 前支架式

1）动作过程

跪撑开始，抬起一条腿，向后伸直膝盖，再抬起另一条腿向后伸直膝盖，向前移动肩部，直到身体与腿在同一直线上，手臂和地面垂直（见图6-77）。保持几秒钟后还原，要注意重心稳定。

2）益处

增强神经系统的平衡，拉伸手臂的肌肉、肩部和脊椎，并能平衡内分泌。

9. 秋千式

1）动作过程

取莲花坐，双臂放于身体两侧，吸气，抬起身体离地，用双手支撑平衡，屏住呼吸，身体在双臂之间前后摇摆（见图6-78）。呼气，放下身体，臀部和腿触地。重复练习3～5次，抬起身时臀部略向后，腹部收紧。

图6-77　前支架式

图6-78　秋千式

2）益处

手臂、腰部、腹部和肩部的肌肉得到放松，打开胸部。

10. 脊椎扭转式

1）动作过程

坐式，吸气，双手在体侧扶地，两腿向前伸，折叠右腿至左腿膝盖外侧，呼气，上身向右扭转，目视后方，左臂肘部顶住右腿膝盖，左手贴在右大腿处（图6-79）。脊柱尽量伸直，背部充分放松，注意呼吸。

2）益处

该体位能放松脊椎和下背部，对放松神经和肌肉都有好处。

11. 圣哲玛里琪一式

1）动作过程

坐式，两腿向前伸，折叠右腿至左腿膝盖处，吸气，扭转身体，呼气，弯曲右手绕至右腿外侧，左手在身后与右手相交，上身向右扭转，目视前方，保持姿势呼吸5次。右手绕过右腿，两肩在一个平面上，后背挺直，重量平均放在臀部上，放松脚趾，如图6-80所示。

图 6-79　脊椎扭转式

图 6-80　圣哲玛里琪一式

2）益处

该体位能放松脊椎和下背部，有利于放松神经和肌肉。

12. 船式

1）动作过程

仰卧，两手贴着大腿，掌心朝下，深吸气，屏住呼吸，使双腿、双臂、头和躯干离地，肩部和腿部离地不要超过 15 厘米，保持身体平衡，臂和脚趾在一条直线上，眼睛看脚趾（见图 6-81）。保持几秒，呼气，放松还原。练习 3～5 次。

2）益处

加强腹部肌肉的力量，对内脏器官及消化系统有好处。该练习对深度放松很有好处，最好在放松前练习。

13. 蛇伸展

1）动作过程

俯卧，下巴落地，双手在背后十指相扣，吸气，用背部肌肉的力量，用手臂带动身体，使胸部尽可能高的离开地面（见图 6-82），屏住呼吸，保持这个姿势一定的时间，呼气，身体落下，放松全身，把手臂放在体侧放松。此为一轮，练习 5 轮。

图 6-81　船式

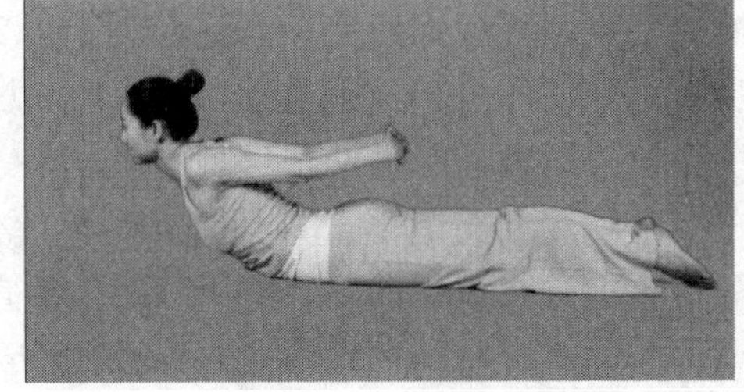
图 6-82　蛇伸展

2）益处

与眼镜蛇式效果相同，但它对胸部的拉伸更强烈，最后的拉伸姿势对强健肺部有益，可以增强供氧量。

14. 全蝗虫式

1）动作过程

俯卧，把手放在大腿下或体侧，手掌向下或者握拳，闭眼，放松身体，深吸一口气，然后屏住呼吸，慢慢抬起双腿和头部，保持双腿伸直，并拢，眼睛向前方看，尽量抬起头和双腿，达到最高点，保持这个姿势（见图 6-83）。呼气，腿落下，放松身体，让心率回到正常，再做下一轮。练习 3～5 轮。

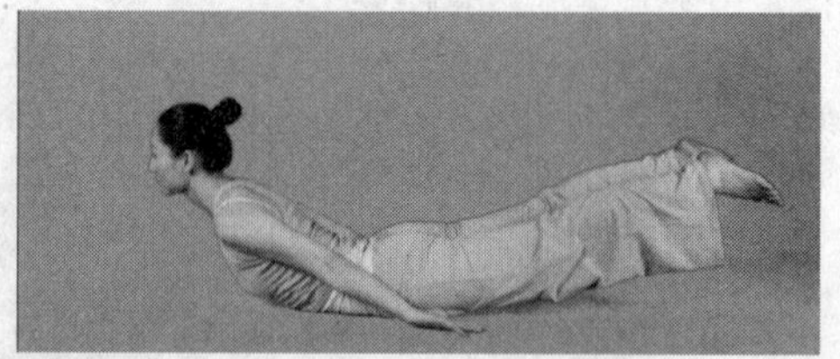

图 6-83 全蝗虫式

2）益处

对全身的神经系统都有益处，特别是对颈背部较有益处，可以减轻颈背部疼痛，同时可以增强全身的平衡性，按摩肝脏以及其他的腹部内脏器官。

6.4 体育舞蹈

体育舞蹈即国际竞技性舞蹈，是由属于娱乐范畴的舞厅舞（ball-room dancing）发展起来的竞技项目。其内涵丰富，结合艺术、体育、音乐、舞蹈、服饰等方面，涉及范围较广，是健与美相结合的运动项目的典范。体育舞蹈是融舞蹈美、音乐美、服装美、体态风度美于一体，具有自娱和表演观赏性的竞技舞蹈。

6.4.1 体育舞蹈简介

1. 体育舞蹈的起源

体育舞蹈是集体育、舞蹈、音乐于一体，通过舞伴间默契的配合，达到健身、健美和健心为目的的一种舞蹈，是融竞技、表现于一体的观赏型体育项目。其内容丰富，变化多样，不受年龄、性别、场所、器械的限制，可使全身各关节都得到充分的活动，可使各部位的肌肉得到均衡的发展，塑造出良好的体态，提高人的内在气质。

体育舞蹈又称国际标准舞，其发展过程经历了原始舞蹈—公众舞—民间舞—宫廷舞—社交舞—国际标准舞等阶段。19 世纪 20 年代，英国皇家舞蹈教师协会对原“舞种”、“舞步”、“舞姿”等进行规范整理，制定比赛方法，形成国际标准交谊舞，并于 1947 年在德国柏林举行第一届世界标准交谊舞锦标赛。

国际标准交谊舞于 20 世纪 30 年代传入中国，80 年代得到迅速发展，先后与日、美、英等国家进行交流活动。1986 年，文化部宣布成立了中国国际标准舞学会。1987 年举办首届全国国际标准交谊舞比赛。1991 年举行了首届全国体育舞蹈锦标赛。1995 年 4 月，国际奥委会正式将国际标准舞列为奥运会表演项目。2002 年，中国加入国际体育舞蹈联合会，标志着我国体育舞蹈事业已经和国际接轨，进入了一个新的发展阶段。

黑池（Blackpool）是英国中部西海岸边的一座小城。从 1920 年开始，每年 5 月份在这里一个称为 Winter Garden 的殿堂里举办一次全世界规模最大的国际标准舞舞蹈节。黑池是现代舞厅舞的发源地，是世界国际标准舞的中心。

2. 体育舞蹈的特点

体育舞蹈是由文艺范畴的舞蹈演变而来的体育项目，兼有文艺和体育的特点，是以竞赛为目的，具有自娱性和表演观赏性的竞技舞蹈。它具有以下特点：

(1) 规范性。表现在技术、足法、方位、角度都有精确的要求。

(2) 艺术观赏性。融音乐、舞蹈、服装于一体,通过优美的体态和舞姿等展现人的气质和风度。

(3) 体育性。体现在竞技性和锻炼价值上。作为体育锻炼的手段,在生理和心理方面对人体有许多有益的影响。

3. 体育舞蹈的分类

体育舞蹈分为两大类:竞技性体育舞蹈和大众性体育舞蹈。

竞技性体育舞蹈又分为摩登舞、拉丁舞和团体舞(队列舞)。摩登舞包括华尔兹舞(waltz)、狐步舞(slow foxtrot)、快步舞(quick step)、维也纳华尔兹舞(viennese waltz)、探戈舞(tango)。拉丁舞包括伦巴舞(rumba)、恰恰舞(cha-cha)、桑巴舞(samba)、斗牛舞(paso doble)、牛仔舞(jive)。

大众性体育舞蹈又分为两类:社交舞和健身舞。社交舞包括三步舞(慢三、快三、中三)、四步舞(布鲁斯(即慢四)、快步舞(即快四)、北京平四、伦巴舞、恰恰舞、吉特巴、水兵舞、探戈)。健身舞吸纳了民族舞、爵士舞等多种舞蹈的一些基本元素和动作,形式丰富多彩。

1) 摩登舞(modern)

摩登舞又译为"现代舞",是体育舞蹈项群之一。特点是由贴身握抱的姿势开始,沿着舞程线逆时针方向绕场行进。步法规范严谨,上体和胯部保持相对稳定挺拔,完成各种前进、后退、横向、旋转、造型等舞步动作,具有端庄典雅的绅士风度。曲调大多抒情优美,旋律感强。服饰雍容华贵,一般男着燕尾服,女着过膝蓬松长裙。

(1) 华尔兹舞(waltz):用 W 表示。也称"慢三步"。舞曲旋律优美抒情,节奏为 3/4 的中慢板,每分钟 28～30 小节。每小节三拍为一组舞步,每拍一步,第一拍为重拍,三步一起伏循环。通过膝、踝、足底、跟掌趾的动作,结合身体的升降、倾斜、摆荡,带动舞步移动,使舞步起伏连绵,舞姿华丽典雅。华尔兹舞是维也纳华尔兹(快三步)的变化舞种。19 世纪中叶,维也纳华尔兹传到美国,当时美国崇尚舒缓、优美的舞蹈和音乐,于是将快节奏的维也纳华尔兹逐渐改变成悠扬而缓慢、有抒发性旋律的慢华尔兹舞曲,舞蹈也改变成连贯滑动的慢速步型,即现在的华尔兹舞。

(2) 维也纳华尔兹舞(viennese waltz):用 V 表示。也称"快三步"。舞曲旋律流畅华丽,节奏轻松明快,为 3/4 拍节奏,每分钟 56～60 小节,每小节为 3 拍,第一拍为重拍,第四拍为次重拍。基本步伐是 6 拍走 6 步,两小节为一循环,第一小节为一次起伏。基本动作是左右快速旋转步,完成反身、倾斜、摆荡、升降等技巧。舞步平稳轻快、翩跹回旋、热烈奔放,舞姿高雅庄重。维也纳华尔兹源于奥地利的一种农民舞蹈,由男女成对扶腰搭肩共同围成一个圆圈而舞,故被称为"圆舞"。著名的约翰·施特劳斯为华尔兹谱写了许多著名的圆舞曲。

(3) 探戈舞(tango):用 T 表示。2/4 拍节奏,每分钟 30～34 小节。每小节两拍,第一拍为重拍。舞步有快步和慢步两种,快步(quick)占半拍,用 Q 表示;慢步(slow)占一拍,用 S 表示。基本节奏是慢、慢、快、快、慢(S、S、Q、Q、S)。舞曲节奏带有停顿并强调切分音;舞步顿挫有力,潇洒豪放;身体无起伏、无升降、无旋转;表情严肃,有左顾右盼的头部闪动动作。探戈舞起源于阿根廷民间,20 世纪传入欧洲上层社会,后流行于世界各国。

(4) 狐步舞(foxtrot):也称"福克斯"。用 F 表示。舞曲抒情流畅,节奏为 4/4 拍,每分钟 28～30 小节,每小节为 4 拍,第一拍为重拍,第三拍为次重拍。基本步伐是 4 拍走 3 步,每 4 拍为一循环。分快步、慢步，第一步为慢步(S)，占两拍；第二、三步为快步(Q)，各占一拍。基本节奏为慢、快、快(S、Q、Q)。以足踝、足底、掌趾的动作完成升降起伏，注重反身、肩引导和倾斜技术。舞步流畅平滑，步幅宽大，舞态优雅从容飘逸，似行云流水。狐步舞 20 世纪起源于欧美，后流行于全球，据传系模仿狐狸走路的习性创作而成。

(5) 快步舞(quick step)：用 Q 表示。舞曲明亮欢快，舞步轻快灵活，跳跃感强，是体育舞蹈中一种轻快欢乐的舞蹈。节奏为 4/4 拍，每分钟 50～52 小节。每小节 4 拍，第一拍为重拍，第三拍为次重拍。舞步分快步和慢步。快步用 Q 表示，时值为一拍；慢步用 S 表示，时值为两拍。基本节奏是慢、慢、快、快、慢。舞步组合有跳步、荡腿、滑步等动作。快步舞起源于美国，20 世纪流行于欧美和全球。

2) 拉丁舞(latin)

拉丁舞又称拉丁风情舞或自由社交舞，是体育舞蹈项群之一。特点是舞伴之间可贴身，可分离。各自在固定范围内辐射式地变换方向角度，展现舞姿。步法灵活多变，各舞种通过对胯部及身体摆动不同的技术要求，完成各种舞步，表现各种风格。舞姿妩媚潇洒，婀娜多姿。风格生动活泼，热情奔放。曲调缠绵浪漫，活泼热烈，节奏感强。着装浪漫洒脱，男着上短下长的紧身或宽松装，女着紧身短裙，显露出女性曲线的美。

(1) 伦巴舞(rumba)：用 R 表示。节奏为 4/4 拍，每分钟 27～29 小节，每小节 4 拍。乐曲旋律的特点是强拍落在每小节的第四拍。舞步从第四拍起跳，由一个慢步和两个快步组成。4 拍走 3 步，慢步占两拍(第四拍和下一小节的第一拍)，快步各占一拍(第二拍和第三拍)。胯部摆动 3 次。胯部动作是由控制重心的一脚向另一脚移动而形成向两侧做"∞"型摆动，具有舒展优美、婀娜多姿、柔媚抒情的风格。其产生与西班牙和非洲的舞蹈有密切关系，后在古巴得到发展。

(2) 恰恰舞(cha-cha)：用 C 表示。节奏为 4/4 拍，每分钟 30～32 小节。每小节 4 拍，强拍落在第一拍。4 拍走 5 步，包括两个慢步和 3 个快步。第一步踏在第二拍，时间值占一拍；第二步占一拍；第三、四两步各占半拍；第五步占一拍，踏在舞曲的第一拍上。胯部每小节向两侧摆动 6 次。舞曲热情奔放，舞步花哨利落、步频较快、诙谐风趣。恰恰舞源于非洲，后传入拉丁美洲，在古巴得到发展。

(3) 桑巴舞(samba)：用 S 表示。舞曲欢快热烈，节奏为 2/4 拍或 4/4 拍，每分钟 52～54 小节。强拍落在每小节的第二拍或第四拍。每小节完成一个基本舞步。舞步在全脚掌踏地和半脚掌垫步之间交替完成，通过膝盖上下屈伸弹动，使全身前后摇摆，并沿着舞程线绕场行进，属"游走型"舞蹈。其特点是流动性大，动律感强，步法摇曳紧凑，风格热烈奔放。桑巴舞源于巴西，是巴西一年一度狂欢节的舞蹈。

(4) 斗牛舞(paso doble)：用 P 表示。音乐为旋律高昂雄壮、鲜明有力的西班牙进行曲。节奏为 2/4 拍，每分钟 60～62 小节。一拍一步，8 拍一循环。特点是舞步流动大，沿着舞程线绕场行进，属"游走型"舞蹈。舞姿挺拔，无胯部动作及过分膝盖屈伸，用踝关节和脚掌平踏地面完成舞步。动静鲜明，力度感强，发力迅速，收步敏捷顿挫。斗牛舞源于法国，盛行于西班牙，据西班牙斗牛场面创作而成。男为斗牛士，气宇轩昂，刚劲威猛；女为红色斗篷，英姿飒爽，柔美多变。

(5) 牛仔舞(jive)：用 J 表示。旋律欢快，强烈跳跃，节奏为 4/4 拍，每分钟 42～44 小节，6 拍跳 8 步。由基本舞步踏步、并合步，结合跳跃、旋转等动作而成。要求脚掌踏地，腰和胯部做钟摆式摆动。特点是舞步敏捷、跳跃,舞姿轻松、热情、欢快。牛仔舞源于美国,原是美国西部牛仔跳的踢踏舞,20世纪50年代爵士乐的流行,加速和完善了这种舞蹈,但风格上还保持着美国西部牛仔刚健、浪漫、豪爽的气派。

4. 体育舞蹈的锻炼价值

体育舞蹈作为一项集体育、音乐、舞蹈于一体的新兴体育运动,深受学生的关注和喜爱。通过掌握体育舞蹈的基本知识、方法与技能,可以促进学生身心协调发展,培养社交能力,养成终身锻炼的习惯,具有重要的锻炼价值。

1) 健身价值

体育舞蹈是一项健身价值极高的运动项目,不仅可以强身健体,塑造体型,还可以陶冶情操。经常参加体育舞蹈锻炼,可以使男士肩宽细腰、身材匀称、体格魁梧、四肢结实有力;可以使女士身材苗条、柔软,腰围细小,胸围丰满,臀部上提,四肢修长。有资料表明,在90min的体育舞蹈锻炼中,男女舞蹈者的平均心率可达135~170次/分钟,总能量消耗男女分别达4350千焦耳和2850千焦耳,相当于消耗100g人体脂肪。因此,经常参加体育舞蹈锻炼,可以减肥瘦身,保持健美的体型和良好的体态。另外,还可以使人心肌发达,每搏输出量增加,可以增强心脏的强度和耐力;改善血液循环,促进人体的新陈代谢,抵御疾病,增进健康;调整身心,促进人际交往,消除情绪障碍,保持乐观心情。

2) 鉴赏价值

体育舞蹈不仅成为人们建立友谊、陶冶情操、锻炼身体、提高技艺的良好形式,而且有独特的艺术表演价值,给舞蹈者与观赏者以美的享受,通过音乐与动作的配合,可以培养动作的韵律感、节奏感和美感,提高音乐的鉴赏能力和艺术修养及审美情趣。

3) 社会价值

体育舞蹈是人们交流思想、抒发情感、消除障碍、相互沟通的最好形式之一,良好的情感交流互相受到感染,甚至使人产生相互依恋的情结。开展群众性体育舞蹈活动,不仅对开展全民健身运动起着积极作用,还是民间友谊的纽带,也是沟通不同国家、不同民族情感的一种形体语言,是任何语言无法替代的艺术,通过优美的舞蹈韵律,可以增进友谊、丰富生活。

6.4.2 体育舞蹈入门与基础

1. 基本知识术语

(1) 舞程向:舞程向即整套舞蹈进行的方向。为了避免舞者之间相互碰撞,规定在舞场起舞时均按逆时针方向进行,这个行进方向称为舞程向。

(2) 舞程线:舞程线是指舞蹈运行的线路,是沿舞程向逆时针方向行进的线路。

(3) 转度:特指舞步之间的旋转度。规定每转360°为一周,旋转315°为7/8周,转270°为3/4周,转180°为1/2周,转135°为3/8周,转90°为1/4周,转45°为1/8周。以"周"或"度"表示均可,如图6-84所示。

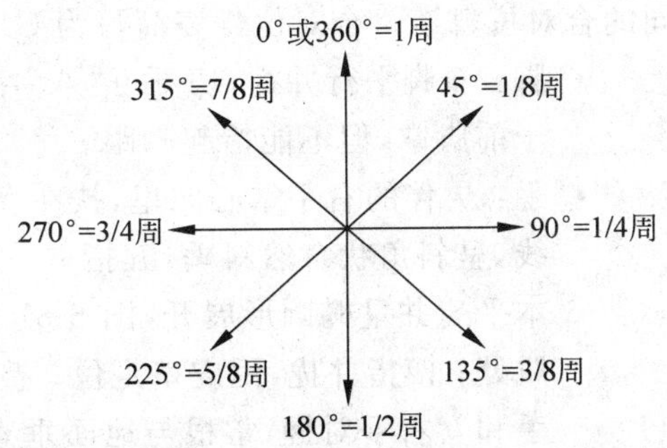

图6-84 右转角度的认定

(4) 方位:在体育舞蹈行进中,为了便于正确地辨别身体的方位和检查旋转的角度,根据国际上记录各种舞蹈的惯例，在舞场上要规定一定的方位来加以规范。一般情况下，多以乐队的演奏台一面为规定方位的基点，定为“1 点”（也可在场地中任选 1 个面定为“1 点”），向顺时针方向每转动 45°变动一个方位，如此围绕场地一圈，共经过 8 个点，如图 6-85 所示。

上述方位一般用于固定的位置，如果舞蹈者沿着舞程线不断变换方位向前移动，则要和舞程线发生联系。在国际体育舞蹈中规定了 8 条线来指示舞蹈者每个舞步的行进方向。

规定的这 8 条线分别为：①舞程线；②壁斜线；③壁线；④逆壁斜线；⑤逆舞程线；⑥逆中央斜线；⑦中央线；⑧中央斜线，如图 6-86 所示。

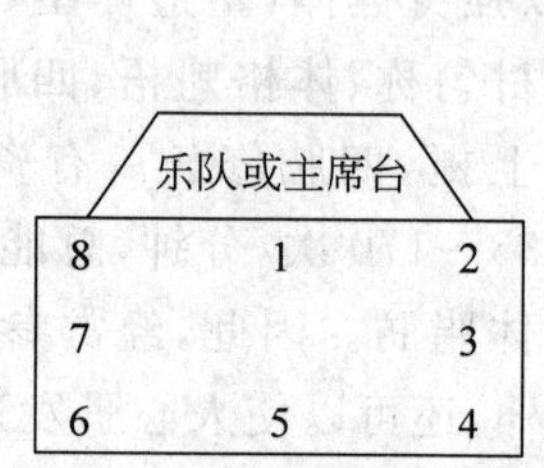

图 6-85 体育舞蹈方位示意图

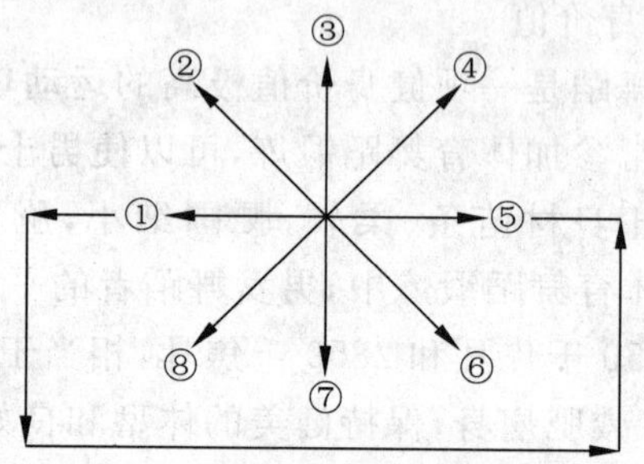

图 6-86 体育舞蹈各线位置示意图

练习者在沿着舞程线行进的过程中，无论行进到场地的哪一点，上述规律都是使用的。

(5) 场地：体育舞蹈比赛场地面积为 15m×23m。赛场长边为 A 线，短边为 B 线。

(6) 导引和跟随：在现代舞中，男伴应始终居于主导地位，男伴要领舞。领舞就是领导着女伴跳舞。无论是舞步结构的选择、运动方位的变化，还是舞种风格的展现，男伴都必须在迅速、果断、主动而又准确的前提下，对女伴进行暗示和引导。女伴要跟舞。跟舞就是跟着男伴跳舞。跳什么舞步，向什么方向运动，旋转还是不旋转，都要“积极服从”男伴的引导和暗示。绝对不能和男伴“对着干”。领舞和跟舞密切相关的是信息传递的方法。信息传递则因握持方法的不同而具有级别性差异。对于初学者采用初级的信息传递手段——使用双手：男伴右手放松，左手前推——意味着男进女退；双手同时回拉——表示男退女进；右手指尖回压加左手回拉——表示向左转身；右手掌跟用力加左手前推——表示向右转身。

(7) 舞姿：舞姿泛指舞者跳舞的姿态，即人体的姿态、造型、步伐等动作过程中的动态形象。

① 合对位舞姿(闭式位舞姿，合位舞姿)：合对位舞姿中的“合”指男女交手握持，“对”指男女面对面。该术语泛指男女面对、双手握持的身体位置。在标准舞、拉丁舞中，采用不同的合对位舞姿。合对位舞姿简写为 C. P.，合对位舞姿握姿如下。

- 脚：双脚平行并拢，切不可“八”字形张开；右脚尖对准舞伴的两脚之间；重心集中于前脚掌，但不能抬起脚跟。
- 手：男伴的右手掌心向里，扶在女伴左侧肩胛骨下缘；从肘尖直到指尖形成一条直线，呈斜角状自然斜垂，五指并拢，既不要凸起手腕，更不能用手背来控舞；大臂基本平肩并呈椭圆形展开，图 6-87 是正确的姿势。女伴左手轻放在男伴右大臂三角肌处；四指并拢，用虎口定位；整个手臂轻放在男伴手臂之上，不可脱离接触。男左手和女右手对握，掌根与地面垂直，并互相顶住，整个手臂呈圆弧状向斜上方展开，犹如轻松自如地合撑着一把伞，如图 6-88 所示。手的高度一般在齐耳根和齐眉之间的某一固定点，视环境的需要而定。譬如，在大型体育馆里应高一些，在小型舞厅中则适当低一些。

- 头和视点：在保持双方肩横线平行的前提下，各自的头部向左侧 45°正侧转，双眼平视前方；女伴还应充分利用胸椎和颈椎的关节功能，从剑突部位起，让胸椎后展 15°，颈椎再后展 15°成挺拔式弯曲，展现女性特有的曲线美。注意，切勿理解为往后躺腰或挺腹。
- 身体：从横膈膜起，直到大腿面止，形成双方的微贴；在重心上挺，打开“间隔”的基础上，寻找双方的“合力”感。

图 6-87　男伴右手姿势

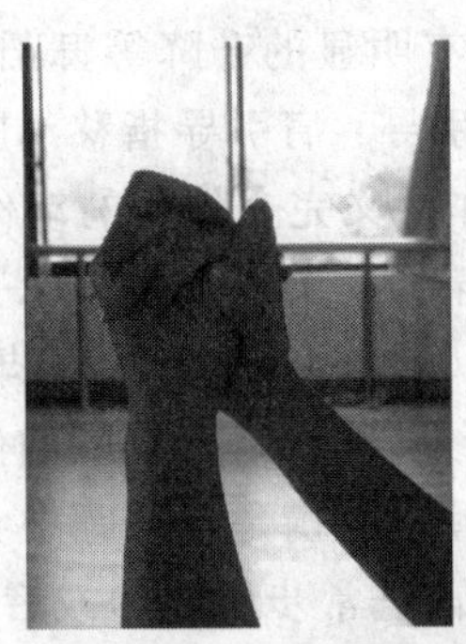

图 6-88　男伴左手女伴右手对握姿势

② 侧行位舞姿：侧行位舞姿指男士的右侧与女士的左侧身体紧密贴靠，身体的另一侧略向外展开成“V”形站立或行进的身体位置。简写为 P.P.。

③ 外侧位舞姿：外侧位舞姿指在标准舞中，男女舞伴的一方向另一方的右外侧(常见)或左外侧(较少见)前进所形成的身体位置。

④ 并肩位舞姿：并肩位舞姿指在拉丁舞中，男女面对同一方向肩臂相并的身体位置。并肩位舞姿包括右并肩位舞姿和左并肩位舞姿，以男士为基准，男士左肩与女士右肩相并称为左并肩位，男士右肩与女士左肩相并称为右并肩位。

⑤ 影子位舞姿：影子位舞姿指男女舞伴面向同一方向重叠而立、形影相随的身体位置，以女士居前较常见。

(8) 反身动作：反身动作是一脚前进或后退时，异侧肩和髋后让或前送，使身体与舞步形成反向配合的身体动作。一般用于转的开始，在轴转时则更为明显。英文简写为 C.B.M.。

(9) 反身动作位置：在身体不转动的情况下，移动脚与支撑脚交叉前进或后退在同一条线上，或者在侧行位上交叉行进，以保证舞伴两人身体维持相靠姿态的身体位置称反身动作位置。它常用于外侧位舞姿、侧行位舞姿的舞步中。英文简写为 C.B.M.P.。

(10) 升降动作(起与伏)：升降动作是指在跳舞时身体的上升与下降。升降动作是在膝、踝、脚趾关节的屈和伸动作的转换中完成的。包括上升与下降。

上升是指脚踝关节上顶，脚后跟离地，膝关节伸，腿部肌肉收缩上拉，并伴有躯干向上提升而产生的身体重心向上的动作过程。

下降是指支撑身体的一脚从脚趾经脚掌至脚后跟缓慢地落下，随后在下一步行进时支撑腿的膝关节也随之有控制地屈起的动作过程。

(11) 摆荡：摆荡是指舞者在身体上升做斜向或横向移动时，像钟摆似的把身体摆动起来。它既可以使身体在旋转时形成旋涡状的流动,也可以像延伸技巧一样将身体的三维空间运动轨迹放大,产生悠然流畅、荡气回肠的艺术效果。

(12) 倾斜动作:倾斜动作指身体自踝关节以上向左侧或右侧倾斜的动作,是身体在移动重心的过程中自然产生的,主要作用是为了帮助平衡和旋转,同时也是为了外观的美。

倾斜的基本原则是倾向旋转弧线的内侧,有反身动作的步子不能有倾斜。一般情况下,倾斜总是跟在反身动作之后,在右脚的反身动作之后向右倾斜,在左脚的反身动作之后倾斜必然向左。一次倾斜可以有两拍,在组合步中有时只有一拍。

有些动作的倾斜不是在踝关节以上,而是在腰部以上,称为断裂式倾斜。在华尔兹舞中,由于其具有明显的升降等舞蹈特性,因而它的倾斜度更为明显。

(13) 肩引导:肩引导指移动脚同一侧的身体伴随移动脚一起前进或后退的动作,是一个与反身动作含义完全相反的动作。

(14) 脚着点:脚着点是表示一个步子行进过程中,脚或双脚接触地面的部分。对于脚的表述常用以下名称:脚—足;脚尖—趾;脚后跟—踵;脚掌。

(15) 准线:准线是指双脚的位置或双脚方向与房间的关系。

(16) 平衡:平衡是指舞蹈中身体重心的准确分配。标准舞身体的重心应该放在双脚的前面,当做前进常步(走步)或后退常步时有两个平衡点:一是重心平均分配于双脚,二是重心在身体前。

2. 基本动作术语

1) 基本舞步

基本舞步指构成一种特定舞蹈的基调舞步。

2) 特型舞步

运用所有舞种的特殊形态变化舞步,如滑步、锁步、刷步、反截步等。该类舞步的功能在于连接、换脚、改变运动方向和趣味性点缀,是竞技表演中常用的手段,在自娱性场合中较难使用。

3) 刷步

刷步指当动力脚从一个方向向另一个方向移动时,必须先与主力脚靠拢而重心不变的舞步。它是一种特殊的运动形态,这种形态有两种表现方式:一种是运动过程的轨迹性含义,称为刷过;另一种则是单个舞步的终止形态,称为刷步。二者的形态虽然相同,但运动节奏却迥然不同。

下面是刷步运动过程的描述:由先到位的脚支撑重心,第二只脚在到达重心脚旁时,只做合拍的停留,既不交替重心,也不再继续运行;而到下一只脚(或下一个舞步)开始时,这只脚又先行迈出,成为下一个回旋的第 1 步。这种舞步有时用踌躇或逗留加以表述,是一种换脚的技巧。

4) 滑步

滑步指在第 2 步双脚并拢的由 3 步组成的舞步,是一种过程性的特殊运动状态。要求在平稳的滑动中,完成不露痕迹的快速重心交替,一般在两拍的时值中完成开放、闭合、开放的 3 次重心交替。

5) 脚跟转

脚跟转指向后迈出的脚的脚跟转。在动作过程中,并上的脚必须与主力脚平行,旋转结束时身体重心移动至并上的那只脚。

6）脚跟轴转

脚跟轴转指不变重心的单一脚跟旋转。

7）轴转

轴转指一脚脚掌的旋转，另一脚处于或前或后的反身动作位置。

8）锁步

一脚在前，一脚在后，脚跟与脚背相贴，脚尖方向平行，小脚趾相靠的交叉形态称为锁步。锁步还有另一种变形，称为交叉。两者间的根本区别在于脚尖朝向的不同和双脚间有无空隙。当要求锁住动作时，是指锁步形态，此时双脚间不应有缝隙出现。当只运用交叉时，则指后一种形态。而笼统的锁式是一种泛指性概念。

6.4.3　体育舞蹈基本技术

1. *摩登舞基本技术*

摩登舞包括的舞种很多，在此举例介绍华尔兹舞的舞蹈套路。

套路连接：左脚并换步（1、2、3）——右转步（1、2、3、4、5、6）——右脚并换步（1、2、3）——左转步（1、2、3、4、5、6）——叉形步（1、2、3）——侧行追步（1、2、3）——右转步（外侧1、2、3）——后退锁步（1、2、3）——后叉形步（1、2、3）——纺织步（1、2、3、4、5、6）——右旋转步（1、2、3、4、5、6）——左转步（1、2、3）——循环进行。

左脚并换步 1～3 步动作图示如图 6-89[①] 所示，脚迹图示如图 6-90 所示。

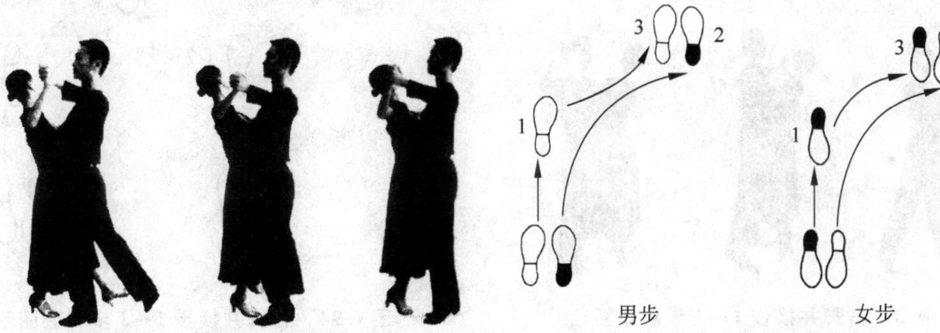

图 6-89　左脚并换步 1～3 步动作图示　　**图 6-90　左脚并换步 1～3 步脚迹图示**

右转步 1～6 步动作图示如图 6-91 所示，脚迹图示如 6-92 所示。

图 6-91　右转步 1～6 步动作图示

① 所有动作示范图片来源：黄宽柔，姜桂萍主编. 健美操体育舞蹈. 北京：高等教育出版社，2006

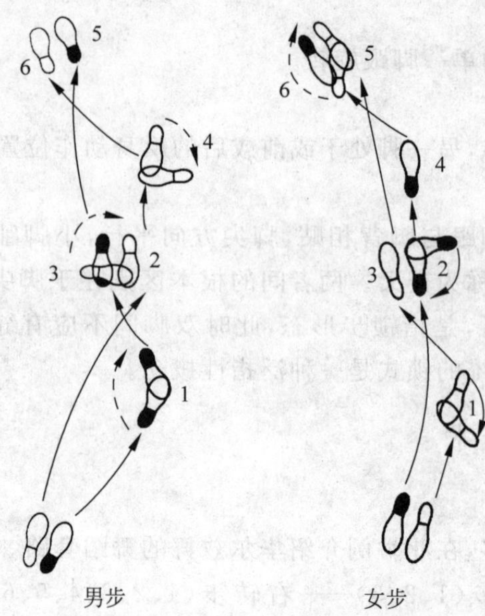

图 6-92 右转步 1～6 步脚迹图示

右脚并换步 1～3 步动作图示如图 6-93 所示，脚迹图示如图 6-94 所示。

图 6-93 右脚并换步 1～3 步动作图示

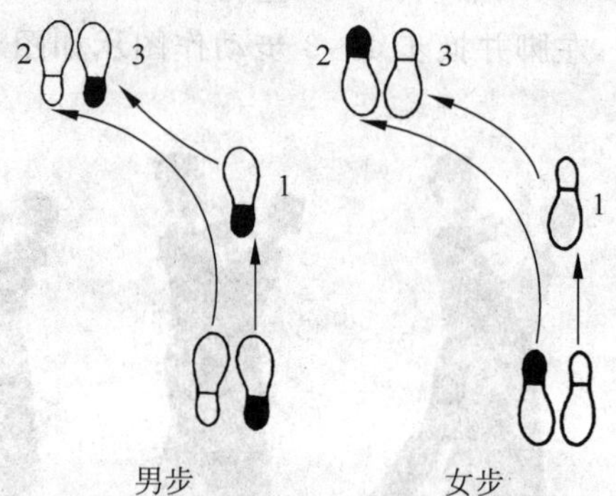

图 6-94 右脚并换步 1～3 步脚迹图示

左转步 1～6 步动作图示如图 6-95 所示，脚迹图示如图 6-96 所示。

图 6-95 左转步 1～6 步动作图示

叉形步 1～3 步动作图示如图 6-97 所示，脚迹图示如图 6-98 所示。

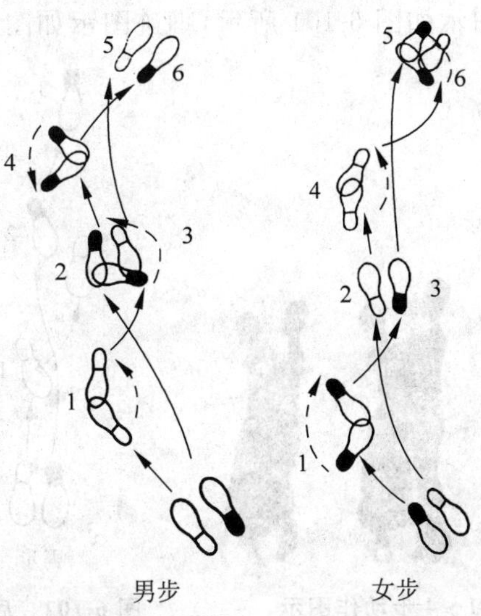

图 6-96　左转步 1～6 步脚迹图示

图 6-97　叉形步 1～3 步动作图示

图 6-98　叉形步 1～3 步脚迹图示

侧行追步 1～4 步动作图示如图 6-99 所示，脚迹图示如图 6-100 所示。

图 6-99　侧行追步 1～4 步动作图示

图 6-100　侧行追步 1～4 步脚迹图示

后退锁步 1～4 步动作图示如图 6-101 所示，脚迹图示如图 6-102 所示。

图 6-101 后退锁步 1～4 步动作图示　　图 6-102 后退锁步 1～4 步脚迹图示

后叉形步 1～3 步动作图示如图 6-103 所示，脚迹图示如图 6-104 所示。

图 6-103 后叉形步 1～3 步动作图示　　图 6-104 后叉形步 1～3 步脚迹图示

纺织步 1～6 步动作图示如图 6-105 所示，脚迹图示如图 6-106 所示。

图 6-105 纺织步 1～6 步动作图示　　图 6-106 纺织步 1～6 步脚迹图示

右旋转步1～3步动作图示如图6-107所示，脚迹图示如图6-108所示。

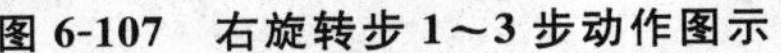

图6-107　右旋转步1～3步动作图示

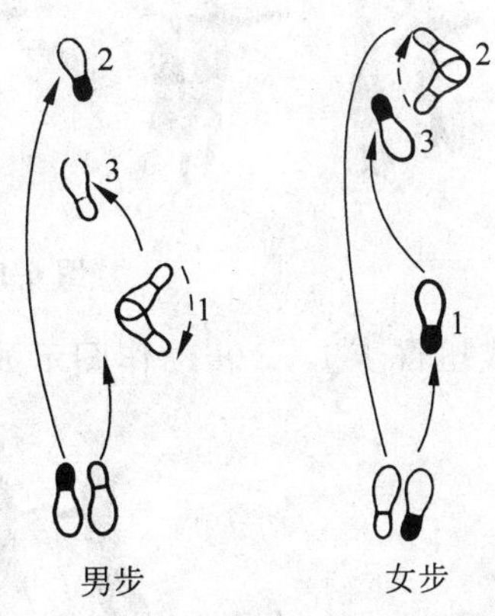

图6-108　右旋转步1～3步脚迹图示

2. 拉丁舞基本技术

拉丁舞包括的舞种也很多，在此举例介绍伦巴舞的舞蹈套路。

套路连接：基本步(1、2、3、4、5、6)——纽约步(1、2、3、4、5、6、7、8、9)——定点转(1、2、3)——开式扭臂步(1、2、3)——扇形步(1、2、3)——曲棍步(1、2、3、4、5、6)——基本步(1、2、3)——右陀螺转(1、2、3、4、5、6、7、8、9)——闭式扭臂步(1、2、3)——扇形步(1、2、3)——阿里曼娜(1、2、3、4、5、6)——手接手(1、2、3、4、5、6、7、8、9)——阿伊达(1、2、3退左脚开始4、5、6)合位(1、2、3)——重复循环。

基本步1～6步动作图示如图6-109所示。

图6-109　基本步1～6步动作图示

纽约步7～9步重复1～3步动作。男女舞伴单手相握，在3、6、9步上换手。纽约步1～6步动作图示如图6-110所示。

图6-110　纽约步1～6步动作图示

定点转舞步过程中，男女舞伴在2、5步上分手，其他步数时男士左手与女士右手相握。定点转1～6步动作图示如图6-111所示。

图 6-111 定点转 1～6 步动作图示

开式扭臂步 1～3 步动作图示如图 6-112 所示。

图 6-112 开式扭臂步 1～3 步动作图示

扇形步 1～3 步动作图示如图 6-113 所示。

图 6-113 扇形步 1～3 步动作图示

曲棍步 1～6 动作图示如图 6-114 所示。

图 6-114 曲棍步 1～6 步动作图示

右陀螺转步 1～3 步动作图示如图 6-115 所示。

闭式扭臂步 1～3 步动作图示如图 6-116 所示。

图 6-115　右陀螺转步 1～3 步动作图示　　图 6-116　闭式扭臀步 1～3 步动作图示

阿里曼娜 1～6 步动作图示如图 6-117 所示。

图 6-117　阿里曼娜 1～6 步动作图示

手接手 7～9 步重复 1～3 步动作。1～6 步动作图示如图 6-118 所示。

图 6-118　手接手 1～6 步动作图示

阿伊达舞步 1～3 步动作图示如图 6-119 所示。

图 6-119　阿伊达舞步 1～3 步动作图示

6.4.4　体育舞蹈竞赛规则简介

体育舞蹈是一个年轻的体育项目，其竞赛有很浓重的文艺色彩。

1. 竞赛特点

1）主持人制

主持人指挥和控制体育舞蹈比赛的全部过程，既是司仪、广播员，又是场上气氛的调解员。

2）比赛和表演结合

为使体育舞蹈比赛丰富多彩、气氛热烈，常在比赛之前、中间或结尾，穿插优秀选手的表演。

3）“淘汰”与“顺位”结合的比赛方法

即体育舞蹈比赛从预赛至半决赛采用淘汰制比赛方式，决赛采用顺位法决定体育舞蹈比赛单项和全能的名次。

(1) 淘汰法：即根据竞赛编排从人数中按规定录取定量选手进入下一轮比赛，淘汰其余选手。

(2) 顺位法：即将决赛时评委给选手打的各舞名次通过顺位排列的方法计算名次。

2. 比赛种类

世界比赛分专业比赛和业余比赛两大类，每类都有不同级别和层次的比赛。比赛规模有世界的、洲际的、国与国之间的大型比赛，以及全国的、省市的、行业间的中小型比赛。

比赛名称通常有锦标赛、公开赛、邀请赛、友谊赛、精英赛等。

世界舞蹈和竞技舞蹈每年定期举办的七项大赛是摩登舞国际竞赛舞锦标赛、拉丁舞国际竞赛舞锦标赛、十项国际竞赛舞锦标赛、欧洲国际竞赛舞锦标赛、亚洲太平洋国际竞赛舞锦标赛、世界杯摩登国际竞技舞邀请赛、世界杯拉丁舞国际竞技舞邀请赛。前5项是正式国际锦标赛，大赛的冠军被公认为该年度的世界舞皇和舞后。后两项比赛是以友谊交流为目的的比赛。

3. 比赛组别

1）国际比赛

国际体育舞蹈专业比赛设公开组和新人组。每组又分摩登舞和拉丁舞系，各跳5种舞。国际体育舞蹈业余比赛设公开组、新人组、少年组(14岁以下)、青年组(14～18岁)、中年组(女30岁以上，男40岁以上)、常青组(男女50岁以上)。

2）国内比赛

国内专业选手人数较少，国内比赛通常设职业组、职业新人组、甲组(公开、新人)、乙组(公开、新人)、丙组(男45岁以上，女35岁以上)、常青组(男女55岁以上)、少年组(10～16岁)、儿童组(9岁以下)、团体舞组(成人、少年)。

中国标准舞学会举办的比赛通常设职业A、B组，业余A、B、C、D组，常青组，少年组，职业十项全能组。

4. 舞种

1）国际比赛

国际比赛专业组和新人组跳5项舞；业余选手公开组跳5项舞，新人组另定。

2）国内比赛

国内比赛职业组、职业新人甲组的预赛和半决赛跳4项舞，决赛跳5项舞；职业新人乙组预赛、半决赛和决赛跳3项舞。

5. 评判

1）基本技术

(1) 足部动作。

(2) 姿势。

(3) 平衡稳定。

(4) 移动。

2) 音乐表现力

(1) 节奏。

(2) 风格的理解和体现。

3) 舞蹈风格

(1) 细微区别不同舞种之间的风格、韵味上的差别。

(2) 个人风格的展现。

4) 动作编排

(1) 动作流畅新颖、运动自如。

(2) 体现舞种的基本风韵,并有一定的技术难度。

(3) 动作与音乐密切配合,发挥音乐效果。

(4) 编排有章法,充分利用场地。

5) 临场表现

(1) 赛场上的应变能力。

(2) 良好的竞技状态,专注、自信,能自我控制临场发挥。

6) 赛场效果

即舞者的风度、气质、仪表及出/入场的总体形象。

在六要素中,前 3 项主要指选手的技艺品质,后 3 项是选手的艺术魅力。在第一、二次预赛中裁判着重于前 3 项要素的评判,在半决赛时着重于后 3 项要素的评判,在决赛中应全面评价选手各项要素的完成情况。

6. 比赛服装

(1) 比赛服装规定:摩登舞男选手穿燕尾服,女选手穿不过脚踝的长裙。拉丁舞服应有拉美风格,男女选手服装必须协调,男选手穿紧身裤或萝卜裤,上身穿宽松长袖衣,女选手穿露背、腿的短裙。男女舞鞋应与服装颜色一致。摩登舞男选手一般穿黑色舞鞋,女选手穿5~8cm 的高跟船鞋,鞋面可镶嵌亮饰。拉丁舞男选手鞋同摩登舞鞋,女选手穿高跟有襻凉鞋,鞋可加亮饰。

(2) 男选手发型可留分头,前不遮耳后不过领,不能留长发长须;女选手为短发或长发盘髻,可加头饰,不可披长发。

7. 对选手的规定

(1) 不许在同类舞场中交换舞伴。

(2) 准时入场,违者按弃权论处。

(3) 编组后不能改变组别。

(4) 摩登舞比赛必须男女选手交手跳舞,拉丁舞比赛不许做托举上肩、跪腿等动作。

第7章 武术项目

本章选择了较为普及的武术长拳套路、太极拳套路和空手道作为内容，从基本概述、基本技法和套路及攻防实战等方面进行分解教学。

7.1 中国武术

7.1.1 中国武术简介

中国武术是以中华文化为理论基础，以技击方法为基本内容，以套路、格斗、功法为主要运动形式的中国传统体育。其起源于我国古代人们的狩猎和战争，由各种搏斗技术提炼总结而来。中国武术经过几千年的发展已经形成了“源流有序、拳理明晰、风格独特、自成体系”的130个拳种。中国武术可谓博大精深、流派纷呈、种类繁多，其中又融入内涵丰富的中华传统文化，具有诸多价值属性，是人们防身自卫、修身养性、表演娱乐的大众和竞技体育项目。

7.1.2 武术的内容与分类

中国武术按照运动形式可以分为套路运动、搏斗运动和功法运动3类。

1. 套路运动

套路运动是武术动作以攻防进退、动静疾徐、刚柔虚实等矛盾运动的变化规律编成的整套练习形式。主要内容包括拳术、器械、对练、集体项目等。

1）拳术

拳术是徒手练习的套路运动。其种类很多，主要有长拳、太极拳、南拳、形意拳、八卦掌、象形拳等。

(1) 长拳：以拳、掌、勾为主要手型，以弓步、马步、仆步、虚步、歇步等为基本步型，并有蹿蹦跳跃、闪展腾挪、起伏转折、跌仆滚翻动作和技术组成的姿势舒展、动作灵活、快速有力、节奏鲜明的拳术。

(2) 太极拳：是一种缓慢、柔和、轻灵的拳术。以掤、捋、挤、按、采、挒、肘、靠、进、退、顾、盼、定为基本的13势。其动作轻柔圆活，处处带有弧形，运动绵绵不断，势势相承。传统的太极拳有陈式、杨式、吴式、孙式和武式等较有影响的流派。它们各自有着大架、小架、开合、刚柔相济等特点和风格。为适应社会的需求，目前的段位制太极拳得到较有力的普及与推广。8式、16式和24式太极拳就是一段至三段的初段位太极拳套路。

(3) 南拳：是一种流传于我国南方地区的拳术。南拳的拳种和流派颇多，各自有不同的特点和风格。南拳的动作朴实刚劲、步法稳固、拳势激烈，并常以发声吐气助长发力。

(4) 形意拳：是以三体式为基本姿势，以劈、崩、钻、炮、横五拳为基本法，并吸取了龙、虎、猴、马、鸡、鹞、燕、蛇、鹰、熊 10 种动物的动作和形态而组成的拳术。其动作简练、发力沉着、朴实明快。

(5) 八卦掌：是一种以摆扣步走转为主，包括推、托、带、领、穿、搬、截、拦等掌法变换内容的拳术。其特点是沿圈走圆、势势相连、身灵步活、随走随变。

(6) 象形拳：是模仿各种动物的特点和形态，以及表现某些古代英雄人物的搏斗形象和生活形象的拳术。如模仿各种动物的特点和形态的有鹰爪拳、螳螂拳、猴拳、蛇拳等；表现某些古代英雄人物形态的有八仙醉酒、武松脱铐等。象形拳分象形和取意两种，前者以模仿形态为主，较少有技击动作和含义；后者以取搏击特长为主，有较多的技击动作和含义。

2) 器械

器械的种类很多，分为长器械、短器械、双器械、软器械。

(1) 长器械：较有代表性的长器械有枪、棍、大刀等。其中，枪的方法是拦、拿、扎和舞花等动作为主，有"枪扎一条线"的说法；棍的方法是劈、扫、挑和舞花等动作为主，有"棍打一大片"的说法；大刀的方法是砍、劈、扎和舞花等动作为主，有"大刀砍一圈"的说法。

(2) 短器械：较有代表性的短器械有剑、刀等。其中，剑的方法是刺、点、撩和腕花等动作为主，有"剑似游龙"的说法；刀的方法是砍、劈、扎和缠头裹脑等动作为主，有"刀如猛虎"的说法。

(3) 双器械：双器械一般指双手持器械的练习，有双刀、双剑、双勾等。

(4) 软器械：较有代表性的软器械有九节鞭、三节棍、绳标等。

3) 对练

对练是在单练的基础上，两人或两人以上，在预定的条件下进行进攻和防守的假设性实战练习。其中包括徒手对练、器械对练、徒手与器械对练等。

(1) 徒手对练：徒手对练是运用踢、打、摔、拿等武术技击方法，按照进攻、防守的运动规律编成的拳术对练套路。如对打拳、擒拿对、太极拳推手等。

(2) 器械对练：是以器械的劈、砍、击、刺等技术组成的对练套路。主要有长器械对练、短器械对练，以及各种器械的交错运用对练。如对刺剑、单刀进枪、三节棍进棍、盾牌刀进枪等。

(3) 徒手与器械对练：一方徒手，另一方持器械进行的攻防对练。如空手夺刀、空手进枪等。

4) 集体项目

集体项目是以 6 人以上的徒手或器械的集体演练项目，可通过变化队形和动作内容的编排，以及音乐的伴奏达到武术的表演效果。

2. 搏斗运动

搏斗运动是两人在一定的条件下按照一定的规则进行斗志较力的对抗形式。目前的搏斗运动有散手、推手、短兵 3 项。

(1) 散手：也称为散打，是两人按照一定的规则，使用踢、打、摔、拿等武术技击方法制胜对方的竞技项目。

(2) 推手：是两人按照一定的规则，使用掤、捋、挤、按、采、挒、肘、靠等基本手法，双方粘连黏随，通过用肌肉的感觉来判断对方的用劲，然后借劲发劲将对方推出，以此决定胜负的竞技项目。

(3) 短兵：是两人手持一种用藤或竹制作的器械，按照一定的规则，使用劈、砍、击、刺等技术方法决定胜负的竞技项目。

3. 功法运动

功法运动是指武术的一些功力，体现出轻、快、硬等方面的特殊技术。

1) 柔功

柔功是武术功法的一类，泛指锻炼肢体关节活动幅度和肌肉舒缩能力、提高柔韧性的练习方法。

2) 内功

内功是指武术运动中，采用以意领气、以气运身、以身发力为基本锻炼手段的一种内外兼修的方法。内功一般分为以桩功、坐功、卧功为主的静功和以肢体导引为主的动功。

3) 硬功

硬功泛指增强身体抗击力和攻击力度的练习方法。如铁砂掌、铁头功、排打功、金钟罩、上罐功、石柱功等。

4) 轻功

轻功泛指以步履轻快、纵跳自如及攀高走脊为锻炼目的的各种功法。如跑桩功、走砖功、梅花桩功、飞行功等。

5) 感知功

感知功是指提高视觉、听觉和皮肤等感官感知能力的功法。如眼功、耳功、触功等。

7.1.3 武术入门与基础

1. 手型手法练习

手型手法是运用拳、掌、勾 3 种手型，结合上肢冲、架、推、亮等运动方法，操练上肢手法的基本规律。

1) 手型

(1) 拳：四指并拢蜷握，拇指紧扣食指和中指的第二指节。

要点与要领：拳握紧，拳面平，直腕，如图 7-1 所示。

(2) 掌：四指并拢伸直，拇指弯屈紧扣于虎口处，如图 7-2 所示。

(3) 勾：五指第一指节捏拢一起，屈腕，如图 7-3 所示。

图 7-1 拳

图 7-2 掌

图 7-3 勾

2）手法

(1) 冲拳：分平拳和立拳两种。平拳拳心向下；立拳拳眼向上。

预备姿势：两脚左右开立，与肩同宽，两拳抱于腰间，肘尖向后，拳心向上，如图 7-4 所示。

动作说明：挺胸、收腹、直腰，右拳从腰间向前猛力冲出，转腰、顺肩，在肘关节过腰后，右前臂内旋。力达拳面，臂要伸直，高与肩平，同时左肘向后牵拉，如图 7-5 所示。练习时，左右可以交替进行。

要求与要点：出拳要快速有力，要有寸劲，做好拧腰、顺肩、急旋前臂的动作。

练习步骤：

① 先慢做，不要用全力，注意动作的准确性，然后再逐步过渡到快速有力。

② 结合各种步型、步法和腿法做冲拳练习。

图 7-4　预备姿势

图 7-5　冲拳

易犯错误和纠正方法：

① 冲拳时肘外展，使拳从肩前冲出。

纠正方法：强调肘贴肋进行，使拳内旋冲出。

② 冲拳无力。

纠正方法：强调紧握拳和肩下沉。冲拳时，前臂要内旋，动作要快速。

③ 冲拳过高或太低。

纠正方法：可在练习人前面设一与肩同高的目标，让其向目标冲击。

(2) 架拳。

预备姿势：与冲拳同。

动作说明：右拳向下、向左、向上经头前向右上方画弧架起，拳眼向下，眼看左方，如图 7-6 所示。练习时，左右可交替进行。

要求与要点：松肩、肘微屈，前臂内旋。

练习步骤：

① 先慢做，不要用全力，着重体会动作路线，然后再逐步加力。

② 结合步型、步法和手法练习。

易犯错误和纠正方法：

经体侧亮拳，动作路线不对。

纠正方法：同伴对其头部冲拳，让其体会上架动作要领。

(3) 推掌。

预备姿势：与冲拳同。

动作说明：右拳变掌，前臂内旋，并以掌根为力点向前猛力推击。推击时要转腰、顺肩，臂要伸直，高与肩平，同时左肘向后牵拉，如图 7-7 和图 7-8 所示。练习时，左右可交替进行。

图 7-6 架拳

图 7-7 推掌(正面)

图 7-8 推掌(侧面)

要求与要点：挺胸、收腹、直腰。出掌要快速有力，有寸劲；同时还要做好拧腰、顺肩、沉腕、翘掌等动作。

练习步骤、易犯错误和纠正方法均与冲拳同。

(4) 亮掌。

预备姿势：与冲拳同。

动作说明：右拳变掌，经体侧向右、向上画弧，至头部右前上方时，抖腕亮掌，臂成弧形。掌心向前，虎口朝下，眼随右手动作转动，亮掌时，注视左方，如图 7-9 所示。练习时，左右可交替进行。

要求与要点：抖腕、亮掌与转头要同时完成。

练习步骤：

① 开始练习时，可用信号或语言提示，使抖腕、亮掌与转头配合一致。

② 结合手法与步型进行练习。

易犯错误和纠正方法：

① 抖腕动作不明显，形成以臂部动作为主。

纠正方法：单做抖腕练习，并经常做转腕练习，借以提高腕部的灵活性。

② 抖腕、亮掌与转头不一致。

纠正方法：做亮掌时，用信号或语言提示，使其配合一致。

2. 步型练习

步型练习主要是增进腿部的速度和力量，以提高两腿移动转换的灵活性和稳固性。

(1) 弓步：左脚向前一大步，脚尖微内扣，左腿屈膝半蹲，膝与脚尖垂直。右腿挺膝伸直，脚尖内扣，两脚全脚着地。上体正对前方，眼向前平视，两手抱拳于腰间，如图 7-10 所示。弓右腿为右弓步；弓左腿为左弓步。

图7-9　亮拳

图7-10　弓步

要求与要点：前腿弓，后退绷；挺胸、塌腰、沉髋；前脚同后脚成一直线。

练习步骤：

① 逐步延长练习时间。左右弓步可交替练习。

② 原地保持弓步姿势不动，加做左右冲拳或推掌练习。左右弓步可交替练习。

③ 行进间练习。左弓步冲右拳再上步接做右弓步冲左拳，如此连续进行。

易犯错误和纠正方法：

① 后脚拔跟、掀掌。

纠正方法：提高膝和踝关节的柔韧性，并强调脚跟蹬地。

② 后腿屈膝。

纠正方法：强调后腿挺膝和用力后蹬。

③ 弯腰和上体前俯。

纠正方法：强调头部上顶，并注意沉髋。

(2) 马步：两脚平行开立，脚尖正对前方，屈膝半蹲，膝部不超过脚尖，大腿接近水平，全脚着地，身体重心落于两腿之间，两手抱拳于腰间，如图7-11所示。

要求与要点：挺胸、塌腰、脚跟外蹬。

练习步骤：

① 逐渐延长练习时间。

② 原地做马步蹲起练习，即蹲马步和站立交替进行，还可做马步左右冲拳或推掌的练习。

③ 行进间练习：连续上步做马步架打练习。

易犯错误和纠正方法：

① 脚尖外撇。

纠正方法：经常站立做里扣脚尖的练习，或做马步练习，强调两脚跟外蹬。

② 两脚距离过大或太小。

纠正方法：量出两脚距离后再下蹲做马步。

③ 弯腰跪膝。

纠正方法：强调挺胸、塌腰之后再下蹲，膝不得超过脚尖的垂直线，或手扶一定高度的物体做动作。

(3) 虚步：两脚前后开立，右脚外展45°，屈膝半蹲，左脚脚跟离地，脚面绷平，脚尖稍内扣，虚点地面，膝微屈，重心落于后腿上，两手叉腰，眼向前平视，如图7-12和图7-13所示。左脚在前为左虚步；右脚在前为右虚步。

图 7-11　马步

图 7-12　虚步(正面)

图 7-13　虚步(侧面)

要求与要点：挺胸、塌腰、虚实分明。

练习步骤：

① 可先手扶一定高度物体进行练习，或先把姿势放高一些，然后逐渐按规格要求做正确的动作。

② 逐渐延长练习时间。

③ 可结合手型、手法练习。如做"左虚步勾手挑掌"跳转成"右虚步勾手挑掌"，可向左、右跳换做。

易犯错误和纠正方法：

① 虚实不清。

纠正方法：前脚先不着地，等支撑腿下蹲后再以脚尖虚点地面成虚步。

② 后腿蹲不下去。

纠正方法：可做单腿屈蹲和双腿负重屈蹲等练习，以发展下肢力量。

(4) 仆步：两脚左右开立，右腿屈膝全蹲，大腿和小腿靠紧，臀部接近小腿，右脚全脚着地，脚尖和膝关节外展，左腿挺直平仆，脚尖里扣，全脚着地。两手叉腰，眼向左方平视，如图7-14所示。仆左腿为左仆步；仆右腿为右仆步。

要求与要点：挺胸、塌腰、沉髋。

练习步骤：

① 参看虚步的第①、②点。

② 加手型、手法，如做"仆步勾手亮掌"。

③ 行进间连续做"仆步穿掌"。

易犯错误和纠正方法：

① 平仆腿不直，腿外侧掀起，脚尖上翘外展。

纠正方法：使平仆腿的脚外侧抵住固体物体，不让脚外侧掀起。

② 全蹲腿没蹲到底，脚跟提起。

纠正方法：多做仆步压腿练习，同时强调平仆腿一侧用力沉髋、拧腰。

③ 上体前倾。

纠正方法：挺胸、塌腰后再下蹲成仆步。

(5) 歇步：两腿交叉靠拢全蹲，左脚全脚着地，脚尖外展，右脚前脚掌着地，膝部贴近左腿外侧，臀部坐于右腿接近脚跟处。两手叉腰，眼向左前方平视，如图 7-15 和图 7-16 所示。左脚在前为左歇步；右脚在前为右歇步。

图 7-14　仆步

图 7-15　歇步(正面)

图 7-16　歇步(侧面)

要求与要点：挺胸、塌腰、两腿靠拢并贴紧。

练习步骤：

① 参看虚步的第①、②点。

② 交替做左右歇步，并增加手法，如左右穿手亮掌。

易犯错误和纠正方法：

① 动作不稳健。

纠正方法：前脚脚尖充分外展，两腿贴紧。

② 两腿贴不紧。

纠正方法：强调后腿贴紧前腿外侧，并加强膝与踝关节柔韧性的练习。

(6) 坐盘：两腿交叉，右腿屈膝，大小腿均着地，脚跟接近臀部，左腿在身前横跨于右腿上方。左大腿贴近胸部，两手叉腰，眼向左前方平视，如图 7-17 所示。左腿在前为左坐盘；右腿在前为右坐盘。

要求与要点、练习步骤、易犯错误和纠正方法均与歇步同。

(7) 丁步：并步站立，两腿屈膝半蹲，右脚全脚着地，左脚脚跟掀起，脚尖里扣并虚点地面，脚面绷直，贴于右脚脚弓处，重心落于右腿上。两手叉腰，眼向前平视，如图 7-18 所示。左脚尖点地为左丁步；右脚尖点地为右丁步。

要求与要点、练习步骤、易犯错误和纠正方法均与虚步同。

3. 基本腿法练习

踢腿是腿部练习的重要内容，也是表现基本功训练的主要方面之一，可以较集中的反映出腿部的柔韧、灵敏和控制力量的训练水平。踢腿的方法有直摆性腿法、屈伸性腿法。

图 7-17 坐盘

图 7-18 丁步

1）直摆性腿法

（1）正踢腿。

预备姿势：两脚并立，两手立掌或握拳，两臂侧平举，如图 7-19 所示。

动作说明：左脚向前半步，左腿支撑，右脚脚尖勾起向前额处猛踢，两眼向前平视，如图 7-20 所示。练习时左右交替进行。

图 7-19 预备姿势

图 7-20 正踢腿

要求与要点：挺胸、直腰，踢腿时，脚尖勾起绷落或勾起勾落。收髋猛收腹，踢腿过腰后加速，要有寸劲。

练习步骤：

① 可先练压腿和摆腿，然后再练踢腿。

② 可先踢低腿，适当放慢速度，然后过渡到按照规格要求完成练习。

③ 可手扶器械，原地踢一条腿，然后再踢另一条腿。

④ 左右交替的行进间踢腿。

易犯错误和纠正方法：

① 俯身弯腿。

纠正方法：收下颚头上顶，强调直腰，两臂外撑以固定胸廓。另外，可先踢低腿，并适当放慢速度。

② 拔跟和送髋。

纠正方法：上步可小一些，上踢时支撑腿挺膝，脚趾抓地。也可先踢低腿。

③ 踢腿速度缓慢无力。

纠正方法：可用手扶器械，一腿连续按口令要求的速度踢，然后左右交替做。

(2) 斜踢腿。

预备姿势：与正踢腿同。

动作说明：右脚向前半步，右腿支撑，左脚勾紧脚尖向异侧耳际猛踢，两眼向前平视，如图7-21所示。练习时左右腿交替进行。

要求与要点、练习步骤、易犯错误和纠正方法均与正踢腿同。

(3) 侧踢腿。

预备姿势：与正踢腿同。

动作说明：右脚向前上半步，脚尖外展，左脚脚跟稍提起，身体略右转，左臂前伸，右臂后举，如图7-22所示。随即，左脚脚尖勾紧向左耳侧踢起，同时右臂屈肘上举亮掌，左臂屈肘立掌于右肩前和垂于裆前，眼向前平视，如图7-23所示。踢左腿为左侧踢；踢右腿为右侧踢。

图7-21 斜踢腿

图7-22 侧踢腿(1)

图7-23 侧踢腿(2)

要求与要点：挺胸、直腰、开髋、侧身、猛收腹。

练习步骤：与正踢腿同。

易犯错误和纠正方法：

① 参看正踢腿的①、③点。

② 侧身不够。

纠正方法：支撑腿外展，上体正直，强调摆动腿向耳侧外摆腿。

(4) 外摆腿。

预备姿势：与正踢腿同。

动作说明：右脚向右前方上半步，左脚尖勾紧，向右侧上方踢起，如图7-24所示。经面前向左侧上方摆动，直腿落在右腿旁，眼向前平视，如图 7-25 所示。左掌可在左侧上方击响，也可不击响。练习时左右交替进行。

图 7-24 外摆腿(1)

图 7-25 外摆腿(2)

要求与要点：挺胸、塌腰、松髋、展髋。外摆幅度要大，成扇形。

练习步骤：

① 先压腿、踢腿，然后再做外摆腿。

② 原地连续摆一条腿，可按口令要求的速度摆，然后换腿练习。

③ 行进间摆腿，左右交替。

易犯错误和纠正方法：

① 同正踢腿的第②、③点。

② 外摆幅度不够。

纠正方法：可做抱膝外展髋等练习，以提高髋关节的灵活性，也可先踢低腿。强调加大外摆的幅度。

(5) 里合腿。

预备姿势：与正踢腿同。

动作说明：右脚向右前方上半步，左脚脚尖勾起里扣并向左上方踢起，经面前向右侧上方直腿摆动，落于右脚外侧，如图 7-26 和图 7-27 所示。右手掌可在右侧上方迎击左脚掌，也可不做击响动作，眼向前平视。练习时，左右腿交替进行。

图 7-26 里合腿(1)

图 7-27 里合腿(2)

要求与要点：挺胸、直腰、松髋、合髋。里合幅度要大，并成扇形。

练习步骤：与外摆腿同。

易犯错误和纠正方法：同正踢腿的第②、③点。

纠正方法：可先踢低腿，强调加大幅度；也可使里合腿越过适当高度的障碍物，让其体会“先踢起后里合”的动作要领。

2）屈伸性腿法

（1）弹腿。

预备姿势：两腿并立，两手叉腰。

动作说明：右腿屈膝提起，大腿与腰平，右脚绷直，如图 7-28 所示。提膝接近水平时，要迅速猛力挺膝，向前平踢，力达脚尖。大腿平与小腿成一直线，高与腰平，左腿伸直或微屈支撑，两眼平视，如图 7-29 所示。

要求与要点：挺胸、直腰，脚面绷直，收髋。弹击要有寸劲。

练习步骤：

① 可先弹低腿，即弹击对方小腿胫骨部位，然后增加高度。

② 结合手法练习，如弹腿冲拳、推掌等。左右可交替练习。

③ 做行进间的弹腿冲拳或弹腿推掌动作。

易犯错误和纠正方法：

① 屈伸不明显，类似踢摆动作。

纠正方法：强调收髋，屈膝后再弹出。

② 力点不明显。

纠正方法：强调猛提膝，绷脚尖。

（2）蹬腿。

预备姿势：与弹腿同。

动作说明：与弹腿同，唯脚尖勾起，力点达于脚跟。

要求与要点、练习步骤、易犯错误和纠正方法均与弹腿同，唯强调勾脚尖，如图 7-30 所示。

图 7-28　弹腿(1)

图 7-29　弹腿(2)

图 7-30　蹬腿

(3) 侧踹腿。

预备姿势：两脚并立，两手叉腰。

动作说明：两腿左右交叉，右腿在前，稍屈膝，如图 7-31 所示。随即，右腿伸直支撑，左腿屈膝提起，左脚里扣，脚跟用力向左侧上方踹出，高与肩平，上体向右侧倒，眼视左侧方，如图 7-32 所示。练习时，左右可交替进行。

要求与要点：挺膝、开髋、猛踹、脚外侧朝上，力达脚跟。

图7-31 侧踹腿(1)

图 7-32 侧踹腿(2)

练习步骤：

① 先做侧压腿、侧摆腿等练习，然后再做侧踹腿练习；也可先踹低腿。

② 手扶一定高度的物体，做侧踹练习，以体会上体侧倒动作的要领。

③ 行进间左右交替做侧踹腿。

易犯错误和纠正方法：

① 脚尖朝上，成侧蹬腿。

纠正方法：强调侧踹腿内旋后再踹出。

② 高度不够或收髋。

纠正方法：多做仆步压腿、侧压腿和横叉等练习，还可用手扶一定高度物体来练习上体侧倒，借以使腿踹得高些。

7.1.4 武术基本技术——拳术套路

套路 1：初级拳

初级拳是进行长拳基础训练的拳术。其特点是动作舒展、刚健飘洒、快速敏捷、节奏鲜明。

初级拳内容丰富，步型有弓步、马步、仆步、歇步、虚步等；手型有拳、掌、勾；手法有冲拳、砸拳、架拳、推掌、摆掌、撩掌、挑掌、亮掌、按掌、穿掌等；肘法有顶肘；腿法有屈伸性、直摆性击响腿法；跳跃有大跃步前穿、腾空飞脚等。全套分 4 段，除起势和收势，由 36 个动作组成。其套路动作的运行路线是直来直往，进退、起落、转折基本上在一条直线上，以快速移动的步法、灵活多变的手法，配合起伏转折、蹿蹦跳跃和造型优美的定势动作，一气呵成，给人以明快、大方、干净利落的美感。

该拳从起势到收势，基本上是沿着由简到繁、由易到难的顺序安排的，要求姿势工整、方法正确。

1. 起势

1）预备式

（1）直立，两脚并拢，眼看前方，如图 7-33 所示。

（2）屈肘，两手握拳抱于腰侧，拳心朝上，同时头向左转，如图 7-34 所示。

要点：挺胸、直腰、两拳贴紧腰侧、两肘用力后夹。

2）高虚步上撑掌

（1）右脚向右斜前方上步，左脚蹬直成右弓步；同时左拳变掌，手心朝上，向右斜前方穿出，略高于肩，眼看左掌，如图 7-35 所示。

（2）上动略停，左脚蹬地，右腿迅速蹬直，左脚移至右脚前，脚尖点地成虚步；同时左掌变拳收回腰侧，右拳变掌沿耳侧向头上撑出，掌心朝前，掌指朝左，头向左摆转，眼看左方，如图 7-36 所示。

图 7-33　预备式(1)

图 7-34　预备式(2)

图 7-35　高虚步上撑掌(1)

图 7-36　高虚步上撑掌(2)

图 7-37　弓步冲拳

图 7-38　蹬腿冲拳

2. 第一段

1）弓步冲拳

左脚向左上一步成半马步；同时左拳向左，以左前臂为着力点弧线向外格挡，然后收回腰侧；右腿蹬直，左腿屈膝成左弓步；同时，右掌变拳下落至腰侧，拳心朝上，随即向前冲击，高度同肩，拳心朝下，眼看冲拳方向，如图 7-37 所示。

要点：格挡、蹬腿、冲拳要连贯一致。冲拳时要顺肩转腰，弓步后脚跟不能离地。

2）蹬腿冲拳

右腿蹬地屈膝提起，脚尖屈勾，猛力向前蹬出，脚与腰平；同时右拳收至腰侧，左拳向前冲出与肩平，拳心朝下，眼看前方，如图 7-38 所示。

要点：蹬踢腿由屈到伸直线蹬出，力达脚跟；支撑腿膝稍屈控制重心，保持平衡。

3）顺弓步冲拳

右脚向前落步、屈膝，左腿迅速蹬直成右弓步；同时左拳收至腰侧，右拳向前冲出，拳心朝下，眼看右拳前方，如图 7-39 所示。

4）并步砸拳

左脚略向左转，右脚蹬地，左腿屈膝，重心移至左腿上，右腿屈膝提起向左脚内侧震脚成并步半蹲势；同时，左拳变掌移至小腹前，手心朝上，右拳向头上举起，手背朝下，砸于左掌心上，眼看右拳，如图 7-40 和图 7-41 所示。

图 7-39　顺弓步冲拳

图 7-40　并步砸拳(正面)

图 7-41　并步砸拳(反面)

要点：震脚时全脚掌着地，与砸拳同时击响，并步半蹲要保持挺胸直腰姿势。

5）马步上架冲拳

(1) 双腿用力蹬地跳起，上体右转，右臂稍屈，肘经脸前向头上架起；左拳抱至腰侧。

(2) 上动不停，身体右转 180°，左、右脚迅速分开落地成马步；同时，左拳向左冲出，拳心朝下，眼看冲拳方向，如图 7-42 所示。

要点：换跳步成马步，要轻快，两脚贴地擦出；上下肢要同时完成动作，协调一致；上架要护头。

6）上步弓步推掌

右脚蹬地，重心移至左腿上，右腿向左脚前方上步，随即左腿蹬直成右弓步；同时左拳收至腰侧，右拳变掌收至腰侧，然后向前推出，眼看推掌方向，如图 7-43 所示。

7）弓步双摆掌

右脚蹬地，上体左后转成左弓步；左拳在身前往右伸至右肩处变掌，与右掌一起从右向上、向左弧行绕臂至左侧方成双摆掌，左掌直臂平举，右臂屈肘使掌心靠近左肘，两掌指均朝上，眼看摆掌方向，如图 7-44 所示。

要点：两脚碾地转动要与拧腰转体配合，以腰带腿；摆掌、转体要同时进行和完成。

图 7-42　马步上架冲拳

图 7-43　上步弓步推掌

图 7-44　弓步双摆掌

8）弓步勾手撩掌

(1) 左腿屈膝全蹲，右腿伸直成仆步，上体随之右转俯身，同时左右掌伸直穿掌，眼看右掌，如图 7-45 所示。

(2) 上动不停。右掌向身后搂去，至身后反臂成勾手，勾尖朝上；同时右腿屈膝，左腿蹬直成右弓步；左掌手心朝下，以掌心为力点，从后经下、向前直臂撩起，成仰掌前举略低于肩，眼看左掌，如图 7-46 所示。

要点：仆步时臀部尽量接近全蹲的小腿，上体要挺胸，塌腰；搂手撩掌要连贯完成。

9）斜拍脚

重心前移，右腿蹬直，左腿屈膝提起，左脚面绷平向右前上方弹踢，高于肩平；同时左掌收至腰侧抱拳，右勾变掌从后向上向前绕行，绕过头部时，掌心朝下，向左脚面击拍，眼看左脚，如图 7-47 所示。

图 7-45　弓步勾手撩掌(1)

图 7-46　弓步勾手撩掌(2)

图 7-47　斜拍脚

要点：弹踢时，要挺胸、立腰、收髋；击拍要准确、响亮。

10）弓步上架推掌

左脚向前落步屈膝，右腿蹬直成左弓步；同时，右掌内旋举至头上方成架掌，掌心朝上，左拳变掌由腰侧向前推出，掌指朝上，眼看推掌方向，如图 7-48 所示。

3. 第二段

1）转身盖掌弓步冲拳

(1) 上体右后转，右脚蹬地，重心移至左腿上，右膝迅速提起，脚尖外展，如图 7-49 所示；随即向前屈膝震脚，右拳下裹，左手上抬，如图 7-50 所示；接着左腿屈膝提起，脚内侧靠于右膝内侧并向前落步；同时右掌变拳收于腰间，左掌从左经上向前直臂摆动下压至体前，高与肩平，掌心朝下，掌指朝右，眼看前方，如图 7-51 所示。

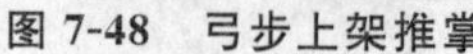
图 7-48　弓步上架推掌

图 7-49　转身盖掌弓步冲拳(1)

图 7-50　转身盖掌弓步冲拳(2)

(2) 上动不停，左脚向前落步屈膝，右腿蹬直成左弓步；同时，右拳向前擦左掌背冲出，拳心朝下，左臂屈肘，左掌背贴于右上臂下侧，掌心朝下，目视前方，如图 7-52 所示。

要点：转身要迅速，震脚盖掌要同时；冲拳时两肩要松、沉。

2) 提膝推掌

左脚蹬地，重心后移至右腿上，左腿屈膝提起，右腿蹬直站立；同时右拳收至腰侧，左掌顺右臂下沿向前推出，掌指朝上，目视前方，如图 7-53 所示。

图 7-51　转身盖掌弓步冲拳(3)

图 7-52　转身盖掌弓步冲拳(4)

图 7-53　提膝推掌

3) 大跃步前穿

(1) 左脚向前落步，两腿微屈；左掌向左后下方摆动，右拳变掌向左腿侧摆动，指尖向下，目视右掌，如图 7-54 所示。

(2) 右腿屈膝向前提起，左腿立即猛力蹬地向前跃出；两臂向前向上画弧摆起，眼看左掌，如图 7-55 所示。

(3) 右腿蹬地全蹲，左腿随即向前铲出成仆步，右掌变拳抱于腰侧，左掌由上向右、向下画弧立掌收于右胸，掌心向右，目视前下方，如图 7-56 所示。

要点：借臂上摆之势提摆右腿，借臂上摆之力左腿充分蹬伸。

图 7-54　大跃步前穿(1)

图 7-55　大跃步前穿(2)

图 7-56　大跃步前穿(3)

4）弓步连环冲拳

（1）上动不停，右腿蹬直成左弓步；左掌经左脚面向后弧线搂手，如图 7-57 所示；左手搂手至腰侧握拳，拳心向上，同时右拳向前冲出，拳心向下，力达拳面，目视前方，如图 7-58 所示。

（2）右拳收回至腰侧，左拳迅速向前冲出，拳心向下，目视前方，如图 7-59 所示。

要点：冲拳时用转腰之力，拧腰带臂冲出，力达拳面。

5）右拍脚

左拳变掌举至前上方，右拳变掌置于身后，如图 7-60 所示，接着右掌经后向下向前向上拍击左掌心。随即右腿提起并向前弹踢，脚面绷平，高于肩平，右掌向下迎击踢起的右脚面，目视右脚，如图 7-61 所示。

要点：两次击拍要紧凑；上体要挺胸、立腰、稍前倾。

图 7-57　弓步连环冲拳(1)

图 7-58　弓步连环冲拳(2)

图 7-59　弓步连环冲拳(3)

6）弓步顶肘

（1）上动不停，上体稍左转，同时，右腿屈膝下落，右脚扣在左膝后，左膝微屈，如图 7-62

所示；两臂随即屈肘下落向后摆动，目视后方。

（2）右腿向右上一步，屈膝，左腿蹬直成右弓步；右掌变成拳，左掌推右拳，以右肘尖向右顶出，高与肩平，目视前方，如图 7-63 所示。

图 7-60 右拍脚(1)

图 7-61 右拍脚(2)

图 7-62 弓步顶肘(1)

图 7-63 弓步顶肘(2)

图 7-64 转身弓步撩掌

图 7-65 高虚步亮掌

7）转身弓步撩掌

上体左后转，同时两脚以脚跟为轴碾地左转，左腿屈膝，右腿蹬直成左弓步；左掌从胸前向下、向左前摆，右拳变掌向上、向右绕臂。然后，以掌心为力点经下、向前撩起成仰掌，约腹部高度，左掌按于右前臂上面，掌心朝下，目视右掌，如图 7-64 所示。

8）高虚步亮掌

左腿蹬伸，重心移至右腿上，上体右转，左脚收回至右脚前，脚尖点地成高虚步；右臂经下、向右后绕环，在头的右上方屈肘抖腕成亮掌，掌心朝前，掌指朝左；同时，左臂向左平伸抖腕成挑掌，高与肩平，目视左方，如图 7-65 所示。

要点：虚步脚尖点地、亮掌、挑掌、转头应同时完成。其中，头应先随右手右摆，后随挑掌左摆。

4. 第三段

1）弓步架冲拳

（1）右腿屈膝全蹲，左腿向左伸出成仆步；同时右掌变拳下落至腰间抱拳，左掌经上向右绕至右胸前成摆掌，掌心向右，掌指向上，目视左方，如图 7-66 所示。

（2）上动不停，右腿猛力蹬直，左腿屈膝成左弓步；左掌同时向头上屈肘横架，掌心朝前；右拳向前冲出，拳心朝下，目视前方，如图 7-67 所示。

图 7-66　弓步架冲拳(1)

图 7-67　弓步架冲拳(2)

2）提膝挑掌

左掌由前向下按在右腕上，右拳同时变掌，屈肘与左掌交叉，眼看两掌，如图 7-68 所示。接着，两掌同时向下摆动，如图 7-69 所示，分开，两臂左右绕行至与肩平，抖腕成挑掌，掌指朝上；同时左腿用力蹬地并屈膝提起，重心移至右支撑腿上，目视左方，如图 7-70 所示。

要点：提膝挑掌时，肩、肘、腕均应下沉，上体微前倾，以保证动作沉稳和身体平衡。

图 7-68　提膝挑掌(1)

图 7-69　提膝挑掌(2)

图 7-70　提膝挑掌(3)

3）击步腾空飞脚

（1）左脚向前落步，同时两掌均在头上交叉，如图 7-71 所示，然后并下落至胸前，如

图 7-72 所示；接着左脚蹬地向前跳起，在空中右脚向左脚击碰，两掌经下向左右分开，高于肩平，如图 7-73 所示。

(2) 右脚落地，左脚向前落步，如图 7-74 所示；上体微向后倾，右脚迅速向前跨步，左臂上举，目视前方，如图 7-75 所示。

(3) 上动不停，左脚离地屈膝向前摆起，右脚蹬地跳起，身体腾空；右掌同时向前、向上迎击左掌心，掌心向前。在空中，右脚脚面绷平向前弹踢；右掌迅速下落，在肩前迎击踢起的右脚面，图 7-76 所示。

要点：腾空要高，并在最高点完成击响动作。在空中，上体微前倾，立腰，左腿提膝扣裆，右脚高过于腰。整个动作要连贯、准确、响亮。

图 7-71　击步腾空飞脚(1)

图 7-72　击步腾空飞脚(2)

图 7-73　击步腾空飞脚(3)

图 7-74　击步腾空飞脚(4)

图 7-75　击步腾空飞脚(5)

图 7-76　击步腾空飞脚(6)

4) 仆步穿手亮掌

(1) 左脚落地，上体左转，右脚在右侧落地，右腿蹬直，左腿屈膝成左弓步，两掌上下分开，如图 7-77 所示；同时左掌收至腰侧，右掌随身体左转从右向左横击，掌心朝上，目视右掌，如图 7-78 所示。

(2) 上动不停，左腿蹬直，右腿屈膝成右弓步，上体侧身右倒；左拳变掌顺右臂向左上穿出，掌心朝前，右臂在胸前屈肘经下向右穿掌，目视右掌，如图 7-79 所示。

图 7-77　仆步穿手亮掌(1)

图 7-78　仆步穿手亮掌(2)

图 7-79　仆步穿手亮掌(3)

(3) 上动不停。右腿屈膝全蹲,左腿伸直成仆步；左掌同时经下向身后反臂屈腕成勾手,勾尖朝上,右掌从下向上绕行,至右上方抖腕亮掌,掌心朝前,目视左方,如图 7-80 所示。

5. 第四段

1) 弓步摆掌

右腿蹬直,左腿屈膝成左弓步,上体左转；同时右臂屈肘下落,右手摆掌于左胸前,掌心向下,左掌握勾向后摆动,目视前方,如图 7-81 所示。

2) 丁步摆掌

上动稍停,上体右转,右腿屈膝,重心移至右腿上,左腿收至右腿左侧,脚尖在右脚弓侧点地成丁步；同时,右臂伸肘,右掌经前向右平摆,至腰侧成抱拳,左勾变掌随上体右转向右平摆,于右胸前成立掌,掌心向右,目视右方,如图 7-82 所示。

图 7-80　仆步穿手亮掌(4)

图 7-81　仆步穿手亮掌(5)

图 7-82　丁步摆掌

要点：摆掌动作过程,臂尽量远伸,以增加动作幅度；丁步下蹲要立腰。

3) 上步里合腿

(1) 左脚向左上步,脚尖外展,如图 7-83 所示；左臂伸肘,左掌向左前摆动,掌心向右,目视左掌,如图 7-84 所示。

(2) 上动不停,重心移至左腿上,右脚蹬地,随即直腿向左前上方里合踢摆,高过肩部,脚掌朝左；左掌外旋在额左前方击拍右脚掌内侧,如图 7-85 所示。

图 7-83 上步里合腿(1)

图 7-84 上步里合腿(2)

图 7-85 上步里合腿(3)

要点：动作开始至完成击响，转体大于 180°；里合腿击响要快速、准确。

4) 弓步勾手推掌

上动不停，右脚向后落步，左腿屈膝成左弓步；左掌从体前经下向后摆至体后成勾手，勾尖朝上，右拳变掌向前推出，指尖朝上，目视前方，如图 7-86 所示。

要点：右脚击拍后要主动后插落地；成弓步与推掌要同时完成。

5) 转身左拍脚

(1) 右臂向上、向右、向下抡摆，两脚以左脚尖、右脚跟为轴，向右后转体 180°；同时左勾变掌，由下向左，再经上向前向上抡摆，如图 7-87 所示。

(2) 左腿伸直向前上踢摆，脚面绷平；左掌变拳收至腰侧，右掌由体后经上向前迎击左脚面，目视左脚，如图 7-88 所示。

图 7-86 弓步勾手推掌

图 7-87 转身左拍脚(1)

图 7-88 转身左拍脚(2)

6) 右拍脚

左脚向前落步，如图 7-89 所示，接着左拳变掌经后向上摆至头上，右掌变拳收至腰侧。右腿伸直向前上踢摆，脚面绷平，左掌由上向前下迎击右脚面，目视右脚，如图 7-90 所示。

7) 腾空飞脚

(1) 右脚向前落地，右拳变掌后摆，如图 7-91 所示。

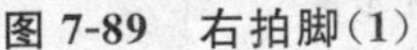

图 7-89　右拍脚(1)

图 7-90　右拍脚(2)

图 7-91　腾空飞脚(1)

(2) 左脚蹬地,屈膝前摆,同时右掌向前上迎击左掌心。接着右脚猛力蹬地跳起,左腿继续上摆,右腿在空中伸膝弹踢,脚面绷平,右手向下迎击右脚面,左臂上举,目视右脚,如图 7-92 所示。

要点：起跳要向上,不要往前冲；击响时左腿屈膝于体前并尽量上提。

8) 弓步架冲拳

(1) 左脚落地,右脚向前上一步；右掌变拳收至腰侧,左掌从后向前下抡摆至腹前,掌心朝上,眼看左掌,如图 7-93 所示。

(2) 左腿蹬直,右腿屈膝,成右弓步；左掌向上方摆至头上成架掌,掌心朝前,同时右拳向前冲出,目视前方,如图 7-94 所示。

图 7-92　腾空飞脚(2)

图 7-93　弓步架冲拳(1)

图 7-94　弓步架冲拳(2)

9) 转身歇步冲拳

上体左转,两脚同时左转,左脚向右脚后插步,左掌变拳收于腰间,拳心向上,同时右拳变掌直臂向上、向左至胸前屈肘盖掌,如图 7-95 所示；两腿全蹲成歇步,同时右掌变拳收至腰侧抱拳,左拳在右臂盖掌时迅速向前冲出,拳心向下,目视前方,如图 7-96 所示。

图 7-95 转身歇步冲拳(1)

图 7-96 转身歇步冲拳(2)

要点：歇步要两腿交叉并叠紧全蹲，臀部坐于左小腿上；右脚尖外展，保持身体平衡。

10）退步抡臂仆步轮拍

(1) 两腿蹬地，重心略起，右脚往后退步成左弓步；右拳变掌直臂向右前下穿掌，掌指朝下，同时左掌收回至右臂下，如图 7-97 所示。

(2) 上体右转，两脚同时右转；同时，右臂向前、经上、向右抡劈，左臂向下、向左抡劈；眼看右掌方向，如图 7-98 所示。

(3) 上动不停，左臂从左经上向前抡臂一圈停在前上方，右臂向下向身后抡臂一圈；当两臂抡摆至左臂在前、右臂在后(半圈)时(见图 7-99)，左腿屈膝全蹲，右腿伸直成仆步，右掌向下击拍右腿内侧地面，目视右掌，如图 7-100 所示。

要点：两臂尽量远伸，以加大抡摆幅度；抡臂肩要松，速度要快。仆步下蹲与拍脚同时完成。

图 7-97 退步抡臂仆步轮拍(1)

图 7-98 退步抡臂仆步轮拍(2)

图 7-99 退步抡臂仆步轮拍(3)

11）弓步上架冲拳

(1) 左腿蹬直，右腿屈膝成弓步；右掌收至腰侧抱拳，左掌经上向前下盖掌，与肩平，掌指朝右，目视左掌，如图 7-101 所示。

(2) 上体左转，左臂屈肘于右胸前摆掌，右拳沿耳侧向头上方冲出，目视左前方，如图 7-102 所示。

图 7-100　退步抡臂仆步轮拍(4)

图 7-101　弓步上架冲拳(1)

图 7-102　弓步上架冲拳(2)

要点：转体、上冲拳、转头要一起完成。

12) 提膝上架

右腿蹬地提膝，重心移至左腿上，左腿站立成支撑腿；同时右拳向前、向下，经后向上抡臂，屈肘架于头右上方，拳心朝前，左掌屈肘下压，停于胯左侧，掌心斜下，掌指斜向左，目视前方，如图 7-103 所示。

13) 并步砸拳

左腿屈膝下蹲，右脚向下震脚，成并步半蹲；同时左掌移至腹前手心朝上，右拳背向下，砸于左掌心上，目视右拳，如图 7-104 所示。

14) 虚步架栽拳

右腿向右后方横跨一步，右拳变掌从前向右后抡摆，左掌向前伸出，左脚蹬地，重心移至右腿，目视右掌，如图 7-105 所示。右腿屈膝半蹲，左脚向右脚内侧前方上半步以脚尖点地成左虚步，同时左变拳屈肘向左前格挡，拳心朝后，右臂向上屈肘架于头右上方，拳心朝前，左拳随之向下屈肘栽于左膝上面，拳眼朝下，目视前方，如图 7-106 所示。

图 7-103　提膝上架

图 7-104　并步砸拳

图 7-105　虚步架栽拳(1)

要点：虚步时要挺胸、塌腰；右脚实、左脚虚，虚实要分明。

6. 收势

1）弓步双穿掌

左脚向后退一步成右弓步；右拳变掌，经后下落收于腰侧，掌心朝上，掌指朝前；同时左拳变掌向左、经后收于腰侧，掌心向上、掌指朝前，两掌同时向胸前穿出，掌心朝上，目视前方，如图 7-107 所示。

2）并步按掌

(1) 右脚向后退一步，左腿屈膝；两掌同时经下向两侧摆臂，掌背朝后，眼看右掌，如图 7-108 所示。

图 7-106 虚步架栽拳(2)

图 7-107 弓步双穿掌

图 7-108 并步按掌(1)

(2) 上动不停，左脚后退向右脚靠拢成并步；两臂继续由两侧向上摆臂，掌心向上，摆臂过肩后即向里屈肘，掌心向下，掌指相对，向下按掌，停于腹前，目视左方，如图 7-109 和图 7-110 所示。

(3) 脸转向正前方，眼平视前方，两掌直臂下垂，成立正姿势，如图 7-111 所示。

图 7-109 并步按掌(2)

图 7-110 并步按掌(3)

图 7-111 并步按掌(4)

套路 2：十六式太极拳

十六式太极拳是中国武术段位制二段考评技术之一，它以杨氏太极为主，动作轻柔飘逸,是初学者入门学习的较好套路。

1. 预备势

身体自然直立,两脚并拢,头颈正直,下颌内收,胸腹放松,肩臂松垂,两手轻贴于大腿外侧;精神集中,眼向前平视,呼吸保持自然,如图7-112所示。

2. 第一段

1）起势

(1) 左脚向左轻轻分开半步,与肩同宽,脚尖向前,如图7-113所示。

(2) 两手慢慢向前平举,手指微屈,手心向下,举至与肩同高,两臂距离约同肩宽,肘微下垂,如图7-114所示。

(3) 上体保持正直,两腿缓慢屈膝半蹲;两掌轻轻下按,落至腹前,手心向下,掌膝相对,如图7-115所示。

正面　侧面

图7-112　预备势　图7-113　起势(1)　图7-114　起势(2)　图7-115　起势(3)

要点:沉肩、垂肘,松腰屈膝,臀部不可凸起,身体重心落于两腿中间;手指自然微屈,两臂下落要与身体的下蹲动作协调一致。

2）左右野马分鬃

(1) 上体微向右转,身体重心移至右腿上;同时右臂收于胸前平屈,手心向下;左臂外旋,左手经体前向右画弧合于腹前,手心向上,两手心相对成抱球状;左脚随即收到右脚内侧,脚尖点地,眼看左前方,如图7-116所示。

(2) 上体微向左转,左脚向左前方迈出,脚跟着地,随即右脚蹬地,上体继续左转,左腿前弓,成左弓步;同时左右手随转体慢慢分别向左上、右下分开,左手高与眼平,肘微屈,手心斜向上;右手落于右胯旁,肘也微屈,手心向下,指尖向前,眼看左手,如图7-117和图7-118所示。

(3) 左脚蹬地,上体慢慢后坐,身体重心移至右腿,左脚尖翘起;身体左转,右腿屈膝以脚前掌蹬碾地面,左腿随身体左转向外摆脚约45°,随后全脚踏实,左腿慢慢屈膝前弓;同时左臂内旋于胸前平屈,手心向下,右臂外旋,右手向左上画弧合于腹前,手心向上,两手心相对成抱球状;右脚随即收至左脚内侧,脚尖点地,眼看左手,如图7-119和图7-120所示。

图 7-116 左右野马分鬃(1)

图 7-117 左右野马分鬃(2)

图 7-118 左右野马分鬃(3)

图 7-119 左右野马分鬃(4)

(4) 右腿向右前方迈出,脚跟着地,随即左腿蹬地,上体右转,右腿前弓,成右弓步;同时左、右手随转体分别慢慢向左下、右上分开,右手高与眼平,手心斜向上,肘微屈;左手落于左胯旁,肘也微屈,手心向下,指尖向前,眼看右手,如图 7-121 和图 7-122 所示。

图 7-120 左右野马分鬃(5)

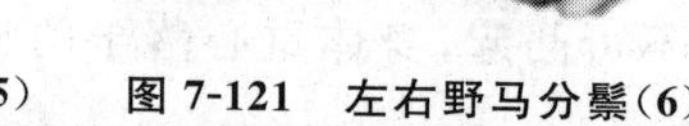

图 7-121 左右野马分鬃(6)

图 7-122 左右野马分鬃(7)

要点:上体不可前俯后仰,胸部应宽松舒展;身体转动时必须以腰为轴,弓步动作与分手的速度均匀一致,两臂保持弧形;弓步时,两脚横向距离应保持在 10～30cm。

3) 白鹤亮翅

(1) 上体微向右转,右臂内旋,手心向下,平屈于胸前,左臂外旋,左手向右上画弧合于腹前,两掌心上下相对成抱球状,眼看右手,如图 7-123 所示。

(2) 左脚跟进半步,上体后坐,身体重心移至左腿;随即上体先向左转,面向左前方,眼看左手,然后右脚稍向前移,脚尖点地,成虚步;同时上体再向右回转,面向前方,两手随转体慢慢向左上、右下分开,左手上提停于左额前,手心向右后方,右手落于右胯前,手心向下,指尖向前,眼看前方,如图 7-124 和图 7-125 所示。

要点:身体重心后移时,左手上提,右手下按,要与腰部转动协调一致;完成姿势时,胸部不要挺出,两臂上下都要保持半圆形,右膝要微屈。

图 7-123　白鹤亮翅(1)

图 7-124　白鹤亮翅(2)

图 7-125　白鹤亮翅(3)

4）左右搂膝拗步

(1) 左手向体前下落，再由下向左后方划弧举至左肩外，手与耳同高，手心斜向上；右手由右下向上、向左划弧至左胸前，手心斜向下；同时上体先微向右再向左转，右脚收至左脚内侧，脚尖点地，眼看左手，如图 7-126 所示。

(2) 上体右转，右脚向前方迈出，脚跟着地，随即左腿蹬地，右腿屈膝前弓，成右弓步；同时左手回屈由耳侧向前推出，指尖高与鼻平，右手向下由右膝前搂过落于右胯旁，指尖向前，眼看左手，如图 7-127 所示。

图 7-126　左右搂膝拗步(1)

图 7-127　左右搂膝拗步(2)

(3) 右腿蹬地，上体慢慢后坐，身体重心移至左腿，右脚尖翘起；身体右转，左腿屈膝以脚前掌蹬碾地面，右腿随身体右转向外摆脚约 45°，右手向前送出，随后全脚踏实，右腿慢慢屈膝前弓；同时右臂外旋翻掌，右手向右后上方划弧至右肩外侧，肘微屈，手与耳同高，手心斜向上；左手随转体向上、向右下划弧落于右胸前，手心斜向下；左脚随即收至右脚内侧，脚尖点地，眼看右手，如图 7-128 所示。

图 7-128　左右搂膝拗步(3)

图 7-129　左右搂膝拗步(4)

(4) 上体左转，左脚向左前方迈出，脚跟着地，随即右脚蹬地，左腿屈膝前弓，成左弓步；同时右手回屈由耳侧向前推出，指尖高与鼻平，左手向下由左膝前搂过落于左胯旁，指尖向前，眼看右手，如图 7-129 所示。

要点：重心转换时，上体不可前俯后仰，要松腰松胯；推掌时要沉肩垂肘，同时须与转腰、弓腿上下协调一致；完成弓步姿势时，两脚跟的横向距离保持约 30cm。

5) 进步搬拦捶

(1) 上体慢慢后坐，身体重心移至右腿，左脚尖翘起；身体左转、右腿屈膝以脚前掌蹬碾地面，左脚随身体左转向外摆脚约 45°，随后全踏实，左腿慢慢屈膝前弓；同时右掌变拳，臂内旋向下经腹前划弧至左肋旁，拳心向下；左掌向前、向右划弧至胸前，掌心向下，眼看左掌，如图 7-130 和图 3-131 所示。

(2) 身体重心移至左腿，上体微右转，右脚提起经左脚内侧向右前方迈出，脚跟着地；同时右拳经胸前向前翻转撇出，拳心向上；左手下落按于左胯旁，掌心向下，指尖向前，眼看右拳，如图 7-132 所示。

图 7-130　进步搬拦捶(1)

图7-131　进步搬拦捶(2)

图 7-132　进步搬拦捶(3)

(3) 身体右转，左腿屈膝以脚前掌蹬碾地面，右腿随身体右转向外摆脚约 45°，随后全脚踏实，右腿慢慢屈膝前弓，身体重心前移至右腿，左脚经右脚内侧向前提起；同时左手上起，臂微内旋向右弧形拦出，掌心向右，右拳先向内翻转下落，至身体右侧时再向外翻转划弧收至腰右，拳心向上，眼看左手，如图 7-133 所示。

(4) 左脚向左前方迈出，脚跟着地，右脚蹬地，左腿屈膝前弓，成左弓步；同时右拳向前打出，拳眼向上，高与胸平；左手附于右前臂内侧，掌心向右，眼看右拳，如图 7-134 所示。

图 7-133　进步搬拦捶(4)

图 7-134　进步搬拦捶(5)

要点：右拳不要握得太紧，向前打拳时上体不可前俯，右肩随拳略向前引伸，沉肩垂肘，右臂肘微屈；弓步时，两脚跟横向距离不超过 10cm。

6）如封似闭

（1）左手由右腕下向前伸出，右拳变掌，两手手心逐渐翻转向上并慢慢分开回收；同时身体后坐，左脚尖翘起，身体重心移至右腿，眼看前方，如图 7-135 所示。

（2）两手在胸前翻掌，向下经腹前再向上、向前推出，腕部与肩平，手心向下，掌指向上；同时左腿屈膝前弓，成左弓步，眼看前方，如图 7-136 所示。

图 7-135　如封似闭(1)

图 7-136　如封似闭(2)

要点：身体后坐时，上体不可后仰或凸臀前俯；两臂随身体回收时，肩、肘部略向外松开，不要直着抽回；两手推出的宽度不要超过两肩。

7）单鞭

（1）身体右转，右脚外摆，左脚内扣成右小弓步；同时右手向右平摆划弧至右侧方，手心向外；左手松腕向下、向右划弧至腹前，手心向内，眼看右手，如图 7-137 所示。

（2）身体重心移至右腿，左脚收至右脚内侧，脚尖点地；同时右掌变成勾手，左手划弧至右肩前，眼看左手，如图 7-138 所示。

（3）上体微向左转，左脚向左前方迈出，右脚跟后蹬，成左弓步；在身体重心移向左腿的同时，左臂随上体继续左转慢慢内旋，左手翻转向前推出，手心向前，手指与眼齐平，肘微屈，眼看左手，如图 7-139 和图 7-140 所示。

图 7-137　单鞭(1)

图 7-138　单鞭(2)

图 7-139　单鞭(3)

要点：上体保持正直，左手向外翻掌前推时，要与转体动作配合协调一致；完成姿势时，两肩下沉，右臂肘部稍下垂，左肘尖与右膝尖上下相对。

8）手挥琵琶

（1）身体重心前移至左腿，腰部松缩，微向左转，右脚提起至左脚后面；同时左掌向内、向下划弧至右胯前，右勾手变掌随腰的转动向内，向前平摆至体前，掌心斜向上，眼看前方，如图 7-141 所示。

(2) 右脚踏实，身体重心后移，左脚稍向前上步，脚跟着地，膝微屈成左虚步；同时右掌随腰微右转，屈肘回带，掌心转下；左掌向外，向前上方划弧挑举，然后两臂松沉屈臂合于胸前，左手成侧立掌停于面前，指尖与眉心相对；右掌也成侧立掌停于左臂内侧，掌心与右肘相对，眼看左掌，如图 7-142 所示。

图 7-140 单鞭(4)

图 7-141 手挥琵琶(1)

图 7-142 手挥琵琶(2)

要点：右脚提步时，脚跟先离地，然后轻轻将全脚提起；落步时先以脚前掌着地，随重心后移再慢慢将全脚踏实；完成虚步合手动作时，两肩要松沉，两臂要有合劲；整个动作身体要保持自然平稳。

3. 第二段

1) 倒卷肱

(1) 上体右转，右手翻掌，手心向上、向下经腹前向后上划弧平举，肘微屈，左手随即翻掌使手心向上，眼看右手，如图 7-143 所示。

(2) 右臂屈肘折向前，右手由耳侧向前推出，掌心向前，手指向上，左臂屈肘后撤，手心向上至左肘外侧；同时左腿轻轻提起，向左后退一步，脚掌先着地，然后全脚慢慢踏实，身体重心移至左脚，成右虚步，右脚随转体以脚掌为轴扭正，眼看右手，如图 7-144 和图 7-145 所示。

图 7-143 倒卷肱(1)

图 7-144 倒卷肱(2)

图 7-145 倒卷肱(3)

(3) 上体微向左转，同时左手随转体向后上划弧平举，手心向上，右手随即翻转使手心向上，眼看左手，如图 7-146 所示。

(4) 与步骤(2)解同,唯动作相反,如图 7-147 和图 7-148 所示。

要点:退步时,脚前掌先着地,然后全脚踏实,重心后移要做到虚实转换清楚,身体不可上下起伏,同时两脚要保持约 10cm 的横向距离,避免两腿交叉,重心不稳。

图 7-146　倒卷肱(4)

图 7-147　倒卷肱(5)

图 7-148　倒卷肱(6)

2) 左右穿梭

(1) 上体右转,左脚内扣,身体重心移至左腿,随即右腿随身体右转轻轻外旋提起;同时右臂内旋翻掌向上划弧平屈于右胸前,手心向下;左手向下、向右划弧至腹前,手心向上,两手掌心上下相对成抱球状,眼看右手,如图 7-149 所示。

(2) 右脚全脚慢慢下落踏实,身体重心移至右腿,随即左脚提起经右脚内侧向左前方迈出,脚跟着地,然后左腿屈膝前弓成左弓步;同时左手向上经脸前翻掌举于左额前,手心斜向上;右手先向下,再经胸前随身体左转向前推出,掌心向前,手指与鼻尖齐平,眼看右手,如图 7-150 所示。

图 7-149　左右穿梭(1)

图 7-150　左右穿梭(2)

(3) 身体重心略向后移,左脚尖翘起微内扣,随即重心前移至左腿,左脚踏实;右脚提起跟进,停于左脚内侧,脚尖点地;同时两手左上、右下在左胸前成抱球状,眼看左手,如图 7-151 所示。

(4) 右脚向右侧前方迈出,脚跟着地,随即右腿屈膝前弓成右弓步;同时右手向上经脸前翻掌举于右额前,手心斜向上;左手先向左下再经胸前随身体右转向前推出,掌心向前,手指与鼻尖齐平,眼看左手,如图 7-152 所示。

要点:完成姿势面向斜前方约 30°,上体不可前俯或左右倾斜;手向上举时要防止引肩上耸;一手上举一手前推,要与弓腿松腰一致;弓步时,两脚跟的横向距离保持在 30cm 左右。

图 7-151 左右穿梭(3)

图 7-152 左右穿梭(4)

3）海底捞

左脚向前跟进半步，身体重心移至左腿，右脚稍向前移，脚尖点地，成右虚步；同时上体微向左转，左手下落经体前向后、向上提抽至左肩上耳旁，再随身体右转，由左耳旁斜向前下方抽出，掌心向右，指尖斜向下；右手向前、向下划弧落于右胯旁，手心向下，指尖向前，眼看前下方，如图 7-153 所示。

要点：身体要先左转再右转，完成姿势面向正西，上体不可太前倾，避免低头弓腰和臀部凸起，右腿膝部要微屈。

4）闪通背

上体略向左转，右脚向前迈出，脚跟着地，随即右腿屈膝前弓，成右弓步；同时左手由体前上提，然后屈臂上举，停于右额前上方，使掌心翻转斜向上，拇指朝下；右手上起经胸前向前推出，掌心向前，手指向上，高与鼻尖齐平，眼看右手，如图 7-154 所示。

图 7-153 海底捞

图 7-154 闪通背

要点：完成姿势上体自然正直，腰、胯松沉；左臂不要完全伸直，背部肌肉要伸展开；推掌、举臂和弓腿动作要协调一致；弓步时，两脚跟横向距离不超过 10cm。

5）云手

(1) 上体左转，左脚尖外摆，右脚尖内扣，身体重心移至左腿成左弓步；同时左手由上向左、向下划弧至平举，手心斜向下；右手向下经腹前向右上划弧至左肩前，手心斜向内，眼看左手，如图 7-155 所示。

(2) 上体慢慢右转，身体重心随之逐渐移至右腿，右手经脸前向右侧运转，手心渐渐向右，左手向下经腹前向左上划弧至右肩前，手心斜向内；同时左脚收近右脚，成小开立步，眼看左手，如图 7-156 和图 7-157 所示。

(3) 上体再向左转，同时右手向下经腹前向左上划弧至左肩前，手心斜向内；左手向左侧运转，手心翻转向左；随即右腿向右横跨一步，眼看右手，如图 7-158 和图 7-159 所示。

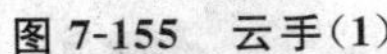
图 7-155　云手(1)

图 7-156　云手(2)

图 7-157　云手(3)

图 7-158　云手(4)

(4) 同步骤(2),如图 7-160 和图 7-161 所示。

图 7-159　云手(5)

图 7-160　云手(6)

图 7-161　云手(7)

要点：身体转动要以腰为轴,腰、胯放松,不可忽高忽低或左右摇摆；两臂随腰的转动而运动,要自然圆活,速度要缓慢均匀；下肢移动时重心要稳定,两脚掌依次着地再踏实,脚尖向前,眼的视线随左右手移动；第二个云手,左脚并步时脚尖微向里扣,以便于接下一动作。

6) 左右揽雀尾

(1) 上体微向左转,身体重心移至左腿,右脚跟轻提,右脚尖点地；同时左臂内旋于胸前平举,右手下落,臂外旋收于腹前,两手心上下相对成抱球状,眼看左手,如图 7-162 所示。

(2) 上体微向右转,右脚向右前方迈出,脚跟着地,随即左腿自然蹬直,右腿屈膝前弓,成右弓步；同时右臂平屈,用前臂外侧和手背由下向前上弧形崩出,高与肩平,虎口向上,手指向左；左手向左下落按于左胯旁,手心向下,指尖向前,眼看右前臂,如图 7-163 和图 7-164 所示。

图 7-162　左右揽雀尾(1)

图 7-163　左右揽雀尾(2)

图 7-164　左右揽雀尾(3)

要点：崩出时，两臂前后均保持弧形；分手、松腰、弓腿三者要协调一致；弓步时，两脚跟横向距离不超过 10cm。

(3) 身体微向右转，右手随即前伸翻掌，手心向下；左手翻掌，手心向上经腹前向上、向前伸至右前臂下方；然后两手下捋，上体左转，双手经腹前向左后上方划弧，直至左手手心向上，高与左肩平；右臂平屈于左胸前，手心向内；同时身体重心移至左腿，眼看左手，如图 7-165～图 7-167 所示。

图 7-165　左右揽雀尾(4)

图 7-166　左右揽雀尾(5)

图 7-167　左右揽雀尾(6)

(4) 上体微向右转，左臂屈肘折回，左手附于右手腕里侧，随即上体继续向右转，双手同时向前慢慢挤出，右手心向内，左手心向前，右前臂呈半圆形；同时身体重心逐渐前移成右弓步，眼看右手腕部，如图 7-168 和图 7-169 所示。

(5) 右手翻掌，手心向下，左手经右腕上方向前、向左伸出，高与右手齐，手心向下，两手左右分开，与肩同宽；然后左腿屈膝，上体慢慢后坐，身体重心移至左腿上，右脚尖翘起；同时两手屈肘经胸下落于腹前，手心均向前下方，眼向前看，如图 7-170 至图 7-172 所示。

图 7-168　左右揽雀尾(7)

图 7-169　左右揽雀尾(8)

图 7-170　左右揽雀尾(9)

(6) 上势不停，身体重心慢慢前移，两手向前、向上弧形按出，掌心向前，手指向上；同时右腿屈膝前弓，成右弓步，眼向前平视，如图 7-173 所示。

(7) 左腿屈膝，上体慢慢后坐，身体重心移至左腿，右脚尖翘起；然后身体左转，右脚尖内扣，身体重心再移至右腿，左脚随上体左转收至右脚内侧，脚尖点地；同时右手向左屈臂平举于胸前；左手向左划弧至左侧，再向下、向右划弧至右肋前，使两掌心上下相对成抱球状，眼看右手，如图 7-174 和图 7-175 所示。

(8) 同右揽雀尾(2)，左右相反，如图 7-176 和图 7-177 所示。

图 7-171　左右揽雀尾(10)

图 7-172　左右揽雀尾(11)

图 7-173　左右揽雀尾(12)

图 7-174　左右揽雀尾(13)

图 7-175　左右揽雀尾(14)

图 7-176　左右揽雀尾(15)

(9) 同右揽雀尾(3),左右相反,如图 7-178～图 7-180 所示。

图 7-177　左右揽雀尾(16)

图 7-178　左右揽雀尾(17)

图 7-179　左右揽雀尾(18)

(10) 同右揽雀尾(4),左右相反,如图 7-181 和图 7-182 所示。

图 7-180　左右揽雀尾(19)

图 7-181　左右揽雀尾(20)

图 7-182　左右揽雀尾(21)

(11) 同右揽雀尾(5),左右相反,如图 7-183～图 7-185 所示。

图 7-183　左右揽雀尾(22)

图 7-184　左右揽雀尾(23)

图 7-185　左右揽雀尾(24)

(12) 同右揽雀尾(6),左右相反,如图 7-186 和图 7-187 所示。

7) 十字手

(1) 左腿屈膝,上体后坐,身体重心移至右腿,然后左脚尖内扣,向右转体;右手随转体向右摆划弧,与左手成两臂侧平举,掌心向前,肘部微屈;同时右脚尖随转体动作稍向外摆,成右侧弓步,眼看右手,如图 7-188 和图 7-189 所示。

图 7-186　左右揽雀尾(25)

图 7-187　左右揽雀尾(26)

图 7-188　十字手(1)

(2) 身体重心慢慢移至左腿,右脚尖里扣,随即向左收回,两脚距离与肩同宽,两腿逐渐蹬直,成开立步;同时两手向下经腹前向上划弧交叉合抱于胸前,两臂撑圆,腕高与肩平,右手在外,成十字手,两手心均向内,眼看前方,如图 7-190 所示。

4. 收势

两手向外翻掌,手心向下,两臂慢慢下落,停于身体两侧;然后重心移至右腿,左脚向右脚靠拢,成并立步,眼看前方,如图 7-191 和图 7-192 所示。

要点:两臂左右分开下落时,要注意全身放松,气沉丹田。

图 7-189　十字手(2)

图 7-190　十字手(3)

图 7-191　收势(1)

图 7-192　收势(2)

7.2 空 手 道

7.2.1 空手道简介

空手道是日本的武术，它是由中国古代传过去的中国武术结合琉球当地流传的格斗术发展起来的。因为空手道的技术核心来源于中国，因此早期也称为“唐手”。目前全世界比较流行的空手道有四大流派。

1. 糸东流

糸东流的创始人是摩文仁贤和。摩文仁贤和于1889年出生于首里市，13岁成为“首里手”名师糸洲安恒的嫡传弟子，20岁时又拜那霸手名师东恩纳宽量为师，后来学习了松村派、新垣派等空手道，同时也学习了空手道以外的日本古武术器械。1934年，摩文仁贤和在大坂开设养秀馆空手道场，以自己两位恩师名字的首字为流名，称为糸东流。糸东流的特点可以用“守”、“破”、“离”3个字来总结，即对型的忠实遵守而后应用最后独立，在实用技法上注重贴身近战、以柔克刚。糸东流空手道极其重视空手道精神的修养，称空手道为“君子之拳”，在练习空手道中追求圆满的人格和崇高的人生目的。糸东流空手道一共有47个规定型，是四大流派中规定型最多的。

2. 松涛流

松涛流的创始人是船越义珍(1870—1957年)。该流派是空手道中所谓“南舟北马”中的北派功夫，类似中国北派武术少林拳。松涛流空手道技法的特点是大开大阖，动作走直线，多用弓步大马，注重腿法，动作刚劲威猛。松涛流空手道共有26个规定型。

3. 刚柔流

刚柔流空手道的创始人是宫城长顺。宫城长顺于1888年出生于琉球，14岁加入“那霸手”名师东恩纳宽量的门下，18岁时又到中国学习中国拳法，归国后把独特的技术系统化，创立刚柔流空手道。刚柔流空手道是“南舟北马”中的南派功夫，技法上主要来自南少林白鹤门，其流派的名称来自白鹤门流传密书《武备志》中的“法刚柔吞吐、身随时应变”一句。该流派表现出了明显的南拳特点，以小架三站步、猫足立为主，讲究刚柔相济，在练习时强调“气”、“息”、“体”的锻炼。刚柔流共有13个规定型。

4. 和道流

和道流空手道的创始人是大塚博纪。大塚博纪出生于1891年，6岁起学习柔道，1920年在船越义珍的明正塾学习空手道及日本神道扬心流柔术。昭和8年5日，大塚博纪将空手道与日本柔术结合创立“和道流”。和道流格斗技术最具特色，是极少数在格斗中能体现流派特色的空手道，其技法“别”、“流”、“押”、“引”、“入身”、“转身”等更是体现了柔术的技法特征。

7.2.2 空手道入门与基础

1. 着装

空手道练习者一般穿纯白无条纹无滚边的道服。上衣系上腰带后的长度需遮盖臀部，长不超过大腿的3/4，袖子的长度不能长过手腕，不能短于前臂的一半，同时也不能卷起，裤子的长度不超过踝关节，不短于小腿的2/3，同时也不能卷起。

2. 腰带的系法

(1) 腰带存放时一般对折两次，如图7-193所示。

(2) 取出腰带，两手虎口相对握住腰带中点的两侧，使中点对准腹前中点约肚脐的位置，如图7-194所示。

(3) 两手握住腰带向身后滑动并使腰带重叠(见图7-195)，右手持带在下，左手持带在上，双手交换腰带，双手向前继续滑行。左边腰带的一端往终点处重叠住腰带的中点(见图7-196)，右边腰带压住左手的腰带，然后左手持外层腰带的一端从下往上穿过两层腰带，双手用力调整好腰带的松紧度，如图7-197所示。

图7-193　系腰带(1)

图7-194　系腰带(2)

图7-195　系腰带(3)

(4) 两手翻转腰带在腹前交叉，右手在下，左手在上。

(5) 左手捏住腰带的重叠处，右手持右边腰带的一端从两腰带交叉后形成的拱形中穿过，如图7-198所示。

图7-196　系腰带(4)

图7-197　系腰带(5)

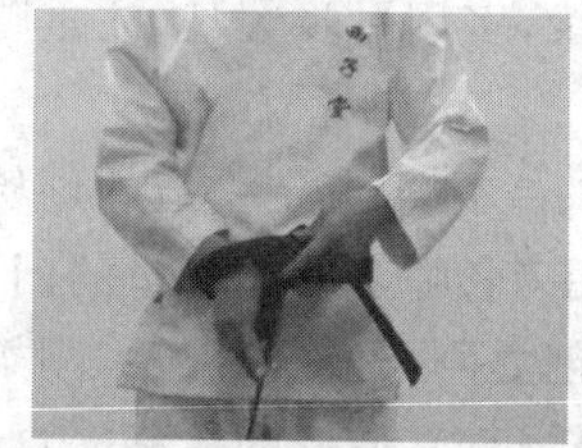

图7-198　系腰带(6)

(6) 双手各持腰带的一端，用力拉紧并整理打结处，使腰带优美地下垂，如图7-199和图7-200所示。

图7-199　系腰带(7)

图7-200　系腰带(8)

3. 礼节

空手道在训练中强调以礼始、以礼终，其礼节有立礼和跪礼。

1）立礼

(1) 两脚跟靠拢，两脚尖呈60°分开，两手轻放在两侧，手心向里，立腰拔背，目视前方，如图7-201所示。

(2) 直视对方(或前方)，上身呈30°鞠躬，头与躯干保持一线，目视斜前方，眼睛的余光看着对手(或前方)，如图7-202所示。

(3) 保持30°鞠躬一秒后，恢复原来的姿势。

2）跪礼

(1) 两脚跟靠拢，两脚尖呈60°分开，两手轻放在两侧，手心向里，立腰拔背，目视前方，如图7-203所示。

图7-201 立礼(1)

正面

侧面

图7-202 立礼(2)

图7-203 跪礼(1)

(2) 左脚往后一小步，脚前掌着地，然后屈膝下蹲使左膝跪在地上，如图7-204所示。

(3) 右膝跪在地上并保持两膝之间两拳的距离，右脚脚前掌着地，如图7-205所示。

(4) 把脚尖放平，脚背朝下，收膝后坐，两脚大拇指并在一起，臀部坐在两脚上，两手虎口向内收放于两大腿上，如图7-206所示。

(5) 左右手依次放在膝前，虎口斜向内，保持直背，屈肘微低头行礼，臀部不要离开脚跟，如图7-207～图7-209所示。

图7-204 跪礼(2)

图7-205 跪礼(3)

图7-206 跪礼(4)

图7-207 跪礼(5)

(6) 恢复站立姿势时，先收回右手，再收回左手，把两脚脚前掌着地后，要先收回右脚再收回左脚，如图 7-210～图 7-213 所示。

图 7-208 跪礼(6)

图 7-209 跪礼(7)

图 7-210 跪礼(8)

图 7-211 跪礼(9)

图 7-212 跪礼(10)

图 7-213 跪礼(11)

7.2.3 空手道基本技法

1. 基本手技

1) 握拳方法

伸出手指，四指并拢，大拇指伸开；四指向内弯曲，大拇指保持分开；大拇指弯曲扣于食指与中指第二关节上，拳面和拳背要平，如图 7-214 所示。

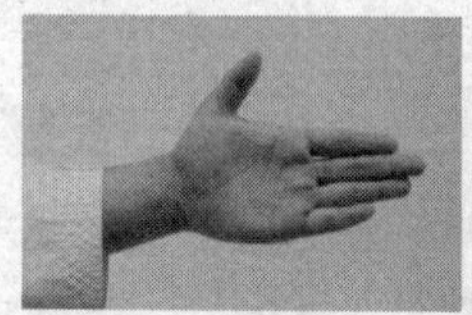
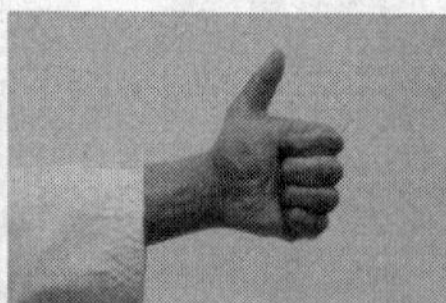
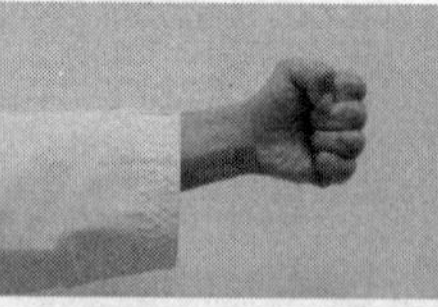
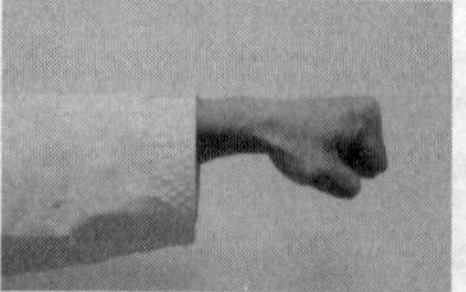

图 7-214 握拳方法

2) 正拳

正拳是实战技法中使用较多的拳法。攻击的接触点在食指与中指的第三关节，这两点与手背、手腕和手臂成一直角。正拳出击时，拳从腰间旋臂向前快速打出，如图 7-215 所示。

3）锤拳

拳的握法与正拳相同，攻击点在拳的小指侧。拳自上而下快速向下锤打，手臂伸直，臂轮成立圆，如图 7-216 所示。

4）反拳

反拳又称为裹拳，攻击点在拳的第三指关节上，多用来击打对方的面部或太阳穴。反拳出击时，手臂弯曲，拳心向后快速向前推打，如图 7-217 所示。

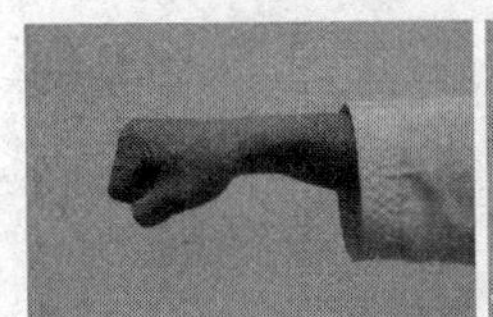
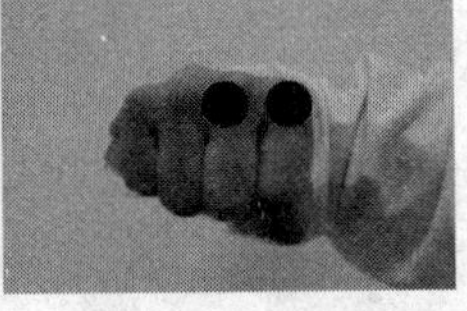

图 7-215　正拳

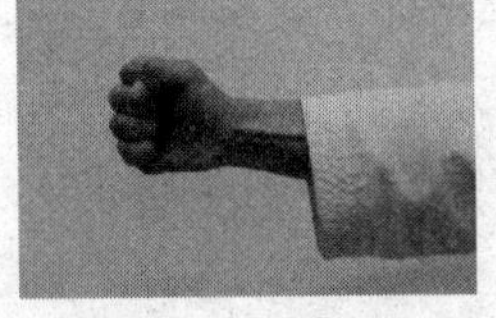

图 7-216　锤拳

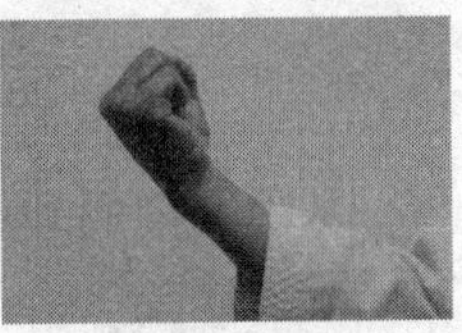

图 7-217　反拳

5）平拳

握拳时拇指弯曲内扣，其余四指第三指关节伸直，第一、第二关节弯曲，手心尽量张开，拇指指尖按住食指指尖。平拳用于击打对方的脸颊、耳门、太阳穴等要害部位，如图 7-218 所示。

6）手刀

手指并拢并略微伸直，大拇指内扣，击打点在小指侧肉较多的部位。手刀用来击打对方颈部、手腕等部位，也可用于格挡，如图 7-219 所示。

7）背刀

使用手刀的反面，即用拇指侧部位击打，攻击对方的太阳穴、眉间或者颈部，如图 7-220 所示。

8）掌底

大拇指弯曲内扣，其余四指第一、第二关节弯曲，手心尽量外展，第三指关节伸直，手心与手腕垂直，攻击点在掌的手心下部，如图 7-221 所示。

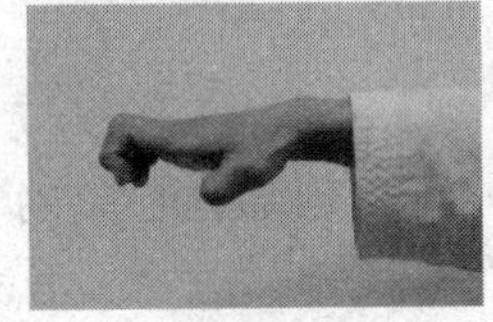

图 7-218　平拳

图 7-219　手刀

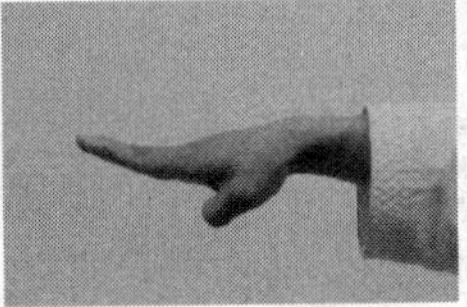

图 7-220　背刀

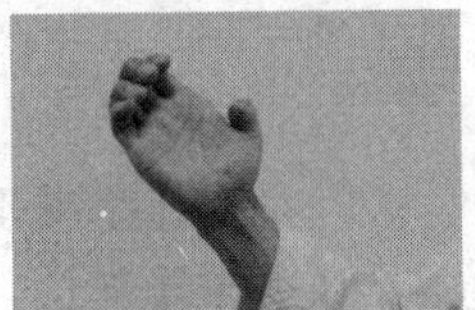

图 7-221　掌底

9）贯手

大拇指弯曲内扣，其余四指伸直，与手臂在一条直线上，攻击点在四指的指尖，多用来攻击对方的眼睛、咽喉、心窝等部位，如图 7-222 所示。

10）背手

大拇指内扣，用掌背击打对方，如图 7-223 所示。

11）腕刀

用手臂的下缘作为攻击部位攻击对手的颈部，如图 7-224 所示。

12）表小手

从手腕外侧到肘关节处的部位，主要作为防御部位格挡对方的攻击，如图 7-225 所示。

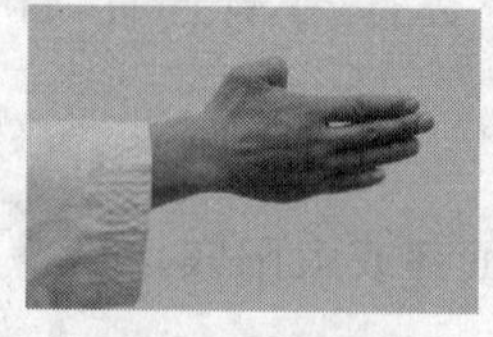
图 7-222 贯手

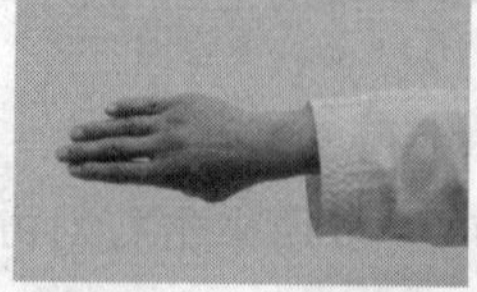
图 7-223 背手

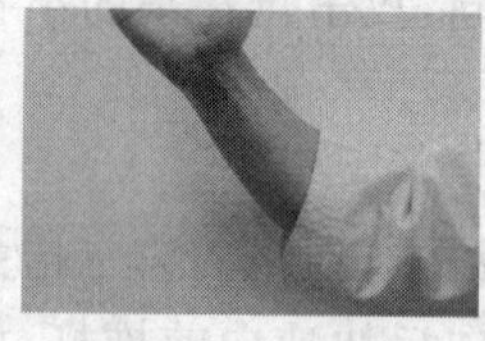
图 7-224 腕刀

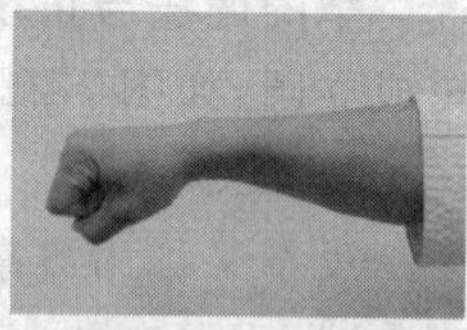
图 7-225 表小手

13）裹小手

从手腕内侧到肘的部位，主要用于防御对方的攻击，如图 7-226 所示。

14）肘

手握紧拳头，小臂弯曲与大臂相靠，攻击点在肘尖，用于攻击对方的头部、面部、胸部和腹部，如图 7-227 所示。

15）熊手

握平拳，使用拇指以外的四指的第二关节点作为攻击点，第三关节尽量向外展开，拇指指尖紧贴食指指尖，用于攻击对方的面部或者抓挠对方的眼睛，如图 7-228 所示。

2. 基本足技

1）前足底

脚趾上翘，使脚趾的跟部展开，亦称脚前掌。在使用中，多表现在前刺腿、横刺腿和猫足立中。前足底多用来攻击对方的下颌、胸部、腹部及后背等，如图 7-229 所示。

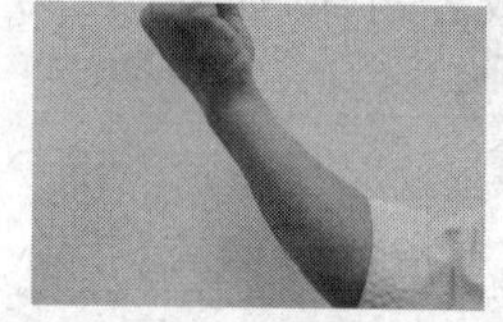
图 7-226 裹小手

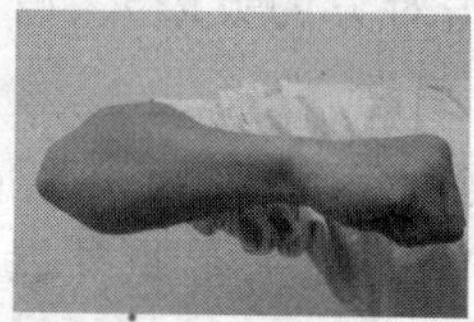
图 7-227 肘

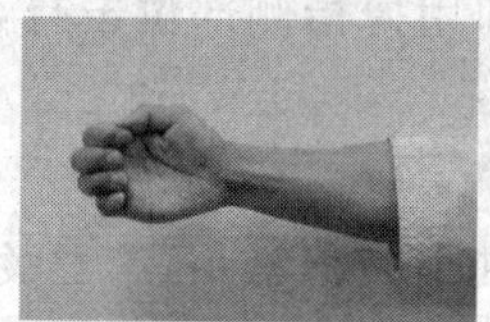
图 7-228 熊手

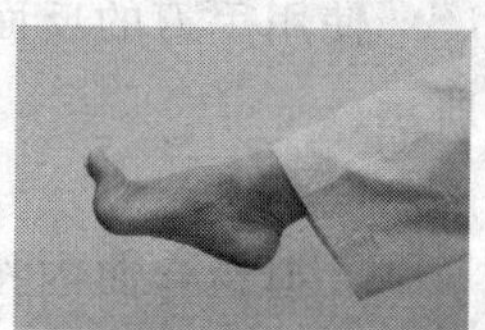
图 7-229 前足底

2）足刀

脚勾起与小腿垂直，脚小趾外侧到脚跟部位，用于攻击对手的下颌、面部、颈部、腹部、肋部及膝小腿等部位，如图 7-230 所示。

3）后足底

脚勾起时脚的脚跟部位，用于击打对方的面部、胸部、腹部，以及膝和小腿等部位，如图 7-231 所示。

4）足背

踝关节外展，脚趾向下弯曲，脚趾至踝关节之间的部位。用于攻击对方的头部、颈部、胸部、背部、两肋部、裆部等部位，如图 7-232 所示。

5）足尖

脚趾向下弯曲时脚趾的关节部位，主要用于攻击对方的下颌、裆部等部位，如图 7-233 所示。

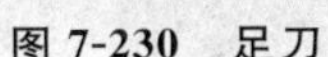
图 7-230　足刀

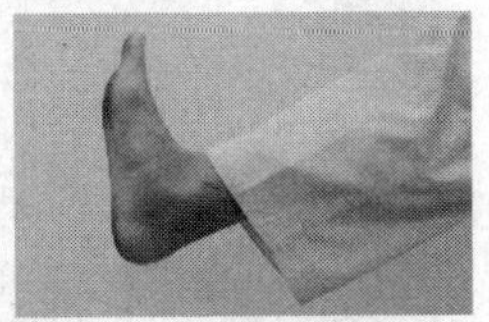
图 7-231　后足底

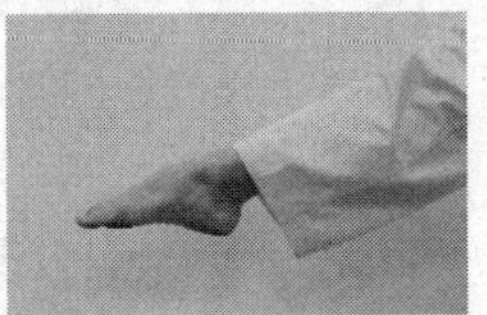
图 7-232　足背

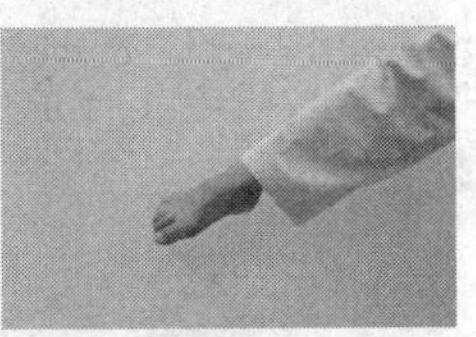
图 7-233　足尖

6）膝

即腿的膝关节，用来攻击对方的头部、胸部、裆部等部位，也可以用来防守对方的低腿进攻，如图 7-234 所示。

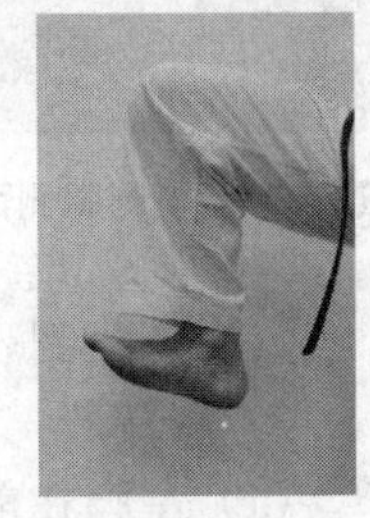
图 7-234　膝

3. 基本腿法

1）前刺腿

前刺腿用前足底攻击对方的面部、胸部及腹部等部位。

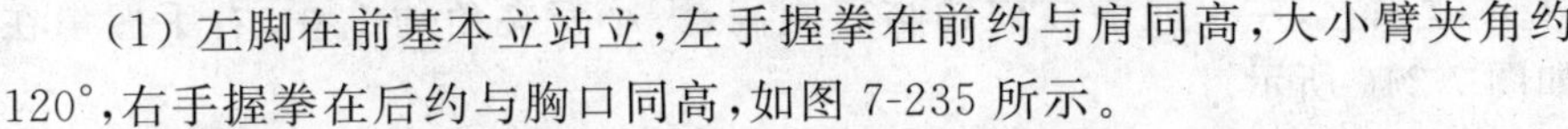

（1）左脚在前基本立站立，左手握拳在前约与肩同高，大小臂夹角约 120°，右手握拳在后约与胸口同高，如图 7-235 所示。

（2）重心前移，提膝使大腿超过水平线，脚尖勾起，如图 7-236 所示。

（3）向前松垮送腿，身体微后仰，脚尖伸直，脚趾勾起，力达前足底，如图 7-237 所示，这 3 个姿势的侧图如图 7-238～图 7-240 所示。

图 7-235　前刺腿正面（1）

图 7-236　前刺腿正面（2）

图 7-237　前刺腿正面（3）

图 7-238　前刺腿侧面（1）

（4）快速收腿成踢膝状，大致与动作（2）相同。

（5）恢复到（1）的准备姿势。

2）弧形腿

（1）左脚在前基本立站立，左手握拳在前约与肩同高，大小臂夹角约 120°，右手握拳在后约与胸口同高，如图 7-241 所示。

（2）重心前移，左脚外撇，提膝使大腿超过水平线，小腿外展使脚踝高约臀部高度，脚背脚尖绷直，如图 7-242 所示。

（3）转腰转跨使腿经侧呈弧形向前打出，身体微侧倾，脚背绷直，脚趾向下歪曲，力达脚背，如图 7-243 所示。

（4）快速收腿成踢膝状，大致与动作（2）相同，如图 7-244 所示。

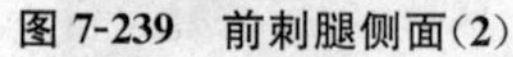
图 7-239 前刺腿侧面(2)

图 7-240 前刺腿侧面(3)

图 7-241 弧形腿(1)

图 7-242 弧形腿(2)

(5) 恢复到(1)的准备姿势，如图 7-245 所示。

3) 侧踹腿

(1) 左脚在前基本立站立，左手握拳在前约与肩同高，大小臂夹角约 120°，右手握拳在后约与胸口同高，如图 7-246 所示。

图 7-243 弧形腿(3)

图 7-244 弧形腿(4)

图 7-245 弧形腿(5)

图 7-246 侧踹腿(1)

(2) 重心前移，身体左转，左脚外撇，提膝使大腿超过水平线，并继续转身收膝，使右腿在体侧折叠，脚尖勾起，如图 7-247 所示。

(3) 使右腿经侧向前打出，身体微侧倾，脚尖勾起，脚趾微上翘，力达后足底(脚跟)，如图 7-248 所示。

(4) 快速收腿成提膝状，大致与动作(2)相同，如图 7-249 所示。

(5) 恢复到(1)的准备姿势，如图 7-250 所示。

图 7-247 侧踹腿(2)

图 7-248 侧踹腿(3)

图 7-249 侧踹腿(4)

图 7-250 侧踹腿(5)

4）后踢

(1) 左脚在前基本立站立，左手握拳在前约与肩同高，大小臂夹角约 120°，右手握拳在后约与胸口同高，如图 7-251 所示。

(2) 重心前移，以左脚尖为轴，左脚跟外旋，身体向右后方转动（见图 7-252），同时提起右大腿，使大、小腿几乎折叠，脚尖勾起，头部稍向右后方转动，如图 7-253 所示。

(3) 右腿向后平伸后蹬（踢），力达前足底或后足底，此时膝盖朝向左侧，同时上体下倾，头向右后转，目视攻击方向，如图 7-254 和图 7-255 所示。

图 7-251　后踢（1）

图 7-252　后踢（2）

图 7-253　后踢（3）

图 7-254　后踢（4）

(4) 快速收腿成踢膝状，大致与动作(2)相同。

(5) 向右转身恢复到(1)的准备姿势。

4. 基本站立

1）闭足立

双脚的脚跟脚尖相互靠近，两腿并拢伸直，抬头挺胸，两臂伸直在大腿两侧并拢，目视前方，如图 7-256 所示。

2）结立

结立即立正站立。两脚跟靠拢，脚尖张开约 90°，两腿并拢伸直，抬头挺胸，两臂伸直在大腿两侧并拢，目视前方，如图 7-257 所示。

3）平行立

从结立姿势到两脚跟向外移动再到两脚平行的状态，如图 7-258 所示。

图 7-255　后踢（5）

图 7-256　闭足立

图 7-257　结立

图 7-258　平行立

4）外八字立

从结立姿势开始，使脚跟打开与肩同宽，两脚尖打开角度约 90°，如图 7-259 所示。

5）内八字立

两脚分开，使两脚尖轻微内扣，沉腰使膝盖与足尖成一直线，两脚的距离为一腿屈膝下跪加一拳，如图 7-260 所示。

6）骑马立

两脚分开，两膝弯曲并向两侧外展，膝关节前端尽量与脚大拇指垂直，两脚跟的距离约为 80～85cm，两脚的夹角约 90°，重心在两腿中央，如图 7-261 所示。

7）四股立

两脚之间的距离为一腿屈膝下跪加三拳的距离，两脚打开约 90°的夹角，小腿垂直于地面，如图 7-262 所示。

图 7-259 外八字立

图 7-260 内八字立

图 7-261 骑马立

图 7-262 四股立

8）基本立

从结立状态开始，两脚打开相距一足的距离，然后一脚向前上步，脚尖略内扣，小腿垂直于地面，两脚前后为后腿屈膝下跪后与前脚跟基本接触，如图 7-263 所示。

9）前屈立

两脚左右的距离为一脚的距离，前腿弯曲，脚尖微内扣，后腿伸直，脚尖内扣。前腿小腿与地面垂直，两脚的前后距离为后腿屈膝下跪后与前脚跟大约两拳的距离，如图 7-264 所示。

正面 侧面

图 7-263 基本立

正面

侧面

图 7-264 前屈立

10）后屈立

后屈立与前屈立站立相反，前腿伸直，后腿屈膝站立，两脚跟在一条直线上。两脚的距离与前屈立相同，如图 7-265 所示。

正面　侧面

图 7-265　后屈立

正面　侧面

图 7-266　猫足立

11）猫足立

后腿脚膝外展 45°，前脚前足底着地，脚跟抬起与小腿垂直，重心位于身体中心，后腿承受体重的 70％，前腿承受体重的 30％，如图 7-266 所示。

12）交叉立

前腿弯曲，全脚着地，使膝盖与脚尖成一直线，后腿脚跟抬起，膝盖弯曲，紧靠在前腿膝盖内侧，前脚跟与后脚脚尖在一条直线上，如图 7-267 所示。

正面　侧面　背面

图 7-267　交叉立

13）三战立

前脚的脚尖内扣，后脚的脚尖朝向正前方，沉腰使膝盖与脚尖成一直线，前脚脚跟与后脚脚尖保持在同一水平线上，两脚前后距离为后腿屈膝下跪与前脚脚跟基本接触，如图 7-268 所示。

5. 基本格挡

1）上段格挡（外八字立）

上体正直，两手握拳自然下垂于身体两侧略前，两脚外八字站立，目视前方，如图 7-269 所示。左拳向胸前伸出，拳心向里，拳眼向上。右拳从右腰侧旋转向前冲出，在胸前与左臂相交叉，左拳在外，右拳在内，身体朝正前方，目视前方，如图 7-270 所示。右拳外旋回撤抱于右腰上方，拳心朝上。左拳内旋经脸前斜向头上方架挡，拳心向前，拳眼斜向下，目视前方，如图 7-271 所示。右拳上格挡时动作要求相同，仅方向相反。

正面 侧面

图 7-268 三战立

图 7-269 上段格挡(1)

图 7-270 上段格挡(2)

2）中段内格挡(外八字立)

上体正直，两手握拳自然下垂于身体两侧略前，两脚外八字站立，目视前方，如图 7-272 所示。右拳上提置于右肩上，拳心向前，拳眼斜向下。左手收于左腰侧，拳心向上，如图 7-273 所示。右臂以肩关节为轴，斜向下从外向内划弧，右臂快速内旋，用背臂、外臂部位格挡对手的攻击。此时拳心向里，拳眼向右，如图 7-274 所示。左臂内格挡动作与此动作相同，方向相反。

图 7-271 上段格挡(3)

图 7-272 中段内格挡(1)

图 7-273 中段内格挡(2)

图 7-274 中段内格挡(3)

3）中段外格挡(外八字立)

上体正直，两手握拳自然下垂于身体两侧略前，两脚外八字站立，目视前方，如图 7-275 所示。左臂上抬至体侧前方，肘部约 90°夹角，拳心向里，拳眼向左。右拳上提至左肋下，拳心向下，拳眼向里，如图 7-276 所示。右臂以肘关节为轴，右前臂外旋，经左臂下方向前用背臂、内臂等部位格挡对手的进攻。此时肘尖向下，拳心向里。同时，左臂经右臂上方回撤置于左腰侧，拳心向上，拳眼向左，如图 7-277 所示。左臂外格挡与此动作相同，方向相反。

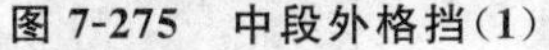

图 7-275　中段外格挡(1)

图 7-276　中段外格挡(2)

图 7-277　中段外格挡(3)

4）下段格挡(前屈立)

上体正直,两手握拳自然下垂于身体两侧略前,两脚外八字站立,目视前方,如图 7-278 所示。左手收抱于右肩上方,拳心向里,拳眼向上。右拳伸向下段,拳心向下,拳眼向左。同时,重心移向右脚,右膝微屈,左脚向左前方跨半步。左脚继续向前跨半步,拧腰转跨成左前屈立。左拳内旋从右肩斜向下划弧格挡至左膝上方,拳心斜向下,拳眼向右。同时右拳快速回收抱于右腰上方,如图 7-279 所示。

右前屈立时,动作同上,手脚、方向相反。

图 7-278　下段格挡(1)

正面

侧面

图 7-279　下段格挡(2)

6. 基本冲拳

1）外八字立中段冲拳

两脚外八字站立,两拳抱于腰两侧上方,拳心向上,两臂向后夹紧。右拳内旋向对手的胸口冲拳,高不过肩,拳心向下,拳面的着力点在食指、中指的第三关节处。同时,左臂抱于左腰侧上方,略微拧腰,把左肘肘尖向后顶,与右拳一前一后形成一种张力,并以腰带动使右拳的冲击力更大,如图 7-280 所示。如此左右拳反复、交替练习,可以提高冲拳的速度和力度。

2）四股立上段、中段、下段冲拳

两脚分开,两腿屈膝成四股立。左拳收抱于左腰侧上方,左肘尖向后顶出。同时,右拳内旋、快速向对手的鼻尖高度冲拳,如图 7-281 所示。如此反复练习可以提高速度、力量和全身协调性。

四股立中段冲拳的方法和要求与八字立中段冲拳相同，如图 7-282 所示。

正面

侧面

图 7-280　外八字立中段冲拳

图 7-281　四股立上段冲拳

图 7-282　四股立中段冲拳

下段冲拳的方法和要求同上，只是冲拳的高度与自己的腰带同高，如图 7-283 所示。

3）前屈立中段顺冲拳、逆冲拳

所谓顺冲拳，就是指冲拳的手臂与跨出去的前脚是同一侧肢体，反之是逆冲拳。

上体正直，两手握拳自然下垂于身体两侧略前，两脚外八字站立，目视前方。重心下沉，左脚向右脚靠拢，左手收抱于左腰侧上方，右拳前伸，护住下腹部。左脚向前跨步成前屈立，同时，左拳内旋向前中段冲拳，右拳快速外旋收抱于右腰侧上方。要求上体正直、挺腰、沉气，如图 7-284 所示。

逆冲拳就是手脚的出击相反，动作方法相同，如图 7-285 所示。

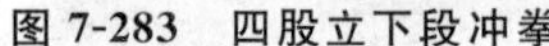

图 7-283　四股立下段冲拳

图 7-284　前屈立中段顺冲拳

图 7-285　前屈立中段逆冲拳

7.2.4　空手道"形"

空手道是以形为主要的技术形式，形是空手道组合的集中练习，像中国武术套路一样，形也是一种套路形式，它反映了空手道的整体内容与风格。形是按照要求提前编排好并利用演练形式进行练习的空手道技术动作。形的技术目的是以假设的对手为目标，单人或多人进行空手道技术动作的套路演练。形中体现了空手道的技术、战术和进攻方法，而这些内容的练习不仅可以提高练习者的柔韧性和对空手道技术的认知和理解，使身心得到全面锻炼，同时还能使精神、注意力和感知力都得到提高，从而有效地掌握空手道的攻防实战技术。

本小节介绍了一个初级形“平安二段”和一个世界空手道联盟比赛规定型“拔塞大”。本小节图解以正前方为十二点方向，按照十二小时钟表的方向标注面相的方向。

1. 平安二段

(1) 立正的姿势，面向十二点方向，如图7-286所示。

(2) 敬礼，如图7-287所示。

(3) 结立，如图7-288所示。

(4) 右足横向打开成外八字站立；两手握拳，在下腹部，两拳相距两到三拳，拳心斜向下，两臂微屈，如图7-289所示。

图7-286　立正

图7-287　敬礼

图7-288　结立

图7-289　外八字站立准备

(5) 以右前脚掌为中心向左转动，面相九点方向，左脚同时转动成猫足站立；左手伸直由上向下击打，拳心向右；右拳收到右肋下，拳心向上，如图7-290所示。

(6) 右足向同方向前移一步成基本站立；右拳中段冲拳，拳心向下，目视前方，如图7-291所示。

(7) 以左足为轴，向右旋转到三点方向，前屈站立，右手握拳，拳心向下低位格挡；左拳收到左肋下，拳心向上，如图7-292所示。

(8) 右足向后退约半步，成基本站立；右拳经左向上并由上向下击打，拳心向左。左手收到左肋下，拳心向上，目视前方，如图7-293所示。

图7-290　猫足立劈拳

图7-291　基本立冲拳

图7-292　猫足立下格挡

图7-293　基本立下劈拳

(9) 左足前移一步成基本站立,左拳顺势中段冲拳,拳心向下,目视前方,如图 7-294 所示。

(10) 左腿向十二点方向移动成前屈站立,左手向下下段格挡,拳心向下,右手收到右肋下,拳心向上,如图 7-295 所示。

(11) 右足前移一步成前屈站立,右手握拳上段格挡,左手握拳收到左肋下,拳心向上,如图 7-296 所示。

(12) 左足前移一步成前屈站立,左手握拳上段格挡,右手握拳收到右肋下,拳心向上,如图 7-297 所示。

图 7-294 基本立冲拳

图 7-295 前屈立下格挡

图 7-296 前屈立上格挡

图 7-297 前屈立上格挡

(13) 右足前移一步成前屈站立,右手握拳上段格挡,左手握拳收到左肋下,拳心向上,如图 7-298 所示。

(14) 以右前脚掌为轴,向左转到四点半方向,左足移动成前屈站立,左手握拳下段格挡,拳心向下,右手握拳收到右肋下,拳心向上,目视前方,如图 7-299 所示。

(15) 右足向同方向前移一步成基本站立;右拳中段冲拳,拳心向下,左手握拳收到左肋下,拳心向上,目视前方,如图 7-300 所示。

(16) 以左脚为轴右转使右足移动到七点半方向成前屈站立;右手握拳下段格挡,拳心向下,左手握拳收到左肋下,拳心向上,目视前方,如图 7-301 所示。

图 7-298 前屈立上格挡

图 7-299 前屈立下格挡

图 7-300 基本立冲拳

图 7-301 前屈立下格挡

(17) 左足向同方向前移一步成基本站立;左拳中段冲拳,拳心向下,右手握拳收到右肋下,拳心向上,目视前方,如图 7-302 所示。

(18) 以右脚为轴左转，使左足移动到六点方向成前屈站立；左手握拳下段格挡，拳心向下，右手握拳收到右肋下，拳心向上，如图 7-303 及图 7-304 所示。

(19) 右足向前移一步成基本站立；右拳中段冲拳，拳心向下，左手握拳收到左肋下，拳心向上，目视前方，如图 7-305 及图 7-306 所示。

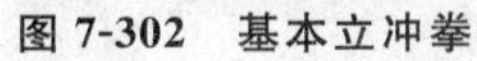

图 7-302　基本立冲拳

图 7-303　前屈立下格挡

图 7-304　前屈立下格挡侧面图

图 7-305　基本立冲拳

(20) 左足向前移一步成基本站立；左拳中段冲拳，拳心向下，右手握拳收到右肋下，拳心向上，目视前方，如图 7-307 及图 7-308 所示。

(21) 右足向前移一步成基本站立；右拳中段冲拳，拳心向下，左手握拳收到左肋下，拳心向上，目视前方，如图 7-309 及图 7-310 所示。

图 7-306　基本立冲拳侧面图

图 7-307　基本立冲拳

图 7-308　基本立冲拳侧面图

图 7-309　基本立冲拳

(22) 以右足为轴，左转左足向十点半方向移动成四股立，左手刀下段格挡，掌心向下，右手为掌收到胸口处，掌心向上，如图 7-311 所示。

(23) 以左足为轴，右足前移一步成四股立，右手刀下段格挡，掌心向下，左手为掌收到胸口处，掌心向上，如图 7-312 所示。

(24) 以左脚为轴，右足向一点半方向移动成四股立，右手刀下段格挡，掌心向下，左手为掌收到胸口处，掌心向上，如图 7-313 所示。

(25) 以右足为轴，左足向前移动成四股立，左手刀下段格挡，掌心向下，右手为掌收到胸口处，掌心向上，如图 7-314 所示。

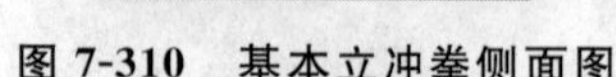
图 7-310　基本立冲拳侧面图

图 7-311　四股立手刀

图 7-312　四股立手刀

图 7-313　四股立手刀

(26) 以右脚为轴左转，将左足向右足边收回成外八字站立，将两手握拳放在下腹部前准备，目视一点半方向，保留残心，如图 7-315 所示。

(27) 外八字站立；两拳在腹部前准备；头转向十二点方向，目视前方，如图 7-316 所示。

(28) 结立，目视前方，如图 7-317 所示。

图 7-314　四股立手刀

图 7-315　外八字立收势

图 7-316　外八字立准备

图 7-317　立正

(29) 敬礼，如图 7-318 所示。

(30) 立正的姿势，如图 7-319 所示。

2. 拔塞(大)

(1) 立正的姿势，面向十二点方向，如图 7-320 所示。

(2) 敬礼，如图 7-321 所示。

图 7-318　敬礼

图 7-319　立正

图 7-320　立正

图 7-321　敬礼

（3）结立，如图 7-322 所示。

（4）以双脚跟为轴，足尖并拢成闭足站立，用左手抱住右拳，如图 7-323 所示。

（5）右脚向前踏出一步，使左脚移动到右脚的外侧成交叉站立，使用右手进行中段横挡；左手张开支撑右拳，如图 7-324 所示。

（6）以右脚为轴向左转面向六点方向成前屈站立，左手中段向外横格挡，右手握拳收到右肋下，拳心向上，目视前方，如图 7-325 及图 7-326 反面所示。

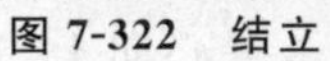

图 7-322　结立

图 7-323　闭足立抱拳

图 7-324　交叉立辅助外格挡

图 7-325　前屈立外格挡

（7）右脚不动，左脚撤回半步成基本站立，右手中段向外横格挡，左手握拳收到左肋下，拳心向上，目视前方，如图 7-327 及图 7-328 反面所示。

（8）以左脚为轴右转面向十二点方向，右脚向前踏出一步成前屈站立，左手握拳中段向内横格挡，如图 7-329 所示。

图 7-326　前屈立外格挡反面

图 7-327　基本立外格挡

图 7-328　基本立外格挡反面

图 7-329　前屈立内格挡

（9）右脚撤回半步成基本站立，右手握拳中段向外横格挡，如图 7-330 所示。

（10）以左脚为轴右转，右脚撤步成四股立，右手握拳中段横格挡，左拳收到肋下，拳心向上，目视十二点方向，如图 7-331 所示。

（11）右脚收回半步成外八字站立，右手握拳经右侧向上抬起，目视前方，如图 7-332 及图 7-333 所示。

(12) 右脚向前上半步成猫足站立，右拳中段向内横挡，左手握拳收到肋下，拳心向上，目视前方，如图 7-334 所示。

图 7-330 基本立外格挡

图 7-331 四股立捞挡

图 7-332 外八字立上摆拳

图 7-333 外八字立上摆拳左侧面

(13) 保持脚的位置不变，即猫足站立，左手中段向内格挡，右手握拳收到右肋下，拳心向上，如图 7-335 所示。

(14) 以左脚前脚掌为轴，左转向正前方成外八字站立，右拳收到肋下，拳心向上，左拳拳心向下握拳，如图 7-336 所示。

(15) 以两脚脚尖为轴，双脚转向一点半方向，双脚平行，使用左手上段冲拳，如图 7-337 所示。

图 7-334 猫足立内格挡

图 7-335 描足立外格挡

图 7-336 外八字立抱拳准备

图 7-337 后屈立上段冲拳

(16) 左脚脚尖返回原位成外八字站立，右中段冲拳，拳心向下，左拳收到左肋下，拳心向上，目视前方，如图 7-338 所示。

(17) 双脚脚尖转向十点方向使双脚平行，使用右拳向外中段格挡，目视前方，如图 7-339 所示。

(18) 右脚脚尖返回原位成外八字站立，左拳中段冲拳，右拳收到肋下拳心向上，目视前方，如图 7-340 所示。

(19) 双脚脚尖转向一点半方向；左拳中段向外格挡，右拳收到右肋下，拳心向上，目视前方，如图 7-341 所示。

图 7-338　外八字立中段冲拳

图 7-339　后屈立外格挡

图 7-340　外八字立冲拳

图 7-341　后屈立外格挡

(20) 右脚向十二点方向前踏出一步成猫足站立，右拳变为手刀进行下段格挡；左手变掌收到心口，目视前方，如图 7-342 所示。

(21) 左脚向前踏出一步成猫足站立；左手手刀下段格挡，右手收到心口前，目视前方，如图 7-343 所示。

(22) 右脚向前踏出一步成猫足站立，右手向下手刀格挡，左手收到心口前，目视前方，如图 7-344 所示。

(23) 右脚向后撤回一步成猫足站立，左手中段挂手，右手手心朝下收到心口前，目视前方，如图 7-345 所示。

图 7-342　猫足立手刀格挡

图 7-343　猫足立手刀格挡

图 7-344　猫足立手刀格挡

图 7-345　猫足立挂手

(24) 两脚不动，左手使用中段挂手回拉至左胸前，右手向身体左侧推掌，目视前方，如图 7-346 所示。

(25) 两手不动，左脚脚跟落下，右脚提腿到膝关节高度；目视十二点方向，如图 7-347 所示。

(26) 右足刀踏向前方并下落成外八字站立，双手握拳回靠左肋，拳心向下，如图 7-348 及图 7-349 所示。

(27) 以右脚为轴向六点方向转动，左脚轻轻回撤成猫足站立。左手变为手刀中段格挡，右手变掌收到胸前，目视前方，如图 7-350 及图 7-351 所示。

(28) 右脚向前踏出一步成猫足站立，右手中段手刀格挡，左手收到胸前，目视前方，如图 7-352 及图 7-353 所示。

图 7-346 猫足立推掌

图 7-347 提膝准备

图 7-348 外八字立后拽

图 7-349 外八字立后拽右侧面

图 7-350 猫足立手刀

图 7-351 猫足立手刀反面

图 7-352 猫足立手刀

图 7-353 猫足立手刀反面

(29) 右脚向左脚靠拢成并足站立,两手握拳上段弧形格挡,此时肘部稍微弯曲,目视前方,如图 7-354 及图 7-355 反面所示。

(30) 右脚踏出一步成前屈站立;使用左右拳锤击打对手中位,拳心向上,目视前方,如图 7-356 及图 7-357 所示。

(31) 递步向前成四股立,右拳中段向外横挡,左拳收到左肋下,拳心向上,目视前方,如图 7-358 及图 7-359 所示。

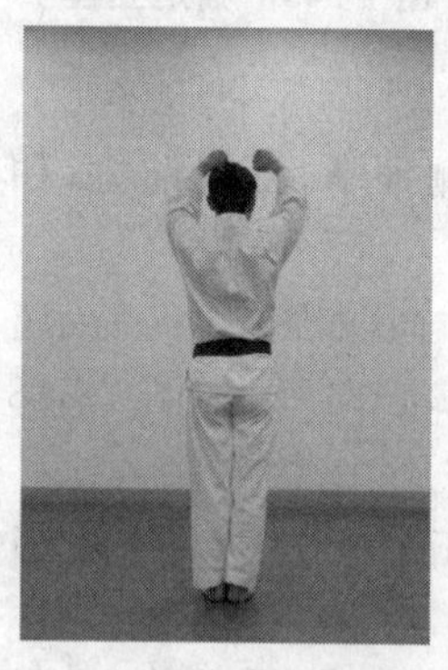
图 7-354 闭足立双手上格挡

图 7-355 闭足立双手上格挡反面

图 7-356 前屈立双夹臂

图 7-357 前屈立双夹臂侧面

(32) 右脚不动,左脚向右脚靠拢成并足站立,左拳下段格挡,右拳中段横档,目视十二点方向,如图 7-360 及图 7-361 侧面所示。

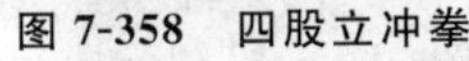
图 7-358　四股立冲拳

图 7-359　四股立冲拳右侧面

图 7-360　闭足立双手格挡

图 7-361　闭足立双手格挡左侧面

(33) 左转使右脚踏向十二点方向,沉腰成四股立,右臂下段格挡,左拳在心口前准备,拳心向下,如图 7-362 及图 7-363 所示。

(34) 左转面向六点方向,左脚稍稍收回成基本站立,左臂中段横挡,右手收到右肋下,拳心向上,目视前方,如图 7-364 及图 7-365 侧面所示。

图 7-362　四股立下格挡

图 7-363　四股立下格挡右侧面

图 7-364　基本立摆拳

图 7-365　基本立摆拳左侧面

(35) 右腿回转踢腿,右脚与左掌接触,在回转踢腿即将接触对手时,左拳变为掌,右拳收到右肋下,拳心向上,目视前方,如图 7-366 及图 7-367 反面所示。

(36) 右脚落在前方成前屈站立;左掌回收,右臂用肘向前击回收的左掌,右拳拳眼向上,目视前方,如图 7-368 及图 7-369 反面所示。

图 7-366　拍脚

图 7-367　拍脚反面图

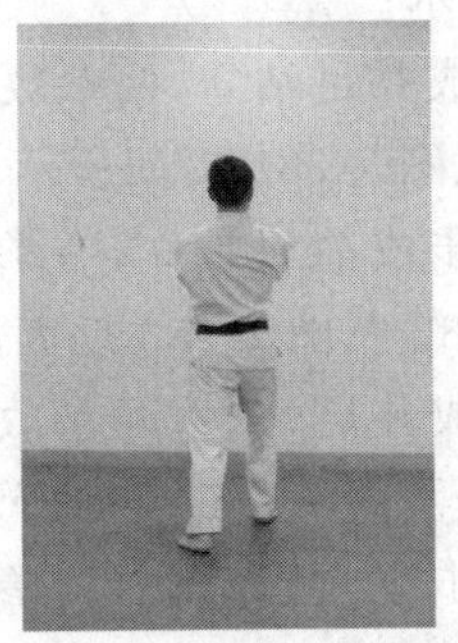
图 7-368　基本立顶肘

图 7-369　基本立顶肘反面

(37) 两脚不动，右臂下段格挡，左拳靠在右肘的内侧，拳心向里，目视前方，如图 7-370 及图 7-371 反面所示。

(38) 两脚不动，左臂下段格挡，右拳靠在左肘的内侧，拳心向里，目视前方，如图 7-372 及图 7-373 反面所示。

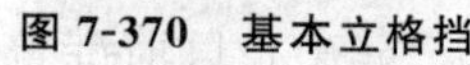
图 7-370 基本立格挡

图 7-371 基本立格挡反面

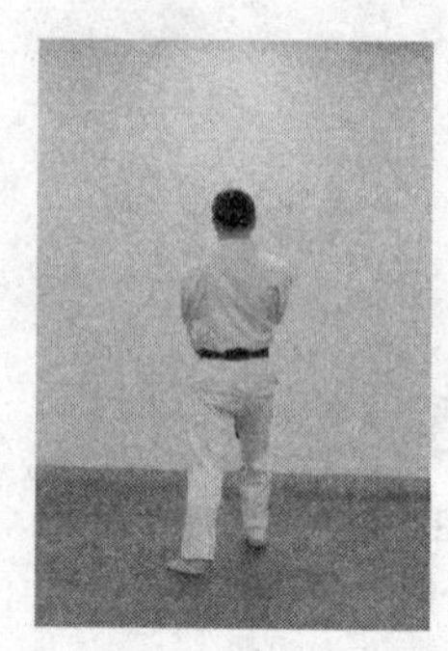
图 7-372 基本立格挡

图 7-373 基本立格挡反面

(39) 两脚不动，右臂下段格挡，左拳靠在右肘的内侧，拳心向里，目视前方，如图 7-374 及图 7-375 反面所示。

(40) 两脚不动，两拳收到左肋防御准备，左拳拳心向上，右拳拳心向下，目视前方，如图 7-376 及图 7-377 反面所示。

图 7-374 基本立格挡

图 7-375 基本立格挡反面

图 7-376 基本立抱拳

图 7-377 基本立抱拳反面

(41) 两脚不动，左拳上段冲拳，拳心向下，同时右拳中段击打，拳心向上，目视前方，如图 7-378 及图 7-379 反面所示。

(42) 右脚向左脚靠拢成并足站立，两拳收到右肋防御准备，右拳拳心向上，左拳拳心向下，目视前方，如图 7-380 及图 7-381 反面所示。

(43) 左脚向前踏出一步成前屈站立，右拳上段冲拳，拳心向下，同时左拳中段击打，拳心向上，目视前方，如图 7-382 及图 7-383 反面所示。

(44) 左脚向右脚靠拢成并足站立，两拳收于左肋防御准备；左拳拳心向上，右拳拳心向下，目视前方，如图 7-384 及图 7-385 反面所示。

(45) 右脚向前踏出一步成前屈站立，左拳上段冲拳，拳心向下，同时右拳中段击打，拳心向上，目视前方，如图 7-386 及图 7-387 反面所示。

图 7-378　基本立上段中段冲拳

图 7-379　基本立上段中段冲拳反面

图 7-380　基本立抱拳

图 7-381　基本立抱拳反面

图 7-382　基本立上段中段冲拳

图 7-383　基本立上段中段冲拳反面

图 7-384　基本立抱拳

图 7-385　基本立抱拳反面

(46) 以右脚为轴，向十二点方向左转成左前屈站立，右手臂右下上经左向上在向下压甩收回右腕(甩掉)，左手收到左肋下，拳心向上，目视前方，如图 7-388 所示。

(47) 向右转腰，转换成右前屈立，伸左腕经下向右再向上向下压甩收回左腕，右手收到右肋下，拳心向上，目视前方，如图 7-389 所示。

图 7-386　基本立上段中段冲拳

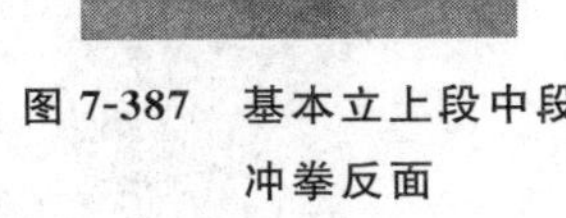
图 7-387　基本立上段中段冲拳反面

图 7-388　反屈立压臂

图 7-389　反屈立压臂

(48) 收回右脚转向一点半方向，同时提起脚跟成猫足站立，右中段挂手，左手在心口前准备，如图 7-390 所示。

(49) 手与足原位不动，头向左摆，目视十点半方向，如图 7-391 所示。

(50) 头不动，右手向斜后方摆动，右脚向斜后方插步，如图 7-392 所示。

(51) 右脚落下脚跟，左脚提起脚跟回收成猫足站立；左手经右向左挂手，右手收到胸前准备，如图 7-393 所示。

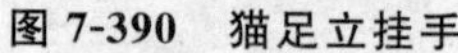

图 7-390　猫足立挂手

图 7-391　转头

图 7-392　插步摆手

图 7-393　猫足立挂手

(52) 左脚向右脚靠拢成并足站立，右手握拳，张开左手抱住右拳，目视十点半方向，如图 7-394 所示。

(53) 手与脚原位不动，头转向十二点方向，如图 7-395 所示。

(54) 两手放下成结立，如图 7-396 所示。

图 7-394　闭足立抱拳

图 7-395　闭足立抱拳

图 7-396　立正

(55) 敬礼，如图 7-397 所示。

(56) 还原成立正的姿势，如图 7-398 所示。

图 7-397　敬礼

图 7-398　立正

第8章 民间体育

民间体育源远流长，深受大众喜爱，是具有鲜明民族风格和地方特色的传统性的身体锻炼活动。民间体育内容丰富、形式多样、自娱自乐，多数项目不受时间、地点、器材的限制，具有娱乐性、趣味性、民俗性、游戏性、表演性、节庆性等特点，在学校体育教学中也广为流行。

8.1 毽 子

毽子，也称“翔翎”，踢毽子这一民间体育娱乐活动的历史可谓悠久，许多史记资料都有记载。

8.1.1 踢毽子的起源

踢毽子的起源有几种说法，一种说法认为，毽子就是箭子，其创自宋代的军营内，用箭之翎，配以石质底盘，抛足而戏，以解军闷之用。另一种说法认为，毽子创自轩辕皇帝时期，当时称其为“毱”，也是军士练习的一种器具，俗称“皮毛丸”。也有的认为，踢毽子起源于我国的汉代，盛行于六朝。唐代《高僧传》二集卷十九《佛陀禅师传》说道，南北朝北魏时期（公元467—499年），河南嵩山少林寺的祖师跋陀偶然看到一个名叫惠光的小孩在踢毽子，一口气连续踢了数百下。跋陀很是喜欢惠光，并将他收为少林弟子，从此踢毽子就慢慢地传开了。虽然这几种说法在民间流传比较广泛，但似乎还缺少可靠的佐证。

宋代高承的《事物纪原》记载：“今时小儿以锡铝为钱，装以鸡羽，呼为毽子。三五成群走踢，有里外廉、拖枪、耸膝、凸肚、佛顶珠、剪刀、拐子名色，亦蹴鞠之遗事也。”可以看出踢毽子在宋代就开始流行。陈维松的《咏毽子》说：“盈盈态，妙逾蹴鞠，巧胜弹棋。”和阮葵生的《茶余客话》中提道：“千姿万状，高下远近，旋转承接，不差铢忝，其中套数家门，凡百十种。”等，都描述了当时踢毽子的情景。这些记载应当可以证实，踢毽子在宋代不但已经有了，而且是比较流行的。

到了明清，踢毽子更为流行，明代刘侗的《帝京景物略·卷二》有民谣：“杨柳儿活，抽陀螺；杨柳儿青，放空钟；杨柳儿死，踢毽子。”说明了秋天是适宜踢毽子的时候。有童谣传：“一个毽儿，踢两半儿；打花鼓儿，绕花线儿；里踢外拐，八仙过海；九十九儿，踢到一百。”可见踢毽子的盛况。

踢毽子在北方相当有市场，清代《燕京岁时记》说：“京师十月以后，则有风筝、毽儿等物。”在《竹枝词·燕台口号一百首》中也写了北京的踢毽子情景：“内外拖抢佛顶珠，一身环绕两人俱。琉璃厂有踢毽子者，两人互接不坠。”更有了踢毽子技术和风格的提高与发展。当时，踢毽子也与书画、下棋、放风筝、养花/鸟、唱二黄等相提并论了。

北方好踢毽子，南方也喜毽子。屈大均的《广东新语》说，清代广州的元宵节“昼则踢毽五仙观，毽有大小，踢大毽者市井人，踢小毽者豪贵子”。这儿所指的踢大毽者市井人，专指以踢毽子为生的艺人。而且有了以表演专用的大毽子和以娱乐游戏之用的小毽子之分。

踢毽子以花样多变而见称，故又称作“花毽”。翟灏在《通俗篇卷·三十一》描述了花毽的技法：“今京师为此戏最工，顶、额、鼻、口、肩、腹、膺，既可代足。一人能兼数敌。自弄，则毽子终日不堕。”这些花毽的技术动作至今尚能在民间找到。

我国一些少数民族也有踢毽子的习俗。壮族和苗族等少数民族有手毽，手毽用笋壳等物剪成小圆片叠起穿孔，插上数根鸡翅羽毛，再配上一些小装饰品即可。打毽时，男女人数均等分为两方，相距数米相对而立。女方先将手毽抛向男方，男方随即用手掌将其打回，女方也同样将手毽击回，往来反复，以不能接着对方的毽子为负。青年男女边打手毽边唱山歌，欢天喜地，其乐融融。

侗族称毽子为“哆毽”，“哆毽”是侗族的一项传统娱乐活动。哆毽由不同的材料做成，如稻草毽，稻草毽用稻草梗扎成，中间一束稻草，底边绞成辫子状，形如葵花；芦苇毽用芦苇杆剪成短根，以数根扎在一起，插入底盘后再将其散开，形如小鞭炮；鸡毛毽用彩色鸡毛扎成，鸡毛可向内或向外伸展，形如菊花，形式多样。比赛时，两队分站两边对拍，以手拍打哆毽，拍得高、拍得远、接得稳、落地少者为胜。此项比赛多在情侣之间进行，所以也称作“飞花传情”。

19 世纪 30 年代，中国的南北各地都出现了不少身手不凡的踢毽子高手。1928 年，在上海举行了我国第一次的踢毽子公开比赛，使踢毽子登上了体育比赛的舞台。1933 年在南京举行的踢毽子比赛，更是有一时的轰动。当时的报纸做了相关的报道：“报名参加者颇为踊跃……能踢之花式均有百余种之多，观者无不赞美。”在以后的民族体育运动会上，踢毽子与拳术、摔跤、弹弓、剑术等民间体育项目一起进行了交流与比赛。

8.1.2 踢毽子的内容与形式

踢毽子的方法很多，常见的有基本踢法、花样踢法和多人踢法几种。

1. 基本踢法

毽子的基本踢法种类较多，而最基本的是以下几种方法。

1）盘踢（足内侧踢）

方法与拎踢法基本相同，盘踢是踢毽入门的基本技术，没有很好的盘踢基础，其他一切技术动作都是难以进行的。它是以左脚或右脚的足内侧连续交替将毽子踢起，踢毽的高度适中，如图 8-1 所示。

2）拐踢（足外侧踢）

拐踢是小腿向外侧拐，以足外侧将毽子踢起。拐踢法一般将毽子踢得较低，能起到周转四方和回环八面的作用，如图 8-2 所示。

3）绷踢（足尖外侧踢）

一脚向一步，重心在后脚，毽子抛起后，以前脚的脚尖部将毽子踢起。脚尖踢法既可将毽踢得很低，也可踢得相当高。熟练者有时还可将毽子踢起后，脚掌向内或向外围绕毽子转一周后再接着踢，如图 8-3 所示。此方法也称为“钓鱼”，向内或向外围绕毽子转一周分别称“里钓鱼”和“外钓鱼”。

4）磕踢（膝盖踢）

以靠近膝盖的大腿部将毽子磕踢起（撞起）的踢毽法，如图 8-4 所示。此方法一般将毽子踢得较低。

盘踢、拐踢、绷踢、磕踢 4 种踢毽法是最基本的踢毽方法。其动作要领略有不同，起到了互补和协调的作用。4 种踢毽法都要进行专门的练习，不可偏颇，练好了基本的踢毽方法，再练花样踢法就容易多了。

图 8-1　盘踢

图 8-2　拐踢

图 8-3　绷踢

图 8-4　磕踢

5）拎踢

两脚自然开立，左手自然下垂，右手轻抛毽子，高度适当，以右脚掌或左脚掌的内侧将毽子踢起，一般是踢一次，用手接一次，高踢低踢均可，初学者一般以此方法入门。

6）空踢

方法与拎踢法、拐踢法和脚尖踢法相同，唯踢毽脚悬空不落地，反复将毽子踢起，踢毽的高度一般较低。

当毽子下落时，利用缓冲将毽子停住，在拎踢法、拐踢法、脚尖踢等各部位的踢毽方法中均可使用。

2. 花样踢法

花样踢法的动作内容和形式是非常丰富的，一般分为接落、绕转、穿插、跳踢、头顶等数种，这几种类别又派生出许多花样动作。

1）接落

（1）里接：先把毽子在体前垂直踢起，高与髋部相当；一大腿内扣上摆，用足内侧主动迎正在下落的毽子，当毽子离足内侧尚有 4～5cm 的距离时，大腿要顺毽子的下落而下摆，产生缓冲，将毽子接落在足内侧。

毽子接停在足内侧后，小腿发力上摆，将毽子垂直抛起，然后再重复动作。在单腿连续做动作熟悉的前提下，可以进行左右腿的交替里接动作。如果感到对动作的掌握有一定的困难，也可以采用以手将毽子抛起，以足内侧接；足内侧将毽子抛起，再用手接毽子的单个动作练习，循序渐进地逐步掌握技术动作要领。

（2）外落：先把毽子在体前垂直踢起，高与腰部相当；一大腿上摆，膝关节稍向内扣，小腿稍向外下垂，足尖上勾，用足外侧迎正在下落的毽子，当毽子离足内侧尚有 4～5cm 的距离时，大腿要顺毽子的下落而下摆，产生缓冲，将毽子接落在足尖外侧的部位。

毽子接停在足外侧后，小腿发力上摆，将毽子垂直抛起，然后再重复动作。在单腿连续做动作熟悉的前提下，可以进行左右腿的交替里接动作，但要注意左右两腿之间的毽子互落距离。如果感到对动作的掌握有一定的困难，也可以采用以手将毽子抛起，以足外侧接；在足外侧将毽子抛起，再用手接毽子的单个动作练习，循序渐进地逐步掌握技术动作要领。

2）绕转

（1）里外绕转：用各种踢法将毽子在体前垂直踢起，高与髋部相当，以里接的方法将毽子接落在足内侧。毽子接停在足内侧后，小腿发力上摆，向上做弧形摆动，将毽子垂直抛起，大腿随小腿的摆动而摆动，使毽子顺势从足内侧下滑。

在毽子下滑时，小腿迅速由外向里做绕圆摆动，使踝关节在空中围毽子绕环一周，膝关节迅速伸展，将毽子接停在足内侧。

如果在毽子下滑时，小腿绕环的动作不变，但不将毽子接停在足内侧，而是用足外侧迎正在下落的毽子，将毽子接落在足尖外侧的部位，就形成了里绕转外接的动作了。

外绕转的动作是以外落的方法将毽子接落在足尖外侧的部位。然后在毽子下滑时，小腿迅速由里向外做绕圆摆动，使踝关节在空中围毽子绕环一周，膝关节迅速伸展，将毽子接停在足外侧。

如果不将毽子接停在足外侧，而是踝关节在空中围毽子绕环一周后，将毽子接停在足内侧，就形成了外绕转里接的动作了。

（2）葫芦绕转：所谓的葫芦绕转，就是里外绕转动作的难度提升。葫芦的形状是上下一大一小的两个圆形，葫芦绕转也就需要在里外绕转的基础上，踝关节在空中围毽子更迅速地绕环一大一小的两周后，将毽子接停在足内侧或者足外侧，就形成了葫芦里外绕转的动作。

3）穿插

穿插是花样踢毽的一部分，钻圈动作是穿插的主要内容。

钻圈可以用两臂相对成一个大圆圈，也可以用双手拇指相对成一个小圆圈。钻圈动作一般是用盘踢的方法，使踢起的毽子从圆圈穿孔而过。可以由下往上穿，也可由上往下穿。初学者一般先用盘踢的方法穿大圆圈，然后过渡至穿小圆圈。

4）跳踢

顾名思义，跳踢就是在跳跃的动作中将毽子踢起。跳踢的动作内容也不少，较常见的有以下几种。

（1）跳盘踢：毽子抛起后，两脚同时起跳，左腿自然下垂，右腿屈膝在左腿前面或后面举起，以脚掌内侧将毽子踢起，然后两脚同时落地。

（2）交叉踢：毽子抛起后，先抬起左脚，在右脚蹬跳起的同时左脚落地，右腿屈膝在左腿后面举起，以脚掌内侧将毽子踢起，反复落下和踢起。

（3）交叉跳踢：毽子抛起后，先抬起左脚，大腿屈膝使小腿自然下垂并与大腿成直角，右脚蹬跳起的同时左脚不落地，右腿屈膝在左腿后面举起，以脚掌内侧将毽子踢起。踢毽时要尽可能地将左腿盘高。

（4）交叉踢接：毽子抛起后，先以右腿屈膝将毽子磕踢起作为过渡，然后以右脚尖部将毽子接住；再以左腿屈膝将毽子磕踢起作为过渡，以左脚尖部将毽子接住，反复将毽子接踢。

5）头顶

（1）上头顶：上头顶动作，也称作“佛珠顶”，分为前、中、后3个部位。

① 上头顶中部位动作。先以各种踢法将毽子在体前垂直踢起，高约过头顶20cm。目

光随毽子的运动路线，当毽子下降至头部约5cm距离时，迅速回收下颏，产生一定的缓冲，将毽子接停在头顶上。

② 上头顶前部位动作。先以各种踢法将毽子在体前垂直踢起，高约过头顶20cm。目光随毽子的运动路线，用前额迎接下降的毽子。当毽子下降至头部约5cm距离时，两腿膝盖稍一弯曲产生缓冲，立即还原，将毽子停在前额上。注意接毽子时不要收缩脖子。

③ 上头顶后部位动作。先以各种踢法将毽子在体前垂直踢起，高约过头顶30cm。目光随毽子的运动路线，用前额迎接下降的毽子。当毽子下降至头部约10cm距离时，迅速低头，使毽子接停在头的后部。

(2) 太阳罩：太阳罩动作，也称作"双插花"，先以各种踢法将毽子在体前垂直踢起，高约过头顶15cm。当毽子下降至头部约5cm距离时，头迅速向右一摆，用左太阳穴将毽子接停。

毽子接停后，头向左后猛一摆动，将毽子垂直向上甩抛起，高约过头顶15cm。同时头向左摆，用右太阳穴将毽子接停。动作熟练后，可以形成左右互换，以连贯数次效果更好。

花样踢毽方法，种类丰富多样，熟练者的头顶、前额、肩、肘、背等身体部位均可以变出踢、停、顶、绕等花样动作进行练习。

3. 多人踢法

多人踢法是将一个毽子，以多人进行踢毽的活动。由于在踢的过程中，有一定的游戏和比赛含义，所以玩起来是颇有趣味的。

1) 过脖

先以各种踢法将毽子在体前垂直踢起，高约至耳齐平。踢完后，迅速向右弧形跨出半步，使毽子从右肩前经脖子后面，向左肩前落下，第二人接踢，以此类推。

2) 转身

先以各种踢法将毽子在体前垂直踢起，高约至腰部齐平。踢完后，迅速向右弧形跨出半步，身体绕转一周，第二人接踢，以此类推。

3) 翻身

先以各种踢法将毽子在体前垂直踢起，高约至头部。上身微向后倾，同时仰头，目光随毽子的运动路线，同时，身体自左向右转体一周，毽子经左脸向右落下，第二人接踢。以此类推。如毽子经右脸向左落下，则称作"回翻身"动作。

4) 围转

围转一般是3人或4人用一个毽子依次传踢。几个人面向里围成一个小圆圈，每人踢一次后，几个人都同时向右跨出半步，第二人接踢，即毽子在原地不移位置，踢毽人循环的方法。有趣的是，踢毽人可以用各种各样的动作踢毽，也可以配合假动作迷惑下一位踢毽人。但是，第二人接踢时，不可以与第一人的踢毽动作一样，必须改变动作的花样。围转对提高踢毽兴趣和踢毽的技术水平都有很大的益处。

4. 踢毽比赛与游戏

踢毽比赛目前尚没有统一的标准与规定，一般来讲，有计时盘踢、计时花样踢毽、花样耐久踢毽等内容。

1) 踢毽比赛

在规定的时间内和规定的场地内，统计踢毽的次数，以踢毽的次数多者为胜。比赛一般用低式盘踢法，因为此方法的踢毽速度最快。计时的时间一般以 3min 为一个计时单位。

(1) 计时花样踢毽：基本的方法与计时盘踢的比赛方法相同，而花样踢毽的动作内容与组别是大会事先所规定好的。

(2) 花样耐久踢毽：花样耐久踢毽比赛，可以是在一定的场地范围内，踢相同的花样踢毽动作，如交叉跳踢、上头顶动作等，动作先失误的踢毽者予以淘汰，以最后的踢毽的次数多者为胜。

2) 踢毽游戏

踢毽游戏是比较轻松和比较灵活的踢毽形式，许多内容可以根据实际情况和需要进行编排。

(1) 轮踢：参加者数人站成一圆圈，踢毽方法可随意，一般用盘踢的方法。一人先踢毽传至第二人，第二人踢毽传至第三人，以此类推。在规定的时间内统计踢毽的次数，以踢毽的次数多者为胜。

(2) 接力：参加者数人站成面相对的甲、乙两队，相隔数米。两队的甲队第一人踢毽传至对面本队乙队的第一人；对面本乙队的第一人，再踢毽传至对面本甲队的第二人；然后传至对面的第三人，以此类推。在规定的时间内统计踢毽的次数，以踢毽的次数多者为胜。

(3) 组合：将几种踢毽方法组合在一起为一个单元进行比赛，如右盘踢 1 个、左拐踢 1 个、右盘踢 1 个、左盘踢 1 个、跳盘踢 1 个为一个单元等。在规定的时间内统计组合踢毽的次数，以踢毽的组合次数多者为胜。

8.1.3 拍毽子的内容与方法

除踢毽以为，拍毽也是十分有趣的活动。拍毽以手持 30～40cm 宽的方形拍板进行，拍板可以用硬纸板或塑料板等。拍毽可以分为拍、抄等方法。

1. 平拍

平拍是以手持拍板将毽子在胸前直上直下连续拍起，高度适中。拍的时候，手臂有节奏且有弹性，毽子接触拍板仅为刹间。

(1) 挂膝拍：当将毽子拍在空中最高点时，迅速抬起右大腿，高度略超水平。拍板从腿外侧膝下伸入，在身体前面将毽子拍起；抬左腿时，拍板从左腿里侧膝下伸出，在身体的左侧面将毽子拍起；如果左手拍毽，则手法相反。

(2) 绕膝拍：当将毽子拍在空中最高点时，迅速抬起右大腿，高度略超水平。右拍板从腿内侧膝下伸入，绕过膝盖下，在小腿的外侧将毽子拍起；如果左手拍毽，则手法相反。

(3) 马步拍：当将毽子拍在空中最高点时，迅速下蹲成马步状，右拍板从右大腿外侧伸入，在身体前面将毽子拍起；如果左手拍毽，则手法相反。该动作要注意仅靠手腕抖动发力。

(4) 跪膝拍：当将毽子拍在空中最高点时，左腿向前一步，右后腿迅速下蹲跪地，右拍板从左大腿内侧伸出，在身体的左侧将毽子拍起；如果左手拍毽，则手法相反。

2. 平抄

平抄是以手持拍板将毽子在胸前成弧形上下连续抄起，高度适中。抄毽子的时候，拍板有一个迎送毽子的过程，毽子接触拍板的时间较长。

(1) 挂膝抄：当将毽子拍在空中最高点时，迅速抬起大腿，高度略超水平。拍板从上迎毽子至右腿外侧膝下抄入，在身体前面将毽子送挂起；抬左腿时，拍板在身体前面从上迎毽子至左腿内侧膝下伸出，在身体的左侧面将毽子送挂起；如果左手抄毽，则手法相反。

(2) 胯前抄：当将毽子拍在空中最高点时，迅速抬起右大腿，高度尽可能高。拍板从右大腿外侧伸入，在胯前从上接迎毽子，然后将毽子朝身后向上送挂起，使毽子在空中至头顶上方。下落时，再重复前一动作。如果左手抄毽，则手法相反。

(3) 背后抄：当将毽子拍在空中最高点时，身体向前挺送，拍板尽可能高得从上接迎毽子，然后将毽子在右侧腰后带至左侧腰背后，再向上送挂起，使毽子在空中至头顶左上方。当毽子下落时，身体略左转，再重复前一动作。如果左手抄毽，则手法相反。

拍毽时，拍板啪啪作响；抄毽时，拍板沙沙轻声。拍毽法和抄毽法犹如一刚一柔的配合，在练习中交替进行，非常有趣。

踢毽子主要是下肢的运动，而拍毽子以及从拍毽子中派生出来的抄毽子，则主要是上肢的运动。所以，无论是从身体均衡发展和全面锻炼的角度来看，还是从兴趣爱好和观赏娱乐的角度来说，在练习中相互交替进行，都是十分有益的和必要的。

8.1.4　毽子的制作与其他

1. 毽子的制作

无论是踢毽子、拍毽子和抄毽子都应注意以下几个相关事项。

挑选毽子时，首先应挑选毽子的羽毛，除了外观上的漂亮以外，更主要的是能在活动时掌握好毽子的运行。毽子的羽毛一般长 12～15cm，羽毛过短的毽子踢起来不容易控制其方向，羽毛过长则踢起来较难变化动作花样，因其运行时难以翻转。毽子的羽毛要扎接对称，否则容易在运行时偏离方向。毽子的底盘一般以直径 2～3cm 为宜，重量与羽毛相配要恰当，主要以毽子的运行灵活和易控制为准。

根据这些要求与标准，练习者往往可以自己制作毽子。毽子的种类也较多，有比较高级的雕翎毽，它是用鹰和雕的羽毛制成的，现在已经基本没有了。我们所常见的是鸡毛毽，鸡毛毽一般是用 4～6 根鸡尾部的羽毛作为毽毛，以公鸡尾部的羽毛管作为毽毛的插管，毽子的底盘可以用多种材料制作，如小铜板、数层厚的布块，甚至可以用啤酒瓶的盖子等。

如果有兴趣，一张厚纸也可以做成一个挺不错的毽子。纸毽子的制作很有意思，先将纸双对折成约 3cm 长的纸条，用剪刀剪成约 2cm 长和 0.2cm 宽的小细条，再将小细条卷起并将 2cm 长的小细条向四周分散；以硬纸数层做底盘，中间打一小孔，将卷紧的小细条塞入小孔，并用浆糊粘住，一个纸毽子就制作成功了。

2. 其他应注意的事项

踢毽子、拍毽子和抄毽子的场地大小可根据实际情况和需要而定，比赛所用的场地一般是 1.5m 或者是 2m 的正方形场地。但应该平整、干净，以避免下肢踝关节扭伤和尘土飞扬，

如果仅作为锻炼身体和闲暇，有盘踢、拐踢、绷踢、磕踢 4 种基本踢毽法和几种拍毽方法也就足够了。但如果是想练习花样踢毽动作或者是想参加比赛，则应该进行相应的基本功的训练。

基本功的训练包括多方面的内容，首先是腰部和腿部的柔韧性练习，如果没有腰部和腿部的柔韧，完成踢毽的花样动作几乎是不可能的。

踢毽子的服装和鞋子虽然没有规定，但应注意裤子的小腿部要瘦小一些，以不妨碍毽子的上下运动为好。另外，服装应有传统民族特色。

踢毽子的鞋子是十分重要的，一般的便鞋和运动鞋均可，最好是布帮和布底的鞋子，尤其是鞋底不要出边，一方面可以增加踢毽的接触面；另一方面是鞋帮平整，容易完成难度动作。

8.2 花 绳

跳绳，可谓家喻户晓，妇孺皆知。跳绳也称"跳百索"和"跳白索"，花绳则是在跳绳中各种花样动作变化的统称。

8.2.1 跳绳的起源

古时人们将跳绳称作"跳百索"，"跳百索"的名称是有来历的。《济南府志》记载："儿女子以绳为戏，名曰跳百索。"《日下旧闻·风俗》有更为详细的描述："以长绳丈许，两儿对牵飞摆不定，令难凝视，若百索然，其实一索也。群儿乘其动时，轮跳其上，以能过者为胜，否或为索所绊，听掌绳者以击之示罚，名曰'跳百索'。"形容了在跳绳的时候，由于绳子甩动的速度较快，飞摆不定的一根绳子，好像有许多绳子在甩动而使人难以看清，只感到好似百绳飞摆。而绳与索原为同一意思，人们也经常称之为"绳索"，所以将跳绳称为跳百索的原由也在其中了。

古人也有将在白天跳绳，因绳索甩动时在太阳光的照耀下，所显示出白光闪闪的状态而将称其为"跳白索"。明代《帝京景物略》描述："二童子引索略地，如白光轮，一童跳光中，曰跳白索。"

至清代，跳绳更为普及，受到百姓们的欢迎。在《帝京岁时记略·卷二》中也说道"跳白索无稚壮"。说明了跳绳不分稚壮老幼，除少年儿童以外，青壮年人也参加跳绳活动。

随着发展，跳绳逐渐成为一项节日的喜庆娱乐项目。在北京一带有元宵节跳百索的风俗，每年正月初三至十七日，在整整半个月时间的各种娱乐和喜庆活动中，跳绳是其中必不可少的内容之一。一到这个时候，琉璃窑前有集市，在各种各样的娱乐活动中有"民间击太平鼓跳百索"《琉璃厂小志》，叙述人们在跳绳娱乐活动中的一种平和气氛。

8.2.2 民间跳绳的形式

跳绳活动的内容与花样十分丰富和繁多。各地和各民族在长期的跳绳活动和习俗中，发展和演变了不同风格的跳绳形式。

1. 跳火绳

彝族有跳火绳的习俗，常在节日的晚间举行。火绳一般用藤条拧成，而藤条则是用深山老林里的藤树枝条，将藤条浸透桐油之类的易燃物，火绳也就制成了。夜幕降临，跳火绳开始了，参加者手执火绳站在起点，比赛的锣声一响，跳火绳者即迅速点燃火绳，以单人边跳绳边跳跃前进，先到终点者为胜。只见燃烧的火绳犹如圈圈向前滚动的火球，体现了彝族同胞向往生活和无畏的精神。该比赛较多的是姑娘们参加跳火绳，场外则是小伙子们的呐喊助威，真是情趣无限，场面壮观。

2. 跳草绳

跳草绳,可以说是最普及和最简单的跳绳活动,我国的广大农村都有跳草绳的活动。每到秋收之后,或者是农闲之时,乡民们将禾秆或麦秆分成 3 小撮平放在手掌心,然后两手将禾秆或麦秆向前平撮,小撮的禾秆或麦秆就形成了一根螺旋状的绳索了。如果不断添加禾秆或麦秆,可以搓编成一根很长的绳子。

跳草绳似乎没有什么特别的规矩和要求,草绳的材料拈手即来,搓编草绳也即手而成。跳草绳仅为娱乐和高兴,跳绳的形式和动作内容也随人的兴趣爱好而定。草绳跳完以后,一般也不做保存,或随手扔在地里腐烂做肥料,或带回作为厨房的燃料烧掉。

3. 跳花绳

朝鲜族妇女的跳花绳可谓名声在外,与打秋千等项目共同形成了其独特的风格。花样跳绳变化无穷,有单人跳、双人跳和多人跳;有单摇跳、双摇跳和多摇跳;更有双绳跳、多绳跳、交叉跳和绳技绳舞等。

8.2.3　现代跳绳内容

一般来说,现代跳绳可分为跳短绳、跳长绳和花样跳绳。

1. 跳短绳

短绳长 2～2.5m,绳粗一般与手指相当。通常情况下,以一脚踩住绳子中央,两臂屈肘将小臂持平,绳子被拉直为合适的长度。儿童用的跳绳,绳两端安有把手。

1) 短绳的摇绳方法

(1) 向前摇:大臂靠近体侧,肘稍外展,小臂稍低水平线。以手腕发力做外展内旋运动,使两手做画圆动作。每前摇一次,绳子经过地面在身后由下向上、经过头部在身前由上向下运动一周。小臂摇动的速度越快,绳子转动的速度越快。

(2) 向后摇:摇绳方法与向前摇相同,只是摇绳的方向相反。

(3) 向侧摇:两手靠在一起,使绳子从身体的左侧或右侧摇过。

2) 摇绳的方向

即以向前摇绳、向后摇绳和向侧摇绳的方法,进行不同方向的前摇跳、后摇跳、侧摇跳。

3) 绳子过脚次数

以绳子通过脚下的次数可分为单摇跳、双摇跳、三摇跳,通俗说法就是单飞、双飞、三飞。

4) 跳跃的方法

以脚的跳跃方法可分为单脚跳、双脚跳、交换跳,即提单脚跳、双脚并足跳和双脚交替跳。

5) 跳跃的变化

以跳跃的变化可分为单人跳、双人跳、编花跳等。

6) 跳短绳动作

(1) 向前单摇双脚跳:两手摇绳,两腿微屈同时跳起,绳经身后向前向下动作一周,绳触地时,身体正跃腾空。落地时前脚掌着地,此时绳经头部,反复进行。

(2) 向后单摇双脚跳:动作方法同向前单摇双脚跳,摇绳方向相反。

(3) 向前单摇双脚交换跳:摇绳方法同前,唯两脚交换落地。

单脚跳方法同前,唯单脚起跳,左右脚均可。

(4) 正编花跳：两手向前摇绳跳一次后，两臂左右交叉摇绳跳一次，再向前摇绳跳一次，接左右交叉摇绳跳一次，反复进行。

(5) 反编花跳：动作方法同正编花跳，摇绳方向相反。

(6) 正双摇跳：两手摇绳，两腿微屈同时用力跳起，绳经身后向前向下动作两次，绳触地时，身体正跃腾空，前脚掌着地，每次腾空时绳两次经地面，反复进行。

(7) 正三摇跳：方法同正双摇跳，唯每次腾空时绳3次经地面，反复进行。该动作难度较大。

7) 组合派生动作

此外，还可以根据几种不同方法的组合，派生出多种跳绳动作和内容。以双摇跳动作为例，可以派生出以下几种不同的双摇跳动作。

(1) 正、反摇单脚双摇跳：单脚连续双摇跳的基本方法与正双摇跳相同，只是用单脚进行。虽然仅是单脚和双脚之分，但其难度远远要超过双脚正双摇跳。反摇单脚双摇跳动作方法同正单脚双摇跳，摇绳方向相反。

(2) 正、反摇双脚交替双摇跳：该动作一开始，可以从单脚单摇跳或双脚交替单摇跳作为起始速度，逐步快摇绳两周跳绳一次，完成双脚交替双摇跳动作。双脚交替双摇跳要比单脚双摇跳动作困难，但可以比单脚双摇跳动作跳得时间更长，连续跳得次数也更多。

(3) 正、反编花双摇跳：该动作可以分为活编花双摇跳，即第一摇为普通摇法，第二摇是两臂在胸前交叉摇绳，中间交互变化。定编花双摇跳，即从第一摇开始就是两臂在胸前交叉摇绳，中间没有变化。技术要求与前基本相同，只是编花动作的绳子需稍长一些。

(4) 空双摇跳：技术要求与其他双摇跳基本相同，双摇跳时绳子始终在空中，不碰地，如碰地则被视作失误。要保持绳子不碰地，又不能离地太高，还必须跳得高和快。

(5) 蹲双摇跳和收腹双摇跳：该动作是以蹲的姿势进行双摇跳和用收腹举腿动作的双摇跳，技术要求与前基本相同。

(6) 成套双摇跳：成套双摇跳是在掌握了双摇跳基本技术的前提下，把各种双摇跳动作组合在一起，即成一套组合动作。如正双摇跳3次接双脚交替双摇跳3次再接空双摇跳3次等。并可根据个人的实际技术水平和体能状况进行不同的动作组合变化。

双摇跳动作本身就需要一定的技术和体能，再进行多种形式的变化，难度肯定不小。但随着发展，这些花样动作的变化也是能达到的。据报道，现在已出现了四摇跳，甚至五摇跳的动作。

8) 带人跳绳

带人跳绳是指跳短绳形式中的一种跳绳方法，一般是一人摇绳跳带一人(不摇绳)跳，也可以一人摇绳跳带数人(摇绳和不摇绳均可)跳等。以下是几种不同的方法介绍。

(1) 一人带一人跳：该动作开始时，带人者先做单摇跳，被带者在绳外随同带人者的节奏一起跳，待节奏相同和摇绳的空隙时，被带者迅速跳入绳内。如果被带者进入带人者身前为前带，被带者进入带人者身后为后带。一般情况下，以大个带小个较为容易，当然也可以小个带大个，只是动作的难度会更大。带人跳的绳子应当长一些。

(2) 一人带多人跳：在一人带一人跳的基础上，可以练习一人前后各带一人跳，并逐步发展带更多的人跳，多的已有一人前后各带三人跳，即一人带六人跳的情形。一人带多人跳时，带人者应当是跳绳技术娴熟的高个。摇绳时速度要均匀，绳子要长，两臂要用力。被带者的精神要集中，始终关注带人者的摇绳速度和相互间的动作。一人带多人跳的技术并非十分复杂，但集体的协调配合是相当重要的，一人被绳钩挂失误，则全部失败；而集体配合协调，则是成功的关键。

(3) 钻绳洞：钻绳洞可分为一人带一人钻绳洞、一人带多人钻绳洞，以及花样钻绳洞。

① 一人带一人的钻绳洞方法是带人者和被带者先合跳数次后，带人者放慢摇绳速度，并将左臂抬高，被带者可从带人者的左臂下快速钻跑到带人者的身后。两人再合跳数次后，被带者再从带人者的右臂下快速钻跑到带人者的身前，以此方法连续数次。

② 一人带两人的钻绳洞方法是带人者和身前身后两位被带者先合跳数次后，带人者放慢摇绳速度，抬高左右两臂，前被带者从带人者的左臂下快速钻跑到带人者的身后；后被带者从带人者的右臂下快速钻跑到带人者的身前，跳一次后，再以此方法连续数次。

③ 一人带多人钻绳洞的钻绳洞方法是带人者原地匀速摇跳，被带者数人移动轮流上绳，每一位被带者跳一次或数次后出绳，排到队尾，以此轮换。

(4) 花样钻绳洞：花样钻绳洞的形式也比较丰富，有带转、两人外手摇间带人跳等。

带转跳的方法是，带人者两人并立，中间留一定的空间距离，两人均以外侧手摇绳跳动，在跳动的节奏协调时，被带者或前或后跳入绳内与两人同跳。

在带转跳的基础上可以组合出新的变化方法，如变换摇跳带人法。该方法是以右手摇绳的带人者先与以左手摇绳的带人者及被带者跳数次后，向前跨一小步并身体右转，只摇绳而不跳绳；待其他两人跳几次后，再后撤一小步并身体左转跳入绳中。然后，左手摇绳的带人者采用相同的方法，从另一侧进行变换摇跳。

2. 跳长绳

长绳的绳长一般 6m 左右，长绳由两人摇动，两人各握绳端同时向同一方向摇动，分为正摇和反摇。面对跳绳者入绳是前方的为正摇，反之为反摇。

1) 跳长绳方法

跳长绳方法有入绳、出绳、跑过、连跳、跳过等。

(1) 入绳：正摇入绳，当摇绳触地时，进入绳内待绳摇过一周时跳起越过绳；反摇入绳，当绳达到最高点入绳，绳落地时跳起越过绳。

(2) 出绳：正摇出绳，当摇绳触地时，跑出区域；反摇出绳，当绳接近最高点时跑出区域。

(3) 跑过：正摇跑过，当绳子摇过触地后腾空时，迅速从绳下跑过去而不越过绳，又叫跑空绳，方向是由绳前朝绳后跑；反摇跑过，方法与正摇跑过方法相同，唯跑动方向相反，由绳后朝绳前跑。

(4) 连跳：连续不间断地跳起越过绳子，绳触地一次越过绳一次。在连跳过程中，可以做许多花样动作，如边跳边拍球、翻滚、蛙跳、跌扑动作等。

(5) 跳过：入绳后跳过摇转的绳子一次，然后跳出绳。在跳过时也可以做许多花样动作，如转体、跌扑动作等，如图 8-5 所示。

图 8-5　跳长绳

在掌握了入绳、出绳、跑过、连跳、跳过等技术动作的基础上，跳长绳可以变化出许许多多的内容与形式。

2）花样动作跳长绳

花样动作跳长绳的方法很多，如拍球跳长绳。其方法是跳绳人随摇绳人的匀速慢摇绳，边跳绳边连续拍球，保持着球的落地与弹起和脚的落地与跳起协调一致。如跳起做旋体动作 180°、360°，或者每跳一次，做一个武术动作或体操动作等。

（1）多人跳长绳：多人跳长绳的方法可以是多人成排原地站位，摇绳开始时，先由摇绳人发出信号，当绳子快到脚下时，多人一起跳起。如果采用淘汰法，即失败的人先出局，看谁能坚持到最后，更能增加跳绳的趣味。

还可以用轮跳法，即先由一人跳入绳内，随后每摇绳一次，跳入一人。一根 6m 的长绳，有时可以连续跳入 20 人左右。

（2）加一短跳长绳：加一短绳的跳长绳可以有两种，一种称作套上，即跳短绳的绳子较长，摇动时，短绳可以套上长绳，并随着长绳的摇动速度，短绳黏靠在长绳上一摇一跳；一种称作不套，短绳的绳子较短，长绳和短绳两绳之间相互不黏靠交叉，跳动时两绳的摇动速度要一致。

在长绳中的跳短绳也可以随长绳的摇动，进行短绳的双摇跳和跳短绳等其他各种形式的跳法。

（3）加一短一中跳长绳：这是一短绳、一中绳和一长绳的齐跳。摇长绳者站立摇动长绳，摇中绳者在长绳中边跳边摇动中绳，跳短绳者在中绳内跳动短绳，形成了长、中、短三环相套的跳长绳动作。

3. 跳绳比赛

跳绳比赛一般可以分为跳短绳比赛和跳长绳比赛。

1）跳短绳比赛

一般可将跳短绳比赛分成 2～4 组，比赛者手持绳站于规定位置。开始令后，快速按规定动作跳起，如单脚跳、双摇跳、编花跳等，在规定时间内，以成功跳的次数多少排名记分。单人项目一般 30s 计时，双人项目一般 60s 计时，团体赛则可将每队成功跳的总次数成绩累加记分。

其基本规则的要求有，绳过头和过脚为一跳次。中途失误的跳次不记，但要记下失误的次数，如图 8-6 所示。

图 8-6 跳短绳

比赛场地的地面应平整干净，以免尘土飞扬和关节扭伤。比赛中运动员如遇绳绊脚失误，可继续比赛，此次动作不作计数。此外，可根据不同情况安排形式多样的各类比赛。

2）跳长绳比赛

（1）3 分钟 10 人跑单“8”字比赛。每队为 10 人左右，其中两人为摇绳者，其余为跳绳者。开始时，第一人向前跳过，站在另一摇绳者同侧，其余人连续不间断地同前跳起越过绳子，鱼贯跳过成“8”字形。比赛一般为 3 分钟，每跳过一个计一次，次数多者为胜。若两人同时跳一次或 1 人连跳两次，均计为 1 次。若中途失误，要按 8 字路线前进或退回原位重新起跳，否则为犯规。摇绳人不得故意缩短绳子,否则也判犯规。当第二次犯规时,即被取消比赛资格。

(2) 3分钟10人穿梭跑双"8"字比赛。开始时,每位摇绳者身边站均等人数准备比赛。左方第一人向前跳过绳,到右侧摇绳者边,排在右方的队尾;右方的第一人在左方第一人跑跳出绳后即跟跳过绳,到另一侧摇绳者边,排在左方的队尾,如此连续不间断地同前跳起越过绳子。比赛时间以3分钟计算,每跳过一个计一次,次数多者为胜。其他规则要求与3分钟10人跑单"8"字比赛相同。

(3) 跳双长绳比赛。摇绳者两手各持一根长绳,以大臂向内侧轮换摇绳,跳绳者的跳绳速度明显要比跳单绳速度快许多,所以跳绳者一般以左右脚交替单跳。比赛的方法有多种,可参考其他跳长绳比赛方法。

4. 跳花绳

跳花绳是指用3根以上的长绳或短绳组合花样动作的跳绳方法。绳子的长度与一般的长绳和短绳无异。摇绳方法一般有4人、6人等。

(1) 4人摇绳是用两根长绳,4人成"II"字站立,每人在"II"字各顶点持绳的一端,以肩部为支点,用大臂由外向身体的内侧,使两绳一起一落交叉摇动。

(2) 6人摇绳用3根长绳,6人成"*"字站立,每人在"*"字各顶点持绳的一端,使3绳交叉摇动。交叉摇绳的方向应当是一致的。

目前,有的地方已经出现了10根以上长绳同时成"*"字形摇动,并进行跳绳表演的情况。表演时气氛热烈、场面壮观。

跳花绳的方法与跳长绳的方法基本相同,而花绳的摇动速度明显要比长绳摇动速度快得多,尤其是4人摇绳的摇动速度更是如此,以两脚交换跳为宜。

花绳的跳法丰富多彩,可以一人变化各种动作跳,如跳绳者随绳着地与甩起的变化之际,连续做蛙跳、鲤鱼打挺等动作。可以数人连贯穿梭跳等。

(1) 二长一短花绳跳法:长绳的摇动方法,即4人摇绳的方法,用大臂由外向身体的内侧,使两绳一起一落交叉摇动。跳短绳者先将绳置于背后,进入长绳空跳几次,然后开始摇动短绳。第一次跳,一条长绳和短绳同时通过脚下,第二次跳,另一条长绳和短绳同时通过脚下,如此连续摇跳数次,每次跳起,都有一次长绳和短绳同时通过脚下。配合时,要注意长绳的摇动应以短绳的快慢为准,摇长绳者应时刻关注跳短绳者的跳动速度。这种跳绳的方法,摇长绳者是很关键的,跳短绳者的脚一离地,就要让一根长绳通过其脚下。此动作称为两长绳交错摇与一人跳短绳。

在此基础上,可以进行两长绳交错摇与一带一跳短绳。此动作的长绳交错摇方法同前,两个跳短绳者准备依次跳入长绳,其中一人握短绳。两人分别站在长绳同一侧的两端,进入长绳后,两人一边空跳数次,一边相互靠近,握短绳者开始跳动短绳,另一人迅速跳入短绳。跳的时候,速度一定要均匀。因为带人需要,短绳可以长一些,而长绳的摇动要高一些,以免长绳和短绳在摇动时相互缠绕。

(2) 三长一短花绳跳法:在"*"字形的六角绳网里跳短绳,为七人跳绳法。3条长绳组成跳绳网,6个人慢速摇动长绳,跳短绳者站立于网状长绳中,从跳死绳开始。3条长绳中以最高的一条长绳的摇动速度和方向为准,短绳顺长绳的摇转方向摇,绳网过脚的时候,短绳在跳短绳者头上方;短绳过脚的时候,绳网在跳短绳者头上方。绳网和短绳轮流过跳短绳者的脚下。

在进行花绳跳表演时，尤其可以摇跳短绳进入长绳跳，其方法是在长绳外先将短绳跳起，摇跳速度要与长绳摇动速度相当。等到长绳从地面荡起时，跳短绳者迅速从反向摇绳跳入，注意这一周的摇短绳速度稍快些，使短绳摇到顶点时与长绳摇到顶点正好相交。只见短绳在内，长绳在外，形似网状相套，长短绳甩动时的白光闪闪，跳绳者的花样动作，精彩无比。又使人想起古人以"跳百索"和"跳白索"来形容跳花绳，真是恰到好处。

5. 花样跳绳竞赛规则

随着发展，花样跳绳也出现了竞赛的规则，其方法如下：

1）动作编排分值为 2 分

个人比赛至少需要 3 种花样，集体比赛至少需要 5 种花样，成套动作的连接顺序要协调、恰当、合理，分值为 1.6 分；其他方面为 0.4 分，其他方面包括服装的特色、器材的搭配、配乐的合理等内容。

2）动作难度分值为 3 分

动作难度的大小、难度动作的多少，以及动作内容与运动员的能力相适应的程度是动作难度分值评判的主要依据。凡是通过运动员一定的努力所能完成的动作，并且该动作对锻炼身体有一定的实用价值，以及具有新颖和独特风格的花样动作，均可以获得较高的分值。

3）动作完成分值为 5 分

动作完成分值从以下几个方面予以评定。

(1) 动作完成的熟练程度。

(2) 形体姿态的优美程度。

(3) 动作准确与动作幅度大小程度。

(4) 弹跳高低与落地轻巧平稳程度。

(5) 摇绳人与跳绳人之间的配合程度。

此外，失误、碰绳、跌倒等均要根据规则予以扣分。花样跳绳的比赛场地要求地面平坦。个人比赛的场地一般边长各为 5m；集体比赛的场地一般边长各为 10m。

6. 跳绳游戏

跳绳游戏是比较适合学校开展的活动，一方面是跳绳游戏无须专门的技术训练，另一方面是跳绳游戏可以充分调动学生的兴趣和发挥学生的积极性。

1）接龙跳绳

学生可分几路纵队，各队相距 3～4m，各队的学生前后距离为一臂左右，各队有两名学生在队前拉一条短绳，短绳的中部着地。比赛开始后，拉短绳的学生从队首往队尾跑动，使绳从每一个人的脚下通过。每人依次双脚跳起。可以一次性以速度快慢决定胜负，也可以循环进行比赛决定胜负。

2）往返接力跳绳

学生可分几路纵队，距前 20m 左右插一根标杆，各组第一人持绳站在起跑线后。比赛开始后，各组第一人跳绳向前，绕杆后跳回，将绳交给第二人继续进行，跑跳快的队为胜。

3）追赶跳绳

先在场地上画一个 10～15m 大小的圆圈，圆圈外等分画 3 条起跑线。比赛开始后，3 名学生边跳绳边追赶前一位跳绳者，在规定的时间或圈数内，任何一位只要追赶上前一位跳绳者就算胜利。

4）障碍跳绳

障碍跳绳可以说是在往返接力跳绳的基础上发展起来的。在规定的距离内，放一个跳箱盖、一个 1.5m 高的跳高架等障碍物。比赛开始后，各组第一人跳绳向前，要一一克服困难和跳绳过障碍物，绕杆后跳回，再将绳交给第二人继续进行，跑跳快的队为胜。

7. 跳绳时应注意的几个方面

无论是什么样的跳绳方式和方法，在跳绳时都应注意以下几个方面：

(1) 初学者应从练习双脚跳开始，以便掌握基本方法。摇绳速度要稍慢些，以使摇绳与跳跃动作相互配合。

(2) 摇长绳时，摇绳者距离要相当，绳摇的高度超过跳者的头部，低点时绳的中段与地面接触，甩动时注意不要吊绳，即低点时绳的中段不与地面接触，以免绊脚。

(3) 摇花绳时，节奏要均匀，摇速要一致。尤其是 6 人以上的花绳，上升时几根绳同时上升，下降时几根绳同时下降。摇动方向要一致，否则容易产生数绳缠绕的现象。

(4) 长绳和短绳相配合的跳花绳，更需跳短绳者的摇绳速度主动吻合长绳的速度。跳短绳进入长绳或进入花绳时，可以先练习徒手进入长绳与退出长绳的方法。动作熟练后再练习边跳短绳边进入长绳。先练习进入一根长绳，适应后再逐步进入两根乃至更多的长绳和花绳。

(5) 练习跳绳难度动作的顺序也应从易开始。从跳绳的速度而言，先练单摇跳，后练双摇跳，再练三摇跳；从跳绳的方向而言，先练前摇跳，后练后摇跳；从跳绳的手法而言，先练单摇跳，后练编花跳；从跳花绳的花绳数量而言，先练一根长绳跳，后练两根长绳乃至更多长绳和花绳跳。

8.3 空　　竹

空竹，也称为“空钟”、“响簧”、“空筝”，南方一般将其称为“扯铃”。由于空竹在练习时不停地抖动旋转，所以玩空竹又称“抖空竹”。

8.3.1 抖空竹的起源

抖空竹是民间的一项传统体育娱乐活动，在明代就已流传。明代的刘侗在《帝京景物略·卷二》中有民谣：“杨柳儿活，抽陀螺；杨柳儿青，放空钟。”说明春天是适宜抖空竹的时候。清代《燕京岁时记》说：“京师十月以后，则有风筝、毽儿等物。”并有民谣：“空钟儿响，鞭竹儿爆，正月十五又来到。”春节期间北方抖空竹和南方扯铃的习俗一直延续至今。其练习时变化无穷的动作，十分具有观赏性，尤其练习时空竹所发出的嗡嗡声响，更增添了不少节日的气氛。

空竹由轴和盘两大部分组成。轴为圆木制成，圆木中间呈弧形凹状；盘分为形如小车轮的上下两片，用木片制成，上下两盘片之间是空心的，用竹片绕盘一周相粘连。根据圆盘的大小，竹片上刻有几个乃至一二十个长方形小空不等，每个小空内嵌一块小木片。空竹转动时，各小空会发出嗡嗡声响。由于各空竹的空大小和多少不一，空气流动的快慢各异，所以空竹抖动旋转时所发出的声音也各不相同，有的像蝉鸣、有的像鸽铃、有的像古筝，等等。人们根据不同的声音，形象地将空竹称为“空钟”、“响簧”、“空筝”，久而久之，这些名称也就由此而来了。

逢年过节时，大家所看到的民间抖空竹，追求的是一种欢乐祥和的气氛，从动作内容而言是很简单的。作为民间的一项体育文化娱乐活动，至今仍然保留得较为完善，而且有些动作内容有了新的发展和提高。这些新的动作内容可以在中国的各杂技表演中观赏到。现在，抖空竹已成为中国杂技表演的保留节目。

空竹分为单盘空竹和双盘空竹，单盘空竹以一轴一盘连接组成，轴的空端另有一个小的弧形凹状；双盘空竹以一轴两盘连接组成，即轴的两端都有一盘连接组成。单盘空竹和双盘空竹各有其相同和不同之处。双盘空竹的练习能发出双倍于单盘空竹发出的声响，而单盘空竹则可以变化出更多的动作花样。抖空竹时，手持两根中间以细绳相连的小竹棍，以细绳绕空竹轴的中间弧形凹状处来回扯动即可，单盘空竹轴的空端另有一个小的弧形凹状也是可以用来作为扯动的。

8.3.2 抖空竹的方法

抖空竹的方法内容是十分丰富的，其中双盘空竹和单盘空竹的练习方法既有共同之处，又有各自不同的特点。一般来讲，单盘空竹的练习，其动作难度要比双盘空竹的动作难度高。所以，初学者以双盘空竹练习入门较为合适。鉴于普通高校学生初学者较多，本节主要介绍一些双轮空竹的技术方法。

双盘空竹的练习难度较之单盘空竹，会容易一些。因为双盘空竹的两端均有盘连接，两端的重量基本平衡，空竹在旋转时本身的自转会慢一些。所以，初学者一般都是从双盘空竹的练习开始的。

1. *启动*

双轮空竹的起动主要有平起动和交叉起动两种。

(1) 平起动：绳从空竹的轴处穿过，左右手拉杆用右手向上提拉，使空竹转动，如图 8-7 所示。

(2) 交叉起动：绳从空竹的轴处穿过，左右手互换拉杆，用右手向上提拉，使空竹转动，如图 8-8 所示。

2. *平抖*

两臂屈肘持平与肩同宽，上下均匀地扯动竹棍，以细绳在空竹轴凹状处连动，使空竹旋转抖动。一般是右手扯动竹棍向上时用力，左手扯动竹棍向上时应放松，使空竹始终产生一个逆时针方向的旋转，如图 8-9 所示。

图 8-7 平起动

图 8-8 交叉起动

图 8-9 平抖

3. 过门

无论是单盘空竹和双盘空竹，在旋转抖动时均会产生顺时针的自转，只是双盘空竹的自转速度慢于单盘空竹。空竹只要自转一周以上，两根细绳就会相互缠绕而无法扯动和连续再抖，所以必须以过门方法予以处理。双盘空竹的过门方法有穿针法，即以右竹棍在抖动时穿过左细绳，以解两根细绳的相互缠绕。空竹每自转一周，右竹棍就要穿过左细绳一次，此方法在单盘空竹和双盘空竹的旋转抖动时均可使用。

4. 轰鸣

虽然抖空竹时总会发出一定的声响，但要其发出阵阵轰鸣声，必须采用一定的技巧方法。方法有两种，一为提拉法，即右竹棍用力向右上方提拉，左竹棍随右竹棍的提拉向同一方向提送。左右所产生的一股合力，使空竹的旋转有了一个加速度，轰鸣声自然会加大。

二为缠拉法，即右绳绕在空竹轴凹状处绕一周半后，再进行提拉，左右两手的配合方法同提拉法。缠拉法是增加细绳与空竹轴凹状处的相互之间的摩擦力，从而使空竹的旋转产生加速度。

提拉法和缠拉法缠拉法两种方法均能使空竹发出阵阵轰鸣声，缠拉法尤其如此。但缠拉法的左竹棍和右竹棍的提拉速度必须很快，否则容易造成因缠绕而崩断细绳。

5. 上架

上架是指在平抖过程中加快空竹抖动的旋转速度，当旋转速度达到相当稳定时，两竹棍向上猛一抖动，空竹即会腾空飞起，高度以与头部水平为好。此时主动将右竹棍去接空竹轴的中间凹状处，使空竹利用旋转的惯性在右竹棍上原地或来回滚动。熟练者可将空竹从右竹棍跳滚到左竹棍上。待空竹旋转的惯性逐步降低后，然后再将空竹落下或抛起后落到细绳上继续做平抖动作，如图 8-10 所示。

6. 环跳

先加快空竹抖动的速度，然后采用平抖法，抬起一脚后用小腿或脚底踩踏细绳的内侧部，使空竹从一侧腾空环跳至另一侧。如果连续做环跳法，空竹好似在绕圈飞转，如图 8-11 和图 8-12 所示。

图 8-10　上架

图 8-11　环跳(1)

图 8-12　环跳(2)

7. 爬高

在加快空竹抖动速度的前提下，突然将右竹棍往下拉，同时左竹棍向上提，两臂向外用力，形成一个左右两臂垂直的状态。空竹先以重力因素下沉至右竹棍处，随着两臂向外用力而产生一股张力，空竹就会从绳的底端向上直线爬至绳的顶端。爬高动作的技术并不复杂，关键在于动作前抖动的速度必须非常快。否则，往往会产生空竹从绳的底端向上爬不到绳的顶端时就失去了动力，如图 8-13 所示。

8. 日上杆头

抖动空竹使其达到一定的转速，突然用力向上抖起，使空竹腾空，此时两杆交叉，让空竹落于两杆的交叉处转动，如图 8-14 所示。

图 8-13 爬高

图 8-14 日上杆头

9. 蝴蝶展翅

使两绳交叉，或者采用过门的方式使两绳交叉，抖动空竹达到一定转速，左杆头勾拉右绳，右杆头勾拉左绳，然后轻抛空竹，使其落在两杆勾起的绳上，两杆头相对，如图 8-15 所示。

10. 弯弓射虎

转动空竹达到一定速度，向左摆动空竹使其向左斜上方滚动，左手撑起杆，使杆靠紧于空竹轴，同时右手后拉，右腿屈膝形成右弓步，目视空竹，如图 8-16 所示。

图 8-15 蝴蝶展翅

图 8-16 弯弓射虎

11. 推小车

抖动空竹达到一定速度，向上抛起空竹，然后使绳从上向下绕脖子，右手伸直接住下落的空竹，接着向前慢跑，使空竹在左右手绳直接跳动，如图 8-17 所示。

12. 上下起伏

绳在轴上绕一圈，快速抖动空竹，右手拉起空竹左右手平衡地使空竹向上抛起，到顶点后两手向下轻带，使空竹向下运动，如此反复，如图 8-18 所示。

图 8-17　推小车

图 8-18　上下起伏

13. 飞天

抖动空竹达到一定速度，用力向上抛起空竹，然后右手伸直，杆头朝上，瞄准下落的空竹接住，如图 8-19 所示。飞天动作是练习时十分刺激的一个动作，可以从空竹腾空的高度方面入手，先 1m 左右的高度，逐步发展至 3～4m 的高度。要强调的是，飞天动作练习最好在草地上进行，否则动作一旦失误容易摔坏空竹。对于初学者而言，更要注意安全，以免被空中下落的空竹砸伤。

14. 弹花

抖动空竹，轻力抛起空竹，高度不超过脖子，接着接住空竹用轻力再次抛起，如此反复，如图 8-20 所示。

图 8-19　飞天

图 8-20　弹花

这些只是抖空竹的基本技术动作和基本方法，其他的抖空竹方法与花样动作也非常丰富，许多与技巧动作、翻腾动作、柔软动作等相结合的抖空竹方法还在不断地出现。

由于空竹的底盘为空心的竹木制品，所以一般情况下不能在硬地上摔砸。初学者的练习用空竹，底盘一般为实木制成的，虽然练习用空竹不能发出声响，但其比较耐用、经济，而且在技术方法上没什么区别。初学者应在基本的技术方法掌握以后，再使用能发出声响的空竹。

目前，抖空竹尚未成为一项正式的体育竞赛项目，但并不影响其在民间的存在与流传。至今，逢年过节均能在各地看到抖空竹的身影和听到空竹抖动时所发出的阵阵轰鸣声。

8.4 石　锁

8.4.1 石锁基本练法

石锁是用坚石凿成古铜锁的形象，重量不一、大小不等。石锁分为锁身和锁柱两部分。锁柱为手握处，举的方法较多。单手挺举的动作要领是两脚站立，将石锁放于体前，握紧锁柱以两腿用力蹬伸的力量将石锁举至肩前，再将石锁从肩前向上举起，手臂伸直后即算成功。可以根据上举次数多少取胜。

另一种是单手摆举。动作与挺举相似，右锁需持放在两脚之间并靠体后，用手握紧锁柱以全身力量将石锁向前上方摆起，直至上举部位，接着两腿并立，为一次成功。可以连续摆举，下落时屈臂至肩前再放下，但不脱手。竞赛时以连续上举次数多者为胜。

再一种是单手三指顶举(拇指、食指、中指)。预备势是双手将石锁举至肩上，再用3个指头的力量将石锁向上推起，至手臂伸直后方算成功。

8.4.2 石锁的技术动作

举石锁的方式较多，有的用双手各持一石锁同时上举，有的用单手或双手持小石锁左右旋转舞花样摆动，也有的用1～2kg的石锁以双人或多人抛接练习。它能增强人体的力量素质，是锻炼身体的有效方法之一。相传石锁最早出现于北宋时期，盛于清道光年间。习练武术时，人们常常运用石锁进行握力、腕力、臂力及腰、腿部力量的训练。石锁举法主要有抓举和摆举，有用正掷、反掷、跨掷、背掷等掷法和手接、指接、肘接、肩接、头接等接法组成各种各样的花色动作。小石锁以花色动作为主，男女老幼皆可练习，花色石锁表演时，石锁在身体上下飞舞，刚柔结合。20kg以上的大石锁则以练力量为主。有名目的花色动作有扔高、砍高、接高、扔荷叶、接荷叶、支梁、扇梁子、砍跟斗、撤荷叶、嘴巴荷叶、单花、双花、翻花、飘花、推花、打花、肘节、带黄鱼、推砻、磐头脑、盘地翻、雪花盖顶、捅螃蟹、翻麻雀、开四门、头顶、拨浪鼓、锁上拳、锁上肘、锁上指、别膀、苏秦背剑、骗马、腰穿、骗腿、骗马、腰穿上拳、骗腿上拳、四门斗、张飞跨马、关公脱袍、黑虎穿裆等。石锁可一人单练，也可双人对抛练习。竞技时两人、三人不等。一人拿两个石锁练，称之为“双石头”。竞技时不只用双手抡，还时常把石锁扔在空中，然后接住。有正面扔、背后扔、掏裆扔、片腿扔。两人以上竞技时还要互扔。石锁表演讲究高、飘、正、稳、活。石锁表演，一是石锁本身的翻转运动；二是表演者的身形、步伐及腾挪、躲闪、抛接的技巧；三是多人表演时的默契配合。

石锁功，为硬功外壮，属阳刚之劲，专练两臂提掖之力，其功效不亚于铁袋功。石锁与一般铜锁无异，有簧有壳，但无投匙之孔窦，小者 10kg，大者 30kg 左右，以麻石或青石凿成。

初步专练提托：先以一手握其簧，提至胸际，折腕向上举，频作升降，以练臂力。然后握锁由下向前平提，或向旁侧平提，提至与肩平，练臂之悬劲。基础既立，就可练翻接盘腰等法。翻接即提锁翻起，猛力上掖而脱手，使石锁在空中翻一转身，或两三个转身而接之。其转身之多少，需视臂力大小。初入手不要贪多，功夫到家，自会熟能生巧。

接法是，待锁转至面前即举手抢住锁簧，乘势连续翻接之。前面翻接熟练之后，则练旁侧翻接，进而再练顶锁。顶锁者即提锁向上抛起，待其落下时，以拳迎其居中之处，停于拳面片刻，再撒手使锁下坠，从上面抢接其簧，再抛再接。初以拳顶，继以手背顶，小臂顶，肘节顶，手指顶，其法完全相同。

此术既精，复习背花。背花有左右之别。右背花以右手提锁，从右腰后向左肩处上抛，略扭身向左，而从左肩之前面接锁；左背花则反之。练背花不可用劲过猛，对腰胁各部尤需注意。如偶有疏忽，或用力太过，会使锁触碰自身，而致重伤，故必须手到眼到，精神集中。背花之后，继习盘腰，亦分左右。右盘腰用右手提锁，从右腰处，由后转向左胁下摔去，向左旋身而接锁；左盘腰反之。其余还有背花后顶接及盘腰后顶接等法，也可合二法为一，学习者可参酌行之。

8.4.3　石锁比赛

石锁比赛在国家体育总局武术运动管理中心的改革之下成为一种称为“石锁上拳”的功法运动，可以锻炼手臂肌肉力量和全身协调能力。

1. 场地、器材、服装

(1) 场地：表面平坦的室外土地；或用 5cm 厚的橡胶板垫铺地面、空间高于 5m 的室内场地。赛场长宽为 $6\times6\text{m}^2$，中间画一个半径为 2m 的圆圈，运动员在圈内进行比赛。

(2) 器材：石锁，以青石制成(也可以其他材料制成)，形状呈中国古锁形。石锁各部名称为锁簧、锁头、锁尾、锁面、锁背、头面、尾面、左面、右面，如图 8-21 所示。

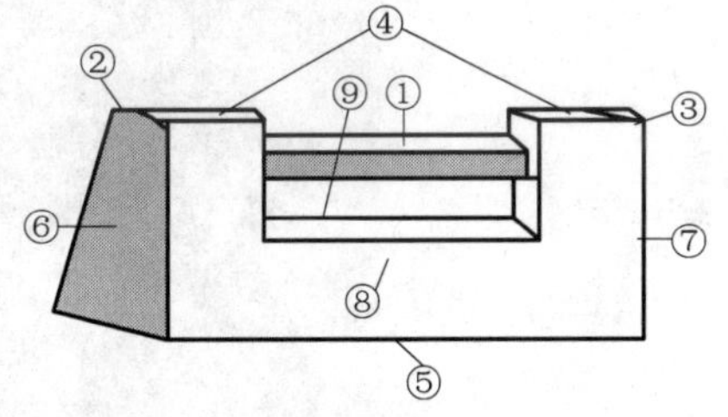

图 8-21　石锁各部名称图

①锁簧 ②锁头 ③锁尾 ④锁面 ⑤锁背 ⑥头面 ⑦尾面 ⑧左面 ⑨右面

石锁重量为 10kg、11kg、12kg，依次按每锁多 1kg 往上增加。石锁由大会统一配备。

(3) 服装：运动员需身着运动服装，或经大会批准的练功服装。运动员不能戴手套，也不能在手掌上绕裹布条等物。

2. 运动方法

(1) 顶锁：运动员在规定活动范围内面对石锁站立，锁簧在上，锁头向前，锁尾向后。运动员用右手或左手抓住石锁锁簧(柄把)，将石锁向前上抛起纵向翻花 180°，花高过肩；然后抛锁手握拳，用拳面接住石锁头面，拳高与肩平，石锁在拳头上稳定后伸臂上举，成两腿直立(两腿可开立)、身体竖直、手臂伸直，拳面举托着竖立的石锁稳定 3s(顶锁式)。比赛技术动作如图 8-22 所示。

在顶锁过程中，两脚可由弯屈状完成上举，然后伸直髋关节和膝关节。在保持“顶锁式”

图 8-22　顶锁动作

3s 时，脚步不能移动，各关节不能弯曲。

（2）放锁：完成上述动作后，屈臂将石锁回落至肩平，再以拳面发力顶落石锁，抓握锁簧，将石锁放回原处。

3. 比赛方式

1）赛法

比赛采用单淘汰制，分预赛、决赛进行。

参赛选手按抽签顺序进行试做。在每轮比赛过程中可试做 3 次，每次试做时间不得超过 1min；成功完成顶锁和放锁动作即可进入下一轮比赛，否则淘汰出局。

2）体重分级

参赛者不分年龄、性别。按体重分为轻量级(60kg 以下，含 60kg)、中量级(60～70kg，含 70kg)、重量级(70kg 以上)，每级比出 1、2 名，进行前 6 名决赛，决赛时体重不分级。

预赛时，轻量级、中量级、重量级使用的石锁，分别从 10kg、12kg、14kg 重石锁起赛，每赛 1 轮石锁增重 2kg。决赛时，采用轻量级预赛中的最大重量为起赛石锁重量，每赛 1 轮石锁增重 1kg。

参赛选手可以自己选定从某一重量的石锁开始试做。新加入赛事的选手，列于当轮比赛顺序之首。

4. 比赛通则

1）评判方法

(1) 成绩计算：以运动员按照规定的运动方法举托起石锁的最大重量为最终成绩。

(2) 未完成动作：

① 石锁掉地，判当次试做失败。

② 保持“顶锁式”3s 时，若出现脚步移动，或关节弯曲，身体和手臂未充分伸直，或托举石锁的时间不足 3s，均判当次试做失败。

(3) 违例：

① 运动员在完成比赛动作的过程中，任一脚踩到规定的活动圈线或圈外，判违例 1 次。

② 放锁时，未能抓握住锁簧或石锁放置位置不对，判违例 1 次。

(4) 名次取录：

① 每量级录取前两名，然后进行无差别级决赛，决出前 6 名。以运动员最终成绩的石锁重量大小排序，石锁重量大者列前，以此类推。

② 如果参赛选手成绩相等，则以违例次数少者列前(预赛、决赛分别计算)。

③ 如果参赛选手成绩又相等，则以试做次数少者列前(预赛、决赛分别计算)。

④ 如果参赛选手成绩还相等，则在“石锁上拳”进程中，依次采用向前上抛起纵向翻花 360°、540°、720°的方法决出名次。

⑤ 如果参赛选手成绩仍然相等，则以体重轻者名次列前。

⑥ 录取名额与参赛名额的比例，按照《首届全国武术功力大赛规程》的规定执行。

2）裁判员

由裁判长 1 人、裁判员 1 人、裁判助理 1 人、记分员 1 人、计时员 1 人、检录员 1 人，组成裁判组。

比赛时，裁判员站在比赛者活动圈的侧面。裁判助理 1 人，负责放置石锁和清除场内杂物等。裁判长由副总裁判长兼任，坐在裁判长席。

3）申诉处理

比赛结束后，如某队对比赛结果有异议，应在比赛结束后 20min 内向仲裁委员会提出书面申诉意见，同时交纳申诉受理费，每项申诉受理费 500 元。仲裁委员会对申诉进行审理，所作裁决是最终决定。

4）故障处理

若比赛过程中发生故障或事故，经裁判员允许可暂停比赛进行排除，每次处理时间不得超过 1min。如果出现轻微划伤可于场外由医生处理，医生同意其继续参赛者，可以继续参赛；经医生诊断不能继续参赛者，必须终止其继续参赛。

8.5 放 风 筝

8.5.1 放风筝简介

放风筝是一个安全、环保、经济、健康、低碳的户外运动项目，要利用全身头、颈、眼、手、腕、肘、肩、臂、腰、腿、足等人体各个部位，使全身得到锻炼。如放风筝需要不停地转动脖子，抬头看风筝的起降、高低等，所以是治疗颈椎病、肩周炎等的一个最佳锻炼方式。放风筝在大自然中进行，一方面双眼面对蓝天，需要忽近忽远地盯着风筝看，对治疗近视，调节眼疾有帮助；另一方面在享受温暖的阳光和新鲜空气的环境下，能够促进人体的新陈代谢，调节情绪，缓解压力，克服紧张的心理状态，对扩大人际交往、增进感情等有着积极的作用。

8.5.2 放风筝技术

放风筝的基本要求是，风筝能否飞上天，选准牵引点是关键。牵引点选得准，风筝受风平衡，放飞时就不会打旋、摇摆，容易直飞上天。风筝由于形状和大小各异，一般有1～3个牵引点，如金鱼风筝只需选择一点，蝴蝶风筝要在头部和两翼各选择一个对应点，然后用手抓住牵引点左右轻轻摆动，也可拿到室外试放，如风筝向一侧倾斜，则需重新选择牵引点。放飞的方法是，由一个同伴拿着风筝，顺风走到下风处，放风筝的人手里牵着线站在上风处，两者相距50m左右。拿风筝的人将风筝上举，并就势推向空中；放风筝的人拉着风筝线迎风奔跑，跑时一手持线，一手持轮，跑的速度取决于风筝上升的情况和手中线的拉力大小。风筝上升慢，线的拉力就小，应加快跑速；风筝上升快，线的拉力就大，则要放慢奔跑速度。风筝上升的同时，应根据线的拉力大小，适当放线，这样才能使风筝平稳地飞上蓝天，在天空中自由地翱翔，如图8-23所示。另外，还需掌握以下技巧：

图 8-23 风筝

(1) 在风力适足的时候，放风筝可以不必请人帮忙，自己拿风筝的提线，逆风向前边跑边看，直到感觉风劲够，再停下来慢慢放线。

(2) 当风力不够时，快速向后收线，给予人工加风，如感觉风筝线有拉力，就要把握时机放线，若风筝有下降的趋势，需迅速收回一部分风筝线，直到风筝能在天空挺住不坠。

(3) 当风力突然转强，风筝摇摆而倾斜度过大时，有两种控制方法：一是迅速放线；二是迅速往风筝方向奔跑数步，可缓和其势。

(4) 当风力停顿，风筝向下坠落时，可将风筝轻抖数下或迅速向后奔跑，如果后退无路，则可用迅速收线的方法处理。

(5) 收回风筝时，要慢慢收线，收线要尽量远离有高大树木的地方，以免风筝坠落挂在树上。

8.5.3　放风筝的注意事项

放风筝的注意事项有：

(1) 切勿在有高压线电塔、电线杆架设施处放。

(2) 留意气候变化，如有台风、雷击现象，应马上停止施放并远离空旷处。

(3) 放飞应选择适合且能配合风速之风筝，切勿轻视强大风速的力量。

(4) 施放者应选择空旷处，如公园、海滩，避免障碍物。

(5) 特技风筝飞行速度快，切勿进行低飞或惊吓他人等危险飞行动作。

第9章 休闲运动

9.1 木 球

9.1.1 木球基本概述

1. 木球的起源

木球作为一项体育运动，始于20世纪90年代初，主要是由中国台湾实业家翁明辉先生发明的。这项木球运动不同于我国少数民族运动会中的“打木球”项目，其起源时间较短，机遇偶然，出于翁明辉先生为父亲尽孝而为。1990年，翁明辉在台北市近郊找了一块山坡地，准备种花让父亲有个赏花散步的地方。刚好隔壁的杨光初对园艺很感兴趣，所以两人就一起合作开垦、整修梯田。翁和杨偶尔也打打高尔夫球，每打一次就要花费六七个小时，甚觉可惜，后来发现周围有很多树林，就联想到，除了种花外，如何运用这些树木、梯田来研发一种可在野外运动的项目，并且这种运动不仅要使物体(球)飞不起来，还要经济，这样就可以经常邀得三五好友来此聚会，于谈笑间挥杆漫步，好不惬意。于是就开始在梯田上栽植不用施肥、不洒农药又耐踩的蜈蚣草，在弯曲的田埂上种植花木当作球道界线。球杆的产生灵感则诞生于翁明辉在家中客厅突然注意到啤酒瓶，就拿给杨看，按照台湾版的小啤酒瓶制成木球杆的杆头，结果挥杆效果正佳，造型优美，接下来就是击球目标，为免挖洞积水及移动方便，采用足球球门的设计，为了与酒瓶型的杆头保持一致，把球网改成倒悬的高脚酒杯，球过门后木酒杯会旋转，象征干杯且可减少球过门与否的争议，球的创意则来自楼梯栏杆扶手顶上的圆木球。至此整套球具大致确定，过程用了约一年时间。

台湾版的啤酒瓶、高脚酒杯和楼梯扶手上的圆木球，这3种东西的形状确立了木球的造型，由台湾新竹的王精一先生做样品，经过翁、杨多次的修正和试打，最终成为现在的木球球具。正由于这项运动的玩法与高尔夫相似，又不像高尔夫运动的高消费，而被人们亲切地称为“草根高尔夫”、“ 平民高尔夫”、“大众高尔夫”，因其可以在庭院中进行，又被称为“庭院高尔夫”。正如翁明辉先生所说：“木球是把高尔夫球实用化了，一杆在手，远近都可以打。”

2. 木球的特点

木球运动是一项非常适合大众参与的健身项目，其特点是动作简单易学，而且不受场地、地形、面积大小的限制，不论在公园、学校、广场或是草地、沙地上，只要有一片较为平缓的草地、沙地或泥土地都可以进行运动，非常适合学校及民间推广。木球运动不受年龄、性别的限制，男女老少皆宜，无剧烈身体对抗性，轻松安全，不易受伤，娱乐性、趣味性极强。球具价廉物美，携带方便，规则酷似高尔夫球，能达到高尔夫的运动乐趣。同时也具备门球运动的诸多优点，有更胜一筹的趣味性、观赏性，能吸引众多的喜爱者参与。因此，木球具有极强的普及性及大众性。

9.1.2　木球基本技术

木球的基本技术是练习者通过球杆击打木球，使球沿着预定的路线向前滚动，并达到目标地点的技术动作，包括准备姿势、握杆、瞄准和引杆、击球 4 个部分。初学者的技术动作要领如下：

1. 握杆

左手在上，右手在下（均以右手习惯的人为例），四指并拢，拇指分开，自然握杆上端。要求右手小指侧紧贴左手拇、食指，握杆力争自然与协调，如图 9-1 所示。

图 9-1　握杆

2. 准备姿势

两脚开立与肩同宽，两膝微屈脚站稳。重心稳定稍偏向右侧，上体微前倾，背挺直，不弓背弯腰。人与球成直角，球距左脚跟两瓶长。要求左臂与杆尽量成一线，全身放松，如图 9-2 所示。

图 9-2　准备姿势

3. 瞄准与引杆

杆头、球心与目标（球门中心的木酒杯），瞄准时三点成一线。握好杆站好位，集中精力准备挥杆，要求“抗干扰求平静，精力集中不漂浮，瞄准预摆（引杆）不碰球”，如图 9-3 和图 9-4 所示。

图 9-3　瞄准

图 9-4　引杆

4. 挥杆击球

在准备姿势和瞄准的基础上，两臂在体前握杆，以肩为轴似钟摆式摆动，球门区或短距离预摆挥杆不超过肩部。眼睛直视球中央，腰腿不能起伏。预摆结束后下挥杆，保持肩臂轻松，按椭圆形原路挥杆，重心平行向左移动。要求击球之前不转体，匀速果断地把球击出，击球之后随之转体，目送木球，挺胸，同时两臂举杆做随挥动作，如图 9-5 所示。

图 9-5 挥杆击球

9.1.3 木球基本规则

1. 球场

标准木球场(比赛用)共设 12 个球道(或者 12 的倍数)，球道的长度为 30～130m，宽度为 3～10m，12 道总长度在 700m 以上。其中含有直道、右弯道、左弯道，距离有长距离、中距离和短距离 3 种，球道上可设障碍。休闲用场地则可视地形、面积，自由设置一个或数个球道来回击球比赛或游戏。每一球道起端，设一横线为起点线，称为发球线。线长 2m，横线两端向后划设 3m 的长方形范围，称为发球区，如图 9-6 所示。球门区为以球门中心点为中心的直径为 5m 的圆，且球门区的后方应有 2m 的缓冲区，如图 9-7 和图 9-8 所示。

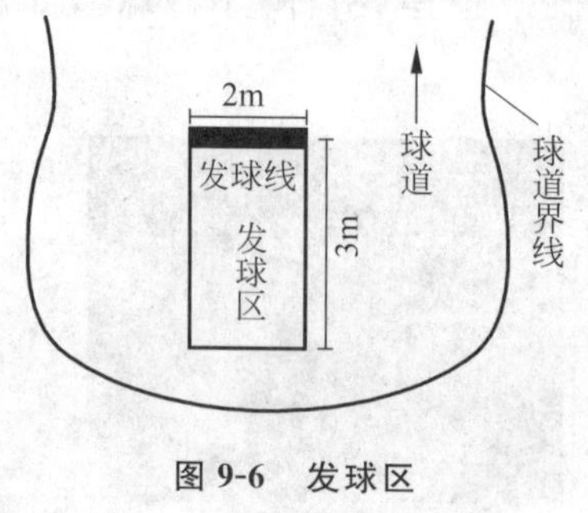

图 9-6 发球区

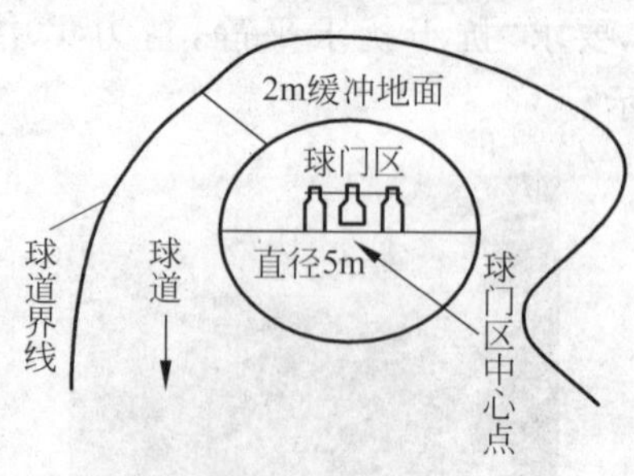

图 9-7 球门区

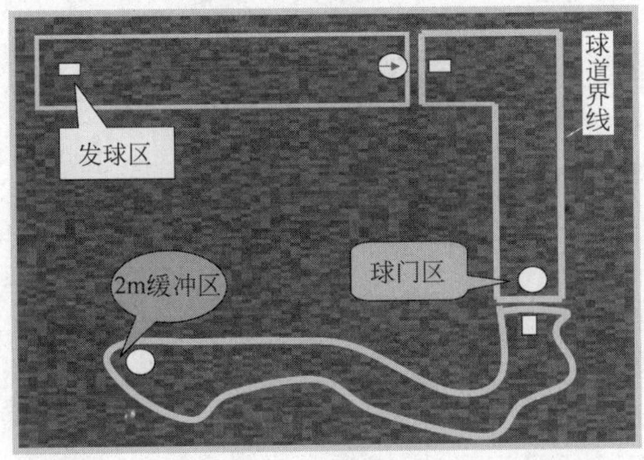

图 9-8　球道

2. 球具

木球的一套球具包括球、球杆和球门，由原木(红木、紫檀等)制成，如图 9-9 所示。目前在中国大陆仅宁波一家公司生产。球的直径约 9.5±0.3cm，重量约 350±60g；球杆成 T 字状酒瓶样的杆头，套有橡皮帽，利于击球；球门由两个木酒瓶中间悬挂一个木酒杯构成，球门内缘宽 15±0.5cm，木酒杯底部距离地面 5±0.5cm。

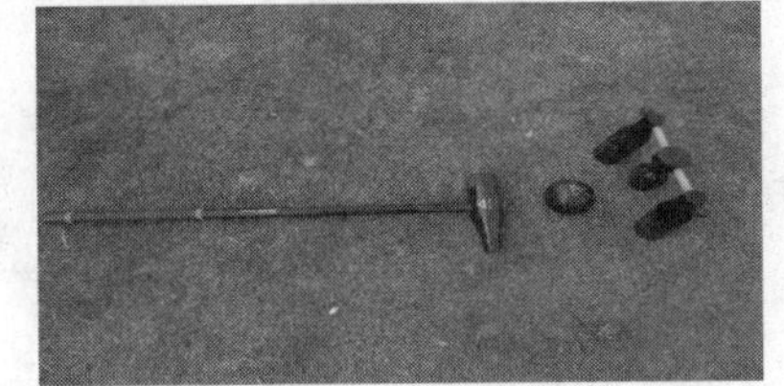

图 9-9　球具

1）球(见图 9-10)

2）球杆

(1) 球杆整体，如图 9-11 所示。

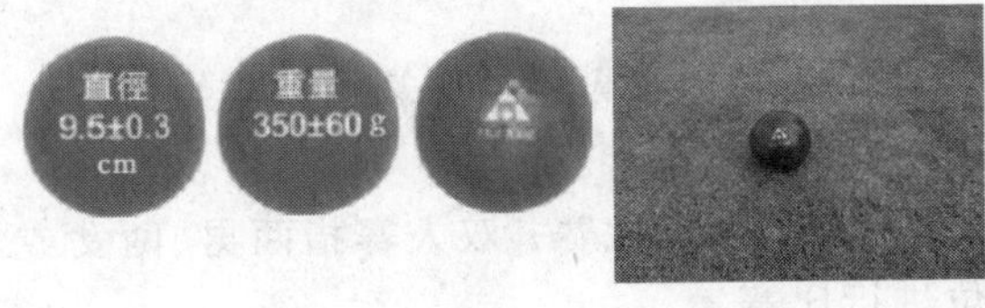

图 9-10　球

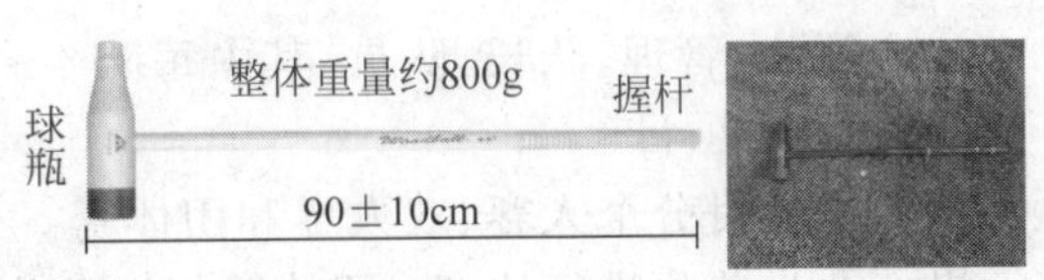

图 9-11　球杆

(2) 木瓶杆头，如图 9-12 所示。

(3) 橡胶垫，如图 9-13 所示。

图 9-12　杆头

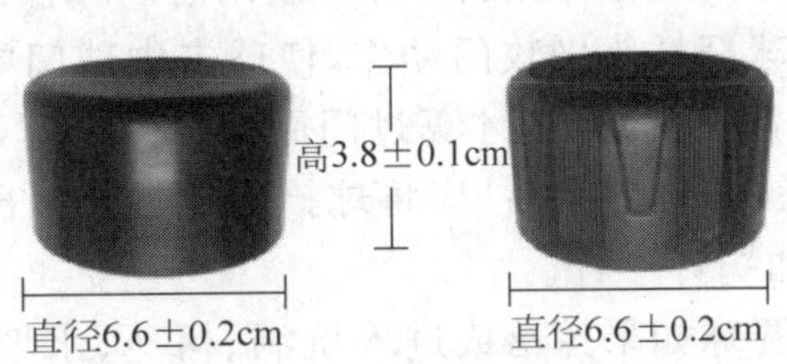

图 9-13　橡胶垫

3）球门(见图 9-14)

(1) 木瓶，如图 9-15 所示。

图 9-14　球门

图 9-15　木瓶

（2）木杯，如图 9-16 所示。

（3）金属棒，如图 9-17 所示。

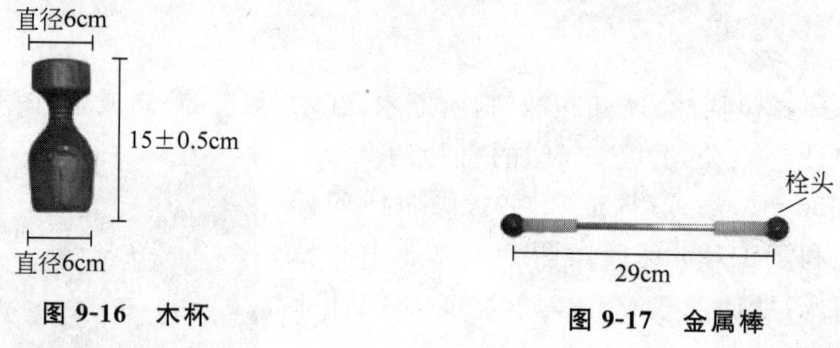

图 9-16　木杯

图 9-17　金属棒

3. 基本规则

2～4 人一组轮流进行挥杆打球，完成 12 个球道（或者 12 的倍数）的竞赛，以总杆数多少判定胜负。简易规则如下：

1）球队

含领队、管理、队长、队员，其中每队 4～6 人出赛，取最佳 4 人成绩计算团体成绩。

2）比赛项目

比赛项目分个人赛、双人赛和团体赛。个人赛指单人参加比赛；双人赛指两男、两女或一男一女为单位进行比赛；团体赛指以队为单位进行比赛。

3）比赛过程

（1）当裁判员宣布比赛开始时，球员应依编配或抽签顺序开始发球比赛。

（2）当球员进入发球区发球时，其他球员应退至发球区后方，以策安全。

（3）发球时应将球置于发球区内，并向球门方向击球，以球杆挥摆动作，用球杆杆头击球。禁止推送动作及用球杆侧面击球。攻门时以球杆杆头做近距离的推杆动作，使球成功过门。

（4）以球杆杆头做攻门动作，使球击中球门中间的木酒杯后，通过球门柱金属杆的投影线并滚到木酒杯的后方，才算过门而完成一个球道的比赛。

（5）球被打出界线后，应将球拾回放置在以出界点为中心，两个球瓶长度为半径的球道上击球，外加罚计一杆。

（6）比赛球如果掉落或进入坑洞、树丛、水塘等障碍内，无法打击时，要移出，在障碍物入界点为中心，按界外球处理或无限向后延伸的球道上设置新球位。

（7）比赛中，打击者挥杆时其他球员应退至打击者的后方 3m 以上的安全距离。

（8）球门前方或后方，球道上的球均可直接攻门。

（9）次一球道发球顺序，依编配号码顺序轮流发球。

(10) 比赛中球员如需更换球具，必须在赛完一球道后(如球具损坏不受此限制)，并经裁判员检查合格后才可使用。

(11) 球员击球时，如在击中球同时，球杆断裂仍视为完成一次击球，不可要求重新打击。

(12) 比赛球被不同球道之球碰击，新停球点为其球位，如球被碰击出界，以界外球处理，但不需罚杆。

(13) 球员身体的任何一部分或球具不得触及自己或他人的比赛球。

(14) 攻门或击球时，手握球杆不得握触球瓶。

(15) 打击时，球杆不得由双腿胯下击球或攻门。

(16) 某一球道距离球门 5m，如设有标示线，线外直接攻门而完成过门时，该球道杆数减一杆。

(17) 中、长球道中如设有 30m 超越线，球员发球若未超越此线者加计一杆，若 30m 内出界时或超越此线后球再出界时，以界外球处理。

4) 比赛胜负

以全部赛程总杆数少者为胜，若成绩相等，采用计球道胜数多者或加赛定胜负。球道赛则各球道以杆数少者为胜，最终以所胜球道多者为胜，若成绩相等，以最少杆创造者为胜，再相等则看次少杆，以此类推。

5) 附录

(1) 比赛记录表如图 9-18 所示。

木球比赛记杆卡

姓名	序号	1	2	3	4	5	6	7	8	9	10	11	12	合计
	1	1 2 3 4 5 6 7 8 9 10 11 12	1 2 3 4 5 6 7 8 9 10 11 12	1 2 3 4 5 6 7 8 9 10 11 12	1 2 3 4 5 6 7 8 9 10 11 12	1 2 3 4 5 6 7 8 9 10 11 12	1 2 3 4 5 6 7 8 9 10 11 12	1 2 3 4 5 6 7 8 9 10 11 12	1 2 3 4 5 6 7 8 9 10 11 12	1 2 3 4 5 6 7 8 9 10 11 12	1 2 3 4 5 6 7 8 9 10 11 12	1 2 3 4 5 6 7 8 9 10 11 12	1 2 3 4 5 6 7 8 9 10 11 12	
	2	1 2 3 4 5 6 7 8 9 10 11 12	1 2 3 4 5 6 7 8 9 10 11 12	1 2 3 4 5 6 7 8 9 10 11 12	1 2 3 4 5 6 7 8 9 10 11 12	1 2 3 4 5 6 7 8 9 10 11 12	T 2 3 4 5 6 7 8 9 10 11 12	1 2 3 4 5 6 7 8 9 10 11 12	1 2 3 4 5 6 7 8 9 10 11 12	1 2 3 4 5 6 7 8 9 10 11 12	1 2 3 4 5 6 7 8 9 10 11 12	1 2 3 4 5 6 7 8 9 10 11 12	1 2 3 4 5 6 7 8 9 10 11 12	
	3	1 2 3 4 5 6 7 8 9 10 11 12	1 2 3 4 5 6 7 8 9 10 11 12	1 2 3 4 5 6 7 8 9 10 11 12	1 2 3 4 5 6 7 8 9 10 11 12	1 2 3 4 5 6 7 8 9 10 11 12	1 2 3 4 5 6 7 8 9 10 11 12	1 2 3 4 5 6 7 8 9 10 11 12	1 2 3 4 5 6 7 8 9 10 11 12	1 2 3 4 5 6 7 8 9 10 11 12	1 2 3 4 5 6 7 8 9 10 11 12	1 2 3 4 5 6 7 8 9 10 11 12	1 2 3 4 5 6 7 8 9 10 11 12	
	4	1 2 3 4 5 6 7 8 9 10 11 12	1 2 3 4 5 6 7 8 9 10 11 12	1 2 3 4 5 6 7 8 9 10 11 12	1 2 3 4 5 6 7 8 9 10 11 12	1 2 3 4 5 6 7 8 9 10 11 12	1 2 3 4 5 6 7 8 9 10 11 12	1 2 3 4 5 6 7 8 9 10 11 12	1 2 3 4 5 6 7 8 9 10 11 12	1 2 3 4 5 6 7 8 9 10 11 12	1 2 3 4 5 6 7 8 9 10 11 12	1 2 3 4 5 6 7 8 9 10 11 12	1 2 3 4 5 6 7 8 9 10 11 12	
	5	1 2 3 4 5 6 7 8 9 10 11 12	1 2 3 4 5 6 7 8 9 10 11 12	1 2 3 4 5 6 7 8 9 10 11 12	1 2 3 4 5 6 7 8 9 10 11 12	1 2 3 4 5 6 7 8 9 10 11 12	1 2 3 4 5 6 7 8 9 10 11 12	1 2 3 4 5 6 7 8 9 10 11 12	1 2 3 4 5 6 7 8 9 10 11 12	1 2 3 4 5 6 7 8 9 10 11 12	1 2 3 4 5 6 7 8 9 10 11 12	1 2 3 4 5 6 7 8 9 10 11 12	1 2 3 4 5 6 7 8 9 10 11 12	

运动员________ ________ ________ ________ ________　　　　裁判员________

图 9-18　比赛记录表

(2) 裁判手势：

① 比赛开始。手臂伸直向前下斜 45°，手掌张开，手指并拢，并指向发球线，同时口喊"比赛开始"，如图 9-19 所示。

② 打击手势。手臂前伸与肩同高，掌心朝下，以食指指向该击球者与球门方向做多次水平摆动，如图 9-20 所示。

③ 球出界。握拳翘起大拇指，手臂微弯由体前方上摆过肩至头后方，并做多次摆动，表示球已出界，如图 9-21 所示。

④ 犯规。手臂靠耳向上伸直，并面向击球者，如图 9-22 所示。

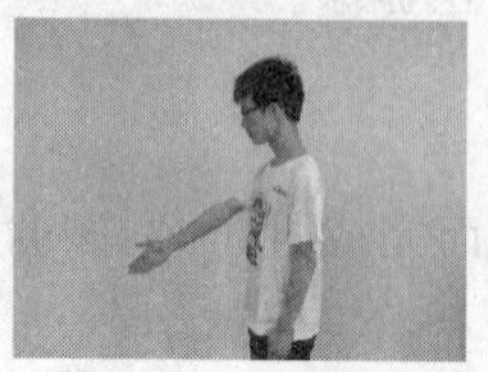

图 9-19 比赛开始

图 9-20 打击手势

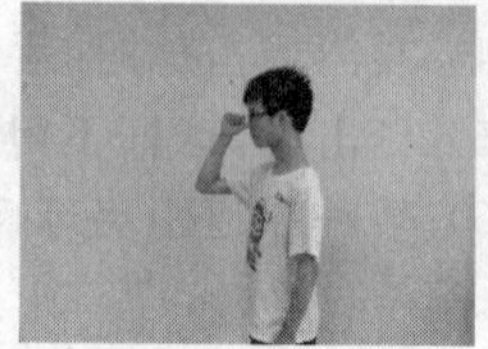

图 9-21 球出界

⑤ 暂停。双手掌在胸前做 T 字形，以示暂停，如图 9-23 所示。

⑥ 过门。手臂伸直竖起大拇指指向击球者，以示成功完成击球过门，并予以祝贺、赞赏之意，如图 9-24 所示。

图 9-22 犯规

图 9-23 暂停

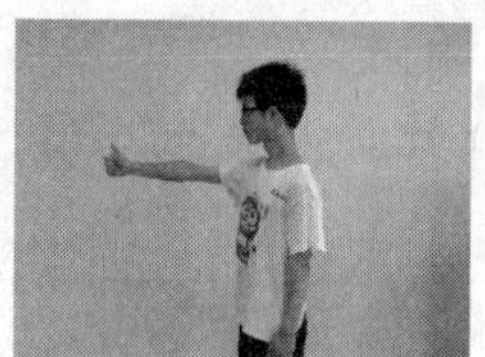

图 9-24 过门

(3) 木球场地欣赏：

① 马来西亚兰竹度假村木球场如图 9-25 所示。

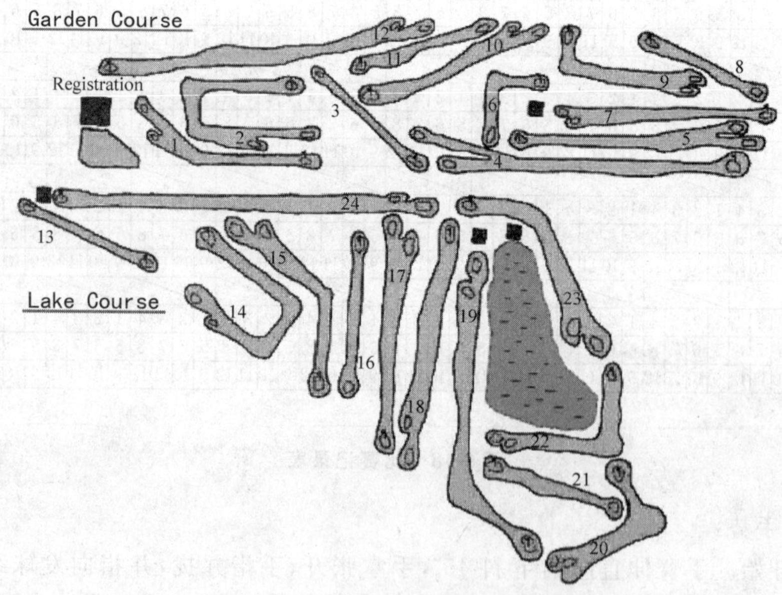

图 9-25 马来西亚兰竹度假村木球场

② 台北后花园木球场 1 如图 9-26 所示。

③ 台北后花园木球场 2 如图 9-27 所示。

图 9-26　台北后花园木球场 1

图 9-27　台北后花园木球场 2

④ 台北后花园木球场 3 如图 9-28 所示。

⑤ 印尼木球场 1 如图 9-29 所示。

图 9-28　台北后花园木球场 3

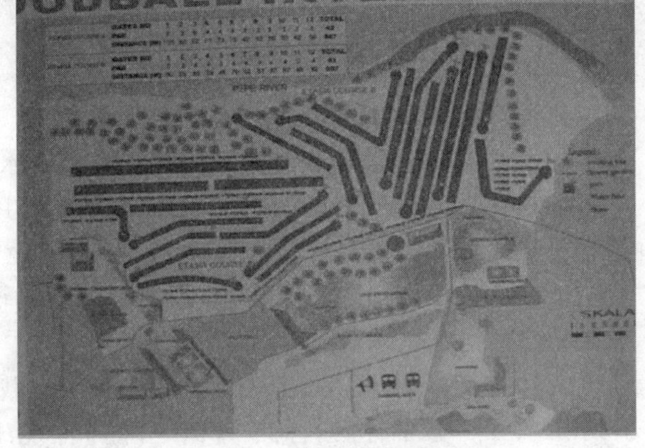

图 9-29　印尼木球场 1

⑥ 印尼木球场 2 如图 9-30 所示。

⑦ 北京克沃克木球场如图 9-31 所示。

图 9-30　印尼木球场 2

图 9-31　北京克沃克木球场

⑧ 浙江工业大学木球场如图 9-32 所示。

⑨ 球道标识牌如图 9-33 所示。

图 9-32 浙江工业大学木球场

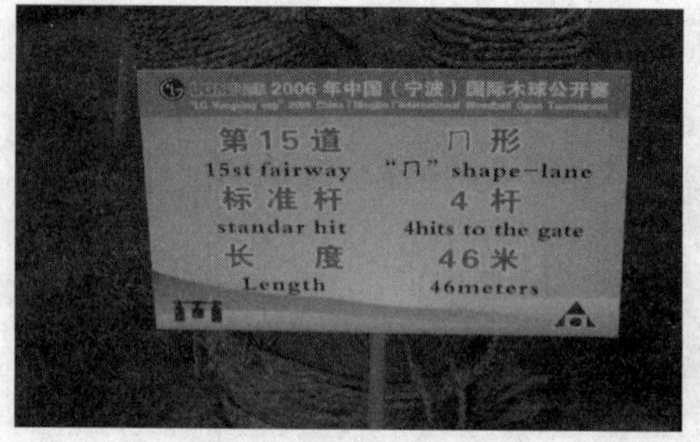

图 9-33 球道标识牌

9.2 轮　　滑

9.2.1 轮滑基本概述

1. 轮滑的起源

轮滑(Roller skating)，又称滚轴溜冰、滑旱冰，是穿着带滚轮的特制鞋在坚硬的场地上滑行的运动。最早于公元 1100 年的溜冰鞋是利用骨头装在长皮靴脚掌上帮助猎人在冬天进行打猎的游戏。由苏格兰人 Dutchman 于公元 1700 年爆炸性地创造了第一对溜冰鞋，他希望能在夏天模拟出冬天溜冰，于是把敲钉的线轴长条木附在鞋子上。这一年在爱丁堡组成了第一个溜冰俱乐部。

1819 年，M. Peitibled 于法国发明专利中记载了第一双单排滑轮，1823 年伦敦，Robert John 设计了一双溜冰鞋，称其"rolito"，将 5 个轮子放成一排在鞋的底部。

1863 年，美国的 Plimpton 制造了一双有四轮的溜冰鞋，且轮子是并排的，可以转弯、前进和向后溜冰，这是最传统的溜冰鞋。1884 年，发明了滚珠轴承的轮子，使得以后溜冰运动得以蓬勃发展。

直到 1980 年，明尼苏达州两位热爱冰球的兄弟，为了在球季之余能够继续练习，便将轮子装在刀底座之内，做成第一双单排轮滑鞋，这种轮子排列成一条直线的溜冰鞋的正式学名为 In-LineSkate，并且成了今天单排轮滑的正式名称。

1984 年，RollerbladeInc 开始研发各种不同用途的轮滑鞋，ROLLERBLADE 一直是国际飞轮业界领导品牌，1994 更把 ABT 简易煞车系统带入市场，即大家今天看到的单排轮滑。单排轮滑运动，不单只限于曲棍球运动员，更成为一种时尚休闲运动风行世界各地。

1995 年，ESPN 第一届极限运动更把特技单排轮滑运动(AggressiveIn-lineSkate)推向了全世界。特技单排轮滑运动起源于美国，其特技鞋也不同于普通单排轮滑，是在单排轮滑鞋上附加了许多配件。最终使单排轮滑更好玩、更刺激。

为进一步推动、发展轮滑运动，促进这一群众性体育运动的蓬勃开展，我国于 1980 年正式成立了中国轮滑协会，并于同年加入了国际轮滑联盟，于 1986 年加入亚洲轮滑联合会。

轮滑运动进入 2010 年广州亚运会竞赛项目，共设 9 块金牌。

2. 轮滑的分类

现代轮滑运动分为极限轮滑、速度轮滑、花样轮滑、休闲轮滑和自由式轮滑 5 个项目。

1) 极限轮滑

极限轮滑也叫特技直排轮，玩极限轮滑的人被称为 ROLLERBLADING。极限轮滑是现在年轻人的追捧。主要分为街式和专业场地，专业场地分为道具赛和半管(U 形池)。

2) 速度轮滑

以单排、双排轮滑鞋为比赛工具的竞赛项目，分场地跑道比赛和公路比赛两种。世界锦标赛场地跑道正式比赛距离为：300m 计时赛、500m 淘汰赛、1000m、5000m、10 000m 积分赛、20 000m 积分赛，场地跑道像自行车场一样呈盆形。公路比赛包括女子 21km 半程马拉松赛、男子 42km 马拉松赛。

3) 花样轮滑

分为规定图形滑、自由滑、双人滑和双人舞 4 个项目。比赛在不小于 50m 长、25m 宽的场地上进行。参赛各队每项比赛可以参加 3 人，男女总计 12 人。根据动作的难易程度、舞姿的优美程度打分确定胜方。

轮滑球看上去像是冰球和曲棍球的结合体，打法同冰球打法相似，比赛两队各上场 5 人，其中 1 名为守门员。运动员脚穿轮滑鞋，手执长 91～114cm 的木制球杆在一块长 22m，宽 12.35m 的长方形水泥质或花岗石制成的硬质地面球场上进行比赛。运动员可以传球、运球，通过配合把球攻入对方球门为得 1 分，得分多者为优胜队。球门高 1.05m，宽 1.54m，分置于球场两端线的中间。比赛用球形如棒球，重量为 155.925g。每场比赛分两局进行，每局 20min。

另外还有极限运动和技巧：利用 U 形台、滑杆等做各种各样的惊险、复杂技巧表演动作，分街道赛和半管赛，也是轮滑竞技项目中最吸引人的一项。

4) 休闲轮滑

以休闲健身为目的，穿着单排轮滑鞋，在各种场地、环境中无拘无束地进行各种滑法，最主要的活动是"刷街"，慢慢滑行，浏览着街景，沐浴着阳光，呼吸着新鲜空气，身心放松。

5) 自由式轮滑(Free style)

其中最有代表性的就是，过桩(Salomon)的平地花式。不同于花样轮滑(一般是指双排轮滑)，平地花式讲究过桩的足部花式技巧，同时要有全身性的节奏感，具有非常高的观赏性。

轮滑项目主要有：双排花样轮滑、单排花样轮滑、速度轮滑(直排)、轮滑球(直排为主)、极限轮滑(街区和 U 池)、轮舞、自由轮滑 FSK(休闲与野街)、平地花式(速度过桩、花式过桩、平地刹停)、速降、跳高(平地、抛台)。在世界各地的参与者中，有热衷于其中一项的，也有参与其中几项的。虽说都是轮滑，但不同项目给参与者带来的感觉不同。

3. 轮滑的器材

1) 轮滑鞋

(1) 鞋身：轮滑鞋的外壳可以防止外来的冲击，具有保护脚部的作用。一般有鞋扣的鞋身穿着较方便；绑鞋带的比较贴脚，穿脱较麻烦。比较好的单排轮滑鞋都是绑带加一个扣的设计。一般的单排轮滑鞋都有一个内靴，可以缓冲足部和鞋壳之间的摩擦，以保护足部，使皮肤不易擦伤和起水泡。好的鞋身应该够坚固，海绵要够厚，密度也要够大。

(2) 底架：底架为连接轮子及鞋壳的结构体，底架系统的坚韧性，是决定溜冰鞋寿命的一大因素。通常底架的设计有不同的类型，厚薄均有。底架一般有4个轮子，但也有装置3个轮子的小底架，以及可以装置5个轮子的速度鞋。铝合金的底架比较好，因铝合金的底架较坚硬，不容易变形，但价钱较贵。

(3) 轮子：轮子必须是高弹性轮，不宜用塑料轮子。最好选聚酯材料制作，即胶轮，它适应各种场地和状况。胶轮比较软，弹性较好，塑料轮子质地较硬，可试敲地面听声音来感觉，塑料轮子声音尖锐，容易打滑。有些轮滑鞋会配置六角扳手，用于拧紧轮子，如图9-34所示。

(4) 大小：大小合适，不顶脚。一般系好鞋带，小腿和地面垂直时，脚的最前端和鞋内套的距离是半个大拇指(手)为宜，太大的鞋不安全。初学阶段可以买非专业性滑轮。

2) 护具

护具是最容易被忽视，但又是很重要的一项装备，包括头盔、护掌、护肘、护腕和护膝，如图9-35所示。很多人出于怕被认为娇气或者嫌麻烦的心理不愿带护具，但几乎所有长期练习轮滑的人都认为，带护具不仅能保护自己，还能保持良好的练习心态。

图9-34　轮滑鞋

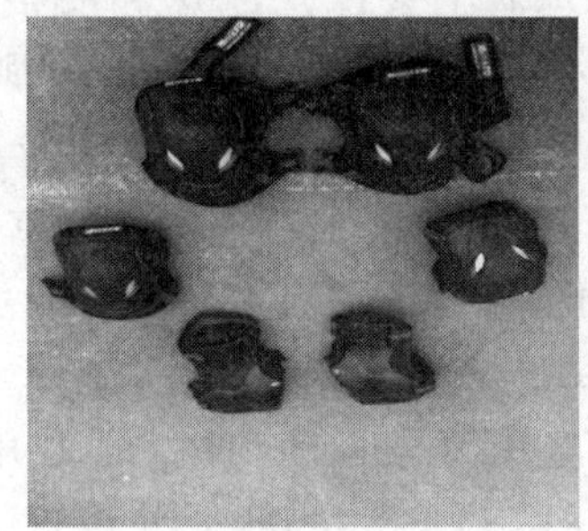

图9-35　护具

9.2.2　轮滑基本技术

轮滑是一项极易掌握的体育运动，任何人都能很快地学会它。但对于很多人来说，初次接触轮滑时，心理上会产生一种畏惧感——担心摔跤。其实，只要简单地掌握一些轮滑的方法和技巧，就能把这项运动变成乐趣。

1. 轮滑的基本姿势

初学时一定要注意培养正确的姿势，滑行时腰、膝、踝关节要保持弯曲，以降低身体重心，身体失去平衡时要向下蹲。

1) 基本姿势

身体自然放松，上体微微前倾，膝关节弯曲成140°角左右，小腿微前屈，脚踝约成80°角。两脚间距15～20cm，身体重心在两脚之间，如图9-36所示。

2) 静蹲

双脚平行站好，上体略微前倾，腰背部放松，腿弯曲，含胸收腹提臀，膝盖与脚面垂直，两脚平行开立相距5～10cm，两臂自然下垂或背于腰后，左手握住右手手腕，大臂夹住身体，双手自然放松，支撑在臀部。两眼目视前方 5～6m 处，重心落在两脚中间，如图 9-37 所示。

3）摆臂姿势

静蹲姿势，双手握拳，手肘下垂，双拳位于鼻子前 10～20cm 距离。后摆：大臂放松，小臂发力，沿身体侧面向后发力。前收：大臂放松，小臂摆回鼻子前，把力量收回，如图 9-38 所示。

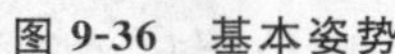

图 9-36　基本姿势

图 9-37　静蹲

图 9-38　摆臂姿势

4）侧蹬

在基本姿势或静蹲的基础上，上体向左侧倾倒，重心落在左腿上，左膝关节位于胸下方，右腿向侧平行伸出，蹬直后再以大腿带动小腿收回原位，换左腿侧蹬出，如图 9-39 所示。

图 9-39　侧蹬

2. 轮滑的基本站立

1）"V"字站立

将双足成 V 字站立，脚跟靠拢，脚尖分开约 45°形成一个 V 字，两膝盖微弯并分开，双手放在膝盖上，眼正视前方，如图 9-40 所示。

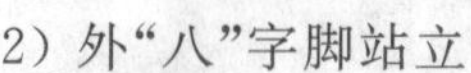

2）外"八"字脚站立

两脚尖外展 40°～50°成"八"字，脚跟靠住站立。上体稍前倾，重心落在两脚中间，如图 9-41 所示。

3）平行站立

两脚分开，相距 10～20cm，两脚尖稍内扣，保持两脚平行。膝部微屈，上体稍前倾，身体重心落在两脚中间，平稳站立，如图 9-42 所示。

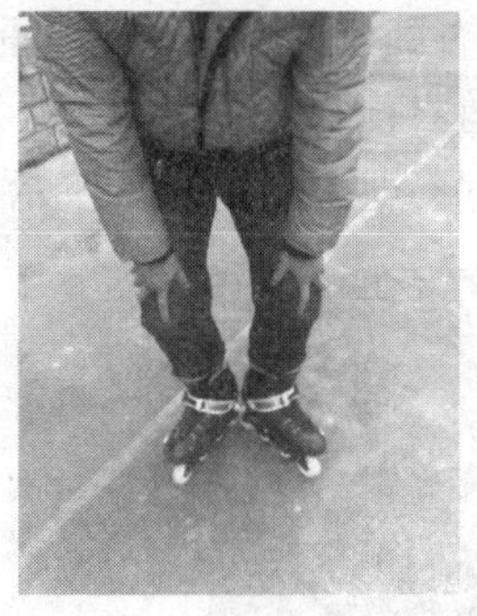

图 9-40　"V"字站立

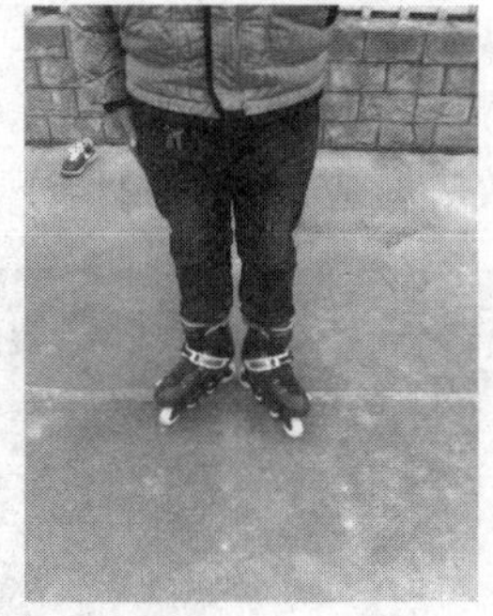

图 9-41　外"八"字脚站立

图 9-42　平行站立

3. 移动身体重心练习

1）原地移动身体重心练习

(1) 原地左右移动身体重心：两脚平行站立，上体稍向一侧倾倒，逐渐将重心完全移动至一条腿上支撑，待稳定后再向另一侧移动。

(2) 原地抬腿练习：两脚平行站立与肩同宽，两腿微屈，上体稍前倾，两臂白然下垂。将身体重心移至左腿，右腿稍抬起、放下。然后将身体重心移至右腿，左腿稍抬起、放下。练习时要注意放腿时应保持脚下的轮子同时着地。

(3) 原地蹲起练习：两脚平行站立，做下蹲并站起动作，可先做半蹲，逐渐加大下蹲的程度和速度，直至快速深蹲并做短时间的静蹲后再站起。练习时要注意在屈伸时踝、膝、髋 3 个关节的协调配合。

2）外"八"字脚行走练习

两脚尖外展 40°～50°成外"八"字脚站立，重心移至左脚上并前移，右脚稍抬起并向前迈进一小步，重心随之移至右脚上，然后抬左脚向前迈进一步，重心随之移至左腿上。反复进行练习，逐渐加快迈步频率和迈进距离。注意放脚时应尽量保持脚下的轮子同时着地。

3）侧向迈步练习

两脚平行站立与肩同宽，重心向左侧移动，随之左脚向左侧横跨一步，右脚迅速靠拢，待稳定后再进行向左侧的下一步。如此反复进行 5～6 步后再向右侧做相同的练习，如图 9-43 所示。

图 9-43 侧向迈步练习

4）侧向交叉步练习

两脚平行站立与肩同宽，重心向左侧移动，先将重心移至左腿上并继续向左移动稍超出左腿支撑点，收右腿，向左腿前外侧迈出成双腿交叉姿势，重心随之移至右腿上，成右腿支撑重心。接着收左腿左侧跨一步，成开始姿势。如此反复进行 5～6 步后再向右侧做相同的练习，并注意逐渐加快迈步频率和迈进距离，放脚时应尽量保持脚下的轮子同时着地，如图 9-44 所示。

图 9-44 侧向交叉步练习

4. 倒滑方法

1）单脚“S”形倒滑法

两脚前后开立相距30～40cm，腿部放松．微屈膝关节，上体直立稍转体、转头看后方，重心落在两腿间靠后约1/3处。蹬地时，前腿膝关节内扣，以轮子的内刃蹬地，后腿直线向后滑行。这时前腿跟随后腿在同侧体前滑出一条弧线，后脚跟略抬起，脚尖外展沿弧线的反向再以弧线收回至后腿的前方约20cm处。如此反复推进、收回向后滑行。

2）双脚“八”形倒滑法

两脚平行开立相距20～30cm，腿部放松，膝关节微屈，上体直立稍转体、转头看后方，重心落在两腿中间略偏后。蹬地时两脚尖靠拢，脚跟向外打开约45°，用两脚同时压轮子的内刃，向两旁推开，向外画弧，身体向后滑行一段距离。这时，两腿向内夹收，两脚改内“八”字为外“八”字，同样向内画弧，之后向后倒滑，当两脚跟靠近但尚未并拢时，双脚变为内“八”字，同时往外推开，如此反复推进、收回。

3）双脚交替倒滑法

两脚开立、两脚尖靠拢，脚跟向外打开约45°，腿部放松，膝关节微屈，上体直立稍转体、转头看后方，重心落在两腿中间略偏后。蹬地时右脚以内刃向右侧前方用力蹬地，重心移到左腿上向左后方滑行；右脚蹬地结束后，迅速收回到左脚内侧，此时重心开始向右后方移动，左脚以内刃向左侧前方用力蹬地，重心移到右腿上向右后方滑行；左脚蹬地结束后，迅速收回到右脚内侧，如图9-45所示。如此反复，两脚交替向后倒滑。

图9-45 双脚交替倒滑法

4）倒滑压步法

两脚平行开立相距20～30cm，腿部放松，膝关节微屈，如向右做压步动作，则用左脚内刃蹬地，同时身体重心移向右侧成右腿支撑倒滑，并将重心继续右移超出右腿支撑点，头肩右转看向后方，左腿蹬地结束后，以大腿带动小腿摆动至右脚的右前方落地成交叉，并继续以内刃向后倒滑，此时右腿迅速向左后方蹬直，右腿蹬地结束后跨向弧线的内侧以轮子的外刃继续倒滑，完成一次压步动作，如此反复。如向左做压步动作，则方向相反。

5）倒滑制动法

（1）倒滑“V”形制动法：在向后滑行的过程中，两脚尖外展约40°，成“V”形，两脚以轮子的外刃柔和地压紧地面，加大摩擦制动，两腿逐渐伸直，上体稍前倾。

（2）倒滑制动器制动法：在向后滑行的过程中，身体稍前倾，两膝弯曲，两脚跟逐渐抬起，以脚尖前下方的制动器摩擦地面，起到减速制动的作用。

5. 制动方法

1）脚跟制动法

在慢速滑行时将有制动腿的脚前伸，脚尖抬起使后跟上的制动脚着地，前腿用适当力量压地，使制动脚与地面摩擦，逐渐减速而停止。

2）双脚平行制动法

在快速滑行时，双脚略靠近，身体迅速转体 90°，同时带动两脚转体 90°，重心快速降低，腿弯曲，用双脚的轮子与地面摩擦使之减速停止。

3）连续转弯减速法

由于在轮滑的转弯技术中，除了弯道压步技术以外，其他的各种转弯方法都会对滑进的速度产生一定的消能作用，因此，我们在需要减速或停止的时候，可做连续的惯性转弯或短步转弯动作来消耗滑行的速度惯性，逐渐减速，达到制动的目的。这种方法较简单，容易掌握、稳定性强且不易摔倒，并适合各种场地和轮滑鞋，但其减速距离长，制动速度慢。

4）“A”形制动法

当在滑行中需要减速或停止时，两脚与肩同宽或稍宽于肩，两膝微屈内扣，以轮子的内刃着地，两脚尖内扣成“A”形，重心落在两脚中间略偏脚跟处，脚跟用力向外张挤，利用轮子的内刃与地面的摩擦来起到减速制动的作用，如图 9-46 所示。这种方法由于两脚的形状与犁刀相似，因此在国外和我国港台的一些资料中又称其为“犁式”制动法。该方法可使我们在直线上进行制动而无须转弯，但减速距离较长，制动速度较慢。

5）“T”形制动法

当左脚支撑滑行时，上体抬起直立，右脚外翻并横放在左脚后面，左脚成“T”形，使右脚的轮子横向与地面摩擦。两腿弯曲，重心下降，并逐渐移向右脚加大摩擦，使之减速而停止，如图 9-47 所示。此方法可使我们在直线上进行制动，熟练后减速的距离可有效地提高制动速度。

图 9-46 “A”形制动法

图 9-47 “T”形制动法

9.2.3 轮滑注意事项

（1）练习轮滑前，应先做好准备活动，尤其是手腕和下肢各关节及韧带，要充分活动开。

（2）戴好防护用具，如轮滑专用的护腕、护肘、护膝及头盔等。

（3）练习前要检查轮滑鞋的螺丝等紧固部件，以免滑行中因轮滑鞋出问题而受伤。

（4）初学者应在初学场内或规定范围内练习，或尽可能在人少的地方练习，不要任意滑行。初次学习轮滑时，最好有滑行熟练的同伴或辅导员进行辅导。

（5）禁止做危险或妨碍他人的动作，特别是在人多的公共轮滑场内，如几人拉手滑行，在速滑跑道上逆行，或与大家的滑行方向相反，乱蹦乱跳，在场内横插乱窜，追逐打闹，突然停止等，这都是既妨碍他人，又容易发生危险的事情。如果在公路上滑行，更要注意交通安全，最好在人少车少的地方练习。

(6) 学习轮滑时摔跤是不可避免的，但要学会在摔跤时做自我保护。方法是：当要向前或向侧摔倒时，要主动屈膝下蹲，用双手撑地缓冲，减小摔倒的力量；当要向后摔倒时，也要主动屈膝下蹲，降低重心，尽量让臀部先坐下，并注意保护尾骨处，同时低头团身，避免头部向后仰磕地；摔倒时应尽量避免直臂单手撑地，以免损伤手腕。

(7) 患有严重疾病的人(如有心脏病、高血压等)不宜参加激烈的轮滑活动，最多可以慢速滑锻炼一下。此外，饮酒后和过度疲劳的人也不宜参加轮滑活动。

9.2.4 轮滑基本规则

(1) 所有比赛的起跑均为站立式，用发令枪或哨子发出起跑信号。

(2) 比赛的滑跑途中，运动员应沿一条设想的直线滑行至终点，不得以曲线或横向滑行影响其他运动员的正常滑跑。

(3) 在弯道滑跑时，除非沿内侧有足够的空间可以通过，否则只能从外侧超越其他运动员。

(4) 任何情况下，不得故意强行阻挡他人的超越滑行，严禁撞人、推人、拉人、挡人、踢人、绊人等有意阻碍他人滑跑的行为发生。

(5) 计时性比赛和集体出发的比赛，要根据运动员轮子触及终点线的先后顺序决定运动员的终点名次。先通过终点线的前脚轮子必须接触地面，否则以后脚轮子通过终点的时刻为到达终点。

(6) 运动员到达终点时最后的一个直线跑道上，领先的运动员要保持直线滑行，切不可以任何方式妨碍紧跟其后的运动员正常滑行。假如违背，则领先运动员的名次列为受影响运动员的名次之后。

9.3 高 尔 夫

9.3.1 高尔夫基本概述

"高尔夫"是荷兰文 kolf 的音译，意思是"在绿地和新鲜氧气中的美好生活"。据此可知，高尔夫球是一种在优美环境中进行的高尚娱乐活动。高尔夫球是一种以棒击球入穴的球类运动。如今，高尔夫球运动已经成为贵族运动的代名词，是一种把享受大自然乐趣、体育锻炼和游戏集于一身的运动。因为玩这种游戏设备昂贵，所以在一些国家又称它"贵族球"。

高尔夫球起源于15世纪的苏格兰。当时的牧羊人常用赶羊的棍子玩一种击石子的游戏，比比谁击得远击得准，这种游戏后来就演变成为高尔夫球。

19世纪，高尔夫球传入美国。1922年，世界上第一次国际性比赛是美国对英国的"沃克杯"高尔夫球对抗赛。高尔夫球于20世纪初被引入中国。高尔夫球运动是在室外广阔的草地上进行，设9或18个穴。运动员逐一击球入穴，以击球次数少者为胜。比赛一般分单打和团体两种。

1860年，英格兰举行了最早的高尔夫球公开赛。在这一年中，印度、加拿大、新西兰、美国等国家也相继举办比赛，继而进行国际、洲际及世界性的比赛。现在的世界杯、英格兰和美国公开赛 3 项比赛，是高尔夫球最高水平的竞赛。

9.3.2 高尔夫基本技术

1. 握杆

(1) 左手：把杆子从食指靠掌的第一指节斜着横贯上紧紧地靠着掌缘下端的厚肉垫，大拇指跟食指的"V"形纹要指着右眼。

(2) 右手：用指头去握杆，杆子直着压过靠掌的指节上，一定要握在手掌之外。中指及无名指吃力最重，在练习右手握杆的时候，把右手的大拇指和食指拿开，拇指和食指形成"V"形纹指着下巴。

(3) 合：两手握杆的时候，要连接在一起形成一体。右手的小指头在左手指和中指之间的夹缝里；左手的大拇指正好平稳地藏在右掌拇指下的窝里，如图 9-48 所示。

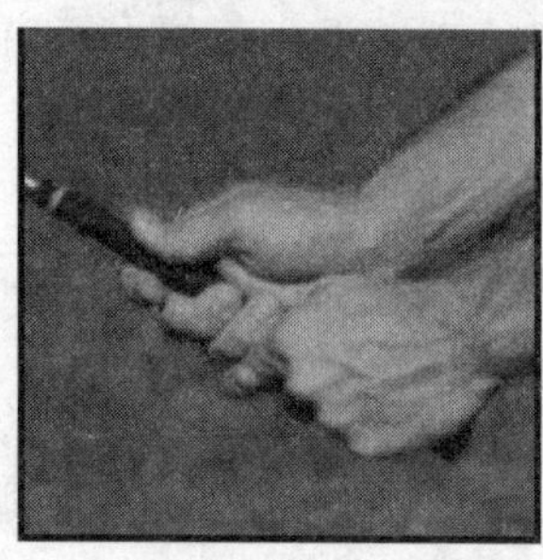

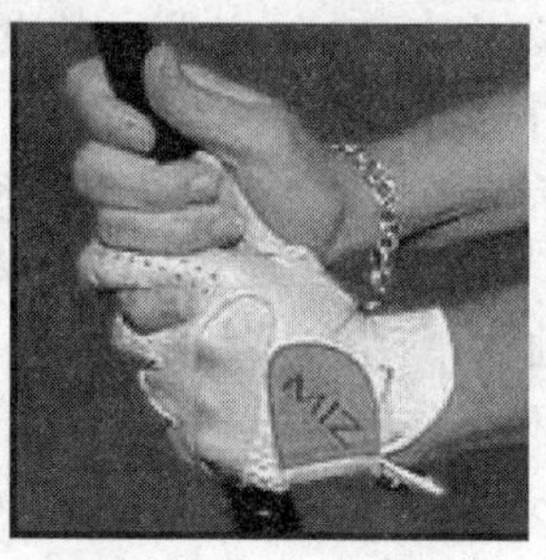

图 9-48 握杆

2. 站姿

双脚分开，与肩同宽，离目标最近的脚趾要向目标旋转 5.08cm，离目标最远的脚趾要指向与目标垂直的一个点，膝盖略微弯曲，后背挺直，球杆的底端平放在地面上。双臂展开，形成"V"形。球杆的端面与目标成直角。短的铁头球杆，球放在两脚中间，长铁头杆和五木球杆，球放在两脚中心的正前方。短木杆，包括推杆，球放在前脚，左跟部内侧，如图 9-49 所示。

3. 挥杆

高尔夫球的挥杆有 3 步。在准备姿势中，球杆挥起远离球，球杆的端面和左手手背始终保持朝前。下挥球杆，将球杆向球移动，直到击中目标。在下挥过程中，杆身和左前臂的角度在球杆和手向投掷线移动时要保持不变，击球结束后进行收杆，如图 9-50 所示。

图 9-49 站姿

图 9-50 挥杆

9.3.3　高尔夫注意事项

与许多其他运动项目不同，高尔夫球运动大多是在没有裁判员监督的情形下进行的，该项运动依靠每个参与者主动为其他球员着想和自觉遵守规则的诚实和信用。不论对抗多么激烈，所有球员都应当自觉约束自己的行为，在任何时候都表现出礼貌谦让和良好的运动精神，这就是高尔夫球运动的精髓所在。

(1) 在正规的竞赛中，每位选手只能携带14支以内的球杆参赛，球杆若少于14支时可补充到14支。比赛中可更换损坏或不堪使用的球杆，但以不耽误比赛为原则；而且不论补充或更换球杆，皆不得向球场上任何一位参赛者借用。球杆一旦借出后，直至比赛终止，借出的球杆将供借用者使用，借出的一方不得使用。

(2) 球员在击球或进行练习挥杆时，应确保球杆可能击打到的地方，可能因击球或挥杆而被球或任何石块、小石子、树枝等打到的地方，以及其附近无人站立。

(3) 在前面一组球员还没有走出球的射程可及范围之前，球员不应当打球。

(4) 在球员的击球可能会危及附近或前方的球场管理人员时，球员应当随时提醒有关人员。

(5) 如果球员打球后球飞向可能会击中别人的方向，球员应当立即高声喊叫进行警告，在该场合告警的惯用语是"看球"。

(6) 不要干扰或影响他人。

(7) 球员在球场上要始终为其他球员着想，不应走动、讲话或制造不必要的噪声干扰他人打球。

(8) 球员应当确保自己带到球场的任何电子用品不会对其他球员造成影响。

(9) 在发球台上，在轮到自己发球之前球员不应先架球。

(10) 当其他球员准备打球时，球员不应站在球或球洞附近，或站在球或球洞的正后方。

(11) 在离开沙坑前，球员应仔细地平整好在沙坑内造成的所有坑穴和足迹，以及他人在附近造成的坑穴和足迹。如果沙坑附近有沙耙，应使用沙耙进行平整。

9.3.4　高尔夫基本规则

1. 高尔夫的场地器材

1) 球场

高尔夫球场一般设在风景优美的草坪上，中间有一些天然或人工设置的障碍，如高地、沙地、树木、灌丛、水坑、小溪等。球场的形状没有统一的标准。9个球洞的场地长度为3034m，18个球洞的场地长度为6400m，宽度不定。球洞直径为10cm，深约10.5cm。每个球洞的旁边插一面小旗，距离洞口100m或500m处设一个发球点。

2) 球

高尔夫球是用橡胶制成的实心球，表面包一层胶皮线，涂上一层白漆。球的直径为42.67mm，重46g。高尔夫球从结构上可以分为单层球、双层球、三层球、多壳球；从硬度上可以分为硬度90～105、硬度80～90、硬度70三种。球棍长约1m，棍的末端可以是木制的，也可以包一层铁皮。高尔夫球表面有意制造了许多的凹痕，如图9-51所示。

图 9-51 球具

2. 基本规则

1) 比赛

运动员在开球区依次用球棍击出各自的球，然后走到球的落点处，继续击球，直到把球击入洞内。谁用最少的杆数把球击入所有球洞，谁获得胜利，分为补给和双倍补给，小鸟球、老鹰球、双鹰球3种。如规定杆数为3杆，打出4杆(多出规定杆数一杆)为补给，超出两杆为双倍补给，它们合称晦气，比规定少一杆为小鸟球，两杆为老鹰球，三杆为双鹰球。

2) 比赛迟到

(1) 取消比赛资格。

(2) 在发球后，5min内赶到发球地点，并做好准备，对其未及时发球的处罚可以以比洞赛，第一洞负；比杆赛，第一洞加罚两杆，代替取消资格的处罚。

3) 成绩的计算

高尔夫运动被称为绅士运动，当技术水准不同的球员会聚在一起比赛时，为了使比赛更公平、更具竞争，水平高的球员要让水平较差的球员。如何计算每一位球员让分点的多少，即出现了差点。常用的差点计算方法有：

(1) 平均法。

差点＝5次比赛的平均成绩－标准杆

(2) 新新贝利亚计算法。

① 从18洞中任选12洞的杆数总和×1.5＝总数

② 从此总杆数减去标准杆后×0.8＝差点

即(12洞杆数总和×1.5－标准杆)×0.8＝差点

③ 净杆＝总杆－差点

(3) 比赛形状。

形式上的差异，高尔夫的比赛形式有比杆赛及比洞赛两种。无论是职业赛或业余赛均以比杆赛的形式较为常见。

① 比杆赛：就是将每一洞的杆数累计起来，待打完一场(18洞)后，把全部杆数加起来，以总杆数来评定胜负。

② 比洞赛：是以杆数为基础，其不同之处在于，比洞赛是以每洞之杆数决定该洞之胜负，每场再以累积之胜负洞数来裁定成绩。

③ 省略进洞的差异：比杆赛规定必须待球被击入球洞后，才可移往下一洞的开球台去开球。而比洞赛是在每一洞就决定胜负，因此只要对方同意就不必坚持“球皆需进洞”之原则。

④ 罚则的差别：在比杆赛和比洞赛中，选手违反规则所受的处罚也有所不同。一般而言，比杆赛的罚是罚两杆，而比洞赛的罚为处罚其该洞输球。

4) 球的位置

是所有比赛规则的一个基本出发点，所以为了保证自己对比赛规则有充分的了解，避免因犯规而失利，一定要记住以下有关规定：

(1) 当整个球处在界外时，球为出界。判断标准是界线柱最内侧的点在地面上的连线，或有些情况下为边界线；界外是禁止打球的地区，常以界桩或围篱标示。界外的界限应以界桩(不含支架)或围篱内侧最靠近地面点决定。如在地上以标线标示界外，界外线系垂直向上向下延伸，且线的本身即做界外论。

(2) 当球的任何部分接触到水障区标记线时，球处于水障区，标志柱本身也是水障区的一部分。水障碍是指任海、湖、池塘、河川、沟渠、地面排水沟或其他露天水渠(不论其中有无积水)，以及其他类似者。

① 凡在水障碍界限内的陆地或水都属于水障碍的部分。水障碍的界限指垂直向上延伸，用于标明界限所用的界桩、界标均算在障碍内。

② 水障碍(除侧面水障碍外)应以黄色界桩或标线标明界限；侧面水障碍则是以红色界桩或标线界定。

③ 向水障碍方向打出的球，是否在障碍以内或障碍以外遗失。在判定时如认为在障碍内遗失，需要有证据证明球的确落入障碍内；如无确定证据时，则应视为遗失球，按规则处理。

④ 如球落入、触及或遗失在水障碍中(不管球是否位于水中)，加罚一杆，并依下列方法处理：尽可能在接近上次击球位置打次一杆；在原球最后通过该水障碍边缘上的一点与球间之直线，于水障碍后方抛球，但离水障碍后方多远处抛球无限制。

(3) 当球的任何部分接触到果岭时，球就是位于球洞区了，如果球在果岭边缘，有一部分突出于果岭之外，则不能算是在球洞区。

(4) 如果球的任何部分位于发球区内，则应视为在发球区内架球。发球区是一个长方形的区域，宽度为两个球杆的长度，前面和侧面由发球区标记的外界限来决定。

9.4 健 美

9.4.1 健美基本概述

1. 国际健美运动的发展概况

健美运动最早始于古希腊。早在公元前 6 世纪，古希腊就已盛行“赤身运动”，要求每个贵族青年要在这所学校里参加系统的机体和肌肉的训练。后来，氏族社会解体，古希腊形成了近百个城邦国家，为了生存和应付城邦国之间的战争，需要强壮、矫健、耐久性的斗士。因而身材结实、身手矫健的人物成了当时的健美观念。公元 130—200 年，古罗马人将运动分为臀部、躯干和腿部运动，并倡导开展一些运动项目，如搬动、高举重物等。18 世纪，英、德等一些欧洲国家，开创了杠铃、壶铃等运动，这种锻炼形式既是现代竞技举重的起源，也是现代健美运动和力量举重的起源。

从 19 世纪起，大力士们的体形逐步有了改变。德国大力士山道(Sandow，1846—1925 年)原名叫法德勒·穆勒，是健美运动的创始人。他年少时体弱多病，有一次父亲带他去罗马旅游，在参观佛罗林美术展览时，他被古代角斗士的健美雕像深深吸引，从此走上了健美之路，并在实践中不断摸索出了一套锻炼肌肉的方法。山道还创办了《体育文化》期刊，同时在伦敦的圣·詹姆士街设立了体育学校总部，并在新西兰、澳大利亚、印度、南非、美洲等地设立分校，教授健美、举重、角力等体育项目，宣传健美运动，向世界各地的健美爱好者传播健身训练方法，并编写了《力量以及如何去得到》、《哑铃锻炼法》、《体力养成法》、《实验祛病法》等书，受到各国健美爱好者的青睐，这些书籍至今仍对健美运动产生着影响。由于山道在提倡和推动健美运动方面的卓越成绩和巨大贡献，奠定了现代健美运动的基石，被后人一致公认为"世界健美之父"。

从20世纪30年代起，在欧美国家，健美表演逐渐变成"健美比赛"，并扩展到世界各地。20世纪40年代初，加拿大人本韦德兄弟周游90多个国家和地区，对健美运动进行了宣传和推广，正式于1946年创建国际健美联合会，并制定了国际性健美比赛的组织、规则、裁判、奖励等事项。在今天，已经有许多国家参加了国际健美联合会。

2. 健美运动在我国的发展

早在20世纪30年代，欧美等国的健美运动的信息就已传入我国，最初在上海、广州等沿海城市兴起。赵竹光，广东新会人，1929年就读于上海沪江大学，他因困惑于国衰民弱，抱着强身健体、振兴中华的壮志，呼吁全国人民加入健身运动，倡导和组织了中国第一个健身组织——沪江大学健美会。赵竹光还积极宣传健美、健身运动，先后翻译了《肌肉发达法》、《体格锻炼法》、《力之秘诀》等书，还根据自己的实践经验，编写了《徒手健身运动》、《肌肉发达问题解答》等书，主编了《健之美》、《现代体育》等杂志，为推动我国健美运动的发展做出了巨大贡献，被称为"中国健美之父"。

1980年以后，健美运动在我国开始蓬勃发展，全国各地迅速兴起了一股健美热。全国部分体育院校开办了健美培训班，开设了健美选修课，并多次参加国内及国际健身健美比赛。在上海、深圳等地举办各种健美比赛。1985年11月，加入了国际健美联合会，1993年，中国健美协会正式成立。随着国际健美运动水平的不断提高，我国于20世纪90年代开始与国际接轨，开设了中国"健身小姐"和"健身先生"。迄今为止，我国健身大赛已举办了8次全国性大赛和两次全国体育大会比赛。

3. 健美相关概述

1）健美概念

健美是与人的形体美密切相关的，是人们追求形体美的一个综合标准，指肌肉、骨骼、血液、肤色充满了生命的活力，无论其外部形式或内部结构都是匀称、协调、充满生机的。确切地说，它是通过各种力量练习达到发展肌肉的目的，使体型匀称发展的运动项目。

2）健美作用

通过健美运动，可以使人体肌肉发达，促进骨骼的生长发育，同时对关节韧带的生长发育也起到良好的促进作用；改善和提高内脏器官的机能水平，增大心脏的容积，增强血管弹性、心脏收缩能力和血管舒张能力；还能提高呼吸系统、消化系统的机能；提高中枢神经系统的机能；也可调节心理，使之产生积极影响，陶冶人们的情操，使人们产生蓬勃向上、追求美好未来的健康情绪等。通过各个部位的身体练习，能够改善人的体型体态。

9.4.2　健美基本知识

人体的骨骼起着支撑身体的作用，是人体运动系统的一部分。每一个成年人全身有 206 块骨头，包括颅骨、躯干骨和四肢骨 3 个部分。骨与骨之间一般用关节和韧带连接起来。

肌肉是人体的重要组织，任何的体育活动都是骨骼肌收缩的成果，人体共有 600 多条骨骼肌，约占全身重量的 40%。人体肌肉主要分布在躯干和四肢，一般都附着在骨上，称为骨骼肌。骨骼肌又称横纹肌，是肌肉中的一种。骨骼肌由数以千计，具有收缩能力的肌细胞(由于其形状成幼长的纤维状，所以也称作肌纤维)所组成，并且由结缔组织所覆盖和接合在一起。一般来说，按照肌肉的不同位置，可将肌肉分为胸肌、腹肌、腰肌等。

肌肉力量的大小取决于以下几方面：肌肉的生理横断面，生理横断越大，则肌肉收缩力量也就越大；参与肌肉收缩时肌纤维的数量，参与肌肉收缩的肌纤维数量越多，肌肉的收缩力量也就越大；各肌肉群的协调性；肌肉的伸展性和弹性等方面。

参加健美锻炼的目的在于追求发达的肌肉，增加肌肉的收缩力量、速度、耐力和爆发力等，使肌肉变得肥大和粗壮，并使肌肉均匀和呈现线条美。

9.4.3　发展身体各部位主要肌肉群的动作方法

在此重点介绍颈、肩、臂、胸、背、腰、腹、臀、腿等部位各肌肉群健美训练的动作方法和动作要领。

颈部肌肉主要包括颈阔肌、胸锁乳突肌、颈侧肌群等；肩部肌肉主要包括三角肌等；臂部肌肉主要包括肱二头肌、肱三头肌、前臂屈伸肌群等；胸部肌肉主要包括胸大肌、胸小肌；背部肌肉主要包括斜方肌、背阔肌；腰腹部主要包括腹直肌、腹内外斜肌；腿部肌肉主要包括股四头肌、股二头肌、小腿三头肌。

1. 发展颈部肌群的方法

颈部肌肉主要包括颈阔肌、胸锁乳突肌。锻炼颈部肌肉的方法有站立颈屈伸、仰卧颈屈伸、俯卧颈屈伸、俯立颈屈伸、颈侧屈伸。下面介绍两种常用的锻炼方法。

1) 站立颈屈伸

动作要领：两脚自然开立，两手指交叉置于脑后，先两手用力将头向下屈，使下颌贴到胸前，稍停片刻，用颈部肌肉力量再将头部还原，以此重复，配合呼吸，如图 9-52 所示。

2) 颈侧屈伸

动作要领：两脚自然开立，先用左手托住头部左侧，使头向右侧倾斜，然后用左侧颈部的肌肉力量把右侧的头部还原，以此重复，头向左侧时吸气，还原时呼气，如图 9-53 所示。

2. 发展肩部肌群的方法

肩部肌肉主要包括三角肌，锻炼肩部肌肉的方法有站立直臂前平举、直臂前上举、直臂侧平举、持铃直臂交替举、直臂扩胸、直臂绕环、仰卧直臂上举、直臂侧平举或侧上举、正握或宽握提举、推举、卧推、俯立侧平举、俯离飞鸟、直臂扩胸(向后)、俯立后上举、颈后推举、用橡皮筋或拉力器练习。下面介绍 3 种常用的锻炼方法。

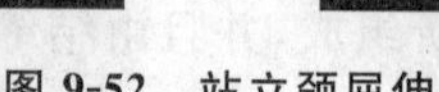

图 9-52　站立颈屈伸

图 9-53　颈侧屈伸

1）站立直臂前平举

动作要领：两脚自然开立，身体保持正常状态，手背向前正握杠铃或哑铃，握距约与肩同宽，直臂持铃经体前举起与肩同高，稍停后还原，以此重复，前平举时吸气，还原时呼气，如图 9-54 所示。

2）持铃直臂交替举

动作要领：两脚自然开立，身体保持正常状态，正握哑铃于体前，两虎口相对，臂部伸直从体侧开始，主要用三角肌的力量将两臂交替上举至与肩平，以此重复，上举时吸气，还原时呼气，如图 9-55 所示。

图 9-54　站立直臂前平举

图 9-55　持铃直臂交替举

3）站立直臂扩胸

动作要领：两脚开立，身体保持正常状态，两手直臂握哑铃于体侧，虎口向上，用三角肌的收缩力量向前扩胸至前平举，稍停，再还原成开始姿势，如图 9-56 所示。也可采用坐位进行练习。

3．*发展臂部肌群的方法*

锻炼上臂前部肌肉肱二头肌的方法有站姿反握弯举、坐姿单臂弯举、俯立弯举、俯卧弯举、仰卧弯举、反握引体向上、颈后臂屈伸。下面介绍两种常用的锻炼方法。

图 9-56　站立直臂扩胸

1）站姿正握弯举

动作要领：两脚自然开立，两手正握杠铃于体前，握距与肩同宽，以肘关节为圆心，以小臂为半径，向身体上方画弧弯举。稍停后，再缓慢放下还原，以此重复，向上弯举时吸气，还原时呼气，如图 9-57 所示。

2）仰卧弯举

动作要领：身体处于仰卧位，两手正握杠铃，握距与肩同宽或小于肩宽，上臂靠近体侧，由臂部伸直姿势开始，用肱二头肌的力量使前臂向上做弯举动作，稍停后再缓慢放下还原，以此重复，伸臂时吸气，还原时呼气，如图 9-58 所示。

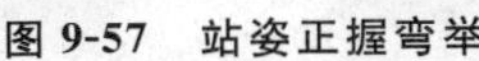

图 9-57　站姿正握弯举

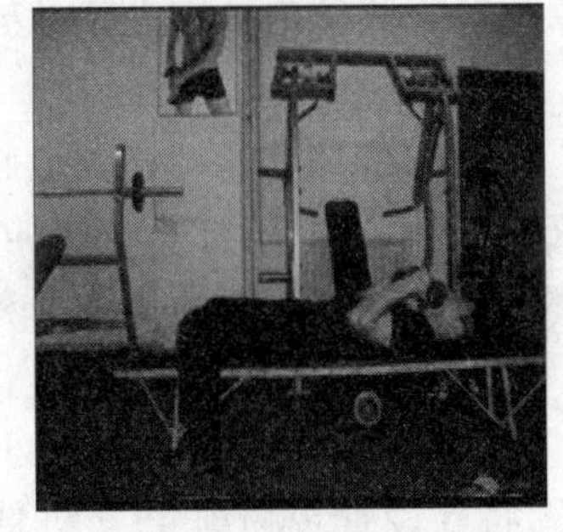

图 9-58　仰卧弯举

锻炼上臂后部肌肉肱三头肌的方法有颈后臂弯举、仰卧臂屈伸、仰卧头后臂屈伸、俯立臂屈伸、重力下压臂屈伸、力量推、颈后推、卧推、背后臂屈伸、俯卧撑、仰卧撑、倒立臂屈伸。下面介绍两种常用的锻炼方法。

1）颈后臂弯举

动作要领：两脚自然开立，身体保持正直状态，双手正（反）握杠铃于颈后。用肱三头肌的力量使杠铃或哑铃举至头顶上方，两臂保持伸直，稍后，再屈臂还原，以此重复，伸臂时吸气，还原时呼吸，如图 9-59 所示。

2）半推举

动作要领：两脚自然开立，双手正（反）握杠铃，将杠铃提起至两臂在头上伸直，向下做臂弯屈动作至横杠靠近头部高度，以此重复，配合呼吸，也可采用坐姿练习。

锻炼前臂屈伸肌肉的方法有正(反)握腕屈伸、前臂绕环、正握弯举、指撑俯卧撑、抓提重物、屈臂下拉、仰卧屈臂下拉、单杠腕屈伸、吊环翻腕、悬垂持铃腕屈伸、指屈伸。下面介绍两种常用的锻炼方法。

1) 正握弯举

动作要领:两脚自然开立,两手背向前持哑铃于体前,握距不宽于肩,两臂紧贴体侧,以肘关节为圆心,以小臂为半径,集中前臂肌群的力量向上做弯举动作。稍停即还原复位,以此重复,提臂时吸气,还原时呼气,如图 9-60 所示。

图 9-59 颈后臂弯举

图 9-60 正握弯举

2) 指撑俯卧撑

动作要领:双手五指分开,用手指撑住上体做俯卧撑练习,练习方法和动作要领与俯卧撑相同。此练习除可发达前臂肌群外,还可锻炼肱三头肌、三角肌、胸大肌。

4. *发展胸部肌群的方法*

锻炼胸部肌肉(胸大肌、胸小肌)的主要方法有仰卧推举、斜卧推举、仰卧飞鸟、俯卧撑、双杠双臂屈伸、单杠双臂屈伸、仰卧屈臂上拉、侧卧直臂上拉、直臂扩胸(向前)、俯立飞鸟、直臂绕环(向内)。下面介绍两种常用的锻炼方法。

1) 仰卧推举

动作要领:仰卧在长凳上,挺胸收腹,腰部离开凳面,持铃两臂伸直,然后慢慢屈臂向下,将杠铃置于胸前第三肋骨处,吸气向上推举,两臂伸直,呼气向下还原,以此重复,如图 9-61 所示。

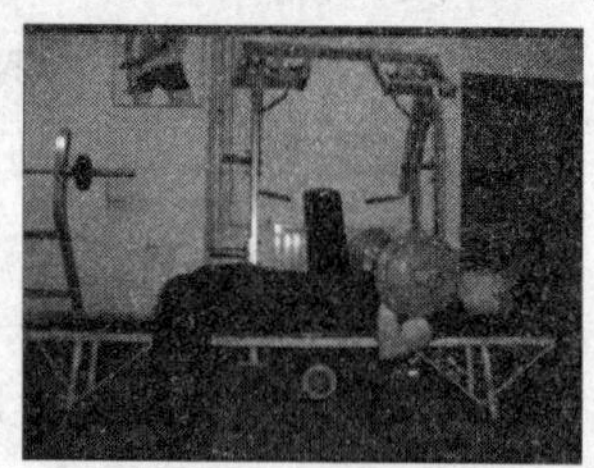
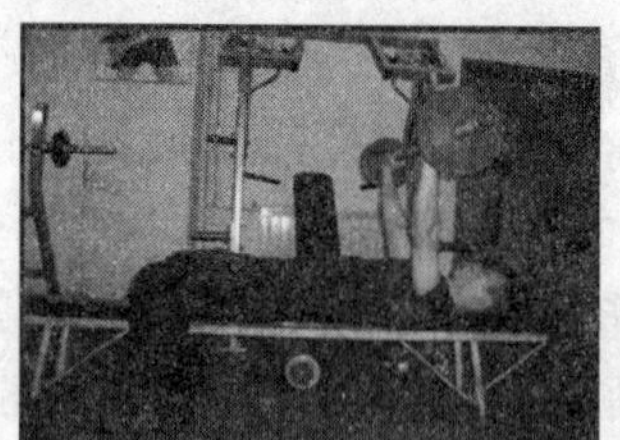

图 9-61 仰卧推举

2) 仰卧飞鸟

动作要领:仰卧在长凳上,两手持哑铃于胸前至两臂伸直,手心相对,吸气,两臂向两侧慢慢分开,至与地面平行,稍停后,呼气由下至上还原到两臂伸直状态,如图 9-62 所示。

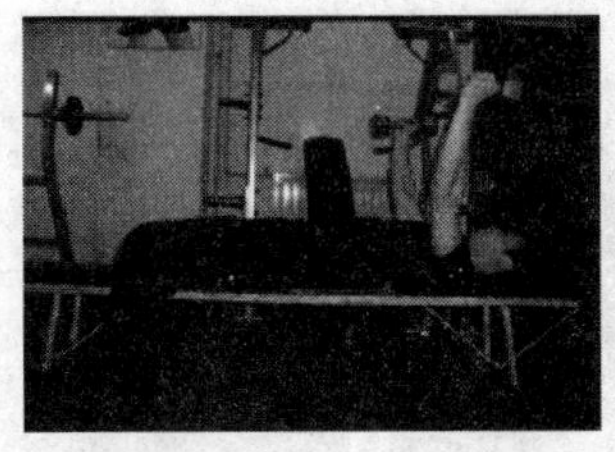
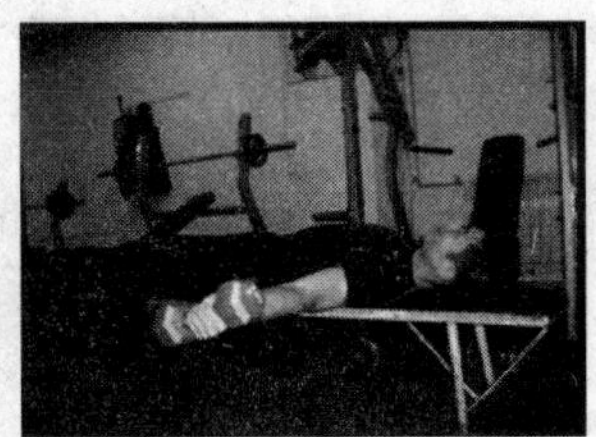

图 9-62　仰卧飞鸟

5. 发展背部肌肉的方法

锻炼斜方肌的主要方法有持铃耸肩、俯卧耸肩、直立并握上提、蹲提杠铃、持铃侧上举、直臂扩胸(向后)、体后持铃上提、俯立划船、体前屈硬举、耸肩静力练习、俯卧提拉。下面介绍 3 种常见的锻炼方法。

1) 持铃耸肩

动作要领：两脚自然开立，挺胸塌腰，两臂向下直伸，双手正握杠铃，握距与肩稍宽，肩部尽量前倾、下垂放松，吸气两臂向上提起。稍停，呼气两肩下垂还原，以此重复，如图 9-63 所示。

2) 俯卧提拉

动作要领：俯卧在长凳上，两臂自然伸直下垂，两手持杠铃与肩同宽，吸气由两臂伸直或微屈开始向上提拉，提至最大限度或至板凳高度，稍后，慢慢放下，以此重复。此练习除可发达背阔肌外，还可发达大圆肌、冈上肌，如图 9-64 所示。

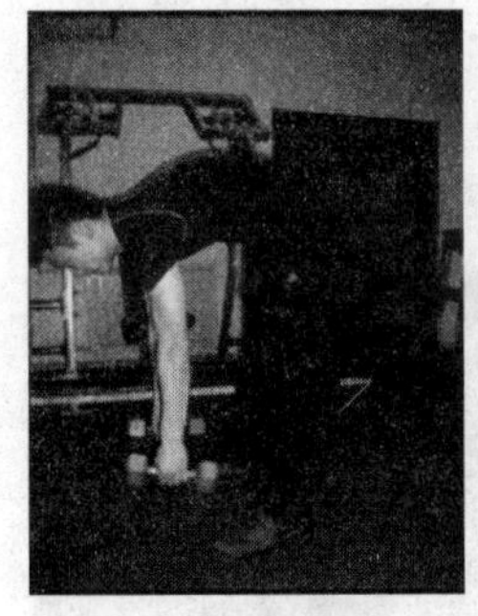
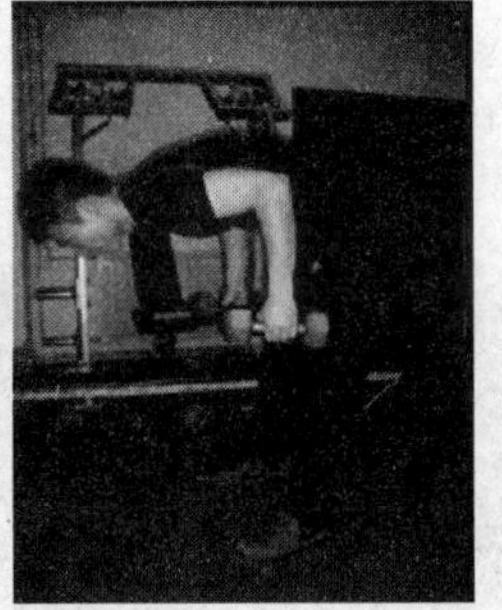
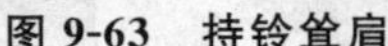

图 9-63　持铃耸肩

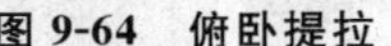

图 9-64　俯卧提拉

3) 俯立划船

动作要领：两脚自然开立，与肩同宽，向前屈体与地面平行，两臂伸直下垂手握杠铃，挺胸抬头，上体保持前倾，两臂从垂直姿势开始向上做弧线上升，沿小腿、大腿到腹部上升到胸部后稍停，再沿原路返回，以此重复，上拉时吸气，还原时呼气，如图 9-65 所示。

锻炼背阔肌的方法主要有俯卧提拉、俯立划船、俯卧划船、弓身划船、并握拉引、坐姿下拉、俯卧后拉、直臂扩胸、俯卧飞鸟、俯立两臂侧平举、直臂前下压、侧卧直臂下压、仰卧直臂绕环、引体向上、静力划船。下面介绍 3 种常用的锻炼方法。

1) 直臂扩胸(向后)

动作要领：身体直立或坐在凳上，两手心相对，两手持哑铃前平举，用背阔肌的收缩力，使杠铃向侧向后运动。稍停后，慢慢使铃原路返回至前平举姿势，反复练习。

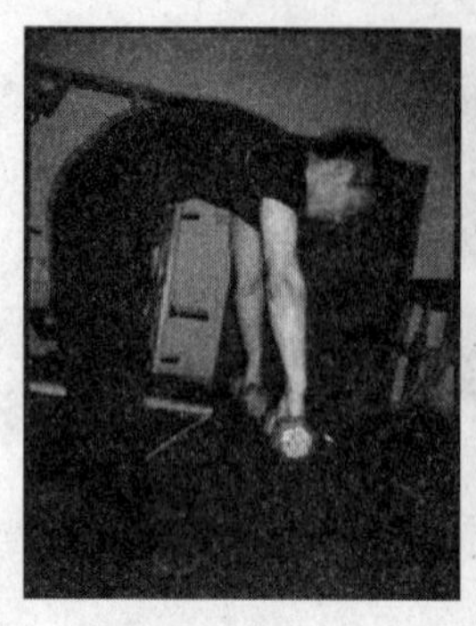
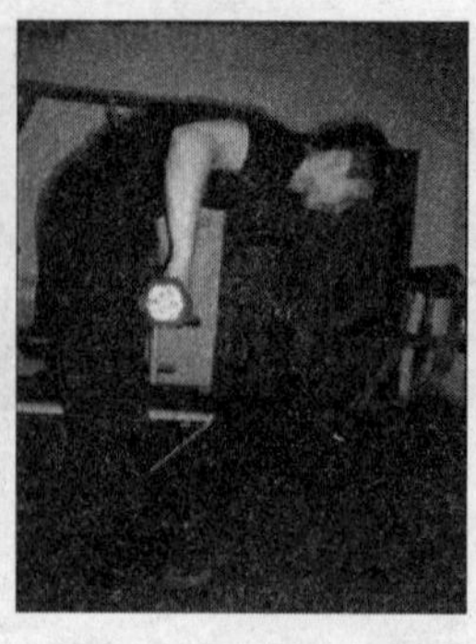

图 9-65 俯立划船

2）俯立两臂侧平举

动作要领：两脚自然开立，身体前屈，挺胸塌腰，两臂自然下垂持哑铃，两手心相对，用背阔肌的力量使杠铃向侧上方提起，稍停后，用背阔肌的力量慢慢还原，如图 9-66 所示。

6. 发展腹部肌肉的方法

锻炼腹部肌肉的方法主要有仰卧起坐、仰卧举腿、仰卧举腿屈膝、仰卧两头起、双杠挂壁屈伸、悬垂收腹举腿、侧卧展体、直角支撑。下面介绍 3 种常用的锻炼方法。

1）仰卧起坐

动作要领：仰卧在垫子上，一人扶住练习者的双脚，可采用屈膝或直腿进行。用腹肌的力量使上体向上、向前折体，向后复位动作要缓慢，以此重复，吸气时身体前倾，呼气时身体还原，如图 9-67 所示。

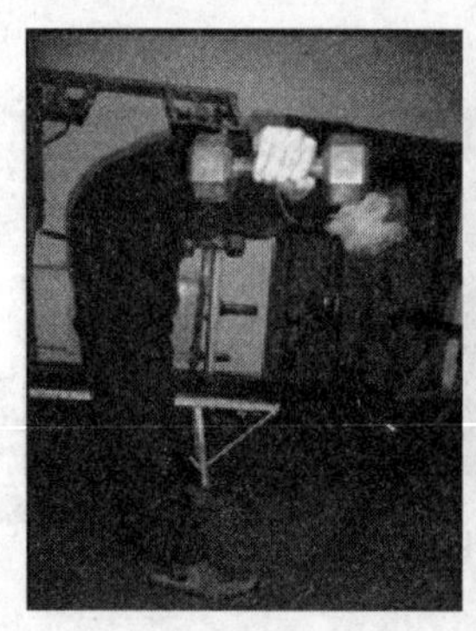
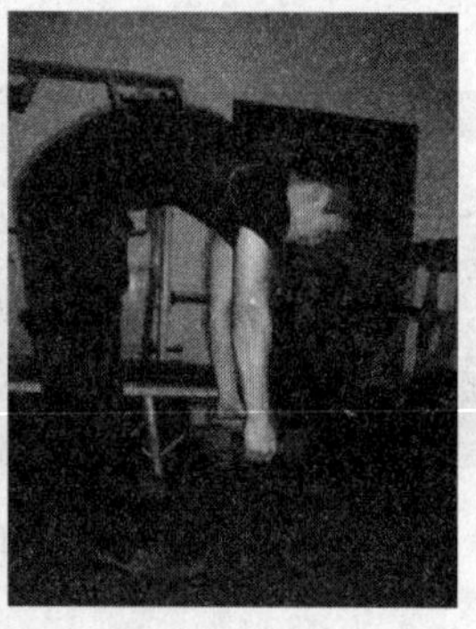

图 9-66 俯立两臂侧平举

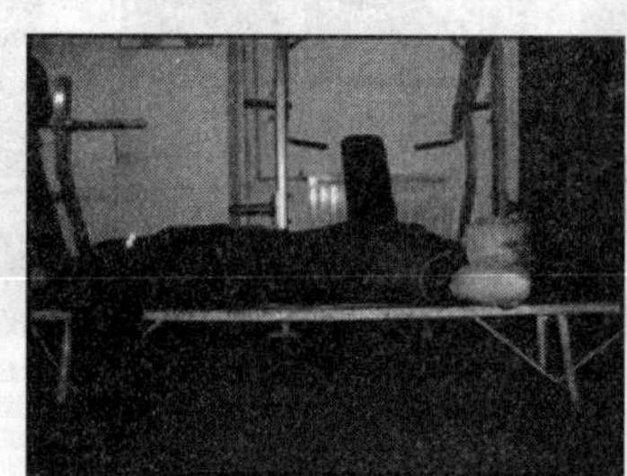

图 9-67 仰卧起坐

2）仰卧举腿屈膝

动作要领：仰卧在垫子上，两腿伸直，双手自然放于体侧，收腹举腿，与身体水平面成 90°，稍停，收紧腹肌，然后慢慢回落，以此重复，吸气时举腿，呼气时还原，如图 9-68 所示。

3）仰卧两头起

动作要领：仰卧在垫子上，两腿伸直，两臂前伸，吸气时两臂带动身体起，两腿向上抬起，尽量贴近胸部，稍停，呼气还原，以此重复，如图 9-69 所示。

图 9-68　仰卧举腿屈膝

图 9-69　仰卧两头起

7. 发展腰部肌肉的方法

锻炼腰部肌肉的方法主要有站立俯身弯起、坐姿俯身弯起、仰卧两头起、直腿硬拉、负重转体、转体侧拉、侧身起坐、侧卧弯曲、双人腰腹练习、俯卧挺身。下面介绍两种常用的锻炼方法。

1）俯卧挺身

动作要领：俯卧在长凳上，两手交叉置于脑后，两腿伸直，吸气上体挺身抬起，要做到最大幅度，成反弓形，稍停后，呼气放下还原，如图 9-70 所示。以此重复，也可负重练习。

2）直腿硬拉

动作要领：两脚开立与肩同宽，两臂伸直握住杠铃横杠，直臂下垂于体前，挺胸、收腹、紧腰，用腰背肌群力量使上体慢慢向前弯屈至杠铃片稍离开地面位置，稍停。再用腰背肌群的力量挺身复位，如图 9-71 所示。

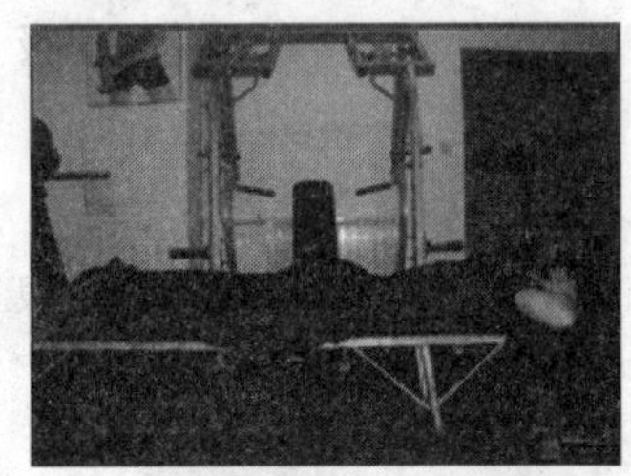

图 9-70　俯卧挺身

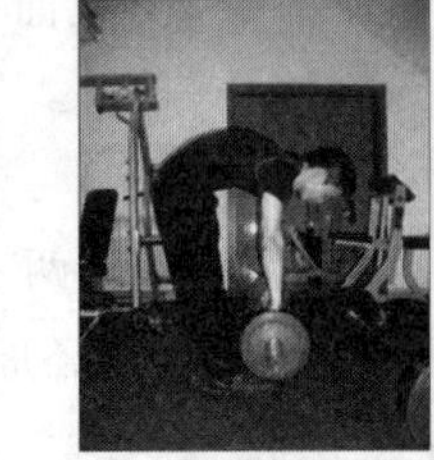

图 9-71　直腿硬拉

8. 发展臀部和腿部肌群的方法

锻炼臀部和腿部肌肉的方法有前深蹲、后深蹲、背后蹲起、半蹲、坐蹲、哑铃深蹲、蹲跳、箭步蹲、单腿蹲起、直腿屈伸、半蹲静力、对抗弯举、俯卧腿屈伸、单腿站立弯屈、俯卧直腿后摆、站立负重提踵、骑人提踵、提踵走、屈腿跳、直腿跳、各种跳跃。下面介绍几种常用的锻炼方法。

1）深蹲

动作要领：两脚开立与肩同宽，将杠铃放在颈后肩上，双手屈臂在肩外侧紧握杠铃，抬头挺胸，收腹紧腰，屈膝下蹲，当蹲至大小腿折叠时，稍停后，挺胸塌腰、两脚用力蹬地，伸腿起立，还原到站立位，如图 9-72 所示。以此重复，用力时吸气，放松时呼气。

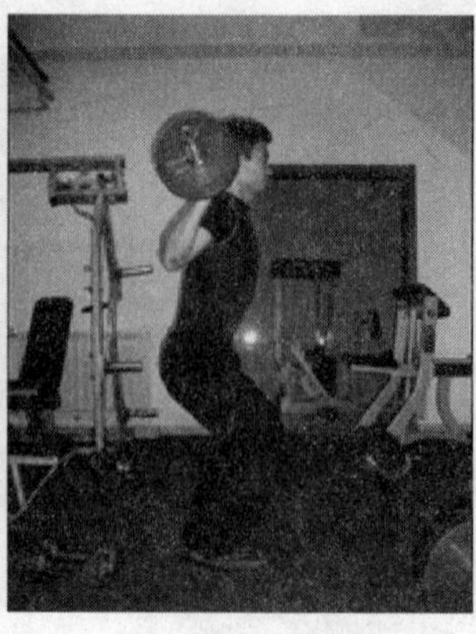

图 9-72 深蹲

2）对抗弯举

动作要领：俯卧在长凳上，抬头，两腿并拢伸直，两臂屈肘，双手抓住长凳前段，同伴站在练习者脚的后面，双手分别按住练习者的两脚后跟，练习者将小腿用力向后弯举，同伴给以相反的力，直至小腿完全弯曲，稍停后，练习者将小腿向下压，直至膝关节伸直，贴于地面。以此重复，弯举时吸气，放松还原时呼气。

3）箭步蹲

动作要领：两脚开立成弓步，挺胸塌腰，颈后负杠铃，弯屈的大腿要尽量做到与地面平行，使小腿也充分伸直，如图 9-73 所示。

4）俯卧直腿后摆

动作要领：胸腹部俯卧在“山羊”或其他器械上，两腿伸直下垂，在小腿处绑上沙袋，双腿尽量向后上方直腿举起，与地面平行，稍停后缓慢放下还原。以此重复，吸气时举起，呼吸时还原。

5）站立负重提踵

动作要领：两脚自然开立，两手持杠铃于颈后肩上，用小腿三头肌的收缩力量，使脚跟提至最高位置，稍停，缓慢落下还原，使小腿肌肉充分伸长，如图 9-74 所示。

图 9-73 箭步蹲

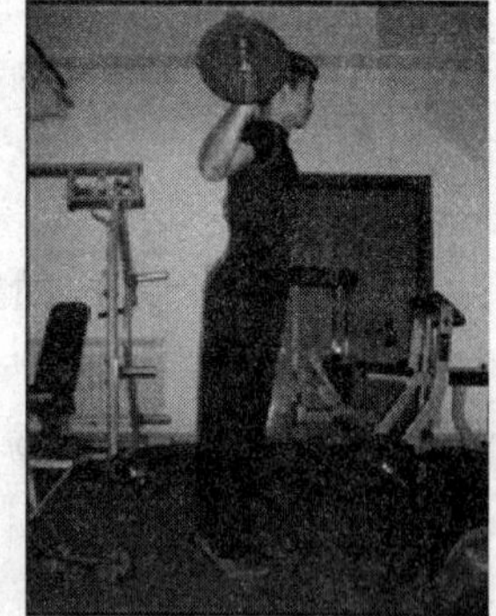

图 9-74 站立负重提踵

9.4.4　健美注意事项

在健美训练开始前，首先要进行身体检查，如有高血压、心脏病史等，应避免进行健美训练。在训练过程时，要由低训练目标向高训练目标进行过渡、循序渐进，先选用低重量、低强度、低负荷、容易学和安全的健美动作进行训练。每周锻炼 3～4 次，每次锻炼时间不宜超过 60～90min，负荷量约达到自身最大强度的 70%～80%。此外，还要遵循人体骨骼肌生长发育的生理规律和健美运动训练活动的客观规律，以便更好地发展肌肉，需要遵循以下几个原则。

1. 大重量、低次数

在训练过程中，运动量要逐渐增大，但每一次都要重量大、次数少，这样有助于肌力和肌肉体积的发展。

2. 多组数、高密度

锻炼组数要多，这样才能充分刺激肌肉，使肌肉感到酸、胀、麻等感觉。组与组之间要有间歇时间，但间歇时间不宜过长，要使肌肉块迅速增大，就要少休息，频繁地刺激肌肉，这样的运动训练可获得更全面的健身效果。

3. 动作要准确，并配合呼吸

在锻炼的过程中，要注意动作完成的准确性、节奏性，控制好速度，配合一呼一吸，使肌肉得到充分刺激和休息，以达到锻炼的目的，不要憋气。

4. 大肌肉群先练，兼顾小肌肉群

多练胸、背、腰臀、腿部的大肌群，不仅能使身体强壮，还能够促进其他部位肌肉的生长。在优先发展大肌肉群的前提下兼顾小肌肉群，使其同步发展，完善健美体格。

5. 孤立训练原则

最大限度地集中于目标肌肉的训练，其他协作肌肉尽可能地不参加训练，以达到集中刺激、重点强化的效果。

6. 肌肉要轮流交替进行训练

在训练过程中，同一块肌肉不要连续进行练习，应在一次训练后，得到一定的恢复，以便在第二次练习时可承受更大的负荷，从而更有利于肌肉体积和力量的增长。

7. 顶峰收缩原则

要求当某个动作使肌肉收缩达到最紧张时，保持这种收缩最紧张的状态 1～2s，做静力性练习，然后慢慢回复到动作的初始位置。这是使肌肉线条练得十分明显的一项主要法则。

8. 训练法则多样性

在训练过程中，训练方法可采用循环法、间歇法、重复法、分部训练法等，这样可以充分刺激肌肉，加大刺激程度。

9. 适宜恢复原则

在肌肉进行一次大训练负荷以后，要注意休息，一般在 48～72min，但针对高强度以后，休息时间也要适当增加，尤其是大肌肉群。

10. 注意训练后的营养摄取

增长肌肉不仅要通过科学的健身健美锻炼才能实现，而且还需要科学合理的膳食营养才能达到预期的效果。在训练后，机体需要增加蛋白质的摄入，此时补充蛋白质效果最佳。

蛋白质的摄入量应达到总量的12%～15%，每天每千克体重约摄入1.2～1.6g，但不要训练完马上进食，至少要隔20min。

9.5 飞 镖

飞镖运动是一项集竞技、健身和娱乐于一体的绅士运动。其娱乐性较强，同时又能在娱乐中休闲健身、缓解眼部疲劳，因此深受人们喜爱。飞镖可以称得上是最佳的“办公室运动”，不占空间，不费时间，对缓解久坐产生的肩颈、手腕和视觉疲劳等都很有效果。在国外的电视电影中常能看见，很多办公室都挂着飞镖盘，工作之余来一场友谊赛，不仅可放松身体，还可调节气氛，难怪英国人称之为“交朋结友的运动”。

9.5.1 飞镖基本概述

1. 飞镖的起源

通常认为，飞镖运动是由标枪和一种被称为“飞镖”的箭发展而来的。关于它的起源众说纷纭，但可以肯定的是，飞镖运动源于英国。关于飞镖运动的起源有3种说法。

第一种说法是，古罗马军团的士兵被罗马皇帝派到遥远的不列颠岛，多雨的气候不便于他们长时间在户外活动。于是，他们在板棚中，把箭投向用柞树横切面制成的靶子，由此逐渐发展成现代的飞镖。

第二种说法是，飞镖运动是由英国的弓箭手在近距离作战时使用的一种25.4cm长的投掷武器演变而来的。

第三种说法和具体的历史人物有关。英国国王亨利七世体质较弱，考虑到打猎既危险又辛苦，决定不再打猎，制作了一种短柄镖枪向柞树的横切面投掷以达到健身的目的，不久，王宫大臣们也喜爱上了这种运动，并逐步流传到民间。

现代飞镖运动出现在19世纪末，英国人贝利恩·甘林被认为发明了现在的飞镖计分系统。1902年英国选手约翰·雷德第一次创造了单轮180分的记录。

2. 飞镖的发展

随着飞镖和表盘的不断改进，以及玩法的不断完善，飞镖运动不断地被更多人所接受和热爱，飞镖运动也随之迅速发展起来了。

1620年，随着第一批新移民乘坐“五月花”号船抵达美洲新大陆，飞镖运动亦于当时传入美国。1908年，飞镖被官方提升为技术游戏，逐渐赢得了众多的爱好者，开始在酒吧流行起来。1924年，最早的全国性组织——全英飞镖协会在英格兰成立，并举办了首届锦标赛。第二次世界大战以后，飞镖运动获得了巨大发展。1973年，英国飞镖协会成立。1974年，欧美一些国家推出电子飞镖，使飞镖运动进入电子时代，推动了群众的参与性。1975年，美国飞镖组织成立，并举办了首届“美国电脑飞镖公开大赛”，飞镖开始变成了一种休闲体育运动。1976年，澳大利亚飞镖联合会成立，其他众多的全国性组织也在世界各地纷纷诞生。1977年，加拿大全国飞镖联合会成立。

近年来，世界飞镖运动已显露出迅猛发展的势头，各种形式、规模不一的飞镖比赛频繁举行，投身飞镖运动的人数显著增加，其竞技水平也有了本质的提高。飞镖运动易于上手的特点使得越来越多的人参与其中。

中国飞镖运动的发展历史不长，最早在 20 世纪 80 年代初，英国大使馆出面组织了北京在华外国人飞镖联盟，并以团体形式进行比赛。为了推动全民健身运动在全国的深入开展，进一步普及飞镖运动，国家体育总局社会体育指导中心于 1999 年 5 月把飞镖运动列为正式体育项目，这标志着飞镖运动在中国得到了认可，成为一项名副其实的运动项目。许多地区，如北京、天津等地纷纷成立飞镖运动组织，每年不定期组织各种比赛。总之，飞镖运动在我国方兴未艾，参加此项运动的人数越来越多，我国的飞镖水平也在不断地提高。

9.5.2　飞镖基本技术

1. 飞镖运动技术的基本结构

飞镖运动技术由镖手的技术基础、技术环节和技术细节 3 个不同层次的技术结构构成。

1）技术基础

飞镖的技术基础是按一定顺序和节奏组合而成的技术结构，可以分为握镖、站立姿势和投镖 3 个主要技术环节。

2）技术环节

技术环节是组成飞镖运动技术基础的各个独立的技术结构，包括握镖、站立姿势、准备动作、送镖和顺势动作 5 个部分。

3）技术细节

（1）技术细节是组成技术环节的细微技术动作结构，也就是各个环节技术动作的具体动作要点，如在镖手的发力过程中，手指对镖从“结束期”至“半结束期”的细微变化，就属于技术细节。

（2）镖手个体之间在飞镖技术基础和技术环节上基本是一致的，不同选手之间的差异主要表现在技术细节上，改进技术也就是要在技术细节上下工夫。

4）飞镖运动技术动作程序

准备姿势——→呼吸(3～6s)——→握镖——→粗瞄准——→稳定——→屏息——→精瞄准(2～3s)——→投镖——→自由落体——→保持——→重复。

2. 技术动作

技术动作是由握镖的手部姿势、站立姿势和投镖动作 3 个重要环节组成的。

1）握镖

握镖的手部姿势即握镖方法，主要有两指法、三指法（基本握镖法）、五指法和毛笔式握法。

（1）动作方法：

① 毛笔式握法。拇指和食指围成圈并圈住镖身，中指搭放在镖身的一侧，无名指放在镖身的下方作为使镖平衡的支点，如图 9-75 所示。

② 三指法。同样是比较常用的握法，被称为“基本握镖法”。用大拇指和食指、中指 3 个手指握住金属杆，大拇指在一侧，食指、中指在另一侧，协调用力夹住金属杆，如图 9-76 所示。

③ 除上述两种握镖方法以外，两指法和五指法也是比较常见的握法，如图 9-77 所示。

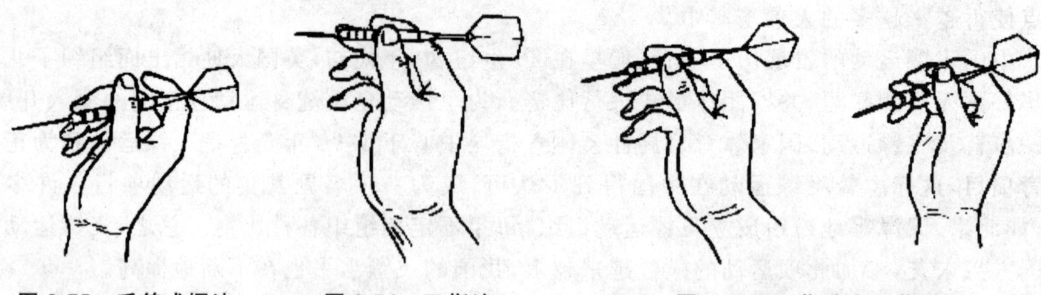

图 9-75 毛笔式握法　　图 9-76 三指法　　图 9-77 两指法和五指法

(2) 技术特点：

选手们采取何种姿势投镖应遵守区别对待原则，要考虑手形等生理因素以及个人习惯等因素来选择合适的手部握镖姿势。特别需要注意的是，持镖时不宜过于用力于镖身，只要保证手中的镖不轻易脱落即可，具体方法是：

① 在握镖之前，首先确定镖的重心位置，使镖的重心点在拇指和食指的握镖处与中指之间略接近拇指和食指的位置上(三指间略靠近身体处)，这对将手指的做功准确、均匀地贯彻在镖的整体上十分有利，能够保证镖在"自由飞行"过程中的平稳性。

② 握镖一定要使镖针略朝上，稳定但不紧张。握镖时只要飞镖不滑动即可，但要保证在加速过程中能很好地控制飞镖。如果指尖因压力过大而发白，或者镖身上的纹路已印到指尖上，就是过分紧张了。

③ 对不同的镖身来说，可能有些握镖法不好用。这样，就不仅要找到适合自己的握镖法，而且要找到适合自己的镖身形状，二者是互相影响的。

(3) 错误纠正：

① 用 4 个手指握镖时，小指习惯地圈过飞镖接触到手掌(就像握拳时一样)。因此，选手应注意将注意力集中在靶子上的时候，手握镖不要过紧，防止原本握镖的手指逐渐收缩最后握成拳，握镖的关键是放松手部肌肉。握镖的手指可以伸开或保持与其他手指一样的位置。

② 握拳会使手指过分紧张，释放时比较困难而且还会增大"踢"镖的可能。因此，应注意动作防止"踢"镖。

2) 站立姿势

正确掌握握镖姿势以后，下一步任务就是建立正确的站立姿势，即在投镖线或投掷板前站立的姿势。脚的位置和脚与盘面的对应关系是站立姿势的两大因素。站立姿势是准确投镖的关键，我们提倡最自然的投镖动作，保持舒适、稳定和平衡的站立姿势，舒适是指镖手站立时要自然，全身放松；稳定是指站立时重心要稳定，身体不摇晃，投镖时身体不随手臂运动而摆动；平衡是要求身体各个部位协调。建立正确的站立姿势需要一个长期的过程：从初学者能感到舒适的一脚在前的姿势，到普遍采用的脚尖平行或呈直角的姿势，再到找到最科学和最舒服姿势的折中点，飞镖运动项目的乐趣也正在于此。

站立姿势确定的原则：理论上讲，最佳的站姿是肩与飞镖盘呈 90°，双脚连线与投掷线的角度也同样呈 90°，但是这会让投镖者的身体产生不舒适感，因此形成了以下 3 种不同的站立姿势。此外，选手站立姿势的确立还应考虑舒适性原则和个体差异性原则。不管采取何种站立姿势，每位练习者都应找到一个适合自己的最佳姿势，并保持相当一段时间的静止。站立时还应注意身体与镖盘的关系：直接站立在镖盘的前方，使投镖手臂直接对准牛眼，在连续投镖时不能经常移动，除非当瞄准不同的数字时或者当镖盘上的另一支镖挡住了视线时，才可以进行左右的小幅度移动。

(1) 动作方法：

站立姿势的重点在于确定双脚的位置，站立姿势包括以下 3 种：

① 第一种站立姿势最适合初学者，以右手的练习者为例，站立时右脚在前，左脚旋转一个角度，身体右半部分对着镖盘，确保自身站立舒适。

② 第二种站立姿势为脚尖平行或呈直角，两脚脚尖面向投掷线约呈 45°，此种站立姿势也是使用最为普遍的姿势。

③ 第三种站立姿势是身体直立，脚尖向前，双脚靠拢，脚尖与投掷线呈直角。

(2) 技术要点：

站立姿势技术要点除确定脚的位置，即选择适合自身生理状况的基本站立姿势外，还需注意以下要点。

① 肩部角度。尽可能接近理想的 90°，但也不应因此而完全牺牲掷镖的舒适性，合适的角度在 50°～80°之间。

② 脚的角度。应当与肩部角度一致，否则就会摔在地上。

③ 平衡。在掷镖中的每一点，都必须保持完善的平衡。这对初学者来说是很难处理的，常常迫使他们采取较小的角度，不能前倾很多。身体的平衡由脚控制，绝不要在掷镖时抬起，更不要在掷镖时“跳”起来，平衡脚只需脚尖触地即可。

④ 体重分配。将体重主要落在前脚(支撑脚)上，而后脚(平衡脚)只是为了平衡站姿。无论体重怎样分配，站姿都必须稳如磐石，前脚不能跳起来，必须平稳地支撑在地板上。

⑤ 前倾。前倾越多，离飞镖盘越近(这就是前倾的原因)，但同时掷镖也就越困难、越不稳定。前倾过多，背部会很不舒服。

⑥ 躯干。应当保证身体在掷镖时不会移动，使肩关节固定，不要弯腰，保持脊椎伸直。身体要紧绷，但手臂应放松。

⑦ 直线。站姿的另一个要素是与镖盘的对应关系。直接面对镖盘，投掷手臂与镖盘的中心呈一条直线，当选取不同分数的目标或镖盘的飞镖影响视线时，略向左或向右移动，飞镖好手在连续投掷时很少移动。

⑧ 建议。站在投掷线之前时从下到上审视自己的站姿：双脚的角度、体重在两只脚上的分配、躯干是否自然、前倾的角度、肩部角度、平衡保持状况，使这一切都达到合适，如图 9-78 所示。

(3) 错误纠正：

① 没有按照标准姿势站立。因此，应注意不要忽视站姿和基本动作的重要性。

② 很多没有受过正规训练的爱好者选择从正面站姿开始的错误动作。因此，应注意不要因此导致一系列其他的错误技术动作。

3) 投镖

投镖可分为 3 个基本步骤，即预备、送镖和顺势动作。这 3 个连贯动作类似于篮球的投篮动作，动作要求做到流畅、舒展、协调。

(1) 预备。

① 动作方法。镖保持在面部之前，肘臂基本保持同样的高度，肘关节是整个动作的固定支点。

② 技术要点。全身放松并建立正确的准备姿势，包括调整姿势、瞄准目标（抬肘，上臂与地面平行），从面前引镖向后准备投出，如图 9-79 所示。

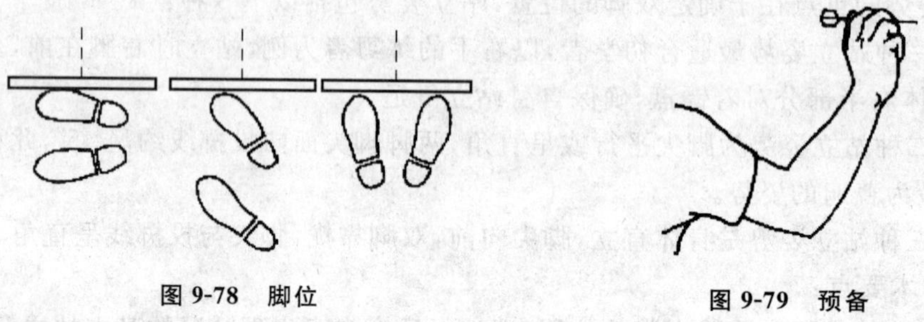

图 9-78 脚位

图 9-79 预备

③ 错误纠正。手臂紧张。因此，应注意锻炼稳定的身体姿势。

(2) 送镖：送镖是指向镖盘上的目标区域投镖。送镖时前臂发力，向前摆动，手指松开，将飞镖送出。

① 动作方法。保持正确的站立姿势后，投镖时身体的其他部位应平稳，用小臂带动手腕和手，将镖投出；在投镖瞬间手部动作保持平直，出镖后自然下垂。

注意，在投镖过程中，手部不应向左右偏移，并保持连贯性（投镖过程中，持镖手以肘部为支撑点）。

飞镖有 3 种运行路线，分别为大弧线、小弧线和下弧线，其中小弧线为正确的飞行路线，如图 9-80 所示。

② 技术要点。投掷动作通过前臂渐进、流畅的运动实现，完成动作时前臂直接向镖盘伸展，同时伴随手腕的轻微向前运动。

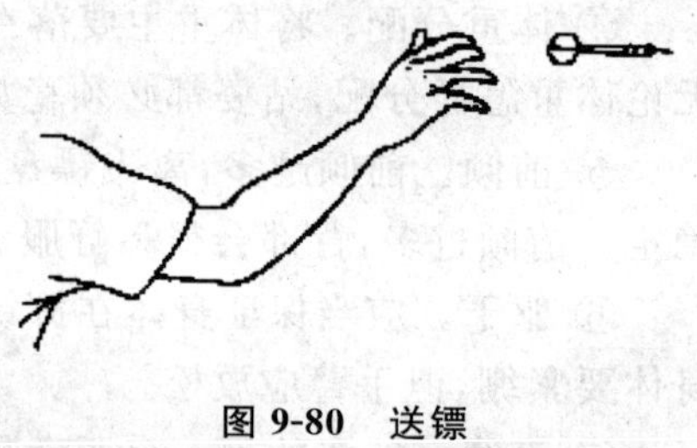

图 9-80 送镖

优秀的选手送镖动作轻盈，镖飞行时会划出一道细长优美的弧线，完美的送镖会展现出不同一般的连贯力量。

送镖时应该保持身体稳定，上臂要与前臂协调。要讲究稳定性和手法定型，不仅仅是整个身体和手臂的稳定，还要保持投镖时动作的稳定，即动作定型，使每一次投镖基本能够沿着同样的线路击中同一目标。

③ 错误纠正。

- 两指握镖。物理学原理证明，3 点才能保证稳定。因此，至少要用 3 根手指握飞镖，若多用手指，在加速时能控制得更好，但在释放时会困难一些。
- 上臂发力，以上臂带动前臂投出飞镖。这种用力方式会导致上臂与前臂不够协调，投出去的镖不能保持同样的线路，因而不能保持准确率。因此，应注意用小臂带动手腕和手来投镖。
- 没有保持身体稳定。如果投标时身体随着手臂的运动而晃动，晃动的身体的反作用力就会导致手臂发生偏移，投出去的镖也不能保持准确率。因此，应注意保持身体的稳定性，选手应将重心放在支撑脚上，另一只脚接触地面，不断调整重心以维持身体稳定。

- 不能掌握送镖的力量。因此，应注意送镖要准确但不要盲目用力，这是成功击中目标的关键。投镖时不需要用手臂或肩的全部力量，将镖恰好插到盘上即可，伸展后的手臂离镖盘大约 1.5m，如图 9-81 所示。

(3) 顺势动作。

① 动作方法。镖送出以后，手臂直接向镖盘方向伸出，这是保持连续一致的投镖动作的关键。

一旦飞镖送出，手臂自然地随之运动(像网球发球或棒球的投球一样)，如图 9-82 所示。投掷飞镖不是一个急停急起的动作，整个过程需保持连贯、舒缓。

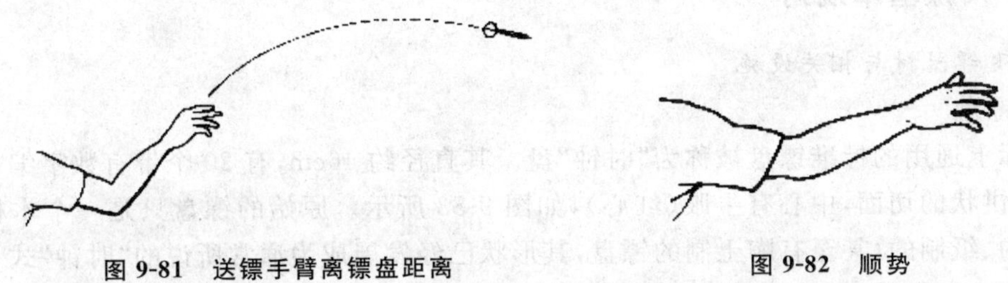

图 9-81　送镖手臂离镖盘距离　　图 9-82　顺势

② 技术要点。让飞镖飞出一道完美的抛物线是飞镖技术的关键。飞镖在瞄准目标时应略微抬起，抬起的角度在后移时增大；在前移时减小。当镖脱手时几乎是水平方向，但仍有一个很小的向上的角度，飞镖的镖尖在任何时候都不得朝下。

投镖时，肩、肘、腕要进行协调的配合，才能保证飞镖飞出一道完美的抛物线。

- 肩：必须保持肩部不动，投掷过程中仅手臂动，身体的其他部分应稳如泰山。
- 肘：在投掷动作的前期，即手臂后甩时，肘部应基本保持不动，在手臂前挥，飞镖加速过程中的某一点，肘部才顺势上扬，这是一个需要不断练习摸索的过程。此外还要注意，手在脱镖后应继续沿着原来的路线，以保证飞镖脱手后的飞行路线。
- 腕：甩腕加力可以提高速度，但容易失误，因此需要磨炼腕上功夫。

③ 错误纠正。

- 镖针朝下：握镖一定要保持镖针略朝上。
- 紧张：握镖必须稳定，不能紧张。指尖因压力过大而发白，或者镖身上的纹路已印到指尖上，都是过度紧张的表现。正确的握镖是只要飞镖不会滑动，就能保证在加速过程中很好地控制飞镖。
- 握拳：不握镖的手指可能习惯性地握起来。握拳会使其他手指过分紧张，释放时比较困难，还容易蹭到飞出去的镖，影响精度。因此，正确的方法是把它们伸开，或保持与其他手指一样的位置。
- 初学者没有做到全身用力协调：应注意这一点，需要长期训练来完成。

(4) 投掷。

① 动作方法。

- 瞄准和射击同理，眼睛、镖、目标 3 点成一线。
- 后移的一步要有距离，但不要移得太快。

• 加速过程尽量自然圆滑地沿着一定的抛物线方向运动，不能过快，并且需要适当地提肘。若需甩腕，也要遵循原来的曲线方向，直到飞镖脱手为止。
• 释放的过程需要建立在流畅的后移和加速之上。
• 随势是很重要的一点，出镖之后，手应继续沿着原来瞄准目标的方向顺势而出，不应在镖出手后手臂马上垂下。

② 技术要点。飞镖出手后，练习者无论是在身体上还是在精神上都要随着飞镖进入镖盘。

③ 错误纠正。选手投镖时手腕颤抖，很难发挥出色。因此，选手应有较强的心理素质，要有信心、耐心，稳得住，这样才能有取胜的机会。

9.5.3 飞镖基本规则

1. 飞镖器材与相关设施

1）镖盘

国际上通用的标准镖盘被称为“时钟”盘。其直径约 46cm，有 20 个带有数字编号、大小均匀、馅饼状的切面，中心有牛眼（红心），如图 9-83 所示。原始的镖盘只是一个木桩，现在有木制的、纸制的，甚至有陶土制的镖盘，其形状已经发展成为通常所说的“时钟”式，即标准镖盘。标准镖盘的材料也有所发展，目前还出现了具有自动计分、与人对局功能的电子标准镖盘。

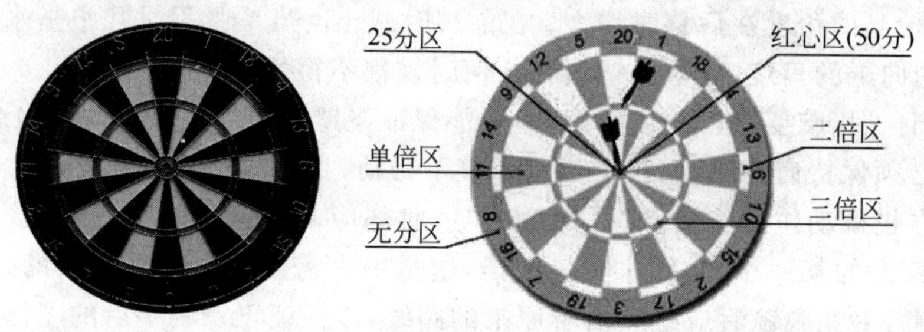

图 9-83 镖盘

镖盘的挂置高度，指的是从镖盘的中心点距地面的距离，正式比赛的标准高度一般为 1.73m。在家里或者办公室受到空间的限制，或者身材不高，高度可以适当调整。投镖线与镖盘的直线距离为 2.44m，如图 9-84 所示。

2）飞镖

飞镖，也称镖头、箭头。其发展经历了从长矛、标枪到今天大家所看到的飞镖的历程。飞镖种类繁多，制作材料也是多种多样的，有木制、纸制、铁制、塑料，以及合金、尼龙等复合材料。根据飞镖材料的不同，飞镖可分为软式飞镖和硬式飞镖。由于飞镖制作材料的不同，其规则也不完全相同。大家常见和常玩的以金属为主要材料的硬式飞镖为多，飞镖通常由镖尖、镖管、镖杆及尾翼 1 部分组成。

飞镖的重量通常为 10～40g，应该说处于这一重量之间的飞镖都是可以的。世界上最重的铜制飞镖为 46g，但较为通行的为 20～30g。使用多大重量的飞镖取决于个人的偏好和力量的大小。重量较轻的飞镖，需要的力量较小，但其投掷的稳定性和准确性稍差些。其次，握法也是一个重要因素，挑选飞镖时最好握住飞镖试一下，也许感觉不很理想的飞镖投出去的路线却不错。

飞镖的尾翼也是一个不可忽视的部分，起到平衡和装饰的作用。据说，当飞镖在美国风靡一时的时候，健壮漂亮的火鸡曾一时比洛阳纸贵，原因是很多飞镖迷喜欢用火鸡的羽毛做飞镖的尾翼，如图 9-85 所示。

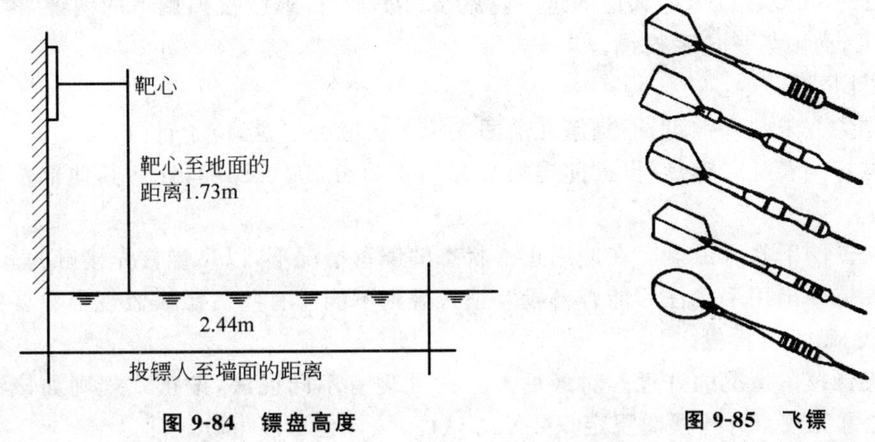

图 9-84 镖盘高度

图 9-85 飞镖

2. 飞镖基本规则

国际国内的正式比赛无一不采用“01”规则，这种玩法是最流行、最规范的玩法。“01”玩法通常包括 101、301、501、801、1001 等玩法，实际上以 1 做尾数的任何数字都可以。在大型比赛中，采用较多的是 501 玩法，可以说 501 玩法比赛是争夺冠军的比赛。如世界飞镖锦标赛、英国国际新闻锦标赛和我国首届飞镖公开赛，均采用 501 比赛规则。现以 501 比赛为例介绍“01”比赛的规则。

1）参赛人数

不论多少人均可，但一般由两人或两组选手同时比赛。

2）分数区

镖盘上有 1～20 分的分区，中央的小圆心是 50 分区，边缘是 25 分区，二道粗圆线所覆盖的扇形区域是 1～20 分的相应双倍和三倍分区。镖盘上每一个分数区都可能用到，当然高分值的分数区最受镖手的喜爱，如 20、19 分数区，20 和 19 的双倍和三倍区常常是镖手的目标。任何一个分数的双倍区都可能会用到，这取决于最后一轮所剩的分数。

3）规则

501 比赛的计分方式是从 501 分开始的，根据击中目标分数进行扣减，首先扣减至 0 分者为胜者。如一位选手第一轮 3 镖分数之和为 120 分，则第一轮之后所剩的分数为 381 分，第二轮 3 镖分数之和为 100 分，则第二轮之后所剩分数为 281 分，以此递减至 0 分者为胜。

两名选手或两组选手比赛，通常以投镖来决定哪一方首先开局。决定开局有两种方式：双倍开局和直接开局。双倍开局必须击中双倍区才能开始计分，任何一个分数都可以；直接开局则没有任何条件限制。

501 比赛要求结束比赛的最后一镖必须击中双倍区，任何一个分数均可。这就是 501 等 01 比赛的魅力所在。领先的选手如不能在最后一镖击中双倍区，另一方可能会后来居上，赢得比赛。比如一位选手所剩的分数为36分，他必须击中18分双倍区才能结束此轮比赛，如果只击中18分的单倍区，这样36分减去18分，剩下18分，则下一镖必须击中9分的双倍区，不能再去击中18分区。

需要注意的是，如果击中的目标分超过了所剩的分数，即为爆镖，则此轮分数不计，换由另一选手投镖。如一位选手最后一轮剩下8分，需要击中4分的双倍区才能获胜。如果第一镖击中了18的双倍区，那么他的这一轮就结束了，不得继续投掷剩下的两镖，再去击中4分的双倍区，而由另一选手投镖。

4）特殊情况

（1）镖尖并未扎入镖盘，而是搭在前两支镖上接触到镖盘，应予计分。

（2）镖杆倒着扎入镖盘（投掷前尾翼已掉），不得分（除了镖尖，任何其他部位接触镖盘均不得分）。

（3）从铁圈下扎入镖盘。在使用正常状态的镖盘情况下，以飞镖首先接触的分区为准。

（4）飞镖弹出用手接住后能否再投？正式规则不能。有些飞镖联盟规定只要接镖时未越过投掷线，就可以再投。

（5）飞镖掉落情况的处理。对最后一镖的处理有不同说法，按正式规则如该镖停留不到5s，则此镖无效。有些联盟规定只要双方认可，该镖也可以得分。

（6）飞镖投在两个分区之间如何处理？有时会因为选手使用的飞镖重量过重，或镖盘质量有问题而将铁丝扎断，甚至铁丝将飞镖镖尖劈开，飞镖正好投在两个分区之间的情况。此时要按较高的分区计算得分。

9.6 攀　岩

9.6.1 攀岩基本概述

1. *攀岩运动的起源*

攀岩运动是人类运用原始的攀爬本领，借助各种装备的安全保护来攀登一些由掩饰构成的峭壁、裂缝、大圆石及人工岩壁等的运动项目。

攀岩运动于20世纪50年代起源于苏联，是军队中作为一项军事训练项目而存在的。1974年被列入世界比赛项目。进入80年代，以难度攀登的现代竞技攀登比赛开始兴起，并引起大家广泛的兴趣。攀岩运动真正成为一项独立的运动始于20世纪80年代，当人工岩壁由法国人在1983年设计和制造后，攀岩运动才渐趋成熟。1985年在意大利举行了第一次难度攀登比赛。

2. *攀岩分类*

1）按地点分类

（1）自然岩壁攀登（Traditional Climbing）：在野外攀爬天然生成的岩壁，一般是开发和清理过的难度或抱石路线，也称为传统攀登。

（2）人工岩壁攀登（Sport Climbing）：在人工制造的攀岩墙上攀登，包括室内攀岩馆和室外人工岩壁，多为训练和比赛使用的攀登方式，因此又称竞技攀登。

2) 按攀登形式分类

(1) 自由攀登(Free Climbing)：不借助保护器械(主绳、快挂、铁锁等)的力量，只靠自身力量攀爬。

(2) 器械攀登(Aid Climbing)：借助器械的力量攀登，在大岩壁攀登(Big Wall)中较为常用，对于难度超过攀登者能力范围的路线有时也借助器械通过。

(3) 顶绳攀登(Top Rope)：在岩壁上端预先设置好保护点，主绳通过保护点进行保护，攀登者在攀登过程中不需进行器械操作，适合初学者使用。

(4) 先锋攀登(Sport Climbing)：打上数个膨胀钉和挂片，攀登过程中将快挂扣进挂片成为保护点并扣入主绳保护自己，攀登者需要边攀登边操作。

3) 按比赛性质分类

攀岩的分类有多种方法，按照比赛性质可分为速度攀岩、难度攀岩和大圆石攀登，世界上每年都有这 3 类运动的比赛。

(1) 难度攀岩：运动员下方系绳保护，带绳向上攀登，并按照比赛规定有次序地挂上中间保护挂锁的比赛。攀登的最后高度(如果是横跨，则指沿路线轴上的最长距离)将决定运动员在每轮比赛中的名次。

难度攀岩又可分为完攀和看攀等形式。

① 完攀(Flash)：运动员在比赛之前可以收集路线的有关资料和观察路线，在攀登过程中一旦脱落或犯规即判其失败。

② 看攀(On-Sighting)：运动员在比赛前对路线的信息一无所知，边观察边进行攀登，在攀登过程中一旦脱落或犯规即判其失败。

③ 红点攀登(Red-Point)：运动员可以对路线进行反复的观察和试攀，只要最终达到终点即可。

(2) 速度攀岩：上方系绳保护，运动员按指定路线进行速度攀登的比赛。运动员按完成比赛路线所用的时间来决定每轮比赛的名次。

(3) 大圆石攀岩：岩石高度不得超过 4m，每条路线不超过 12 个支点。攀登时运动员不系保护绳，每次比赛需要选择 10 条路线攀登。

3. 我国攀岩运动的发展

攀岩运动在中国经过十几年，特别是近年来的发展初具规模，并吸引了越来越多的年轻人参加，发展前景十分可喜。从 1997 年开始，国内每年要举行两次以上的全国或国际性比赛，1998 年 8 月在西岳华山、2002 年 5 月在四川重庆分别举行了当时国际一流选手参加的高水平国际攀岩邀请赛；1993 年和 1999 年我国先后两次承办了亚洲攀岩锦标赛；2000 年的第 2 届亚洲青年攀岩锦标赛在北京举行；由国家体育总局主办、湖州市人民政府承办的 2002 年国际极限运动精英赛于同年 10 月 1 日至 10 月 2 日在太湖乐园的极限运动公园举行。

9.6.2　攀岩基本技术

1. 攀岩的结绳技术

利用打结使绳索之间、绳索与其他设备之间互相连接的方法，称为结绳技术。

结绳技术是攀岩运动中必须掌握的基本技术之一。在各种活动中，运动员互相保护、攀登岩石或冰雪峭壁、渡过山之间急流等都离不开绳索。绳索是登山运动中所使用的最重要的装备。然而只有通过与运动员身体或其他物体的互相连接和固定,才能起到辅助行进和保护安全的作用。结绳方法是否运用得当,直接影响绳索的使用质量和效果。

1）基本结

基本结又称为单结、保护结。在生头部位打此结,可防止绳结解脱。建议：打好其他结后,一定要打此结。

(1) 双8字结：简单易学,拉紧后不易松开；不受力时,不容易松开,如图9-86所示。

(2) 布林结：布林结又称系船结。它易结易解,但绳结也易松动,如图9-87所示。

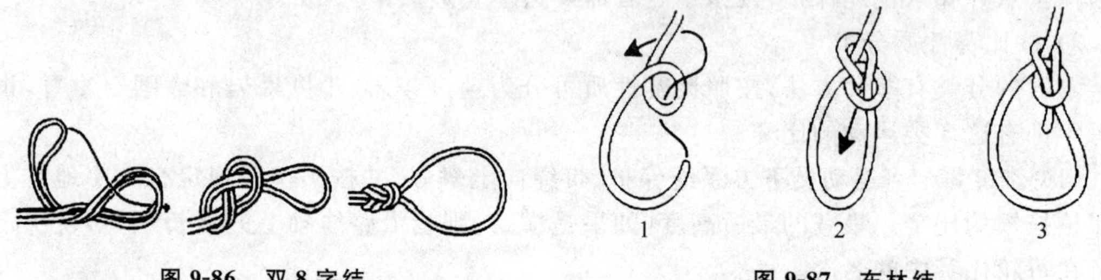

图9-86　双8字结

图9-87　布林结

(3) 蝴蝶结：蝴蝶结又称中间结。结组时可用蝴蝶结直接套在中间队员安全带上起保护作用,如图9-88所示。

(4) 双套结：双套结又称丁香结。可用于固定,也可用于攀登和下降,如图9-89所示。

2）连接安全带用结

(1) 双8字结：同前。

(2) 布林结：在顶绳攀登中可选的连接方式。优点是方便快捷,缺点是不受力时容易松动。

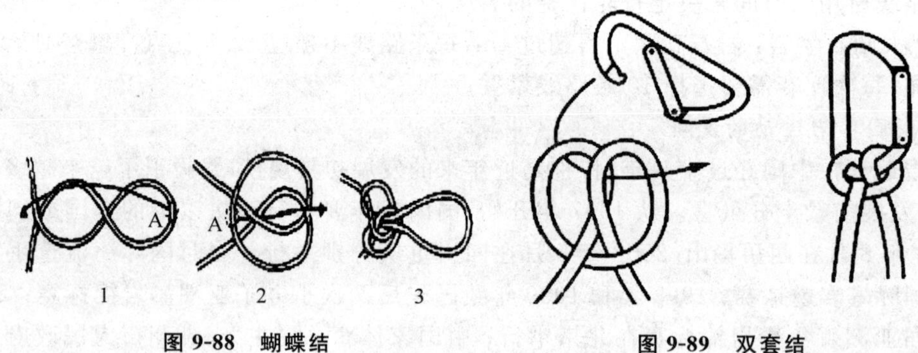

图9-88　蝴蝶结

图9-89　双套结

3）绳子间的连接

(1) 平结：平结又称连接结、本结、陀螺结。用于粗细相同的绳索之间的连接,如图9-90所示。

(2) "8"字结："8"字结用于粗细相同的绳索之间的连接。

(3) 渔人结：又称渔夫结,适用于结两条质地、粗细相同的绳索或扁带,如图9-91所示。

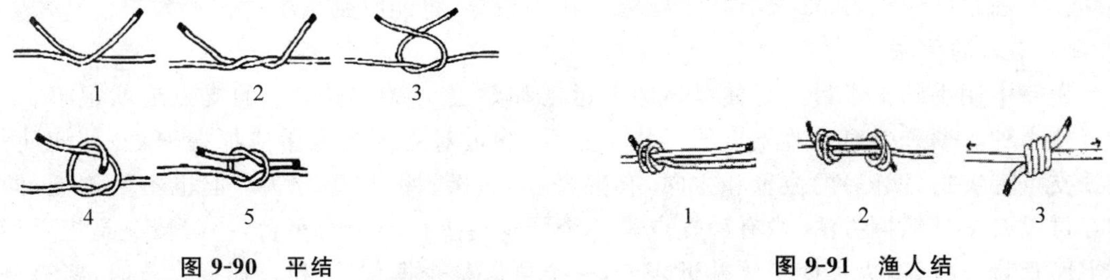

图 9-90　平结　　图 9-91　渔人结

2. 攀岩的保护技术

攀登者是在保护人通过登山绳给予的保护下进行攀登的。登山绳的一端通过铁锁或直接与攀登者腰间的安全带连接，另一端穿过保护者身上与其腰间安全带相连的铁锁和下降器，中间则穿过一个或多个固定的安全支点上的铁锁。保护者在攀登者上升时不断给绳（或收绳），在攀登者失手时，拉紧绳索防止坠落。发生突然坠落时，冲击力是很大的，直接手握绳索很难拉住，冲击力主要是通过绳索与铁锁及下降器的摩擦力抵消的。由于在保护支点上有很大的摩擦力，所以体重较轻的人是可以保护体重较重的人的。保护的形式一般按保护支点的相对位置分为以下两种：

（1）上方保护：保护支点在攀登者上方的保护形式。在攀登者上升过程中，保护人不断收绳，使攀登人胸前不留有余绳，但也不要拉得过紧，以免影响攀登者行动，这一点在登大仰角时尤其要注意。上方保护对攀登者没有特殊要求，发生坠落时冲击力较小，较为安全。进行下方保护时，使用的器材一般有安全带、铁锁和下降器。保护人收绳时，应注意随时要有一只手握住下降器后面的绳索（或把下降器两头的绳索抓在一起），只抓住下降器前面的绳子是难以制止坠落的。

（2）下方保护：保护支点位于攀登人下方的保护方式。没有上方预设的保护点，只是在攀登者上升过程中，不断把保护绳挂入途中安全支点上的铁锁中。这是领先攀登人唯一可行的保护方法，实用性较大，而且是国际比赛中规定的保护方法。但这种保护方法要求攀登者自己挂保护，而且发生坠落时，坠落距离大，冲击力强，因此一般由技术熟练者使用。

1）攀岩保护五步保护法（以右手为例）

（1）左手手心向上、右手手心向下，分别握紧主绳，左手向下拉绳子的同时右手向上拉绳子。

（2）右手握紧绳子由胸前回放到右大腿外侧。

（3）左手移至右手上方，手心向下握紧绳子。

（4）右手移至左手上方。

（5）还原至第一步。

2）注意事项

（1）任何时候都要有一只手紧握通过下降器的绳子。

（2）放绳子时，双手要协调配合。

（3）放绳子时，要缓慢匀速。

3. 攀岩技术

攀岩要有良好的身体条件，但更重要的是要有熟练的技术。学习攀登技术实践性很强，必须在不断攀登中练习，如果有技术熟练者在旁指导，将能收到事半功倍的效果。

1）攀岩的手法

攀登中用手的根本目的是使身体向上运动和贴近岩壁。岩壁上的支点形状很多，常见的有几十种。攀登者对这些支点的形状要熟悉，知道对不同支点手应抓握何处，如何使力。根据支点上突出（凹陷）的位置和方向，有抠、捏、拉、攥、握、推等方法。但也不要拘泥，同一支点可以有多种抓握方法，像有种支点是一个圆疙瘩上面有个小平台，一般情况是把手指搭在上面垂直下拉，但为了使身体贴近岩壁，完全可以整个捏住，平拉。抓握支点时，要充分使用拇指的力量，尽量把拇指搭在支点上，对于常见的水平浅槽的支点，可把拇指扭过来，把指肚一侧扣进平槽，或横搭在食指和中指指背上，都可增加很大力量。

2）攀岩的脚法

攀岩要想达到一定水平，必须学会腿脚的运用。腿的负重能力和爆发力都很大，而且耐力强，攀登中要充分利用腿脚力量。攀岩一般穿特制的攀岩鞋，这种鞋鞋底由硬橡胶制成，前掌稍厚，鞋身由坚韧的皮革制作，鞋头较尖，鞋底摩擦力大。一只脚，能接触支点的只有四处：鞋正前尖；鞋尖内侧边（拇趾）；鞋尖外侧边（四趾趾尖）和鞋后跟尖（主要是翻屋檐时用来挂脚），而且只能踩进一指左右的宽度，不能太多，比如把整个脚掌放上去，为的是使脚在承力的情况下能够左右旋转移动，实行换脚、转体等动作。双脚在攀登过程中除了支承体重外，还常用来维持身体平衡。脚并不是总要踩在支点上，有时要把一条腿悬空伸出来调身体重心的位置，使体重稳定地传到另一只脚上。

3）重心的掌握

攀登中，应明确地意识到自己重心的位置，灵活地控制重心的移动。移动重心的主要目的是在动作中减轻双手负荷，保持身体平衡。一开始学时动作大多十分盲目，不知道体会动作，一心只想升高度，其实初学者最好不要急于爬高，应先做一段时间的平移练习，即水平地从岩壁一侧移到另一侧，体会重心、平衡、手脚的运用等基本技术。在最基本的三点固定，单手换点时，一般把重心向对侧移动，使手在没离开原支点之前就已经没有负荷，可以轻松地出手。横向移动时，要把重心向下沉，使双手吊在支点上而不是费力地抠拉支点。一般情况下，应把双脚踩实，再伸手够下一支点，而不要脚下虚踩，靠从手上拉使身体上移。一定要注意体会用腿的力量顶起重心上移，手只是在上移时起到维持平衡的作用。

4）侧拉技术

侧拉是一项很重要的技术动作，能极大地节省上肢力量，使一些原本困难的支点可以轻易达到，在过仰角地段时尤其被大量采用。其基本技术要点是身体侧向岩壁，以身体对侧手脚接触岩壁，另一条腿伸直用来调节身体平衡，靠单腿力量把身体顶起，抓握上方支点。以左手抓握支点不动为例，是身体朝左，右腿弯曲踩在支点上，左腿用来保持平衡，右腿蹬支点发力，右手伸出抓握上方支点。由于人的身体条件，膝盖是向前弯的，若面对岩壁，抬腿踩点必然要把身体顶出来，改为身体侧向岩壁就可以很好地解决这一问题，身体更靠墙，把更多体重传到脚上，而且可利用全身的高度，达到更高的支点。侧拉动作有以下方面应当注意：身体侧向岩壁，踩点脚应以脚尖外侧踩点，不要踩得过多，以利换脚或转身。侧拉主要在过仰角及支点排列近于直线时使用。

5）手脚同点

手脚同点是指当一些手点高度在腰部附近时，把同侧脚也踩到此点，身体向上向前压，把重心移到脚上，发力蹬起，手伸出抓握下一支点，期间另一只手用来保持平衡这样的一种技术动作。手脚同点需要的岩壁支点较少，且身体上升幅度大。做此动作时有以下几点需要注意：若支点较高，应使身体稍侧转，面向支点，腰胯贴墙向后坠，腾出空间抬腿，不要面向岩壁直接抬腿。脚踩实后，另一脚和双手发力，把重心前送，压到前脚上，单腿发力顶起身体，同点手放开原支点，从侧面滑上，抓所握下一支点，另一手固定不动调整身体平衡。手脚同点技术主要用在支点比较稀少的线路上。

6）攀爬节奏

攀岩讲究节奏，讲究动作的快慢和衔接。每个动作做完，身体都有一定的惯性，而且如果上一动作正确到位身体平衡也不成问题，这时可以利用这一惯性直接冲击下一支点，两个动作间不做停顿，这样你经常可以发现原来很困难的一些点，不知不觉间就通过了。动作要连贯但不能毛糙，各个细节要到位，上升时一定要由脚发力，不能为快手拉脚蹬。手主要用作保持平衡和把身体拉向岩壁。动作不要求太快，要连贯。每个动作做实，一般做一两个连贯动作稍稍停顿一下，调整重心，观察选择路线，困难地段快速通过，容易地段稳定、调整。连贯—停顿—连贯—停顿，间歇进行，连贯动作时手脚、重心调整一定要到位，冲击到支点后要尽快恢复身体平衡。

7）线路规划

一面岩壁安装着众多的支点，选择不同支点可以形成多条攀登线路，各人身体条件不同，有各自不同的最优路线。练习时可以先看别人的攀登路线，根据自己的身体条件选择一条最优路线，并锻炼自己的眼力发现、规划新的线路，在正式比赛时，是不能观看别人路线的，必须自己规划。这就要对自己的身高臂长、抬腿高度、手指力量等有较好的了解。在练习当中，一面岩壁，在已经能够登顶后，往往还有不尽的利用价值。可以通过规划不同的线路来增加难度，一般是自觉地限制自己，放弃一些支点，如放弃某几个大点，或故意绕开原线路上的某个关键点，或只使用岩壁一侧或中间的支点，或从一条线路过渡到另一条线路。

9.6.3 攀岩基本规则

1. 攀岩装备

1）攀岩场地

（1）人工岩壁。

1965 年，世界第一面人造岩壁在英国的威尔士建成。1987 年国际攀岩联合会(UIAA)批准在人工岩壁上进行的比赛为国际正式比赛，并于当年在法国举办了人工岩壁上的首届攀岩比赛。1995 年，国际奥委会正式确认攀岩为奥运会项目，国际登联正努力争取把攀岩列入奥运会正式比赛项目，如图 9-92 所示。

图 9-92 攀岩壁

（2）抱石岩壁。

抱石岩壁由一系列短而难的线路组成，通常称为疑难线路。攀爬时不需要使用保护绳。一条线路的手点数多为 12 个，一轮比赛中每条线路的手点平均为 4～8 个。

（3）自然岩壁。

在野外天然形成的岩壁。自然岩壁没有现在的路线，攀爬者需要根据具体情况自行建设路线，通常使用岩锥、岩石塞、膨胀钉和挂片等器材来建设保护点。

2）攀岩器材

（1）保护性装备。

① 攀岩绳：攀岩绳内部是缠绕在一起的多股尼龙绳，外部则包有绳皮，起到固定和防磨的作用，是贯穿攀登者、保护点和保护器的结合线，如图 9-93 所示。只有通过 UIAA 或 CE 检测并带有其认证标志的主绳才可以使用，不能使用历史不明的主绳。

主绳使用中的注意事项：绝对避免在锐利的岩角上横向切割；不可踩踏或在地上拖曳，以防岩屑、细沙进入纤维造成内部磨损；避免接触油类、酒精、汽油、油漆和酸碱性化学药品；每次使用前后进行检查，定期淘汰；不用时存放于阴凉、干燥处。

② 安全带：安全带穿在攀登者身上，承载因攀登者脱落或下降而产生的重量和冲力。安全带的腰带为受力部分，其余腿带等则为了舒适、便利而设计。

穿安全带时一定要将腰带从腰带扣反穿回去，否则受力时有拉开的危险；反穿后的带头长度须在 10cm 以上，短于 10cm 则需换更大型号的，如图 9-94 所示。

攀登之前攀登者和保护者要互相检查安全带是否穿戴正确。

③ 扁带：软性带状物，通过机械缝合或手工打结成为长度不一的闭合圈，提供保护器械之间的软性连接，如图 9-95 所示。

图 9-93 攀岩绳

图 9-94 安全带

图 9-95 扁带

移动中的主绳不可直接从扁带中穿过，否则，移动带来的摩擦热会损毁扁带。

④ 铁锁：铁锁是可自由开合的金属环状物，将各类保护器械、装备连接在一起，如图 9-96 所示。

铁锁的纵向抗拉力大于横向抗拉力，使用时应保证纵向受力。在使用丝扣锁的时候要拧紧丝扣，并避免从高空跌落或硬物撞击，否则会带来内部的裂痕导致铁锁作废。

要使用 UIAA 或 ICC 认证的铁锁，历史不明的铁锁不可使用。

⑤ 保护器：在保护和下降过程中通过与绳子产生的摩擦力来减小操作者所需的握力。通常使用的保护下降器是 8 字环，它是最早、最常见的下降器，也是国际攀岩比赛指定使用的下降器，如图 9-97 所示。其他类型的下降器还有 ATC、GRI-GRI、STOP 等。

⑥ 头盔：如图 9-98 所示，用于有效防止落石以及非正常脱落姿态带来的头部伤害。头盔要端正佩戴才能护住前额后脑及侧面。出现落石千万不要仰头观望或以手抱头，无处可躲时要让头盔发生作用。

⑦ 快挂：扁带的两端分别连接一个铁锁，称为快挂，使用时一端扣入保护点，一端连接人体安全带或主绳，以带来操作便利。快挂两端的铁锁都不带丝扣，存在不慎打开或收力压开的危险，所以只有一个快挂时，不能作为固定保护点使用，如图 9-99 所示。

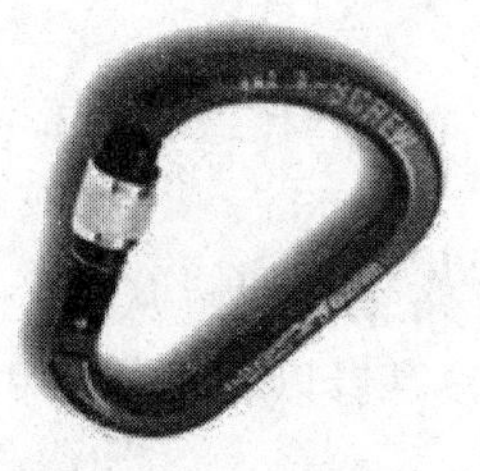

图 9-96　铁锁

图 9-97　保护器

图 9-98　头盔

(2) 辅助型装备。

① 攀岩鞋：鞋底采用特殊的橡胶，摩擦力大大增加。从普通鞋到攀岩鞋是提高攀登水平的重要变革。

使用时应选择号码偏小的，穿进去将脚裹得很紧，这样能使脚成为一个整体，有利于增强脚感，便于精确踩点和发力，如图 9-100 所示。

② 镁粉袋：辅助装备，镁粉可吸收手上的汗液和岩壁表面的水分，增大摩擦力，如图 9-101 所示。

③ 抱石垫：抱石攀岩中的保护手段，提供缓冲和减震作用。有可能脱落的地方都需要抱石垫，若数量不够，保护者可随着攀登者的动作拖动垫子，如图 9-102 所示。

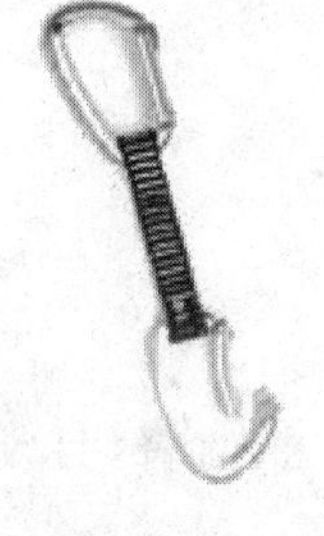
图 9-99　快挂

图 9-100　攀岩鞋

图 9-101　镁粉袋

图 9-102　抱石垫

④ 攀岩服装：应选择有弹性、透气性好的服装。

3) 攀登壁

(1) 所有国际竞赛攀登委员会(ICC)核准的比赛必须在专为攀登比赛设计的人工攀登壁举行，其垂直高度至少 12m，宽度至少 3m，且足以设计长度至少 15m 的路线。

(2) 攀登壁的所有板面均能作为攀登使用。

(3) 攀登不得使用板面的侧缘或上缘。

(4) 如攀登路线必须在板面上划定边界，以与其他路线分开，此边线应使用连续且能清晰辨识的标示。

(5) 攀登路线的起攀线必须清楚地标示。

4) 比赛形式

(1) 比赛分类。

① 难度(Difficulty)赛：先锋攀登、下方保护方式，参赛者按规定顺序依次挂锁所到达的高度(若在横移或屋檐部分，则以沿路线方向的最大长度计)确定其在某轮比赛的名次。

② 难度淘汰(Difficulty-Duel)赛：此类比赛的技术规则与一般难度赛相同。但决赛采用与速度赛决赛相同的单淘汰方式。

③ 速度(Speed)赛：上方保护方式，参赛者以完成路线的时间确定其在某一轮的名次。速度赛在指定定线员示范后进行攀登。

④ 抱石(Bouldering)赛：由一系列以个人技术攀登的疑难路线组成。从安全方面考虑，每一疑难路线以保护(上方或下方)或无保护方式进行攀登，参赛者以取得的累积分数确定其在某一轮次的名次。

(2) 难度和难度淘汰赛以下列方式攀登。

现场(On-sight)攀登：在核可的路线观察后开始攀登。

在核可的前攀员示范之后开始攀登。

在核可的练习之后开始攀登(After work)。

速度赛是在核可的前攀员示范攀登后开始比赛。

国际比赛包括难度、难度淘汰、速度及抱石 4 个项目，但并非所有国际比赛均须包括每一项。

5) 报到与隔离区

(1) 所有有资格参加比赛的运动员均须签到且按时进入隔离区，进入隔离区的具体时间由裁判长确定，由比赛主办方宣布。领队负责向运动员通知所有有关比赛的细节。所有运动员和代表队官员不准带手提电话进入隔离区。

(2) 只有以下指定人员允许进入隔离区：

① ICC 工作人员。

② 国家协会或主办官员。

③ 具有该场参赛资格的选手。

④ 指定的代表队官员。

⑤ 裁判长特别指定的人员。这些人在隔离区停留期间须由指定官员护送、监督，且须保持隔离区的安全，防止任何无故扰乱秩序、干扰运动员的情况发生。

注意，动物不得进入隔离区。

6) 路线观察与练习

(1) 路线观察期间，除非另有规定，难度、难度淘汰、速度及抱石比赛已报到该场的选手在比赛开始前观察并研究路线。队员不得陪同选手进入观察区。所有在观察区的选手必须遵守隔离区的规定。

(2) 观察时间由裁判长与国际前攀员磋商后决定，不得超过 6min。

(3) 选手于观察期间必须在指定观察区，不得攀上板面或站在任何器材或桌椅之上。选手不得以任何方式与观察区外人员联络，仅能向裁判长或分组裁判(Category Judge)询问比赛相关问题。

(4) 在观察期间选手可使用望远镜观察路线并以手抄方式绘图或笔记。其他观察或记录器材均不允许。选手可触摸起攀点，但双脚不得离地。选手有责任充分了解所有关于比赛路线的规定与说明。

(5) 选手除了在正式观察期间外不得取得任何路线的信息。

(6) 在观察期间结束时选手应立即返回隔离区，任何不当延迟或违反裁判长、分组裁判指示者，将予以“黄牌”警告，若进一步拖延将立即取消其比赛资格。

(7) 路线练习：对于比赛的练习路线，裁判长与定线员协商后决定时间表、程序和运动员练习时间的长短。

7) 攀登前的准备

(1) 在接到通知离开隔离区进入预备区时，选手除核定的工作人员外不得由任何其他人陪同。

(2) 在抵达预备区时，选手必须穿上岩鞋，以规定的绳结系上绳索，并做好攀登的最后准备。

(3) 在选手允许进行路线攀登之前，所有攀登装备和绳结必须经指定工作人员检查与认可，以符合安全及其他 ICC 的规定。指定使用的绳结为“8”字结。选手对于其攀登时所穿着装备与服装负有全部且唯一的责任。使用非认可的装备与绳结、比赛背心未经认可的修改、不符合规定的广告及违反任何 ICC 规定的选手均取消其资格。选手离开预备区后，不论在任何情况下均不得回到隔离区。

(4) 选手必须完成离开预备区的准备，并在指示下进入比赛场地。任何不当的延迟或未遵守分组裁判的指示应立即予以“黄牌”，任何进一步地延误将取消资格。

8) 技术事件

(1) 技术事件的定义为：

① 绳索紧绷以协助或妨碍选手。

② 岩点断裂或松开。

③ 快扣或钩环不当的位置。

④ 任何非选手动作造成的不利或不公平的有利于选手的偶发事件。

(2) 确保员必须随时保持绳索的适当松弛。任何绳索紧绷将视为对选手的外力帮助或妨碍，分组裁判应宣告技术事件。

(3) 技术事件应以下列方式处理。

① 当技术事件由分组裁判提出时：

a. 如选手愿意且仍然处于正当位置，可选择继续攀登或技术事件。当选手选择继续攀登，之后不得再以与该技术事件相关的理由申诉。

b. 如选手因技术事件而处于非正当位置，分组裁判应立即决定是否宣告技术事件并停止选手攀登(并依据技术事件规定允许选手之后再行攀登)。

② 当技术事件由选手提出时：

a. 当选手正在攀登时，必须指出技术事件的性质，并在分组裁判的同意下继续或停止攀登。如选手选择继续攀登，之后不得再以与该技术事件相关的理由申诉。当选手由于技术事件而非正当位置时，分组裁判应立即作出决定，且该决定为最后决定。

b. 当选手坠落并宣称技术事件造成该坠落时，该选手应立即送至特别隔离区并等候宣称技术事件的调查结果。总定线员应立即检查该宣称的技术事件并向国际前攀员、分组裁判及裁判长报告。裁判长(在将技术事件与选手的任何不当使用岩点列入考虑后)做出最后决定并不再接受该决定的申诉。

c. 选手在技术事件确认后应在一分隔的隔离区给予恢复时间，并不得与 ICC 和大会工作人员外的人员接触。选手必须立即决定希望何时开始下一次的攀登。该攀登必须在下一选手之后且在下五位选手之前。选手在两次攀登之间最多给予 20min。

d. 在完成合法攀登后，应以选手攀登该路线达到的最佳成绩作为记录。

9）赛后排名

每轮难度赛、难度对抗赛、速度赛和抱石赛之后的排名根据各比赛形式的相关规定执行。

10）攀登路线的终止

运动员攀登路线的结束根据各比赛形式的相关规定执行。在不违反终止规定的情况下，运动员可在其攀登路线上随时向下攀登。

第10章 越野运动

10.1 定向运动

10.1.1 定向运动简介

1. 什么是定向运动

定向运动是参加者借助地图和指北针，按顺序到达地图上所标示的各个点标(也称检查点)，以最短的时间完成规定赛程的体育运动项目。一条标准的定向路线由起点、终点和一系列标上数字的点标组成。定向运动通常在森林、郊外和城市公园里进行，也可在大学校园里进行。

定向运动起源于瑞典。最初只是一项军事体育活动。“定向”二字在1886年首次使用，意思是：在地图和指北针的帮助下，越过不为人所知的地带。自1919年斯堪的那维亚举行了第一次正式的定向越野比赛后，至今已有近百年的历史。

定向运动本身作为一种体育项目开展是从20世纪初在北欧开始的。到20世纪30年代已在芬兰、挪威、瑞典、丹麦立足。1932年举行了第一次世界定向运动比赛。1961年国际定向联合会(IOF)在丹麦哥本哈根成立，现有成员国63个。国际定向联合会是世界定向运动的行政实体，是国际体育联合会总会之一。定向运动也是国际承认的奥林匹克体育项目。

2. 定向运动的分类

(1) 定向运动按运动工具的不同可分为两种。

① 徒步定向：如传统定向越野跑、接力定向、积分定向、夜间定向、五日定向、公园定向等。

② 工具定向：如滑雪定向、山地自行车定向、摩托车定向等。

(2) 定向运动按性别的不同可分为男子组和女子组。

(3) 定向运动按年龄的不同可分为青年组、老年组和少年组。

(4) 定向运动按技术水平的不同可分为初级组(体验组和家庭组)、高级组和精英组。

(5) 定向运动按参加人数的不同可分为个人单项、个人双项和集体项。

因此，不论男女只要喜爱郊野活动，定向运动都是一个不错的选择，其技巧容易掌握，是3～80岁都可以参加的运动。

3. 定向运动的锻炼价值

定向运动是一项非常健康的智能型体育项目，是智力与体力并重的运动。它不仅能强健体魄，而且能培养人独立思考、独立解决所遇困难的能力，以及在体力和智力受到压力下做出迅速反应、果断决定的能力。在学校开展定向运动可以拓宽体育课程的内容和空间，促进学生身心发展，培养学生独立分析解决问题的能力和良好的逻辑思维能力，丰富校园体育文化生活，同时也可以教学生如何在大自然中把握自己的行为、爱护自然、遵守郊野公园守则等。

10.1.2 基本定向技术

（1）地图正置及拇指辅行法（Set Map and Thumbing）：先将地图正置，把拇指放在地图上自己的位置。这样要前进的方向便在地图前面，使你能清楚观察四周的环境及地理特征。当前进时，拇指随着移动，当改变前进方向时，地图也要随着转移，即保持地图北向正北方，可以在任何时候都能立即指出自己在图中的位置，从而节省不少时间和精神。

（2）利用指南针（Compass Bearing）：利用指南针，准确地找出目标的方向，每次前往目标前，可先观察目标周围的地势，加深印象，务求快速及准确地到达目的地。

（3）扶手法（Handrail）：利用明显地理或人做特征引导，使前进时更具信心。如小径、围栅、小溪涧、山咀等，皆是有用的扶手。

（4）搜集途中所遇特征（Collecting Features）：辨别前往控制点途中所遇到的地理特征，确保前进方向及路线正确。切勿将相似的特征误认。

（5）攻击点（Attack Point）：先找出控制点附近特别明显的特征，然后利用指南针，从攻击点准确且迅速地前往控制点。攻击点必须容易辨认，如电塔架、小路交点等。

（6）数步测距（Pacing）：先在地图上量度两点间的距离，然后利用步幅准确地测量要走的路程。方法是，先量度100m所需步行的步数（设120步），当我们在地图上发觉由A点到B点的距离是150m便可测算出应走180步。为了减少数步的数目，利用“双步数”，只数右脚落地的一步，便可把步数减半。上面的例子双步数为90步。

（7）目标偏测（Aiming Off）：利用指南针前进，把目标偏移，当到达目标的上面或下面时才沿扶手进入目标。

初学者应多从基本技术上下工夫，切勿操之过急。

10.1.3 国际定向地图与指北针的使用

熟练地掌握使用国际定向地图与指北针的各种方法，在定向越野中具有特殊的重要意义。认识定向地图是为了正确地使用定向地图，因此在学习定向越野技能的阶段，必须选择最合适的场地、用较多的时间去进行使用定向地图与指北针的训练。在下述内容中，有的是属于最基本的和必须通过反复练习熟练掌握的，有的则可以根据具体情况，先选择一两种最适用的方法进行训练，以便收到触类旁通、由浅入深、循序渐进的学习效果。

1. 标定地图

标定地图就是为了使越野图的方位与现地的方向相一致，这是使用越野图的最重要的前提。

1）概略标定

越野图上的方位是：上北、下南、左西、右东。当在现地正确地辨别了方向之后，只要将越野图的上方对准现地的北方，地图即已标定。这种方法简便迅速，是定向越野比赛中最常用的方法。

2）利用磁北线（MN线）标定

先使透明式指北针圆盒内的定向箭头“↑”指向地图上方，并使箭头两侧的平行线与越野图上的磁北线重合(或平行),然后转动地图,使磁针北端对正磁北方向,地图即已标定。

3) 利用直长地物标定

利用直长地物(如道路、土垣、沟渠、高压线等)标定地图,首先应在图上找到这段直长地物,对照两侧地形,使图与现地各地形点的关系位置概略相符,然后转动地图,使图上的直长地物与现地的直长地物方向一致,地图即已标定。

4) 利用明显地形点标定地图

当位于明显地形点上,并已从图上找到该地形点的位置(即自己所在的站立点)时,可以利用明显地形点标定地图。方法是,先选择一个图上与现地都有的远方明显地形点(目标),然后转动地图,使图上的站立点至目标的连线与现地的站立点至目标的连线相重合,此时地图即已标定。

2. 对照地形

对照地形,就是通过仔细的观察,使图上和现地的各种地物、地貌一一"对号入座",即相互对应。对照地形在定向越野比赛中的作用主要有两个:一是在站立点尚未确定时,只有正确地对照地形,才能在图上找出正确的站立点位置;二是在站立点已经确定,需要变换行进方向时,只有通过对照地形,才能在现地找到已选定的最佳行进路线。对照地形一般应先标定地图,然后根据不同的需要采用不同的对照方法。

(1) 在站立点尚未确定前:首先应概略地标定地图,然后迅速地观察一下周围,记清最大或最有特征的地物、地貌的大概方位与距离,并从图上找到它们,此时站立点的位置即可概略地确定。

(2) 在站立点已经确定之后:同样首先应概略地标定地图,然后从图上查明自己选定的运动路线上近前方两侧的特征物,同时记清它们的大概方位与距离,并将它们在现地辨别出来,然后再前进。如果因为地形太复杂,如山丘重叠、形状相似等,不易进行对照,可以先采用较精确的方法标定地图,然后用带刻度尺的指北针的长边切站立点和特征物,并沿这条直长边向前瞄准,则特征物一定在此方向线上。如果此方法还不能解决问题,应变换对照位置,或者登高观察和对照。在这里需要特别强调的是,无论在什么情况下进行现地对照地形,都必须特别注意观察和对照地形的顺序与步骤问题。现地对照地形的顺序一般是:先对照大而明显的地形,后对照一般地形;由近及远,由左至右;由点及线,由线及面;逐段分片,有规律地进行对照。在步骤方面,首要的也是必不可少的是,要保持地图方位与现地方位的一致,然后再根据不同需要进行下面的步骤。

3. 确定站立点

熟练地掌握在图上确定站立点的各种方法是学习使用地图的关键。对于这些方法,除了要记住它们各自的步骤、要领,尤其重要的是要学会根据不同情况,对它们进行选择使用和结合使用。

1) 直接确定

当自己所处位置是在明显地形点上时,只要从图上找出该地形点,站立点即可确定。这是一种在行进中,特别是奔跑中最常用的方法。但是,采用直接确定法的困难在于:在紧张的进程中,怎样才能很快地发现可供利用的明显地形点。当同一种明显的地形点互相靠近的时候,才能够正确地区别它们,防止"张冠李戴"。可以称得上是明显地形点的地物主要有:

(1) 单个的地物。

(2) 现状地物的拐弯点、交叉点(呈“十”字形)、交汇点(呈“丁”字形)和端点。

(3) 面状地物的中心或者有特征的边缘。

可以称得上是明显地形点的地貌主要有:

(1) 山地、鞍部、洼地。

(2) 特殊的地貌形态,如陡崖、冲沟等。

(3) 谷地的拐弯、交叉和交汇点。

(4) 山脊、山背线上的转折点、坡度变换点。

2) 利用位置关系确定

当站立点位于明显地形点附近时,可以采用位置关系法。利用位置关系法确定站立点主要是依据两个要素,一是站立点至明显点的方向,二是站立点至明显点的距离。在地形起伏明显的地方,还可以结合高差情况进行判定。

3) 利用“交会法”确定

当站立点附近无明显地形点时,可以利用“交会法”确定站立点。按不同情况,又可以具体分为90°法、截线法、连线法后方交会法和磁方位角交会法。这些方法的优点是:不需要判断或测量距离也能确定出较为准确的站立点位置,这对于初学者学习、巩固使用越野图的训练是很有意义的。但是,它们中的一些方法,要么只能在某些特定的条件下才能运用,要么就是步骤烦琐,费时费力,因此在定向越野比赛中一般较少使用。

(1) 90°法:当待测点位于线状地形(包括道路、沟渠、山背线、谷底线、坡度变换线等)上时,如果在与运动方向相垂直的方向上能够找出一个明显地形点,那么确定站立点就简单多了,线状地形符号与垂直方向线的交点即为站立点,如图10-1所示。

(2) 截线法:当待测点位于线状地形上,但在其与运动方向相垂直的方向上没有明显地形点时,可以采用此法,如图10-2所示。

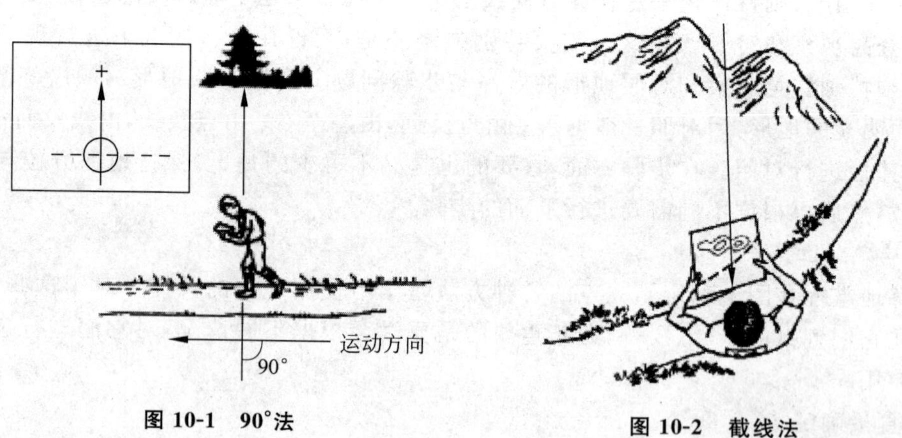

图 10-1 90°法　　图 10-2 截线法

其步骤如下。

① 标定地图。

② 在线状地形的侧方选择一个图上与现地都有的明显地形点。

③ 利用指北针的直长边缘(也可用三棱尺、铅笔等)切于图上明显地形点的定位点上

(为便于操作可插一细针),然后转动指北针,使其直长边照准该地形点。

④ 沿指北针的直长边向后画方向钱,该方向线与线状地形符号的交点就是站立点在图上的位置。

(3) 连线法:当待测点位于线状地形上,同时待测的位置恰好在某两个明显地形点的连线上,可以利用该种方法确定站立点,如图 10-3 所示。

(4) 后方交会法、磁方位角交会法:这两种方法只在下述情况下使用,即在待测点上无线状地形可利用,而且地图与现地都有两个以上的明显地形点,如图 10-4 所示。

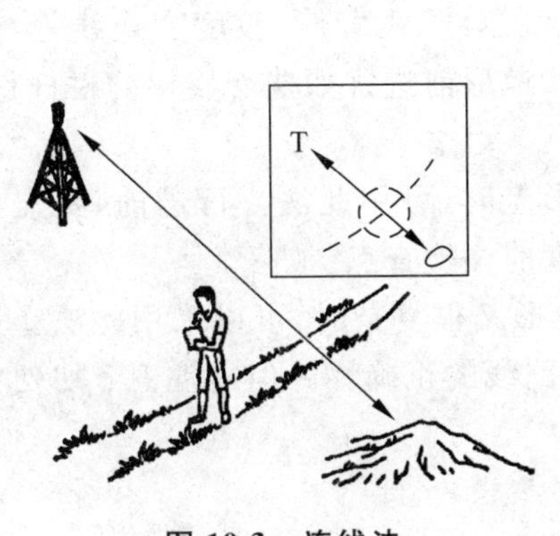

图 10-3　连线法

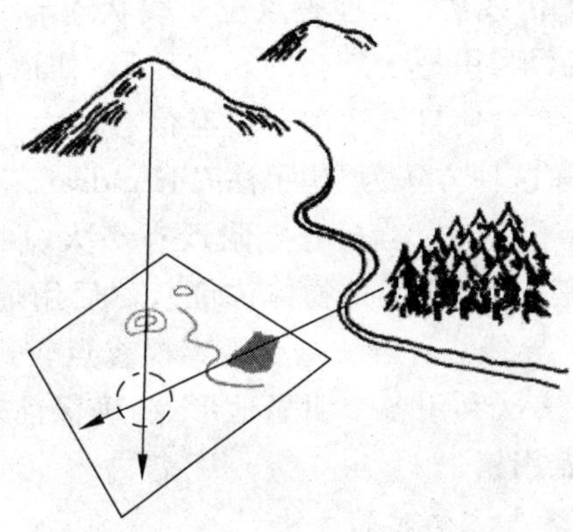

图 10-4　后方交会法

后方交会法通常要求地形较开阔,通视良好。其工作步骤如下:在图上找到选定的方位物之后,标定地图;然后按照截线法的步骤分别向各个方位物瞄准并画方向线,图上方向线的交点就是站立点。

磁方位角交会法既可以在地形开阔时使用,也可以在丛林中使用。但是,在丛林中需要攀爬到便于向远方观察的树上或其他物体上进行,如图 10-5 所示。

其步骤如下:

① 选择图上和现地都有的两个明显地形点,并用指北针分别测出至该两地形点的磁方位角。

② 标定地图。将所测磁方位角图解在地图上。图解磁方位角时,要先转动指北针的分度盘,让指标分别对正所测的方位角值,再将指北针的直长边分别切于图上被照准的两个地形点符号并转动指北针,待磁针与定向箭头重合后,分别沿直长边描画方向钱。两方向线的交点,就是站立点在图上的位置。

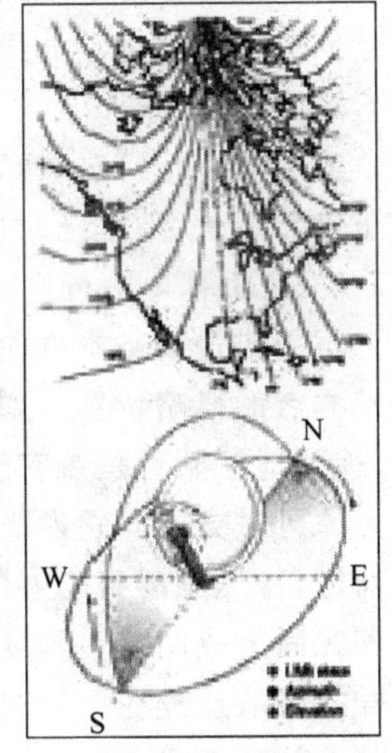

图 10-5　磁方位角交会法

4. *常用方法*

利用地图行进是定向越野的基本运动方式,它有赖于运动员对前面所述各种专项技能的综合运用。换句话说就是,学习辨别方向,识别越野图以及标定地图,对照地形确定站立点,都是为了能够熟练地利用地图行进。因此,在实践中要根据地形情况、个人特点选择下述对自已最适合的一两种方法,反复练习,融会贯通,以便在比赛时不降低或少降低运动速度的情况下，始终正确地行进在自己选定的路线上，顺利地到达目的地。

(1) 记忆法：一般要按行进的顺序，分段记住路线的方向、距离、经过的地形点、两侧的辅助(参照)物。通过记忆，应使自己具备这样一种能力——现地的情景能够不断地与记忆的内容"迭影"、印证，即"人在地上跑，心在图上移"。

(2) 拇指辅行法：先明确自己的站立点和将要运动的路线，到达目标，然后转动地图(身体要随之转动)，使地图与现地的方向一致，并用拇指压于站立点一侧，再开始行进。行进中要根据自己所到达的位置，不断移动拇指，转动地图，保持位置、方向的连贯性与正确性。

(3) 借线法：当检查点位于线状地形或其附近时，可以采用此法。行进时，要先明确站立点，然后利用易于辨认的线状地形，如道路、围栏、高压线、山背线、坡度变换线等，作为行进的"引导"，使自己运动时更有信心。由于沿着线状地形前进犹如扶着楼梯的栏杆行走，因此国外称这种方法为"扶手法"(Handrail)。

(4) 借点法：当检查点附近有高大、明显的地形点时，可用此法。行进前，要先将目标辨认清楚(也可用其他物体佐证)，然后用最快的速度前往检查点。

(5) 导线法：当站立点距离检查点较远，途中地形又很复杂时，可以采用此法。行进过程中，要多次利用各个明显地形点，确保前进方向与路线的正确性。但需注意：切勿将相似的地形点用错。

5. 迷失方向时的方法

1) 沿道路行进时

标定地图，对照地形，判明是从哪里开始发生的错误以及偏差有多大，然后根据情况另选迂回的道路前进。如果错得不多，可返回原路再行进。

2) 越野行进时

应尽早停止行进，标定地图后选择最适用的方法确定站立点，然后尽量取捷径插到原来的正确路线上，不得已时再返回原路。

3) 在山林地中行进时

根据错过的基本方向、大概距离，找出最近的开始发生偏差的地点，并以此为基础，确定出站立点的概略位置。如果错得太远，确定不了站立点，又不能返回原路，则要在图上看一看，迷失地区附近是否有较大型或较突出的明显地形(最好是线状的)，如果有，就要果断地放弃原行进方向向它靠拢，并利用它确定站立点。如果没有这个条件，那么就继续按原定方向前进，待途中遇到能够确定站立点的机会，再迅速取捷径插向目的地。在山林中行进，最忌讳在尚未查明差错程度和正确的行进方向不清楚的情况下，匆忙、轻易地取"捷径"斜插，这样很可能造成在原地兜圈子。

10.1.4 主要世界/国际定向运动赛事

(1) O-Ringen(瑞典五日赛)：世界最大规模的定向运动赛事，每年吸引了世界各国15 000男女老少定向运动员。

(2) 世界定向越野锦标赛以及世界滑雪定向锦标赛。

(3) 定向越野世界杯赛以及滑雪定向世界杯赛。

(4) 世界青年定向越野锦标赛以及世界青年滑雪定向锦标赛。

(5) 世界老年定向越野锦标赛以及世界老年滑雪定向锦标赛。

10.2 无线电测向运动

无线电测向运动是竞技体育项目之一,也是无线电活动的主要内容。它类似于众所周知的捉迷藏游戏,但它寻找能发射无线电波的小型信号源(即发射机),是现代无线电通信技术与传统捉迷藏游戏的结合,如图 10-6 所示。大致过程是:在旷野、山丘的丛林或近郊、公园等优美的自然环境中,事先隐藏好数部信号源,定时发出规定的电报信号。参加者手持无线电测向机,测出隐蔽电台的所在方向,采用徒步方式,奔跑一定距离,迅速、准确地逐个找出这些信号源。以在规定时间内,找满指定台数、使用时间少者为优胜。通常,我们把巧妙隐藏起来的信号源比喻成"狡猾的狐狸",故此项运动又称无线电"猎狐"或抓"狐狸"。

图 10-6 无线电测向

10.2.1 无线电测向运动简介

无线电测向运动是在无线电爱好者广泛开展业余通信的基础上发展起来的。20 世纪 20 年代,美国的无线电爱好者利用接收到的无线电波来寻找发信电台,拉开了业余无线电测向活动的序幕。20 世纪 40 年代,挪威、丹麦、英国等地陆续开展游戏性的无线电测向活动。该项活动后流行于欧洲,并增加了一些竞赛性的内容,使用的频段也由一个增加到数个。由于当时各国进行测向活动时使用不同频段,又各有自己的活动方式,在国际交往中非常不便。1956 年,国际业余无线电联盟(IARU)第一区批准了南斯拉夫关于制定国际比赛规则的建议,并委托当时测向活动开展最好的瑞典负责起草。此规则于 1960 年经 IARU 第一区执委会讨论通过,并于 1961 年 8 月在瑞典首都斯德歌尔摩举行了第一届欧洲无线电测向锦标赛。到 1977 年为止,欧洲锦标赛共举办了 8 次,成为世界锦标赛的前身。

1977 年,在南斯拉夫斯科普里举行的国际业余无线电联盟第一区无线电测向工作会议上,决定将欧洲锦标赛扩大为世界锦标赛,并于 1979 年通过了新的竞赛规则。第一届世界锦标赛于 1980 年 9 月在波兰格旦斯克附近举行。参加这次比赛的有德国、瑞典、罗马尼亚、挪威、瑞士、南斯拉夫、苏联、保加利亚、捷克、匈牙利、波兰 11 个国家。第二届世界锦标赛于 1984 年 9 月在挪威奥斯陆举行。参加这届比赛的有保加利亚、中国、朝鲜、德国、苏联等 12 个国家的 84 名选手。苏联队以优异的成绩夺取了大部分金牌。中国队初次在世界比赛中露面,获得好评。

第三届无线电测向锦标赛于 1986 年 10 月在南斯拉夫的萨拉热窝举行。苏联、挪威、匈牙利、捷克斯洛伐克、朝鲜、中国等 17 个国家的 126 名运动员参加了比赛。亚洲又增加了日本、韩国参赛。在这届比赛中,苏联仍保持了极大的优势。

我国的业余无线电活动始于 20 世纪 20 年代。到 20 世纪 40 年代,拥有业余电台 200 多部,参加活动的有 2000 多人。新中国成立后,1952 年建立了国防体育系统,开展了包括无线电活动在内的射击、摩托、航空、航海、跳伞、滑翔等多种多样的体育活动。后来国防体育改名军事体育。目前无线电运动属政府体育部门领导和管理。我国无线电运动的群众团体是中国无线电运动协会。它和有关国际组织发生联系，并指导各省、市、自治区无线电运动协会的工作。新中国成立以来，先后开展过无线电快速收发报、无线电工程制作、无线电通信多项、短波电台通信、无线电测向等无线电运动。我国的无线电测向活动开始于1960年末。次年，国家体委组织了几支巡回教学小分队辗转全国各地，播下了无线电测向活动的"种子"。我国初期测向活动仅限于80m波段，并在1962年、1964年举办了全国比赛。1966年，超小型电子管2m波段测向机及电子管发射机研制成功，开始了2m波段的测向训练。这时，全国有20多个省开展测向活动，技术日臻成熟，设备制作也达到了较高的水平。1980年，国家体委决定举办一年一度的测向比赛。1985年，国家体委、教育部、中国科协、共青团中央联合发出通知，号召在青少年中积极开展无线电和模型活动。同年，国家体委决定在1987年的第六届全国运动会中设测向竞赛，使无线电测向竞赛第一次进入了全运会，给了无线电测向爱好者、工作者以极大的鼓舞，如图10-7所示。

图10-7 无线电测向竞赛

目前，全国有20多个省、市、自治区开展测向活动。全国性的竞赛每年都有3次："西湖杯"赛、全国青少年赛和主要由优秀运动员参加的全国竞赛。1983年7月，中国测向队首次出国，参加在南斯拉夫举行的第27届国际无线电测向锦标赛，获金牌4枚、银牌5枚。次年10月，中国又派队参加了在挪威举行的第二届世界无线电测向锦标赛，这是一次高水平的世界大赛。在这次大赛上，我国测向队获得3枚银牌、1枚铜牌，使得许多外国队感到吃惊。此后，我国无线电测向运动爱好者同国外的交往逐年增多，并于1984年加入了国际业余无线电联盟。

10.2.2 测向机的性能

1. 收听信号与电台呼号的辨认

无线电测向所用隐蔽电台，都有自己的编号和呼号，各台工作时，用莫尔斯电码定时拍发本台的呼号。

1号台：MOE - - - - - •

2号台：MOI - - - - - ••

3号台：MOS - - - - - •••

4号台：MOH - - - - - ••••

5号台：MO5 - - - - - •••••

6号台：6 - ••••

7号台：7 - - •••

8号台：8 - - - ••

9号台：9 - - - - •

0号台：0 - - - - -

信号台 MO - - - - -

备用呼号(当 2m 波段某频点遇到严重干扰时,可采用其他频点的备用电台):

MA 台 - - • -

MU 台 - - •• • -

MV 台 - - •• • • -

M4 台 - - •• • •• • -

M5 台 - - •• • •• • •

电台的拍发速度为每分钟 25～80 字符。

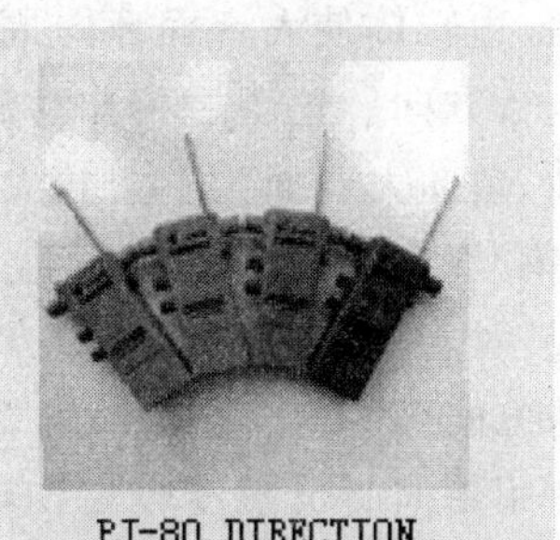

图 10-8　80m 测向机

80m 测向机如图 10-8 所示。使用 80m 测向机来收听信号的过程是:将耳机插入插孔中,头戴耳机;拉出直立天线;将“报话”开关置于“报”位、“远/近程”开关扳向“远程”;开启电源开关,将“音量”旋至最大位(此时耳机内有较大的沙沙声)。然后缓慢调整“调谐”旋钮,注意收听电台信号。当突然听到某一异样声音,将“调谐”旋钮更缓慢地左右细调,直到声音最大、最清晰为止,还要仔细辨听该信号是不是被测电台信号;如果不是被测电台的信号,要继续调谐。如果电台信号很弱或收不到,可将测向机举过头顶或转移到较高的地方,边转动测向机,边调整“调谐”旋钮,继续收听,以便尽快捕捉住电台信号。

使用 2m 测向机来收听信号的基本方法与 80m 测向机相类似。所不同的是,因 2m 测向机天线方向主瓣较尖锐,远距离收听时,在相当大的角度内难以收到信号,故必须在 360°范围内不停地移动测向天线。另外,因 2m 波段的电波绕射能力差,收听信号的位置选择比 80m 波段的要求高,应当尽量选择障碍物少的空旷地带和高地。

2. 测向机增益控制装置的使用

测向机的增益控制装置分别是“音量”旋钮和“远/近程”开关。其中,“音量”旋钮采用连续调整方式,利用电位器控制测向机中频放大器的放大量,进而控制音量,逐渐地、连续地平滑变化。而“远/近程”开关,采用不连续调整方式,大多利用开关定量地衰减测向机高频放大器的放大量,对音量控制的效果只有大、小两个状态。在测向过程中,如果电台距离较远,为保证收到信号,应将这两个增益控制装置同时置于增益最大位置,即“音量”旋钮旋至最大,“远/近程”开关扳向“远程”。当接近电台时,信号逐渐增强,耳机内声音逐渐变大。由于人耳在小音量时对音量变化的分辨能力比对大音量时的分辨能力强,需要随时减小音量,以利于正确地辨别电台方向。但只有这种控制方式还不够,为了在即将接近电台时可以判断被测电台的距离,不至于有时怕跑过而踌躇不前,而有时却盲目跑过很多,造成时间上的浪费,应将“远/近程”开关扳向“远程”位置。这时,测向机只在距电台三四百米内才能收到适当强度的信号(2m 测向机稍远些)。运动员在向被测电台运动中,随时把此开关由“远程”扳向“近程”。如未收到信号,则证明电台还在三四百米以外,仍需大胆向前奔跑;如果收到了信号,则说明电台已距离不远,此时,就要根据信号的强弱,判断是否到了近台区,并采取必要的手段和方法,准备捕获“猎物”了。

3. 测电台方向线的基本方法

1) 80m 测向机

80m 测向机有测单向和测双向两种方法可以选择。在实际测向中,两种方法必须配合使用才能获得满意的效果。按使用单、双向的步骤不同,可分为单向—双向法和双向—单向法两种。

(1) 单向—双向法:运动员按前述"持机方法"持机,手背向前(这时测向机的大音面朝前),用右手大拇指按下"单/双向"微动开关(这时直立天线接入电路),边调整频率调谐旋钮,边转体使大音面环向周围扫动。当耳机声音最大时,测向机单向大音面所在的方向即为电台方向。这个过程称为测单向,又称"定边",即定出电台在哪边。从单向心脏形方向图可知,单向大音面为一个较大的扇面,难以准确地定出方向线。因此,在定边后,大拇指要松开"单/双向"开关(即断开直立天线),并将直立天线收进机内,用磁性天线的小音点(即磁棒轴线)对着单向所指的电台方向继续转动测向机,当耳机声音最小(或无声)时,磁棒轴线所指的方向即为电台方向线。后边这个过程称为测双向,又称为测线。上述方法操作简便,并且使用单向时灵敏度较高,有利于远距离弱信号的接收,适合于信号微弱时使用。起点测向多采用单向—双向法。

(2) 双向—单向法:收听到电台信号后,先用前述双向法,测出电台所处的一条直线。然后右手大拇指按下"单/双向"开关(加入直立天线)并转动测向机 90°,用单向大音面对准测出的直线,听一下声音大小,再迅速将测向机转动 180°(扭动手腕,使大音面由原来的向外变为向里)。注意保持直立天线与地面垂直,反复比较两面的声音大小。声音大时,单向大音面所在的射线即为电台的方向线。可见这种方法是先测出一条方向线,再定出电台在这条线的哪一边,即先测线,再定边。在实际使用中,往往需要断开直立天线,用双向法瞄示准确的方向线,并记住远处方位物。

2) 2m 测向机

对于 2m 测向机来说,有以下两种测向方法。

(1) 单向法(也叫主瓣一次测向法):收到电台信号后,转动天线 360°,依靠尖锐的主瓣方向图即可明确地测出电台方向线。假如有时主瓣、后瓣难以分清(两个方向上声音大小差不多),可将"音量"关小,将测向机举过头顶,在主、后瓣两个方向上翻转天线,要注意保持天线所在面与地面平行,反复对比两边的音量大小,防止测反方向。这种方法动作少,操作简便,但对方向图的主瓣尖锐程度要求较高,多用于三元八木天线。

(2) 单向—双向法:这种方法多用于主瓣不够尖锐的二元八木天线或要求方向线很准确的近距离测向中。在被测电台发信后,首先按八木天线的一般使用发法,使各振子所在平面与地面平行,用前述单向法测出电台的大致方向;然后,把天线立起来使用,使反射器(或引向器)在有源振子的上方或下方,而失去反射(或引向)的作用。此时只有有源振子起作用,天线的方向图是单个有源振子的"8"字形方向图。这种类似于磁性天线的方向图,小音点的信号强度变化率大,方向性非常明显,而且小音点测向时,可利用振子的指向进行瞄准,提高了测向准确性。这种单、双向配合使用的方法与 80m 波段测向方法相似,可按测向机的性能和使用者的习惯灵活运用。

另外,80m 测向机的直立天线,目前多采用拉杆天线,其高度可以调整。实践证明,在测单向时,随着与电台距离的缩短,特别是到了近台区,直立天线的高度要相应降低,才能获得较理想的心脏形方向图。为此,爱好者应分别在距电台 200m 以外和 200m 以内的不同距离上,边调整直立天线的高度,边分辨单向的好坏,反复试验,直到使测向机的单向小音面面对电台,耳机声音最小或无声。此时的直立天线高度即为在该距离上的最佳高度。爱好者在测向时，按此高度测单向，可提高单向鉴别的速度和精度。

10.2.3　无线电测向技术的内容

无线电测向运动作为一项竞技体育项目，同其他竞技体育项目一样，具有鲜明的竞技特征。具体来说，一是参加者必须共同遵守统一的竞赛规则，二是竞赛活动表现出强烈的竞争特点，三是每一个参加者在赛前和竞赛过程中要采取一系列措施，力求使自己的体力、智力、技术在比赛中得到最好的表现和发挥，以创造优异的成绩，压倒对手，夺取胜利。竞技体育的这些特点表明它不同于娱乐和游戏，也不同于健身体育和康复体育。它要求参加者从事系统的科学的训练，全面掌握各种技术，锻炼并提高自己的体力和智力去适应运动竞赛的需要。无疑，技术训练是任何一项竞技体育运动员训练的重要内容之一。

无线电测向运动对参加者运动素质的要求是很高的。以往曾有人以为，只要运动素质发展全面，体力充沛，跑得快，便可以成为优秀的测向运动员。近几年，随着竞赛规则的修改，测向技术及相关理论的发展，特别是通过历年优秀运动员的观察和统计结果的分析，使越来越多的测向运动爱好者转而赞同这样一种观点：运动素质是运动和发挥技术、提高运动成绩的基础，测向技术水平才是创造优异成绩的关键。在本章，将按起点技术、途中技术、近台区技术、地形学知识的顺序，向读者介绍无线电测向的各种技术。

在学习有关技术，投入训练之前，先粗略地了解一下无线电测向技术构成是有好处的。知道了总的轮廓，在学习某一单项技术时，可以了解它在整体技术中所处的地位；在学习一项综合技术（例如近台区测向）时，可以知道它是由哪些基本技术或单项技术所构成的。这样，既可以提高运动员参加枯燥的基本技术训练的自觉性，也有助于教练员把训练安排得更合理、更系统。

1. 起点测向

1）起点前技术

运动员离开出发端线前采取的技术称为起点前技术，依时间先后划分为以下 3 个阶段。

（1）进入预备区前：正式竞赛中，竞赛场地距市区一般都比较远，有时甚至相距三四十千米，运动员由赛区驻地出发前往竞赛场地的途中可以做两件事。一是在心理、精神上做必要的调整和准备，考虑如何在当天的比赛中发挥自己的最高水平，争取最好的成绩；二是留心观察沿途地物、地貌，了解当地的地形特点，以备竞赛过程中分析地图、选择道路时参考。

（2）预备区内：首先要仔细听取起点裁判长宣布注意事项及有关规定，例如本场竞赛的规定时间，对地形图的补充说明等。然后将竞赛卡片用胶布粘贴在测向机上或者自备的贴地图用的硬纸板、塑料板上，这样不会丢失，也容易在找到电台后作印。要把测向机、耳机等器材一一整理好，并把测向机妥善存入指定的“测向机存放处”。如果天气阴沉，还应做好防雨准备，用透明胶带封堵测向机壳上的缝隙，并套上防雨用的塑料套。在出发前 30～45min，运动员开始做 20min 左右的准备活动，然后换装、检查号码布和鞋带，准备进入出发线。

有些运动员喜欢用附有音响、定时功能的手表或用大字在测向机壳上标注，提醒自己最迟在某个时刻之前通过末号台，以正确分配时间，避免超时，这是有益的。但初学者容易在计算超时时刻时发生错误。例如某运动员在 10:10 出发，限时 120min，他注记提醒自己最晚在 12:10 通过末号，这便错了。因为规则规定运动员是在末号发信的时候出发，该运动员是在 10:10、末号台发出第一电码的时刻出发的。在他所注记的 12:10 这个时刻，只要末号台一开始发信，便是 12:10 之后，立即超时，更不用说找台、盖章、冲向终点还需要一些时间，因而提醒时刻至少要向前 5min，记做 12:05。

(3) 进入出发圈：进入出发圈前，运动员便可以领到当日的竞赛地图，并有大约 5min 的看图时间。这时应先标定地图，把地图上标定的北方同实地方向一致起来，再开始看图。起点看图的速度和效果因各人水平而异。最重要的是要查清由起点通向各方的道路，注意悬崖、河流等障碍，免得离开起点便选错道路或受阻。其次，要根据比例尺，估算出起点到地图边缘及明显地物(最高的山峰，主要道路交会点、水库等)的距离，以便下一步测出各台方向线后推断首找台的位置，选择奔跑路线。

听到进入出发圈口令后，多数运动员会进入过度紧张状态。运动员应有意识地控制自己的情绪，多想些与发挥技术有关的事，不去计较胜负，也可以做轻微跳跃、深呼吸等，以缓和紧张心理。如果懂得心理学，能够进行心理控制就更好了。同时还应当迅速观察一下出发线前方的道路和环境。

2) 起点测向

运动员离开起点终端线(跑道终端线)后，最初的测向称为起点测向，如图 10-9 所示。起点测向一般应在一轮信号时间内完成。起点测向的任务是测定各个电台的方向，并初步选定首找台(最终选定首找台需待途中完成)确定离开起点后的运动方向和路线。

图 10-9　无线电起点测向

起点测向的特点是信号弱、待测信号多、需要了解的情况多、需要分析的问题多、心理比较紧张。

在 80m 波段，起点测向多采用单向—双向方法。先将直立天线抽出，用单向接收信号，以提高接收微弱信号的能力。待收到信号，确定电台大致方向后，再用双向测定，以求精确。在 2m 波段，应先将测向机高举，因为在 2m 波段，高处的电磁波强度略高一些，待收到信号后，再仔细测定方向线。

裁判员在末号台发信开始时刻向站在出发圈内的运动员发出“预备—出发”口令。运动员最先测听到的是末号台信号，然后以 1 号、2 号……的顺序依次收测。每收测一个电台信号后，运动员便要把该台的方向线及台号标绘在地图上(标出的方向线是一条以站立点为端点，引向电台所在方向的射线)，这个过程叫做“标图”。在训练中缺少地图时，也可以备一片白纸，在纸上预先画一个“+”字，设定交点为起点，按“上北下南左西右东”的方向规定，标绘各台方向线。

标图方法有 3 种：

(1) 利用参照物标图：当视线开阔时，把电台方向线所经过的明显地形点，例如烟囱、水塔、桥梁、山峰等，在地图上对应查找出来，再在地图上从站立点到该地形点画出一条射线，在线旁边标注该台的台号。这种方法在用纸片标图时无法采用。

(2) 按防卫角标图：在测出电台方向线后，用指北针读出该方向线的示向度，再在地图上以站立点为原点，做一条该示向度的射线。这种标图方向，在地图上、纸片上都可以采用。采用这种方法时，把指北针固定在测向机上更方便一些，测听准确后，测向机停住不动，便可以直接在指北针刻度盘上读出示向度。

(3)利用测向机标图：在此以利用80m波段测向机标图为例说明，用测向机测出电台的大致方向后，把它放在标定过的地图上方，然后使与磁棒平行的机壳外缘通过站立点A，转动测向机(地图勿动)，精测方向线。在测得双向哑点后停下测向机，利用机壳外缘做直尺，画一条通过A点的射线AB，即为电台的方向线。

标图是一项精细而又十分重要的工作。电台方向线标绘在地图上，可以分析沿线的地形特点和道路情况，还可以通过远距离交叉定位分析判断电台的大致位置，充分发挥地图的作用。标图既可以在起点进行，也可以在途中测向过程中进行。起点标图尤其重要，依据起点标图，运动员在起点才有可能概略判定首找台，确定前进方向，并且在以后的途中测向中，还可以用测得的新方向线，与起点标图进行远距离交叉，以提高到位率。因而起点标图必须精细、准确。起点标图时，由于信号微弱，初学者往往测听困难，测定方向线及标图误差都可能较大，这需要多练习才能克服。但从一开始就要特别注意以下几点：首先，勿将单向测反或将方向线标反；其次，应注意各台与末号台方向线之间的相对位置，切勿颠倒了位置，例如某台方向线与末号台方向线靠近，位于右侧，不要搞错，标在了左侧。在起点标图中一旦发生这样的错误，在判定找台顺序、确定前进方向时可能会产生重大失误。

3) 离开起点

运动员只有在越过出发端线时才允许使用测向机测听，为的是有足够时间测出末号方向线并标图，这样，测末号台多是在出端线后不远的地方进行。但运动员不应当在端线外滞留过久，最迟也要在下一轮5号台发信前30s离开，以免被下一批出发的运动员发现，暴露了自己想首找台运动的意图，使自己的测听结果成了别人的有效参考资料。在起点侧向时，要迅速选取一个不易受到环境干扰又较隐蔽的环境。也可以在测定了一两条方向线之后便向初步选定的方向移动。但要强调指出的是，这里所说的离开端线和朝初步预选方向移位，绝不是要求运动员过远离开。相反，在多数情况下，运动员应当在测完全部电台的方向线之后再离开起点，转入途中测向。为节省一两分钟的时间，在刚刚听到两三个台的信号而并没有把握之前，便盲目离开起点过远是不足取的，对于初学者尤其如此。

4) 起点特殊情况的处理

在起点会遇到一些特殊情况，处理方法如下。

(1) 起点信号微弱无法确定方向或收不到信号时，不要急躁，而应更仔细地收听、调谐，因为竞赛的组织者总是力求保证信号强度(特别是末号台的强度)供运动员测听的。开赛前，起点裁判长会用测向机实地监听，如果信号微弱，便通知该台进行调谐或调整电台位置。尽管如此，有时由于地形复杂，裁判长所处的测听位置或出发百米线端线附近确实可以听到，而在附近的其余位置信号强度却过低。在这种情况下，运动员由于时间紧迫和心情紧张，收听要困难得多，于是便会发生在起点收不到或收不全信号的情况。这时，运动员应当在附近选择较高的位置，并离开高大地物(高楼、山等)。在80m波段测向时，还可以站在电线下，这些地方电磁波强度稍高一些，有利于寻找信号。在起点能听到一两个电台，便可参考地图，对电台分布做出初步推断，试探前进。在途中再注意测听另外几台，决定自己的行动方向。

(2) 当起点在村落中或紧靠山脚时,容易造成测向机指向错误或方向性不良。运动员应迅速离开起点,选择有利于测向的位置,再进行起点测听和标图。

(3) 有时,起点地势高,视线又比较开阔,有观察远方地物的有利条件。离开起点后地势便迅速下降,不仅不利于观察和标图,反而容易发生信号强度降低和方向线偏差的情况。在这种情况,运动员应当很好地利用地势高的有利条件,精细测听,以提高测向与标图精度,不要匆匆离开。

2. 近台区测向

近台区指在电台一次发信中能够确定电台位置并找到它的距离范围(约 200m 以内)。在这一区域内测向,称近台区测向。近台区测向是测向运动实现最终目标——找到隐蔽电台的最后手段,在整个测向过程中占有非常重要的地位,如图 10-10 所示。

图 10-10 隐蔽电台

近台区测向对测向者的要求是:

(1) 注意力高度集中。

(2) 测向要准,动作要快。

(3) 灵活运用各种近台区测向技术。

(4) 思维敏捷,善于观察和分析周围的情况,并做出准确的判断。

1) 近台区测向的基本方法

(1) 方向跟踪:沿测向机指示的电台方向,边跑边测,待信号接近并找到电台的方法叫方向跟踪。方向跟踪又分小音点跟踪与大音面跟踪两种,80m 测向以小音点跟踪为主,2m 测向以大音面跟踪为主。

方向跟踪多在地形简单、障碍较少、没有明显方位物,并估计在电台发信时间内能够到达电台的情况下使用,具体方法有两种。

① 直线跟踪:当在近台区内收到电台信号时,用双向小音点(80m、160m 测向)或单向大音面(2m 测向,开始测单向时,天线应转动一周,找出真正的主瓣,切不可误把后瓣当主瓣,向相反方向跟踪),测出电台方向线。然后沿方向线边快速奔跑,边摆动测向机,不停地校正方向(注意随时调小音量),直至接近电台。

该方法采用直线跟踪,运动员不绕弯路,接近电台的速度快。但有两点需要注意:

第一,直线跟踪时容易出现从电台附近越过而并未觉察的情况。这时运动员虽已跑过电台,但仍处在原测方向线的附近,测向机指示的方向线并没有多大变化。如不能及时发现,就成为反方向跟踪,越过电台越跑越远,直至耳机中声音的音量明显减弱时才会发觉。避免的方法有两个。一是在跟踪过程中打几次单向,判断大音面是否已转向了后面;二是跟踪速度不要一味求快,以摆动测向机时不失去方向线为度。

第二,直线跟踪时,如果还未到达电台而该电台发信中止,因没形成交叉,难以确定电台距自己还有多远,给下一步的行动带来困难。补救的办法,一是要熟悉衰减开关的使用,以判断信号终止时距电台的大致距离;二是找准方位物,记清方向线,以便沿线搜索。

② 弧形跟踪:又叫包抄验证跟踪。在接近电台、音量陡增或接近可能藏有电台的区域时,并不直接冲向电台,而是顺势从电台及可疑区域侧面迂回、包抄,并不停地用双向法交叉

定位，在确实“验证”电台位置时再行接近和搜索。

显然，弧形跟踪接近电台的速度比直接跟踪慢。这种方法的好处是不会越过电台反方向跟踪。在跟踪过程中如果信号中止，有可能获得交叉点，这就为下一步的搜索带来了方便。在弧形跟踪中要注意斜向插出点的选择，插出过晚，实质上就是直接跟踪；插出过早，会很难形成交叉。

(2) 交叉定点：当确定自己已处于近台区且被测电台正发信时，在不同的测向点测出两条或两条以上的方向线，依各方向线的交点确定电台位置的方法，叫交叉定点。运动员在 A 点收到电台信号，迅速用双向—单向法测出一条方向线，记住这条线上前方的方位物。再沿该方向线的 30°左右角度跑至 B 点，用双向法(此时已无须要测单向)，即磁棒轴线对准刚才测出的由 A 点出发的射线，转动测向机，测出另一条方向线。两条方向线的交点即为电台位置。因两条线的误差较大，定点的误差也大，切忌不要在电台停发信号前盲目进入点(或位)上搜索，以免一旦搜索不出而贻误时机。而应继续沿 B 点方向线的 30°左右角度跑至 C 点，再到 D 点……总之，在电台未停发信号前，尽可能实现多点交叉。如果测向次数达 4 次以上，且能围着电台跑上大半圈，交点已非常准确，误差可不超过 4m，即使电台停发信号，也可立即找到它。但是，在多次移动位置后，往往容易把第一次测出的方向线记偏而造成前几次交点误差较大。初学者在进入正规训练前，应反复进行交叉定点的训练，以提高移动中“记线”、“看点”的能力。在实际测向中，随着地形的变化，障碍物和道路的不同，A、B、C 各点的选择也不同。这些点的选择是否适当，对交叉定点的成功率影响很大。交叉定点时测向点的选择应注意以下几点：

① 根据远距离测出的“线”和“位”，力争在该台下一轮发信时尽量靠近电台。靠得越近，交叉精度越高，构成合理交叉角所需的跑动路线越短。

② 方向线夹角愈接近 90°误差愈小，但在实际运用中，考虑到时间的限制和运动员的体力消耗，此夹角以 60°～90°为宜。

③ 尽可能使测向点之间有道路和无障碍物，以便于快速奔跑。

④ 测向点的选择，应考虑到一些难以通行的疑点区。

⑤ 在地形较复杂、障碍物较多的地区，测向点应尽量避开障碍物，不要轻易进入障碍区。

⑥ 在草丛、树木稠密的山区，测向点的选择难度较大，要依据运动员所处的具体位置来考虑。如果在山下，应利用山旁道路的自然走向进行交叉，在未判明交点在山上之前，不要贸然上山，还应避免进入上凹处；如果在山腰时，应尽量沿等高线交叉；在上顶时，位置较为有利，应尽量选择在地势较高、道路较多处(如山梁等)进行交叉，这对看准方向线、选择道路十分有利，而且方向性受影响的可能性也很小。

综上可见，交叉定点多在地形比较复杂的区域使用，如村庄、树丛、山地中。

(3) 比音量：在距离电台很近时，利用测向机音量随距离变化大的特性确定电台位置的方法，称为比音量。比音量适用于出现干扰造成测向机指向不清，以及距电台数米内测向机失去方向性的情况。

由于在 2m 波段近台区测向比 80m 波段测向容易，也较少出现方向混乱的情况，比音量主要在 80m 波段测向中使用。下面介绍 80m 波段测向中比音量的两种方法。

① 跑音量：这是在近台区出现严重干扰，方向线十分混乱，或者无法测出方向线的时

候才会用到的一种方法。具体步骤是，将测向机置于胸前，磁棒轴线与人体平面垂直，直立天线不要抽出，音量关小，在可疑区反复奔跑（测向机不要摆动），通过比较，找出音量突起处，然后再用下面提到的“扫音量”法判定电台的具体位置。

② 扫音量：这是在距电台数米内，因信号强度猛增，无法分辨双向小音点，也就是说测向机失去了方向性时使用的一种方法。具体步骤是，将测向机直立天线抽出，并按下单、双向开关，使测向机处于测单向状态，收到被测电台信号后，将机臂伸长向周围做弧形扫动，寻得音量最大的方向，并沿此方向边扫边前进，直至接近电台。动作同 2m 波段测向时的方向跟踪。所不同的是这种方法不能快速奔跑。另外，也可用直立天线的顶端向可疑区靠近，当接近发射天线时，测向机音量会发生突变或啸叫，如果电台天线处于许多“假天线”之中时，用这种方法甚至能判断出哪一根是真的发射天线。但这种方法只是在距电台数米以内，测向机失去方向性时的一种辅助办法。在实际测向中，只要测向机不失去方向性，仍应以测线定位为好，尤其在距电台 10m 以外不能使用该方法。

(4) 无信号找台：在近台区，因障碍和距离等诸多因素，无法在信号结束前到达并找到电台时，按照电台方向线所确定的“位”或“线”到台或顺“线”搜索电台的方法，称为无信号找台。

无信号找台的方法是这样的：当确知自己无法在该台发信时间内到达电台时，应在该台发信的最后几秒钟内测出（并记住）一条准确的方向线（为提高测向精度，最好停下来测记），然后按方位物或指北针的指引沿方向线或方位角搜索电台。搜索中应尽量走在方向线上，遇到无法通过的障碍物时，记住障碍物前面方向线上的一个明显标记，再绕道到达该标记处，继续沿原方向线搜索。必要时可用指北针校正方向。顺“线”搜索范围的控制，应建立在正确估计台距的基础之上（这种估计往往是 80m 波段较而 2m 波段较差），应估计正确可缩小搜索的纵向范围，提高无信号找台的速度和成功率。例如，若信号终止时，音量随电台距离有一定的变化，那么电台可能就在附近不远处，一开始就得仔细搜索；若判断电台在两三百米远处（衰减开关扳到“近程”位置信号不强），则在距离 100m 时加快速度。考虑到测向误差，顺“线”搜索时，随着距离的增大，“线”两侧的搜索范围应逐步扩大。在搜索区内，对一切可隐藏电台的地方，如大树上、树丛中、草堆里和小屋旁等都要仔细查看，不能遗漏一处可疑点。如果地形条件许可，而且估计电台不太远，可在电台发信最后一段时间内带信号交叉定点，尽可能获得一个大致的“点”，到“点”搜索，这远比顺“线”搜索更为有利。

总之，无信号找台成功的关键是：

① 力求在信号中止前定出“点”、“块”，至少定出线。

② 测准、记清方向线（或方位角），并准确估计台距。

③ 练好在方位物不明显和视线不良的地域沿方向线前进的本领，只有这样才能顺线或沿方位角进行搜索。

④ 技术较熟练的运动员在近台区应拼全力争取带信号找到或到达电台，尽可能避免无信号找台。

⑤ 搜索：搜索是前 4 种方法的后续手段，是通过前述 4 种基本方法确定了电台的“位”和“线”后，立即到“位”或顺“线”拔开各种伪装找出电台，并在卡片上作印的方法。

搜索时应注意以下几点：第一，要看清“位”，走准“线”，力求一次搜索成功；第二，考虑到各种误差因素，当第一次搜索扑空时，不要慌乱，应在“位”的周围，由点到面逐步扩大搜索范围，防止没有目的地乱跑；第三，搜索中，一定要做到冷静（注意力集中）、认真（不马虎，草率)、条理(有头绪,不重复)和全面仔细(眼观六路,不漏过任何“蛛丝马迹”);第四,防止主观臆断,离开自己测的线和定的位,凭“想当然”到处乱搜的做法是测向者之大忌。此外,搜索中还应尽可能利用客观条件。例如,2m 电台的天线体积较大,且离地面 2～3m;80m 电台天线虽小,但总要垂直架设 2m 左右高。因此,先找天线,注意天线的架设情况,并注意观察前面出发的测向运动员留下的脚印等,对及早发现电台不无好处。

⑥ 几种基本方法的综合运用:近台区测向的几种基本方法,在实际测向中,经常是依照具体环境、道路、电台难度和电波受影响的情况,穿插配合、灵活运用的。单纯使用某种方法,都有一定的局限性。如方向跟踪法,在距电台十几米内,因信号强度猛增,小音点范围逐渐变小,甚至消失,很容易失去方向;比音量法在距电台十几米以外,难以施展本领;交叉定点法在 100m 以外,很难交准,且移动距离太大,既浪费时间,又消耗体力。如果这些方法配合使用,就能收到取长补短的效果。例如,近台区地形简单,可采用方向跟踪与比音量相结合的办法。首先用方向跟踪,快速接近电台;一旦耳机里声音有突起现象,就使用比音量方法,仍沿原方向继续向前跑,边跑边注意音量变化情况;待跑过电台几步,音量明显下落时,何处音量最大已心中有数,就可以回过头来,在音量最大处收获“战利品”了。千万不要音量一突起就下手搜索,这很容易造成过早搜索而贻误时间。

再如,若近台区地形复杂,可采用跟踪、交叉相结合的办法,先用方向跟踪接近电台,再根据地形情况,选择适当测向点交叉定位。在方向跟踪中突然遇到障碍时,也可边绕障碍边利用绕行路线进行 60°左右的弧度交叉包抄过去。

交叉定点、方向跟踪、比音量和无信号找台几种方法都是为了接近电台并确定其位置,而最后要靠搜索才能达到我们的最终目的。但无论采取哪种方法,其主要任务都是为了最大程度地缩小对电台的搜索范围。因此,搜索范围的大小,就成了衡量测向与近台区技术掌握程度的主要标志。初学者的搜索范围自然要大些,技术成熟的运动员,大体上可使搜索范围加全过程在 10m 以内。初学者为尽快达到这一水平,不要过早地参加全过程训练,应该先按上述 5 项基本方法的顺序,分单项反复、多次练习,在单项方法掌握熟练的基础上,再进行综合运用训练和全过程训练。

2) 几种典型影响及处理办法

电波在传播过程中会出现反射、折射、绕射和干涉等现象,这些现象在近台区表现得尤为突出,严重时会使运动员无法依据正常的方法接近电台。因此,在近台区如何识别和对待这些影响,就成为测向运动中一项重要课题。

(1) 造成影响的主要环境:

① 山地。目前,测向训练及竞赛多在起伏不大的山地进行,而山坡对电波存在反射,其反射程度以石山最甚,有土覆盖的石山次之,有植被的土山最轻。从山势看,山势愈陡,反射愈严重。此外,电波还有沿山谷绕射的能力。

② 建筑群、楼房区容易出现单、双向模糊不清。

③ 电线密集区及高压线下。在电台附近的电线密集区和高压线周围,该台发射的电波强度将会突然增高,这就是所谓的二次辐射现象。如果在电线密集区测向,其方向可能误指电线密集中心,如变压器等。在高压线下测向,其方向则可能误指高压线的走向。

(2) 识别与对策:目前对付上述影响的办法尚不多,一般方法如下。

① 学会并提高识别影响的能力。在实际测向中,凡遇到单、双向突然模糊,方向乱指、

交点忽东忽西,或信号忽强忽弱(2m 测向较明显)的情况,应立即意识到已进入了影响环境。除了认真观察周围的地形,分析受影响的原因外,立即离开这一区域是当务之急,有时离开几步可能就好了。切忌不要测不出方向还不死心,硬要站在那里继续测,白白浪费时间。

② 选择合适的测向点。在 80m 波段,应注意避开建筑群、电线和变压器(一般离开 20m 以外即可),不贸然进村庄,多选空地、高地。在 2m 波段应注意避开山谷、石山、陡山,尽可能选择视线开阔、地势较高区域,进行精确的远距离测向和交叉等。

③ 在近台区快速跑动(见图 10-11)。多点交叉时,从交叉中归纳多数方向线的指向,即找出多数方向线的交叉,该点极有可能为电台方位。

④ 灵活而综合地运用不同的测向方法。跟踪不行,改用交叉;交叉无效,再用比音量。如果影响严重,一、二轮信号过去仍无结果,应果断地退出该地区,实施远距离交叉。大致定了点后,再进入点上(此时定的实则是一个范围较大的"块"了),依据地形情况,用前述比音量的方法确定了电台位置后,再进行搜索。

⑤ 遇到"假点"不紧张。当按照正常情况沿方向线到达电台位置时,如音量并不突起,可能是遇到了"假点",这时不必紧张。"假点"往往是最佳测向位置。

由于造成影响的原因很多,有的情况下,会使运动员慌乱失措。要解决这一问题,必须经过多次尝试、摸索和体验。爱好者应在训练中多动脑筋,多总结经验,提高自己的适应能力,以减少在影响情况下的失误。

3. 途中测向

运动员离开起点(或离开刚刚找过的电台)到达下一电台附近这一阶段中的测向称为途中测向,如图 10-12 所示。途中测向的任务,一是修正前进路线,尽快到达近台区(即到位);二是选定正确的找台顺序。途中测向的关键技术有以下 3 个方面。

图 10-11 近台区快速跑动

图 10-12 途中测向

1) 确定找台顺序

(1) 正确确定找台顺序的重要性:竞赛规则规定,除末号台为最后必找台外,其余各台中,先找哪个,后找哪个,均由运动员自行决定。在一场竞赛中,无论各隐蔽电台的位置怎样分布,总是存在着较合理的找台顺序,依这个顺序逐个找完各台到达终点,能够避免行进路线的重复,节省时间。而一旦找台顺序发生了严重错误,则不仅贻误时间,消耗体力,还容易引起心理急躁和信心动摇。不少运动员都体会到，在大多数情况下，找台顺序错误会直接影响成绩，甚至会造成自己在本场竞赛中的失败。

(2) 正确确定找台顺序的关键在于正确确定首找台：一名运动员在竞赛中最先找到的电台称为首找台。确定首找台是运动员首先遇到的问题，这时，待测电台多，获得的信息(诸如地图的了解、环境情况等)少，因而困难最大。而一旦找准了首找台，在余下的 3 个电台中，末号台无须选择，留在最后去找，只有两个电台供选择，就容易多了。可见，正确地确定首找台既困难又重复，必须慎重对待。

熟练掌握正确确定首找台技术的重要性还在于，运动员通过哨找台之后，又可以看做自己由此出发，在余下各台中再选出一个"首找台"，从而可以把选择找台顺序理解为依次确定一个个首找台，使确定找台顺序的理论和技术大大简化。可见，正确地确定找台顺序的关键在于正确确定首找台。

(3) 确定找台顺序及首找台的依据：在起点可供运动员判断隐蔽电台的方向、位置的"情报"还是有一些的，但并不都可靠。例如，可以依裁判提供的地图所显示的赛区范围、赛区地形，以及已给出的起点在地图上的位置判断各台分布的趋势，推断首找台的可能位置，但是否真是这样仍有待测听、验证；可以依据各台信号强弱判断电台远近，但又要提防电波传播过程中受地形起伏、高地阻挡造成衰减的不规律性引起的错误判断。因为现已多次发现，隐蔽在低洼潮湿环境中的电台，即使很近，信号却极其微弱；反之，设置在开阔地、高地的电台，即使很远，信号却很强。因信号强电台就近、信号弱电台就远而导致重大失误的例子屡见不鲜，依运动员脚印、车辆轮迹、裁判员工作人员行踪去猜测电台位置的可信程度就更低了。那么，是否还有较可靠的办法呢？有。那就是依电台方向线去推断电台位置，包括 4 条原则和一套依角度判断的方法。

第一，无线电测向的本质就是测定电台的方向线。在确定找台顺序时，首先应当依据各台的方向线及方向线之间的角度关系。

第二，大家知道，两条电台方向线可以构成一个夹角，3 条方向线可以构成 3 个夹角，4 条方向线可以构成 6 个夹角。在激烈的竞赛中要对这些夹角的关系一一进行冷静的分析是困难的，也是不现实的。为使分析过程简化，我们希望在分析诸方向线间的关系时，确立一个基准。由于 5 号台为最后才到达且是必须到达的电台，运动员对该台的注意存在于竞赛的全过程，不像起点位置及其余电台的方向线在离开后容易被忽视或遗忘，因而习惯以 5 号台的方向线作为基准线。这样，另外 3 部电台同 5 号台的方向线便仅构成 3 个角。

第 3 个原则是"离末号台最远的台先找"的原则。当运动员前有多个电台，需选择先找哪个时，为避免途中往返重复奔跑，应当先找离末号台最远的那一个台。反映在各台方向线夹角的关系上，偏离 5 号角度大的，离 5 号一般较远，可初定为首找台。

第 4 个原则是"离自己最近的台先找"的原则。当两个电台的方向线同末号台间的夹角相近而难以确定哪个离末号台远时，应当先找离自己近的那一个。离自己近，便必然离末号远，这也是符合"离末号台远的台先找"的原则。判断办法是比较前进过程中这两电台的方向线的角度变化程度。

需要指出的是，角度变化程度不仅取决于电台与测向者间的距离，还取决于该台方向线与前进方向线间的夹角。夹角越接近于直角，变化率越大，因而单纯以变化率去估计距离，有时也会出错。但这种情况并不多见，也并不难以处理。因为在实际训练和竞赛中，运动员的行进路线绝非笔直，是有机会进行交叉定位的，并且还有信号强度变化供参考，除非过早地认定不找某台而有意放弃监听，产生这种情况的可能性是很小的。

(4) 确定首找台的一般规律：

下面从分析各台方向线间的角度关系出发，依据上述原则，讨论如何确定首找台。

① 直线布台。全部电台方向线的最大夹角不足15°的电台分布，称为直线布台。由于竞赛规则规定了各台距起点不少于750m，各台间的距离不小于400m，因而实际竞赛中各台之间总是保持着一定的间距。直线布台时，电台横向排布不开，各台间的距离基本上依靠纵向距离保持，必然构成"纵深配布"，运动员在起点发现这种布台方式时，不必及早确定首找台，只要沿着各台的总体方向前进即可。在途中再注意测定各台方向线，如果某台方向线先发生扭转，就是首找台。

在比赛中，从起点就可以测得属直线布台的次数极少，但找完首找台后剩余各台属直线布台的例子还是很多的。

② 小角度布台。电台方向线的最大夹角大于15°小于60°的布台方式称为小角度布台。定义60°以内为小角度是出于以下考虑：规则规定各台距起点不小于750m，在60°角的两条射线上分别距顶点截取750m的两段，两个端点横向相连就构成了等边三角形，顶点所对的边长也是750m。也就是说，从起点看，当电台方向线夹角为60°时，在750m远处横向可以排布两个电台，且不违反规则规定。

运动员在起点测得布台方式属小角度时，要注意末号台的方向。当末号方向偏向一边时，可暂选与末号台夹角最小的方向前进，待出发后第二、第三轮信号时，注意各台方向线折转和音量变化情况，再认定首找台。当末号方向线位于60°角的平分线(即中线)位置时，最好沿中线前进，待进一步测听后再确定左右两侧哪一个是首找台。

③ 大角度布台。电台方向线间最大夹角大于60°、小于或等于180°的布台方式称为大角度布台。大角度布台包括末号台大体居中和末号台明显偏于一侧两种。

当末号台方向线大体居中时，末号台方向线两侧分别有一个和两个电台。运动员应选择角平分线附近的道路前进，并注意分辨左右两侧诸电台方向线的扭转程度，选择扭转最快的一台为首找台，按照找完一侧的电台再找另一侧电台的办法确定后面几台的顺序。当末号台方向明显偏于一侧时，以夹角最大的台为首找台。

④ 环形布台。电台分布的夹角大于180°的布台方式称为环形布台。这种布台的特点是角度范围大，由于受规则中关于总距离的限制，电台的纵向深度一般较小，大体分布在以起点为圆心的"圆周"上。这时可以确定与末号相邻而同末号夹角最大的那个台为首找台，然后沿"圆周"路线逐个找下去。

以上分析仅仅是平面的、理想情况下的分析，只是提供了一个判断首找台和找台顺序的基本方法。在实际竞赛中，运动员还应考虑到地形、道路、障碍等情况，做出真正合理的选择。

2) 到位技术

运动员到达了隐蔽电台附近称为"到位"。到位标志着对该台途中测向的终止，近台区测向的开始。到位是途中测向的重要任务之一。

有两种情况可以实现到位。一种是运动员在途中只记清了该台方向线，边测边前进，当某一时刻该台又发信号时，凭信号强度感觉自己进入了近台区，或发现了裁判员、运动员踪迹表明自己到达电台附近所实现的到位。另一种是运动员凭借到位技术，预先判断该台的大体位置，再在接近的途中逐步加以修正或证实，使该台的位置更准确、更清晰。有意识地到达电台附近，称为有意识到位。很明显，前一种到位在训练和竞赛中常会遇到，在新运动员中发生的次数更多一些，但偶然因素较多，前进速度太慢，不能称之为专门技术。以后谈及到位技术，是专指有意识到位技术。

到位技术的优劣在很大程度上反映了一名运动员测向技术的综合运用能力。这是因为，首先，到位技术涉及测线及在地图上的标线精度、远距离交叉精度、识图用图能力、对地形及环境的能力、对信号强度及信号强度变化率的感知，以及所反映的电台距离判断能力等，是综合运用各种基本技术的一项专门技术，真正掌握它并不容易；其次，到位技术良好的运动员，由于预先知道了隐蔽电台的方向和距离，甚至知道该台的实际位置或在地图上的位置，从而可以正确分配体力，选择最佳道路，恰到好处地在该台发信前一时刻进入近台区，省时、省力。可见，到位技术既是复杂的，又是十分重要的。

(1) 直线到位：运动员测出电台方向后，通过对该线经过区域的地形分析，再结合音量及音量变化率判断电台距离，沿方向线方向直接奔向电台的到位办法称为直线到位。直线到位时，运动员的运动路线大体是在方向线附近，难以形成交叉。技术特点是以方向线为主要依据，要求准确，而距离靠分析判断，存在一定纵向误差。

在寻找首找台时，运动员希望以最短捷的路线到达，多以直线前进，沿途有可能得不到交叉的机会，因而主要是使用直线到位法。采用直线到位方法的技术要点是：测线要准；选取方位物要清楚、明显，最好选取高大、独立、背景透亮的地物做方位物；运动员应对已跑过的路程经裁弯取直后的直线距离有准确的估计，知道自己到底跑了多远；要善于在途中进行观察和判断。

(2) 远距离交叉到位：运动员在不同的位置对各待找台经常测听，会得到多条方向线，在远方的多次交叉后初定出待找电台的位置，有计划地到达电台附近的方法称为远距离交叉到位。如果使用得当，这种交叉定位所产生的误差不超过两三百米。运动员进入这个区域后，一般可以在一轮发信时间内找到电台。远交既可在地图上标线形成，也可以选取参照物后在实际地物构成。交叉到位对先前已测得的方向线依赖性很强，因而必须熟悉地图、正确选取方位物，从而确立参照系。本方法多用于首找台之外各台，特别是最后两个隐蔽电台。

交叉到位技术的运用是受到一定限制的。当运动员在复杂地形中前进，难以确定自己立足点在地图上的对应位置时，便难以运用地图进行交叉；当地貌无明显特征，视线不良无法选取合适的方位物时，便难以进行实地交叉，这时便不得不用直线到位的方法了。

(3) 综合运用：以上分叙了两种方法，但在实际运用中，情况要复杂得多。在远交定点后，运动员总是力求沿直线接近电台。其间，免不了用直线到位法进一步判断台位。而在应用直线到位法判定电台大致距离后，利用奔跑途中道路的自然弯曲或为避开大障碍而进行绕行，任何一名运动员都不会放弃顺便做出远交定点的机会。所以，这两种到位法总是交替运用、互相补充的。

3) 道路的选择

运动员在途中前进时，或走大道、过小路，或涉田野、穿丛林，总是希望自己走近的、易于通行的路径，以求既省力又能快速到达电台，如图 10-13 所示。运动员应当清楚，一旦道路选错，轻则绕道费时，重则陷身于重山荆棘之中或受阻于悬崖、河道，从而导致无可挽回的失败。

图 10-13 道路的选择

选择道路的主要依据是地形图，同时要注意实地观察，做出机动的选择。运动员确定了前进方向和目标后，首先应"回忆"或从地图上查找有关道路，从中做出比较和选择，再实地找到正确的道路。在实地能否找到地图上标示的道路和重要方位物，在很大程度上取决于运动员背景、识图、用图的能力。有这样一个实例。一次竞赛中，两个电台之间横亘一座相对高度约 100m 的山。从图上可见有且仅有一条小路可以过山。但由于多面护林封山，在实地上这条宽约 1m 的山路已被道旁倒伏的茅草遮盖，离开几米便难以发现。多数运动员是由山林中穿过的，有一位运动员注意到，地形图上这条小路的上山起始一段同高压线相会，他循高压线找到了这条山道，顺利地越过了山谷。事后才知道，走山道要比穿山林大约省 8min，还省力得多，可见识图用图的重要。

但是任何一份地形图都可能同实地有一定差异，在经济发展较快的地区，变化就更大一些。此外，在局部山地，一些小路并不见得都能在地图上一一标出。因此，运动员经常要结合实地做出临时性的选择。为使选择正确，在找完一个电台后要先决定去向，明确道路再上路，不要闷头而去。在通过地势较高的地段时，因视线开阔，应不失时机地确定道路和方位物。在训练中，要学习和积累不同地区的道路分布和走向规律。例如在南方，山地多有沿山小路，其走向基本同等高线平行。当在山坡奔跑无路时，不妨向上、向下移动一段，可能会碰到路。在北方，许多山顶是称做塬的平坦部分，适于奔跑，且利于观察；而在山脚常有冲沟，山坡极少有沿登高线的道路，沿山腰等高线前进就得在冲沟中爬上爬下，十分困难。在水果产区，常常有可以通行手扶拖拉机的盘山道路。多了解一些这方面的知识，好处是明显的。

无论是依地图选路还是实地临时选择，以下两点务必注意：一是有路不翻山，在无把握时，不轻易上山，如果已上山则不轻易下山；二是多走大路，少走小路，慎重地考虑是否进入地形图上末标示而走向无法判断的小路。

10.2.4 无线电测向的特有价值

参加该项活动，除要进行身体训练外，还需要学习无线电方面的知识，要掌握测向机或其他电子设备制作技能，这无疑将丰富和延伸其课堂知识，使课堂学习更轻松。而且在当今电子技术无孔不入的时代，会因为有了这一技之长而终生受益。由于无线电测向既不是纯科技性的室内制作，又不是固定场地上的单一奔跑，而是充分体现了理论与实践、动手与动脑、室内与户外、体能与智力的结合，是在大自然的怀抱中有机地将科技、健身、休闲、娱乐融为一体，对于开阔视野、增长知识、增强体魄、磨炼意志，进行国防教育，培养独立思考和分析判断能力，促进青少年德、智、体、美、劳全面发展，丰富学校第二课堂内容及从应试教育向素质教育转化均十分有益，同时也符合中央关于"在青少年中普及科技"和实施《全民健身计划纲要》的精神，故备受学校和有关主管部门的重视，有不少地区制定了对取得一定成绩的运动员，在升学考试中给予加分录取的政策，就充分说明这一点。同时也深得家长支持和青少年的喜爱。目前南京等地已将此项活动推向社会，引进家庭，他们利用双休日，回归大自然，开展社会和家庭“无线电猎狐游戏”，丰富了度假内容，增添了家庭情趣。

10.3 野外生存

野外生存是指在吃、住无着，孤立无援的荒野、丛林、沙漠、孤岛等环境里求生。野外生存活动可以达到锻炼身体、磨炼意志、陶冶情操、放松自己、充实生活的目的。一旦身陷绝境，平时造就的坚强意志和过硬的本领将会使你成为一名幸存者。

10.3.1 基本生存方法

1. 利用自然特征判定方向

人们在没有地形图和指北针等制式器材的情况下，要掌握一些利用自然特征判定方向的方法。

1) 利用现地特征辨别方向

(1) 利用太阳判定方位。用一根标杆，使其与地面垂直，把一块石头或标志物放在标杆影子的顶点 A 处，约 10min 后，当标杆影子的顶点移动到 B 处时，再放一块石头或标志物。将 A、B 两点连成一条直线，这条直线的指向就是东西方向，与 AB 线垂直的方向就是南北方向，向太阳的一端是南方。

(2) 利用北极星判定方位。北极星是正北方向天空的一颗恒星，夜间找到北极星就找到了北方。北极星的位置可根据大熊星座甲、乙两星的连线向杓口方向延长 5 倍的甲、乙两星距离，此处有一颗较亮的星就是北极星。仙后星座主要由 5 颗明亮的星组成，在缺口方向约为缺口宽度的两倍处，即可找到北极星，如图 10-14 所示。

(3) 利用指针式手表对太阳的方法判定方位。手表水平放置，将时针指示的时间(24 小时制)数减半后的位置朝向太阳，表盘上 12 点时刻度所指示的方向就是概略北方。假如现在时间是 16 时，则手表 8 时的刻度指向太阳，12 时刻度所指向的就是北方。上午 10 时折半是 5 时，则应以表盘中心与“5”字的延长线对准太阳，则刻度 12 指的方向为北方(将表平放)。下午 2 时(即 14 时)40 分折半是 7 时 20 分，则将“7”字后两格处的延长线对向太阳，则刻度 12 指的方向为北方，如图 10-15 所示。

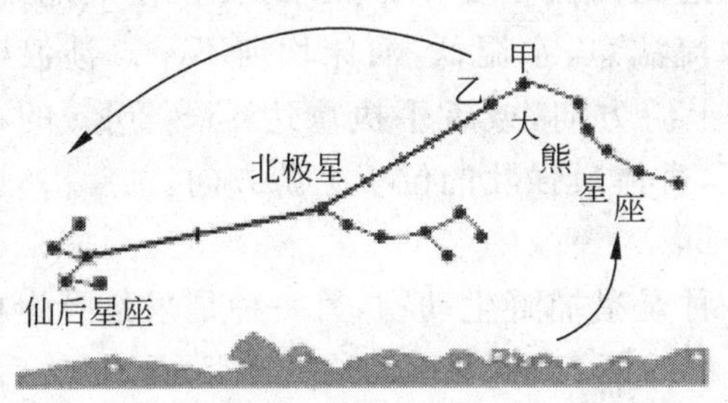

图 10-14　利用北极星判定方位

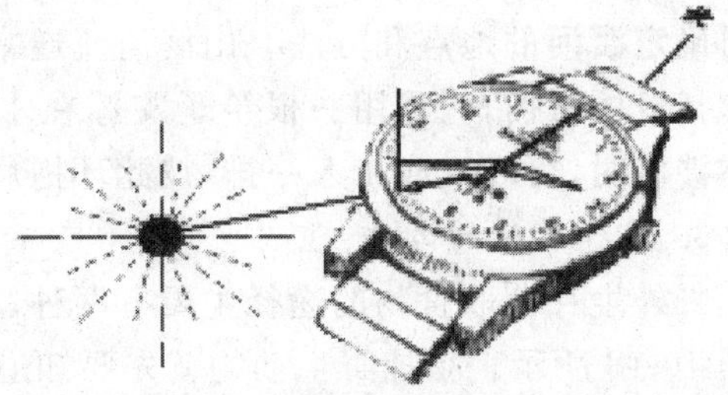

图 10-15　利用太阳和表判定方法

2）利用自然条件辨别方向

有些地物由于受阳光、气候等自然条件的影响，形成了某种特征，可利用这些特征来概略地判定方位。

(1) 独立大树。通常南面的枝叶较茂密，树皮较光滑，北面的枝叶较稀疏，树皮较粗糙。有时还长青苔，从树的年轮看，通常北面的间隔小，南面的间隔大，如图 10-16 所示。

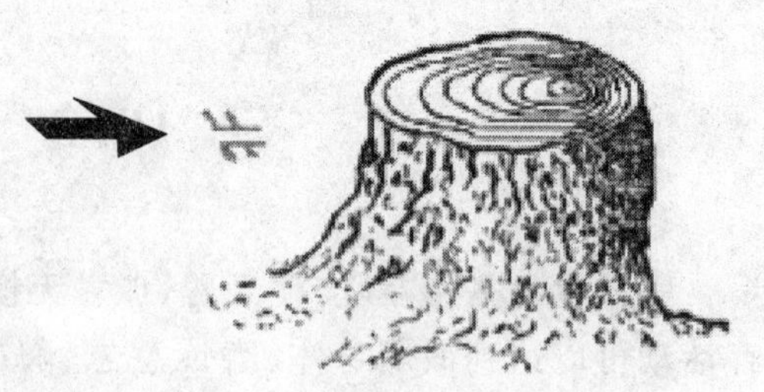

图 10-16 利用树桩年轮判定方位

(2) 突出地面的地物，如土堤、土堆、建筑物、田埂等。南面干燥，青草茂密，北面潮湿，易生青苔，凹陷物体（如土坑、沟渠以及林中空地）特征则相反，而冬季田埂、土堤和建筑物等通常南面积雪融化快，北面积雪融化慢。

(3) 我国大部分地区，尤其是北方大的庙宇、宝塔的正门、农村房屋的门窗多朝南开，而草原上的蒙古包门多朝向东南。

野外迷失方向时，切勿惊慌失措，而是要立即停下来，冷静地回忆一下所走过的道路，想办法利用一切可能利用的标志重新判定方向，然后再寻找道路。最可靠的方法是“迷途知返”，退回于原出发地。

在山地迷失方向后，应先登高远望，判断应该向什么方向走。通常应朝地势低的方向走，这样容易碰到水源，顺河而行最为保险，这一点在森林中尤为重要。因为道路、居民点常常是滨水临河而筑的。

如果遇到岔路口，道路多而令人无所适从时，首先要明确要去的方向，然后选择正确的道路。若几条道路的方向大致相同，无法判定，则应先走中间那条路，这样可以左右逢源，即便走错了路，也不会偏差太远。

2. 复杂地形行进方法

在山地行进，为避免迷失方向、节省体力、提高行进速度，应力求有道路不穿林翻山，有大路不走小路，如没有道路，可选择在纵向的山梁、山脊、山腰、河流、小溪边缘，以及树高林稀、空隙大、草丛低疏的地形上行进，如图 10-17 所示。要力求走梁不走沟，走纵不走横，行进时，能大步走就不小走。这样几十千米下来，可以少走许多步。疲劳时，应用放松的慢步来休息，而不停下来。攀登岩石时，应对岩石进行细致的观察，慎重地识别岩石的质量和风化程度，确定攀登的方向和路线。

河流是山区和平原地区经常遇到的障碍。遇到河流不要草率入水，要在仔细地观察之后再确定渡河的地点和方法。山区河流通常水流湍急，水温低，河床坎坷不平。涉渡时，为了保持身体平衡，应当用一根竿子支撑在水的上游方向，或者手执重达 15～20kg 的石头。集体涉渡时，可 3 人或 4 人一排，彼此环抱肩部，身体最强壮的位于上游方向。

3. 采捕食物的方法

野外生存获取食物的途径主要有两种。一种是猎捕野生动物，另一种是采集野生植物，如图 10-18 所示。猎捕野生动物首先要知道动物的栖息地，掌握动物的生活规律，然后再采取压捕、套猎、捕兽卡及射杀等方法进行猎捕。这需要在专家指导下经过较长时间的训练和实践后才能真正掌握。下面仅简单介绍一下可食用昆虫和可食用野生植物的种类、食用方法。

图 10-17　复杂地形

图 10-18　野外采捕食物

1）可食用昆虫

目前，世界上人们在食用的昆虫有蜗牛、蚯蚓、蚂蚁、知了、蟑螂、蟋蟀、蝴蝶、蝗虫、蚱猛、湖蝇、蜘蛛、螳螂等。人们对吃昆虫虽然不习惯，甚至感到厌恶，但在万不得已的情况下，为维持生命，保持战斗力，继而完成任务，不妨一试。但是应注意，一定要煮熟或烤透，以免昆虫体内的寄生虫进入人体，导致中毒或得病。常见的可食昆虫如下：

（1）蝗虫：浸酱油烤着吃，煮或炒也可以。

（2）螳螂：去翅后烤或炒，煮也可以。

（3）蜻蜓：干炸后可食。

（4）蝉：生吃或干炸，幼虫也可食。

（5）蜈蚣：干炸，但味道不佳。

（6）天牛：幼虫可生食或烤。

（7）蚂蚁：炒食，味道好。

（8）蜘蛛：除去脚烤食。

（9）白蚁：可生食或炒食。

（10）松毛虫：烤食。

2）可食用野生植物

可食用野生植物包括可食的野果、野菜、藻类、地衣、蘑菇等，对可食用野生植物的识别是野外生存知识的主要内容。我国地域广大，适合各种植物生长，其中能食用的就有 2000 种左右。中国常见的可食野果有：山葡萄、笃斯、黑瞎子果、茅莓、沙棘、火把果、桃金娘、胡颓子、乌饭树、余甘子等，特别是野栗子、椰子、木瓜更容易识别，是应急求生的上好食物。常见的野菜有苦菜、蒲公英、鱼腥草、马齿苋、刺儿草、荠菜、野苋菜、扫帚菜、菱、莲、芦苇、青苔等。野菜可生食、炒食、煮食或通过煮浸食用。

但是，一般人需要在专家指导下经过一定时间的训练才能掌握这些知识，在此介绍一种最简单的鉴别野生植物有毒无毒的方法，供紧急情况下使用。通常将采集到的植物割开一个小口子，放进一小撮盐，然后仔细观察是否改变原来的颜色，通常变色的植物不能食用。

4. 获取饮用水的方法

获取饮用水的途径通常有两种：一种是挖掘地下水，另一种是净化地面水，如图 10-19 所示。在此介绍一下从地表水获取饮用水的方法。

图 10-19　获取饮用水

通常，雨水可以直接饮用。下雨时，可用雨布、塑料布大量收集雨水，也可用空罐头盒、杯子、钢盔等容器收集雨水。

当没有可靠的饮用水又无检验设备时，可以根据水的色、味、温度、水迹，概略鉴别水质的好坏。纯净水在水层浅时无色透明，深时呈浅蓝色，可以用玻璃杯或白瓷杯盛水观察。通常，水越清水质越好，水较浑则说明杂质多。一般清洁的水是无味的，而被污染的水则时常带有一些异味。地面水的水温，因气温变化而变化，浅层地下水受气温影响较小，深层地下水水温低而恒定。如果所取样的水不符合这些规律，则水质一般有问题。此外，还可以用一张白纸，将水滴在上面晾干后观察水迹。清洁的水无斑迹，如有斑迹则说明水中有杂质，水质差。

在野外最好不要饮用从杂草中流出的水，而以从断崖或岩石中流出的清水为佳。饮用河流或湖泊中的水时，可在离水边 1～2m 的沙地上挖个小坑，坑里渗出的水较之直接从河湖中提取的水清洁。

在野外，可以用饮水消毒片、漂白粉精片及明矾等药品净化水。在专家指导下，还可用一些含有粘液质野生植物净化水。切记，不论多么口渴，都不要饮用不洁净的水，万不得已时，也要把水煮开再喝。

5. 野外常见的伤病防治

1）冻伤（如图 10-20）

身处寒冷的地方又没有足够的衣服，会使体温下降，久了甚至会致命，称为体温过低（失温）。即使在夏天，因突然而来的寒雨或暴雨，气温急降，也容易引致暴寒。暴寒的征象：疲倦、无精打采、皮肤冰冷、步履不稳、发抖、肌肉痉挛、口齿不清、产生幻觉等。因此，出发前应吃一顿丰富有营养的饱餐，途中可吃高热量食物，如朱古力；带上保暖用的发热袋、睡袋或御寒衣服，备用一套干衣服，以备更换；除非拉练之类的活动，否则勿带过重的物品，以免消耗体力；行程中有适当的休息，不应过劳，以免消耗体力；找地方躲避风雨，迅速更换湿衣服，用衣服或发热袋、睡袋把头、脸、颈和身体包裹以保暖，以热饮及高热量食物保持体温。行进途中，如被雨水淋湿（涉水等），临休息前如条件允许应生火烤干衣服和鞋子，为第二天前进作准备，且休息时应该更换干燥贴身衣服，保持体温以防感冒。

2）蜂螫（见图 10-21）

在山野地方，经常会发现蜜蜂、大黄蜂或马蜂的出没，小心避免误触蜂巢，否则引致蜂群的攻击，而被螫伤。要使用现成的小径，切勿自行闯路，避免走蕨丛，因为那里通常是昆虫和黄蜂聚居的地方，不要打扰蜂窝，切勿以树枝等拍打路边树丛。在身体和衣服上喷涂防蚊油，避免使用芬芳味的化妆品，因为可能吸引蜜蜂。若遇蜂巢挡路，可绕路前进。若遇一两只黄蜂在头上盘旋，可以不加理会，照常前进——如有螫针，可用钳子拔除，但不要挤压毒囊，以免剩余的毒素进入皮肤。若遇群蜂追袭，可坐下不动，用外衣盖头、颈，以作保护，蜷曲卧在地上，待蜂群散开后，再慢慢撤离。严重螫伤应尽快求医，可以用冷水湿透毛巾，轻敷在伤处，减轻肿痛。

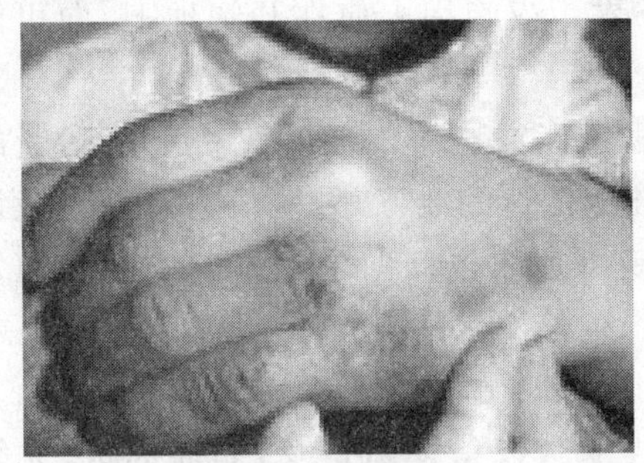

图 10-20　冻伤

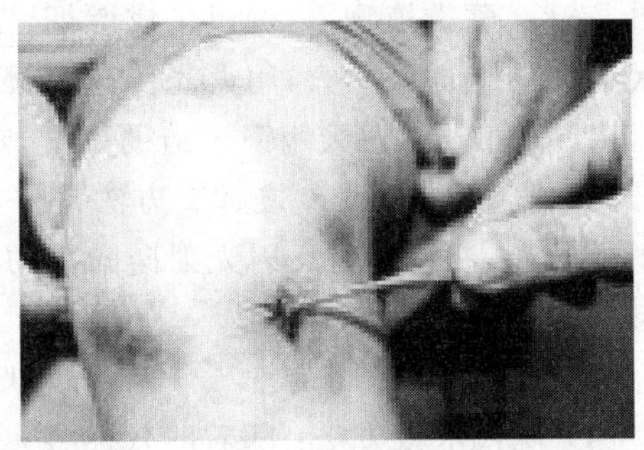

图 10-21　蜂螫

3）蛇咬（见图 10-22）

几乎所有的蛇都怕人，除非它们认为受到威胁，否则一般不会主动攻击人类，只要给予机会，它们多数会逃走。远足者应穿着长裤和有高帮的鞋，沿有现成的小径行走，切勿自行闯路，走草丛和杂树林。遇蛇时，保持镇定不动，让受惊的蛇尽快逃走。蛇的视力很好，受到快速动作刺激时，多数会立刻反击。如被蛇咬，应注意以下事项：

（1）除非专业人士，否则不要割开伤口的皮肤吸吮或洗涤。让伤者躺下，停止伤处活动，但不要抬高伤处。如果带有蛇药，应尽快内外服用。

（2）在可能情况下，用绷带缚扎伤口以上的部位。如伤口在手脚，可用宽阔的绷带包裹伤口以上的部位。

（3）应安慰伤者，尽快到医院求治。如有可能，辨别毒蛇的种类、颜色和斑纹。如咬人的蛇已被捕捉，应一并送往医院，以便医护人员辨认，使用适合的血清。

4）危险植物

山上有些植物会对远足者构成危险。例如，漆树会令皮肤过敏；两面针会刺伤手脚；野菇（见图 10-23）、野果有毒，进食会致命，因此要避免走入生长茂密的丛林中。远足时应带上手套，必须穿过丛林时，须用手巾或衣物包裹头面，或外露的皮肤。切勿用手接触漆树，用手抓植物时，要留意是否有针刺，不可随便采摘野菇、野果食用。接触漆树，引起皮肤敏感时，应立刻求医诊治。误食野菇、野果中毒时，应立即求医诊治。

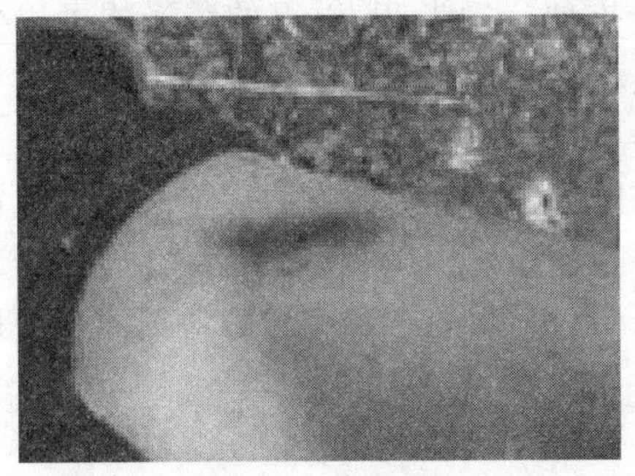

图 10-22　蛇咬

图 10-23　有毒蘑菇

10.3.2 野外求救方法

(1) 放烟火：燃放烟火是最常见的求救方法。白天用烟，即在燃火上放一些橡胶片、生树叶、苔藓、蕨类植物等，可以生成燃烟，以便通知外界。夜晚用火应在开阔地上，向可能的居民区方向点3堆明火，用火光传达求救信号。

(2) 光信号：白天用镜子借助阳光，向可能的居民区或空中的救援飞机反射间断的光信号，光信号可传16km之远。方法是将一只手瞄准应传达的地方，另一只手持反光镜调整反射的阳光，并逐渐将反射光射向瞄准的指向。夜晚可用手电筒向求救方向不间断地发射求救信号。

(3) 国际通用的求救信号是SOS，即三长三短，不断地循环。

(4) 现代求救方法：随着时代的发展，各种现代求救设备逐渐普及，如信标机、无线电通信机、卫星电话等设备，如果有条件可以逐步配备这些现代设备。

10.3.3 野外生存必带装备

1. 背囊

背囊容量的大小与野外生存的天数有直接关系，一般不应小于50l。美军原品LC-2军用背包，容积49l。其优点是采用外框架式结构，包于人体背部散热，可调肩带和s腰带使该包容易掌握平衡，外框架也方便加挂睡袋等物品。

2. 绳索

纵横野外，最大的目的就是要走前人没有走过的道路，而有些地方根本就没有路，此时绳索就显得极为重要。专用攀岩绳和锁扣最好，但价格偏高，不过可以到附近的建材店看一看，建筑工人使用的安全绳和锁扣是物美价廉的代用品。一般登山绳索长20m左右即可。登山不同于攀岩，超过10m的悬崖峭壁对于普通人来说是“禁区”。

3. 登山鞋

说到野外生存用鞋，很多朋友会想到运动鞋，有些地方干脆把运动鞋称为“旅游鞋”。其实，运动鞋分篮球鞋、网球鞋、跑鞋、多功能鞋和户外鞋等多种。丛林战靴橡胶底加防刺钢板，真皮鞋面、全棉鞋腰、防滑透气，能很好地保护脚部和踝骨。

4. 手电筒及荧光棒

手电筒的功用不说大家也知道，野外生存用的手电筒要求照射距离不小于50m，电池使用时间不小于5h，手电筒至少在30m深能防水，配有备用灯泡。手电筒还可以通过附件戴在头上，使夜行者的双手解放出来做其他事情，十分方便。发光2h以上的荧光棒可以作为辅助光源在野外使用。

5. 指北针

目前，几乎每一家军品店都有不同制式的指北针出售，小到可戴在手表上的充液式简易指北针，大到地质勘探用的水平式指北针。去野外探险，建议使用专用指北针。专用指北针具有指向、测距、量角、地图比例尺测距等多种功能。其实，指北针和相应的地图配合使用作用最大，出发前大家应充分掌握指北针的使用方法。

6. 求生哨

求生哨不过是一个普通的军用哨子，但在荒郊野外，遇险者如果采取喊“救命”的方式来引起救援人员的注意，不到 15min 就会喊得声嘶力竭，而一个小小的塑料哨子，只要还有一口气，就能吹响它，而且，在探查出路、寻找水源时，事先约定好的哨间长短和不同组合，也是野外近距离联络时最方便和最简捷的通信方法。

7. 求生刀具

首推“丛林之王”一号野外求生专用刀具，它几乎囊括了所有小型用品，全部刀具有 9 大附件，能衍生出数十种野外求生功能。如果有条件，还推荐团队中的队员携带一把猎斧，在野外进行砍柴生火、搭帐篷、制作路标、开挖排水沟等工作时，猎斧往往比求生刀具更加有用。

8. 手表

相对于一般的手表，野外生存用表除精确外，还应防水和具有夜光功能。有的手表除满足上述条件外还具有即时方向测量功能，每隔两小时自动测量气压（260～1100hPa，即 0.26～1.1 大气压），根据气压变化记忆图了解未来气候变化的功能，以及 −10～60℃ 气温测量功能、−700～10 000m 高度测量功能、1/100 秒表功能等多项功能，该表被称为“腕式登山计算机”。

9. 通信工具

现在手机在中国比较普遍，但作为野外探险活动，活动范围多在人烟稀少的地区，手机信号未必覆盖得到，同时频繁的野外通信联络使用手机也不经济。有种小型对讲机，由 3 节 5 号干电池提供电源，也可以使用相同数量的可充电电池，开阔地通信距离为 3～5km，12 频道，LCD 照明，具有体积小、重量轻、通话质量好等特点，是野外远足的首选。

10. 帐篷

在野外，帐篷的主要功能是防风、御寒、避免昆虫及小动物滋扰，保证使用者能够得到良好充分的睡眠，对保持使用者的体力起着至关重要的作用。野外帐篷常见的有“人”字形、圆顶型等多种款式，使用者应按所要前往地区的季节和气候等情况选择适用的类型，并在出发前学会怎样搭建。

11. 睡袋及防潮垫

睡袋通过内里的填充材料不同，来达到不同的保温效果，使用者应根据所要到达地区的气温来选择不同保温效果的睡袋。野外生存用的睡袋至少要达到防潮、保潮透气、质量轻、体积小的基本功能要求。

12. 水壶

有人做过测试，一个普通人，在断粮的情况下大约可以存活 30 天，在同时断水的情况下最多只可以存活 7 天，足见水对于野外生存者的重要性。一个普通人每天至少要消耗掉 2l 的饮用水，这也是野外活动准备食水的基本依据。

13. 望远镜

置身野外，观察野生动/植物，寻找水源，判定行动方向等都少不了望远镜，而野外观察用望远镜倍数一般在 7～12 倍，且最大物镜直径不应小于 35mm，因为小于 7 倍的望远镜观察距离有限，大于 12 倍的望远镜在手持观察时晃动太大。

14. 收音机

在野外，小小的收音机可能是了解身后文明世界相关信息的唯一渠道，新闻和天气都应该是大家所关心的内容。

15. 照相机

无限风光在险峰，随着照相技术的普及，大家都希望把野外探险的过程拍成照片或DV（数字化视频）录像，以便日后同朋友们共享这段美好时光，出行前应确认照相机电力充足，胶卷和录像带有备份。

16. 备用食品

野外活动的食品，应根据个人口味和具体行程制定好食品携带计划，这些食品不仅要能果腹，还要提供野外活动所必需的热量，因在野外随时可能会发生许多意想不到的情况，以防万一，备用食品是必不可少的。

以上就是野外生存活动常用的一些装备，其他还有寸具、急救包等物品，集齐上述常用的装备，除了少一支步枪以外，你的基本装备几乎可以同正规军媲美。但是，这并不意味着你可以在野外为所欲为，请牢记，我们是大自然的孩子，对大自然要时刻存有“敬畏”之心，爱护自然、尊重自然是保证野外生存活动顺利进行的基础。

10.4　拓展运动

拓展运动又名拓展训练(Outward bound)，原意为一艘小船驶离平静的港湾，义无反顾地投向未知的旅程，去迎接一次次挑战。

10.4.1　拓展运动简介

这种训练起源于第二次世界大战期间的英国。当时大西洋商务船队屡遭德国人袭击，使许多人葬身海底。但是人们惊奇地发现能够活下来的并不是身体最强壮、游泳技术最好的人，而是有着顽强的意志和强烈的求生欲望，有着丰富的生活经历和生存技能的人。针对这种情况，汉思等人创办了“阿伯德威海上学校”，利用自然条件和人工设施训练海员的心理素质和生存技巧。当战争结束后，海上训练学校的利用价值大大降低，但是拓展训练以其独特的魅力吸引着越来越多关注的目光，一批有识之士发现了它最有价值的方面，并将管理心理学、组织行为学及发展心理学等相关学科的理论融入其中，以拓展训练的培训模式为载体，研发出一套适应企业的管理规范和团队建设的课程。由于这种训练具有非常新颖的培训形式和良好的培训效果，很快就风靡了整个欧洲的管理教育培训领域，并在其后的半个世纪发展到全世界。图10-24所示为拓展训练之高空项目。

图10-24　拓展训练——高空项目

当今，拓展训练在发达国家已经介入到高校的管理专业课程，成为 MBA 团队管理课程的重要构成部分。1995 年，拓展训练走进中国，1999 年，高等学府清华大学率先将体验式培训引入到 MBA、EMBA 的教学体系中。随着拓展训练的不断发展，先后在各大高校体育教学中纷纷引入拓展课程。

10.4.2 拓展训练之野战

野战游戏强调的是个人荣誉感和团队合作精神，其规则依场地、任务的不同而定，但其他规则基本相同。

(1) 中弹：是指在游戏中被敌军击中身体、头盔、马甲上的激光接收点中的一个部位即视为死亡。

(2) 自动投降：个人于强大火力下被包围或发生枪支故障情形时自动放弃比赛者，视为阵亡。

(3) 阵亡：阵亡者的全部生命值被敌人击毙，生命值为零，己方卫生兵应迅速赶到将阵亡队员救回己方阵地，否则，敌方可实施抓捕俘虏。

(4) 阵亡者撤出：举枪过头顶随己方卫生兵一起，迅速退至己方阵地，不可逗留观战和偷报军情，并在教官、保障兵的协助下迅速将装备拆卸下来交给预备队员。

(5) 不可对已经阵亡的人员射击，阵亡人员在没有己方卫生兵的救护下，应站在原地高喊“我阵亡了”，并不得走动，否则教官可判该阵亡队员出局。

(6) 游戏中白天两人距离 2m，夜间 1m 以内不得开火，若激光枪支出现故障，队员应撤出战斗，回到大本营请教官协助处理，敌方不可实施抓捕俘虏。

(7) 安全规则：在野战过程中，应绝对保证人员及设备的安全，患有高血压、心脏病、哮喘病等严重疾病者不得参加野战游戏，双方不得近身肉搏，做危险攀爬、跳跃，活动范围不得超越野战场地，不准持枪格斗、以枪支撑，严禁手握弹夹、猛烈拉枪栓、扣动扳机，激光枪支的拆卸必须找教官和基地工作人员、严禁自行拆卸，埋伏者埋伏的时间不得超过 15min。安全线是雷区、是高压线，违规者无论任何情况一律罚出场。

(8) 每场战斗时间：将依据游戏类别，设置为 30～50min，到时间必须撤出战斗，视伤亡数量由教官宣布胜负。

(9) 生命值：玩—6～10 条生命，体验级—5 条生命，拓展级—3 条生命，战争级—1 条生命。

(10) 注意事项：队员来到野战基地应严格执行教官和己方各级指挥员的命令，认真学习、深刻理解野战游戏规则、激光枪支使用方法、野战拓展技巧、安全注意事项，傲慢、粗暴、不执行游戏规则者，不得参加野战。

10.4.3 拓展训练的主要内容

拓展训练的课程内容主要由海、陆、空 3 类组成。水上课程内容包括游泳、跳水、扎筏、划艇等；野外课程内容包括远足露营、登山攀岩、野外定向、伞翼滑翔、户外生存技能等；场地课程内容是在专门的训练场地上，利用各种训练设施(如高架绳网等)，开展各种团队组合课程及攀岩、跳越等心理训练活动。

1. 拓展训练的4个环节

(1) 团队热身：在培训开始时，团队热身活动将有助于加深学员之间的相互了解，消除紧张，建立团队，以便轻松愉悦地投入到各项培训活动中去。

(2) 个人项目：本着心理挑战最大、体能冒险最小的原则设计，每项活动对受训者的心理承受力都是一次极大的考验。

(3) 团队项目：团队项目以改善受训者的合作意识和受训集体的团队精神为目标，通过复杂而艰巨的活动项目，促进学员之间的相互信任、理解、默契和配合。

(4) 回顾总结：回顾将帮助学员消化、整理、提升训练中的体验，以便达到活动的具体目的。总结，使学员能将培训的收获迁移到工作中去，以实现整体培训目标。

2. 拓展训练(体验式学习模式)5步循环

体验式学习是北京摩尔拓展公司吉林分公司用于激发个人潜能、提高企业生产力的新型学习方式。这种学习方法的前提是：体验先于学识，同时，学识与意义来自参加者的体验。每个参加者的体验都是独特的，因为这个学习过程运用的是归纳法而不是演绎法，是由参加者自己去发现、归纳体验过程中提供的知识。

1) 第1步：体验

此乃过程的开端。参加者投入一项活动，并以观察、表达和行动的形式进行。这种初始的体验是整个过程的基础。

2) 第2步：分享

有了体验以后，重要的就是，参加者要与其他体验过或观察过相同活动的人分享他们的感受或观察结果。

3) 第3步：交流

分享个人的感受只是第1步。循环的关键部分则是把这些分享的东西结合起来，与其他人参加探讨、交流以及反映自己的内在生活模式。

4) 第4步：整合

按逻辑的程序，下一步是要从经历中总结出原则并归纳提取出精华，再用某种方式去整合，以帮助参加者进一步定义和认清体验中得出的结果。

5) 第5步：应用

最后一步是策划如何将这些体验应用在工作及生活中。而应用本身也是一种体验，有了新的体验，循环又开始了。因此，参加者可以不断进步。

3. 拓展训练项目

(1) 空中拓展训练项目：空中单杠、空中断桥、天梯、泸定桥、天使之手、空中相依、高空绳网、软梯、合力制胜、绝壁逢生、高空天平、高空独木、缅甸桥、极限攀岩等。

(2) 场地拓展训练项目：毕业墙、信任背摔、模拟电网、有轨电车、移花接木、罐头鞋、梅花桩、孤岛求生、盲目障碍、礼让通行、齐心协力、雷阵等。

(3) 水上拓展训练项目：抢滩登陆、情侣桥、搭板过河、板桥、缅甸桥、水上独木桥、水上漂、滚筒桥、秋千桥、云梯桥、栈道桥、索道桥等。

4. 拓展训练项目案例分析

1) 空中拓展训练项目

(1) 项目名称：空中单杠(见图10-25)。

① 设施要求：组合训练架或专项训练架；空单主绳两根(直径10.5mm动力绳)；带丝

扣铁锁 8 把(其中两把为自锁铁锁)；上保护点绳套两套(60cm)，副保护绳套(100～120cm)一个；8 字环两个；安全带 6 条(全身两套、半身两套)；安全头盔两顶(CAMP，无外沿)；手套 6 双以上。

② 项目简介：从独立杆爬上顶端，站在小圆盘上，纵身向前跃起，双手抓住上前方的三角杠。

③ 目的意义：培养个人勇气、信念；跨越心理障碍；挖掘个人潜能；摆正自己的位置；培养敬业奉献；正确对待不同意见和挫折；当机立断，抓住机遇；学会忍耐；体验友爱支持。

(2) 项目名称：空中断桥(见图 10-26)。

图 10-25　空中单杠

图 10-26　空中断桥

① 设施要求：组合训练架或专项训练架，高 7～12m；10.5mm 主绳 3 条(两条用于桥上保护，一条用于攀爬保护)；钢锁 4 把；铁锁 5 把(一把备用)；上升器两把(根据场地)；安全带 3 条(1 条半身开放式，两条半身自锁式)；安全帽 3 顶；备份绳套 1 条(应急情况下使用)；雨天大毛巾 1 条。

② 项目简介：队员从断桥一侧立杆蹬上断桥小平台，迈步跨到对面木板上。

③ 目的意义：学会群体决策，角色定位，以及面对困境寻求解决问题的科学方法；人力资源的合理利用，一步一个脚印扎实工作；双人条件下的沟通交流。

(3) 项目名称：天梯(见图 10-27)。

① 设施要求：组合训练架或专项训练架、原木、钢绳、安全帽。

② 项目简介：参训的两名队员在进行安全保护的情况下相互配合，从天梯底端一直上到最高处。

③ 目的意义：克服高空的恐惧，挑战体能的极限；体会相互支持和互相鼓励的重要性；培养协作意识，共同努力达到目标。

(4) 项目名称：天使之手(见图 10-28)。

① 设施要求：组合训练架或专项训练架、钢丝、安全帽、安全带、上升器。

② 项目简介：单人或双人合作项目，通过位于 9m 高空中的钢丝，沿途中只有两个可以攀扶的“天使之手”。

图 10-27 天梯

图 10-28 天使之手

③ 目的意义：心理极限的挑战，学习工作的方法与技巧；不同条件下的沟通；决策、角色分工与协作。

2）场地拓展训练项目

（1）项目名称：毕业墙(见图 10-29)。

① 设施要求：4m 高的光滑墙。

② 项目简介：所有队员相互帮助，不借助任何工具(包括衣服、绳子、皮带等)，在规定时间内全部攀越 4m 高的墙顶。可用资源是每个人的身体。

③ 目的意义：提高学员的互助和协作能力，合理安排人力资源，群策群力寻找解决问题的科学方法；为团队自觉奉献，个人在团队中的角色定位，学会吃苦耐劳；处理局部与大局的关系，正确面对人生和工作中遇到的困境和坎坷，向共同的目标冲刺。

（2）项目名称：模拟电网(见图 10-30)。

图 10-29 毕业墙

图 10-30 模拟电网

① 设施要求：6m 长、4m 宽的平坦地带，场地中央埋设两根两米高的立柱，或选择两棵主干高两米以上的树；在立柱或树干上挂一张 4m 宽、1.6m 高的绳网（“四框麻绳”框内以细绳拉出约 20 个高低、大小、形状各不相同的“洞”，最小的应可通过比较瘦的学员)。电网的下面高度距离地面控制在 20cm 左右，也可根据需要调整。

② 项目简介：在大家的配合下，所有人员在规定时间内，从网的一边通过到网的另一边。在完成过程中，人的所有部位不得碰触网，且一个网眼只能使用一次。

③ 目的意义：培养学员合理计划、有效组织、统一行动的意识和严谨细致的工作作风；增强学员对资源的配置能力，找准适合自己的位置，最大化地利用资源，完成团队的目标；通过身体接触，打破人与人之间的隔膜，增进学员之间的情感交流，认识合理分工的重要性。

(3) 项目名称：信任背摔(见图 10-31)

① 设施要求：背摔台，台高 1.3m，最好有扶手；绑手带(长 1m，宽 0.2m，棉布)；台前不小于 2×5m 的较软地面，或同样大小的薄软垫一块。

② 项目简介：队员依次站到 1.4m 的小平台上，背向后倒在下面队员用胳膊交叉的网上。

③ 目的意义：挑战自我；相互信任；换位思考；学会包容。

(4) 项目名称：有轨电车(见图 10-32)。

图 10-31　信任背摔

图 10-32　有轨电车

① 设施要求：两根长 3.6m、宽 0.15m 的木板，两根与木板连接的绳子。

② 项目简介：两块木板就是一双鞋子，全组队员双脚分别站在两块木板上，双手抓住系于木板上的绳子，向指定的方向行进。

③ 目的意义：步调一致，培养团队精神及协调配合的理念。

(5) 项目名称：罐头鞋(见图 10-33)。

① 设施要求：地面要平整，面积 20m×3m 的活动空间；3 只大汽油桶，分别涂成红、黄、绿 3 种颜色；长 3.5m、宽 0.28～0.3m、厚 0.3m 木板两块，每块木板 1/3 部分分别涂成红、黄、绿 3 种颜色；目标设置牌一块；手套每人一双。

② 项目简介：在规定时间内全体队员利用两块板和 3 个桶，越过指定地点(可虚拟沼泽地场景)，安全返回地面。

③ 目的意义：培养学员相互沟通的意识，提高克服沟通障碍的能力；培养学员在解决问题时合理分配人力资源、分工协作的能力。

3) 水上拓展训练项目

(1) 项目名称：抢滩登陆(见图 10-34)。

① 设施要求：油桶若干、竹竿若干、绳子、救生衣、水塘。

② 项目简介：团队队员利用有限的资源(油桶，竹竿，绳子)以最快的速度造出一艘船，搭载本队队员在规定的时间内划过规定水域夺得对岸的目标。

图 10-33 罐头鞋

图 10-34 抢滩登陆

③ 目的意义：培养领导与分工协作的能力，掌握资源的合理利用与分配；目标的设定，在明确目标后一个团队要通过彼此共同的努力才能达到成功的彼岸；培养一个团体的竞争能力，培养全体成员齐心协力共同战胜困难的决心与信心。

(2) 项目名称：搭板过河(见图 10-35)。

① 设施要求：木板、呢绒绳。

② 目标：团队利用两块木板及河面垂下的绳索过河。

③ 项目简介：小组成员利用两块木板，不断变换身体姿势，保持自身重心稳定，交替前行，迅速过河。每次限过 3～5 人。

④ 目的意义：要求团队成员在项目进程中要合理规划、齐心协力；有利于提高团队的合作效率。

(3) 项目名称：水上独木桥(见图 10-36)。

图 10-35 搭板过河

图 10-36 水上独木桥

① 设施要求：木条、绳子。

② 项目简介：队员依次攀上圆木，从圆木一端走到圆木另一端。

③ 目的意义：增强自我控制与决断能力，以适应不断变化的外部环境；确定目标，积极实现，而不是消极退却；重新审视个人能力，不轻言失败，培养积极进取的心态；增强面对挑战与危机时的平常心态。

(4) 项目名称：水上漂(见图 10-37)。

① 设施要求：浮漂、绳子。

② 项目简介：这是一座用浮漂制成的桥，也是一座不平衡的桥，队员从浮桥的一端走

到浮桥的另一端，可以快走或慢走，也可以爬过去。

③ 目的意义：合理地分配和利用时间，集中精力抓主要矛盾，提纲挈领；培养创新与风险意识，运用合理的判断，及时地进行决策；面对不同层面人员的任务；培养学习与工作的主动性，发扬主人翁精神。

图 10-37　水上漂

10.4.4　拓展训练的特点

(1) 综合活动性：拓展训练的所有项目都以体能活动为引导，引发认知活动、情感活动、意志活动和交往活动，有明确的操作过程，要求学员全身心投入。

(2) 挑战极限：拓展训练的项目都具有一定的难度，特别是高空拓展训练项目，主要表现在心理考验上，需要学员向自己的能力极限挑战，跨越"极限"。

(3) 集体中的个性：拓展训练实行分组活动，强调集体合作。力图使每一名学员竭尽全力为集体争取荣誉，同时从集体中吸取巨大的力量和信心，在集体中显示个性。

(4) 高峰体验：在克服困难顺利完成课程要求以后，学员能够体会到发自内心的胜利感和自豪感，获得人生难得的高峰体验。

(5) 自我教育：教练只是在课前把课程的内容、目的、要求及必要的安全注意事项向学员讲清楚，活动中一般不进行讲述，也不参与讨论，充分尊重学员的主体地位和主观能动性。即使在课后的总结中，教练也只是点到为止，主要让学员自己来讲，达到了自我教育的目的。

(6) 通过拓展训练，参训者在如下方面有显著的提高：学习欣赏、关注和爱护大自然；克服心理惰性，磨炼战胜困难的毅力；认识自身潜能，增强自信心，改善自身形象；启发想象力与创造力，提高解决问题的能力；认识群体的作用，增进对集体的参与意识与责任心；改善人际关系，学会关心，更为融洽地与群体合作。

10.5　登　山

登山运动是指在特定要求下，运动员徒手或使用专门装备，从低海拔地形向高海拔山峰进行攀登的一项体育活动。

10.5.1　登山运动简介

1. 世界登山运动简介

登山运动是体育运动的一类，运动员徒手或使用专门装备攀登各种不同地形的山峰或山岭，可分为金字塔形兵站式登山、阿尔卑斯式登山和技术登山等数种。登山运动始于 18

世纪 80 年代。1786 年 8 月 8 日，法国医生巴卡罗与石匠巴尔玛结伴第一次登山上阿尔卑斯山的最高峰——勃朗峰(海拔 4807m)，次年，由青年科学家德·索修尔率领的 19 人登山队再度登上勃朗峰，世界登山运动从此诞生。因此该项运动首先从阿尔卑斯山区开始，故也称为“阿尔卑斯运动”。1786—1865 年，阿尔卑斯山脉海拔 3000～4000m 的高峰，相继被登山运动员登上(见图 10-38)，国际登山史上称此时期为“阿尔卑斯的黄金时代”。19 世纪 80 年代以后，使用各种攀登工具和技术的登山日渐推广，其活动地区也从阿尔卑斯低山区转向喜马拉雅高山区。1950—1964 年，世界 14 座 8000m 以上的高峰，包括世界最高峰——珠穆朗玛峰在内，相继为中、英、美、意、日等十多个国家的登山运动员所征服，国际登山史上称此时期为“喜马拉雅的黄金时代”。1964 年后许多登山“禁区”被突破，开始进入从来无人使用过的难险路线攀登 7000～8000m 高峰的新时期。1978 年，在喜马拉雅高山区出现了不用氧气登上高峰的阿尔卑斯式登山。

2. 中国登山运动简介

1) 古代登山活动

我国是一个多山的国家，登山历史悠久，早在汉朝就有了登山探险的记载。在司马迁所著的《史记》中曾经详细记述了通过天山、昆仑山、雪山、葱岭山区“葱岭通道”的经过：汉武帝曾派遣出使西域的使者张骞打通了这条贯穿东西的山区，这是我国有文字记载的最早的登山探险活动。自西汉时期我国就有了九月九日重阳节登高的习俗，这一习俗直到今天还广为流传；唐代高僧玄奘为了深入研究佛学、解答佛经中的疑难问题，前往阿富汗、巴基斯坦和印度，途经中外川险不计其数，途中还成功地登上了海拔 6000 多米的葱岭北隅陵山，17 年后他带着 1300 多卷佛经又翻山越岭返回长安(见图 10-39)，玄奘不仅在佛学的造诣方面深受中国人民崇敬，而且在地理、历史、登山等学科方面的重大贡献和卓越成就受到世人的瞩目。唐代是我国古代政治、经济、文化艺术各方面都十分繁荣的时代，这时的登山活动也比较活跃和盛行，人们经常攀登“五岳”，即东岳泰山、南岳衡山、西岳华山、北岳恒山和中岳嵩山，此外我国著名的四大佛教名山峨眉山、普陀山、九华山、五台山以及其他雄伟秀丽的山峰也是人们攀登的目标。

图 10-38　登山爱好者在登阿尔卑斯山

图 10-39　徐霞客游历中

到了明朝，我国著名的旅行家、地理学家徐霞客从20岁就开始长达30年的登山旅行生涯(见图10-39)，游历名山大川写了详尽的名山游记《徐霞客游记》，为后人留下了可贵的古代登山活动史料及高山科学考察资料。

2）现代登山运动

中国此项运动始于20世纪50年代。1955年出现了第一批登山运动员，1956年建立了第一支登山队。1960年和1975年先后两次从东北山嵴登上珠穆朗玛峰，并于1975年将一个特制金属测绘觇标竖立在珠峰顶上，准确测出该峰的高度为8848.13m，是国际登山史上首次对世界最高峰高程的确切测量。1964年登上最后一座从未有过人迹的8000m以上的希夏邦马峰。在多次登山活动中，登山运动员与科学工作者密切配合，进行了各种高山考察活动。

10.5.2 登山运动基本技术

登山技术是指登山运动中为克服地形上遇到的各种困难而采取的科学的操作方法。在登山时会遇到各种困难的地形，它是运动员行动的威胁和障碍。登山过程，也就是运动员不断排除这种威胁和障碍的过程。在同一个客观困难面前，是战胜它去夺取胜利，还是坠入险境酿成事故，一般与登山运动员的技术状况、集体配合有很大关系。因而登山技术对于实现登山各种战术要求具有重要意义。

登山技术分为结绳、保护、下降、渡河搭桥等技术。

1. 结绳技术

绳结可以帮助发挥绳子的许多特殊的用途，例如将攀登者连接到绳子上、连接山壁为固定点、连接两条绳子以供长距离垂降使用、利用绳环攀登而上，以及其他的功能。攀岩者要学会使用十余种基本的绳结与套结，要经常练习这些绳结，直到可以不假思索地打妥。有些绳结较受欢迎的原因是它们对整条绳子的强度影响较小，而有时选择某些绳结是因为比较容易打，或者是使用时不易松开。有一些方法和技巧适用于所有的绳结，不常使用的绳端称为静止端，另外一段则称为活动端。将绳子反折180°形成的小圈称为绳耳。套结是指必须绕在一个物体上才能发挥功能的绳结。双绳结是由两条绳子或是同一条绳子的两个绳段所结成。无论打得是哪种绳结，都需打得熟练准确，让不同绳段保持平整、不扭曲。绳结应打紧，最后在活动端打个单结固定好。作为登山运动员应养成经常检查绳结的习惯，特别是在开始上攀或垂直降时。

1）结绳类型及用途

结绳依其用途不同可分为固定和操作用的绳结、接绳用的绳结、保护用的绳结3种类型。

(1) 固定和操作用的绳结：即将绳索一端直接固定于自然物体上，固定时多采用下列绳结。

① 织布结(布林结)：通常用于绳索一端与自然物体的固定，如上方固定保护时将绳拴在自然物体上，有时在没有安全带的情况下，可将此结打于胸部做胸绳用，如图10-40所示。

② 牵引结：为了拉紧绳子，将一端在树干上缠绕固定，利用绳子和树干的缠绕摩擦即可将绳拉得很紧、很结实，一般在渡河搭桥时用。

③ 通过结：用于和铁锁的连接或挂于铁锁中做固定用。此结有通过结和8字通过结两

种类型，如图 10-41 所示。

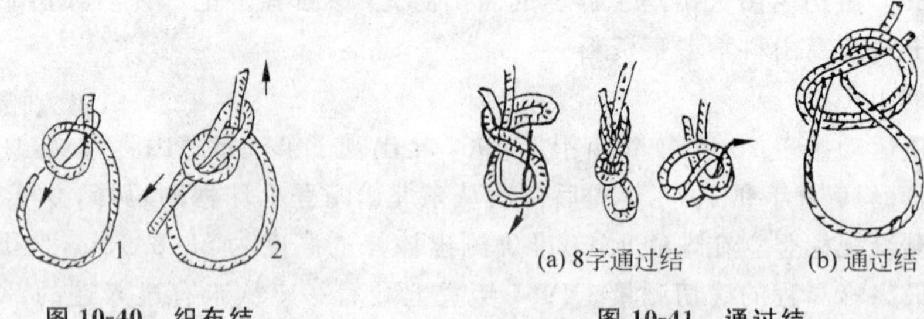

图 10-40　织布结　　图 10-41　通过结

(2) 接绳用的绳结：将短绳接成长绳使用的绳结。

① 平结：用于直径相同绳索之间的连接，如图 10-42 所示。

② 交织结：用于直径相同绳索之间的连接，如图 10-43 所示。可分为单交织结和双交织结两种。

③ 混合结：用于两根不同直径绳索之间的连接，如图 10-44 所示。

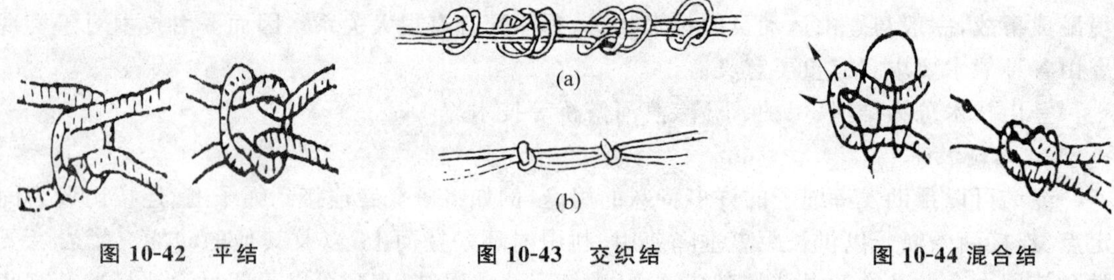

图 10-42　平结　　图 10-43　交织结　　图 10-44 混合结

(3) 保护用的绳结：保护用的绳结是使绳索之间或绳索与铁锁之间能够产生摩擦和滑动的连接方法。

① 单环结：用于沿主绳下降时的速度控制(见图 10-45)。将绳索在铁锁上缠绕，增加摩擦力而控制下降时的速度。常用于岩壁上坐式下降时用。

② 抓结：用于行进中的自我保护。利用细绳在粗绳上的缠绕，使之摩擦阻力加大，从而起到暂时固定和自我保护的作用(见图 10-46)。抓结有单抓结(即利用单根绳打结)和双抓结(即套绳打结)两种方法。

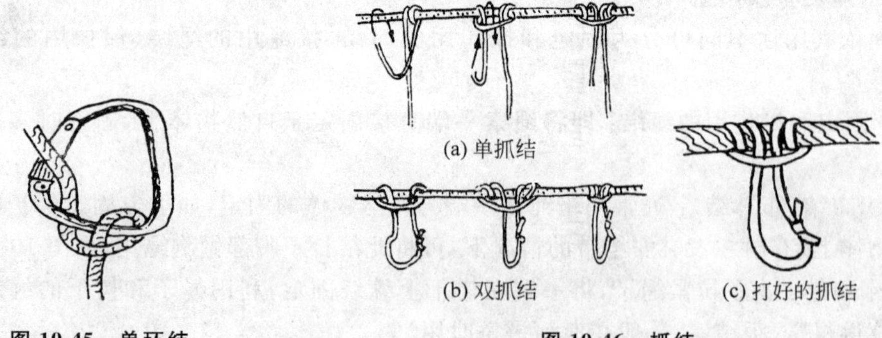

图 10-45　单环结　　图 10-46　抓结

2）结绳注意事项

（1）在用结绳组合各种技术装置时，对绳索的装、收要有条理，不要乱拉乱放而造成交织缠绕，从而影响技术操作。

（2）在行进或攀登路线上装置绳索，要避开岩缝和尖石等障碍物，排除自然物对绳索拉力的干扰。

（3）行进或休息时，切忌踩踏绳索，特别是脚下绑有冰爪时更要注意，否则有可能对绳索造成损伤而酿成各种事故。

（4）结好绳后，一定要检查是否正确，否则要重新结好，千万不能马虎。

2. 保护技术

为了防止在登山过程中因动作失误而引起的意外险情所进行的各种操作，称为保护技术。

1）保护技术和分类

保护技术分为固定保护、行进中保护和自我保护3种。

（1）固定保护。

固定保护是对行进者或攀登者预设的专门保护。保护者将主绳进行某种固定，选择有利位置专门负责保护。在攀登岩石峭壁、冰峭壁等技术操作复杂、危险性大的路段多被采用。固定保护又可分为交替、上方和下方3种保护方式。

① 交替固定保护：登山过程中，结组通过较陡峭危险的地段（如冰坡）时，多采用这种保护。保护方法是，结组内只能有一个人行进，其他人停止行进，将冰雪锥或冰镐打入坡面，作为牢固支点，并将主绳在其上面按特定的要求缠绕。做好保护后，可根据行进者的速度做收、放绳动作。行进的队员在走完主绳间隔的一段距离后，停下来改做保护者（做法同上）。第二人开始行进，依次反复进行，逐级攀登。

② 上方固定保护：因固定保护者处于被保护者上方而得名，多用于攀登岩石峭壁的保护。保护者在峭壁顶部利用钢锥或自然物将主绳一端牢牢固定，然后将自己的身体牢结于主绳的相应位置，做成自我保护装置，防止攀登者失误摔落时被牵动。最后将主绳另一端抛给峭壁底部的攀登者。攀登者将绳端牢固结于自己身上，通知上方后，便可以行动。保护者随攀登者的行进，要不断做收绳动作。

③ 下方固定保护：第一人攀登峭壁时，因上方无人，只能采用下方固定保护，即保护者的位置在攀登者的下方。其保护装置也是将主绳一端在保护者附近固定，另一端交攀登者系牢在身上。攀登者在行动过程中，要不断把主绳挂到自己打入峭壁的新支点上。保护者要随着攀登者的上升，不断做放绳动作。在攀登者失误脱落时，因牵动保护者的拉力来自上方，对保护者构不成威胁，故一般情况下，下方可不设自我保护装置。

（2）行进中保护。

行进中保护指行进中不需要预设专人保护，只是在出现险情后依靠保护装置而采取的一种应急保护技术。最普遍而简便的方法是用主绳将2～5名运动员的身体连接而构成一个结组。在结组行进中，一旦有人失误滚坠，同组其他人都要立刻以最方便的姿势和最快的动作，将冰镐全力插入冰雪、碎石或裂缝中，以期通过固定自己的身体而拉住滚坠者。

（3）自我保护。

不管是行进中保护还是固定保护，攀登者一旦失误，都不能消极地依赖别人的保护，而要尽量做出各种自救动作，这叫自我保护。特别是在行进中，失误滑坠，就要在高呼“保护”的同时，迅速使身体成俯卧姿势，并用全力使冰镐尖与坡面摩擦，以减低下滑速度。

2）保护中应注意的事项

（1）保护前对所使用的工具装备要认真进行检查。

（2）保护地点要尽量安全可靠，要有利于保护者操作，禁止在雪崩、冰崩、滚石区做保护。

（3）保护者首先要做好自我保护装置，戴上手套和安全帽。

（4）在攀登岩石峭壁的保护中，一定要随时观察绳索是否有磨损，若有，一定要妥善处理。在被保护者没有到达安全地点前，保护者一定要集中注意力，以高度负责的态度克服一切困难完成保护任务。

（5）在攀登岩石作业中，要保持安静，听从指挥，杜绝一切事故的发生。

3. 下降技术

下降技术是登山运动的基本技术之一，在此只介绍几种陡坡和峭壁下降的技术。

1）器械下降

器械下降是最常用的一种方法，原理是利用主绳和连接于身体上的一定器械之间的摩擦，减缓控制下滑速度达到下降目的。

（1）下降器下降：将主绳一端在峭壁顶部固定，另一端抛至下方。下降者在腰部系好安全带，腹前挂好铁锁，然后将主绳按8字缠绕于下降器上，再将下降器的铁锁连接，左手握主绳上端，右手则在胯后紧握从下降器穿绕出来的主绳。面向岩壁，两腿分开约成80°角，蹬住崖棱，身体后坐，使躯干与下肢约成100°角，将左手上方主绳搭于崖棱上之后，可开始下降。

动作要领：下降时两腿上下分开向下逐渐移步，身体向右手方向倾斜，随身体重量的下沉，右手逐渐放（松）绳，两脚也随之向下移步，身体便不断下降。为了消除初学者的恐惧心理，可增加抓结装置，一旦操作紧张将下端的右手松开时，抓结即可起到保护作用。

（2）单环结下降：这种下降方法是在没有下降器的情况下，以铁锁和单环结的连接代替下降器下降，如图10-47所示。

准备动作和下降方法同下降器下降法，必须注意的是，单环结要打得正确，铁锁一定要拧紧螺扣。

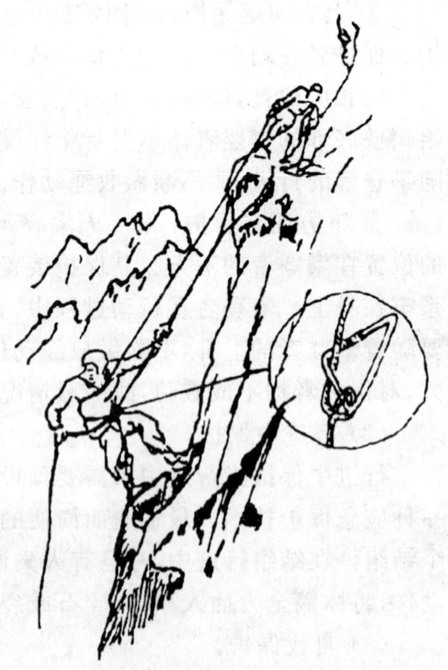
图10-47 单环结下降

2）坐绳下降

坐绳下降是利用绳索与下降者的身体相缠绕而产生摩擦，控制下降速度。它是下降的一种简单易行、不需要很多装备器材就可实现下降目的的一种方法。

准备动作：面向固定绳端，两腿夹住上方固定好的主绳，将身后主绳沿右（左）大腿根部从外侧绕至前面，经腹、胸、左（右）肩至背后，用右（左）手在胯后将其握住。采用这种方法下降，应身着较厚的耐磨衣服，并要掌握好动作要领，维持好身体平衡，经过大腿根部的主绳不能移位或脱离，下降速度不宜过快，否则很容易擦伤身体。

3）缘绳下降

坡度在 75°以下时，可采用此法。这种方法不需要过多的装备，只要有主绳即可。

准备动作：在主绳上打好抓结，双手握主绳，两腿分开退至崖棱，拉紧主绳，开始下降。

下降方法：双手沿主绳依次向下倒手，并在倒手的同时将抓结捋下，两脚交替下移，用前脚掌蹬住岩壁，上体和下肢约成 150°角。一旦失手，抓结可起保护作用，也可利用双主绳，一绳保护，另一绳下降。

4. 渡河搭桥技术

在野外进行地质考察或在登山探险途中经常会遇到山涧河流，这就必须熟练地掌握渡过山涧河流的技术和方法。在此介绍最主要的渡河搭桥技术。

1）涉水渡河

对水位较浅、流速不大的河流可采用涉水过河的办法，但应注意，山涧河流的水温低、水流急，而且河底布满石块，涉水通过时不宜脱掉鞋袜，渡河地点要选在河面较窄且河水较浅的地段。

2）绳索渡河

即利用连接两岸的空中绳索渡河，根据绳索装置方法的不同可分以下 3 种。

(1) 牵引渡河：牵引渡河是借助固定于两岸的单根主绳横渡河流，适用于河面较宽、河水较深的河流。选会游泳的运动员，携带着主绳的一端先渡河，并把主绳固定于对岸的树木、岩石等物上。待两岸绳端拉紧固定后，渡河者可用滑轮牵引或缘绳的办法渡河。

(2) 抛地锚渡河：在对岸条件允许、河面不太宽的情况下，将主绳一端绑一铁锚（或用冰爪代替），抛向对岸，并使其在岩石缝等处卡牢。其他操作与牵引渡河方法相同。

(3) 搭吊桥渡河：先用绳索装置成简易吊桥，再步行通过。此方法适用于河面较宽、河水较深，且有较多人员和物资重复通过河流时。此法是将 3 根主绳固定于两岸，其中，两根主绳平行固定在上面，一根固定在两根主绳的下面，各间隔 1m，拉成底朝上的等边三角形，然后用辅助绳从两侧找一定间隔将 3 条主绳交织连接，使其同时受力。这样下面的 1 根主绳便成了步行的“桥板”，上面的两根绳索做“桥栏”。通过时应依次单人行进，并设保护装置。

3）架独木桥渡河

渡河面不宽、但水深流急的河流时，可选用较粗的木棍或树干等做桥面渡河。先将选好的长度适中的木棍细端用主绳的中间部位打双套结，另一端固定在岸边，然后将木棍竖起，拉紧主绳两端，再向对岸缓缓地放下，搭于对岸的岸边上。选一队员先利用还未固定好的主绳做扶手，稳步渡过去之后，将系独木桥的主绳解脱，固定于对岸的岩石或树木上拉紧，这样后面的人就可以安全渡过。

4）其他渡河方法

其他渡河方法主要有骑马（或牦牛）渡河或利用皮筏和橡皮船渡河等。

10.5.3 登山运动基本规则

1. 登山比赛的定义

登山比赛是指在自然山地中进行的起点至终点为由低到高的（允许赛道中有不超过总

赛道长度15%的下坡赛道)仅利用下肢纵向攀登的速度耐力竞赛,在最短的时间完成竞赛路线为优胜者。

2. 参赛资格及权利与义务

1) 参赛资格

(1) 参赛以个人或团队形式报名,不设团队赛,但根据各团队个人积分设团体奖项(详参照本规则第3条),如参与团队奖项角逐,则必须以团队形式报名。

(2) 选手参赛年龄为15~60周岁,持有效证件。

(3) 应有长距离耐力项目练习、比赛经验,确保身体情况良好,有较好的体能,适合登山比赛。参赛需具有县级以上医院的体检合格证明。

(4) 超长距离比赛需要依据赛事规定出具相关证明。

(5) 被中国登山协会禁赛或停赛的运动员,不能参加。

2) 运动员的权利与义务

(1) 熟悉并遵守登山比赛规则、规程及有关规定。

(2) 尊重裁判员、服从裁判,积极支持和协助赛会工作。

(3) 在比赛中有权向裁判员询问问题。

(4) 有权对比赛、裁判工作提出建议和意见。

3. 计时与成绩

1) 总则

每个组别比赛的名次将以每名队员完成该赛段的时间快慢决定,赛事的计时器会在每天比赛的发令枪响起之后开始计时,并会在队员通过比赛终点线时停止计时。赛会可能会因人数、场地等情况决定运动员分批出发的间隔时间和人数。

竞赛成绩分为各年龄组男子个人赛成绩、各年龄组女子个人赛成绩和团体成绩。男子个人赛和女子个人赛分别按先后顺序取得各自的排名,并且按名次顺序取得相应积分。团体成绩则采用参加单位或团体中3男和2女的最好积分相加为团体总积分,得出团体排名。

2) 完赛和退出

(1) 完赛是指参赛运动员在关门时间内按要求完成全程赛段的比赛。完赛的运动员都有正式的排名。

(2) 如有队员要退出赛事,该队员必须马上在最近的检查站/补给站通知赛道工作人员,并原地待命等待组委会送返。任何运动员未能及时和清楚地通知赛道工作人员而退出赛事,将由自己承担所有相关责任(旅途、疾病、处罚等)。

3) 成绩

(1) 终点计时,以运动员身体任何部位越过终点线后为结束时间,计时精确到0.01s。如用电子计时器,则以成绩单上显示的时间为准。

(2) 依据运动员完成全赛程的时间先后排列名次。如有一名以上运动员取得相同成绩,则他们的名次并列,空出下一名次,在成绩单上排在同一位置,但姓名的前后顺序按出发表的顺序排列。

(3) 如果运动员漏过检查点,则运动员的成绩无效。如果不是由于运动员本人的过错造成遗漏检查点(如检查点打卡器损坏或电子计时器不工作等原因)并经裁判员证明运动员确已通过检查点,经裁判长认可,成绩仍有效。

10.6　自　行　车

10.6.1　自行车运动简介

1. 国外自行车及自行车运动简介

自行车又称脚踏车或者是单车，通常是两轮的小型路上车辆，人骑上以后以脚踏板为动力，是绿色环保的交通工具。自行车既是经济、实用的交通工具，也是人们喜爱的运动器械。从 1791 年到 1888 年，自行车的发明和改进经历了近 100 年，这些发明者的不懈努力奋斗基本奠定了现代自行车的雏形。时至今日，自行车已成为全世界人们使用最多、最简单、最实用的交通工具，人们应该永远记住这些自行车的发明者们。1790 年，有个法国人名叫西夫拉克，他特别爱动脑筋和善于观察。一天，他行走在巴黎的一条街道上，因为前一天下过雨，路上积了很多雨水，很不好走。突然，一辆四轮马车从身后滚滚而来，那条街比较狭窄，马车又很宽，西夫拉克躲来躲去没有被车撞倒，但还是被溅了一身泥巴和雨水。别人看见了，替他难过，还气得直骂，想喊那辆马车停下，讲理交涉。西夫拉克却喃喃地说："别喊了，别喊了，让他们去吧。"马车走远了，他还呆呆地站在路边。他在想：路这么窄，行人又那么多，为什么不可以把马车的构造改一改呢？应当把马车顺着切掉一半，将 4 个车轮变成前后两个车轮……他这样一想，回家就动手进行设计。经过反复试验，1791 年第一架代步的"木马轮"小车造出来了。这辆最早的自行车是木制的，它的结构比较简单，既没有驱动装置，也没有转向装置，骑车人靠双脚用力蹬地前行，改变方向时只能下车搬动车子。即使这样，当西夫拉克骑着这辆自行车到公园时，在场的人都颇为惊异和赞叹。1861 年，法国的米肖父子，原本职业是马车修理匠，他们在车子前轮上安装了能转动的脚蹬板；车子的鞍座架在前轮上面，这样除非骑车的技术特别高超，否则抓不稳车把，会从车子上掉下来。他们把这辆两轮车冠以"自行车"的雅名，并于 1867 年在巴黎博览会上展出，让世人都大开眼界。1869 年，英国的雷诺看了法国的自行车之后，觉得车子太笨重了，开始琢磨如何把自行车做得轻巧一些。他利用钢丝辐条来拉紧车圈作为车轮，同时，利用细钢棒来制成车架，车子的前轮较大，后轮较小，从而使自行车自身的重量减少一些。从西夫拉克开始，一直到雷诺，他们制作的多种形式的自行车都与现代自行车的差别较大。真正具有现代形式的自行车是在 1874 年诞生的。英国人罗松在这一年里，别出心裁地在自行车上装上了链条和链轮，用后轮的转动来推动车子前进。但仍然是前轮大，后轮小，看起来不够协调，不稳定。1886 年，英国的约翰·斯塔利(是一位机械工程师)，从机械学、运动学的角度设计出了新的自行车样式，为自行车装上了前叉和车闸，前后轮的大小相同，以保持平衡，并用钢管制成了菱形车架，还首次使用了橡胶的车轮。斯塔利不仅改进了自行车的结构，还改制了许多生产自行车部件用的机床，为自行车的大量生产和推广应用开辟了广阔的前景，因此他被后人称为"自行车之父"。斯塔利所设计的自行车车形与今天自行车的样子基本一致。

随着自行车的诞生兴起了自行车运动。1868 年在法国举行了世界上首次自行车比赛，赛程为 2km。1893 年第一届世界业余自行车锦标赛创办，1895 年第一届世界职业自行车锦标赛创办，1896 年自行车比赛被列为奥运会重要比赛项目。至今各类自行车比赛多达几百个，其中尤以行程3500km的环法自行车大赛最为著名。环法自行车赛是公路自行车运动中规模最大、影响最广的国际自行车大赛。每年7月举行，每次赛期23天，总数21段，平均赛程超过3500km。整个赛程每年不一，但都是环绕法国一周，经常也出入周边的国家，近几十年来，终点总设在巴黎的香榭丽舍大道。比赛全程分成许多段，从一个城镇到下一个，每一段分别计时排名。所有段成绩累计起来决定每一位赛手的总成绩，冠军为各段时间累计最少者。比赛中，截至上一赛段总时间最短的车手，将穿着著名的黄色领骑衫。环法自行车赛、环意自行车赛和环西自行车赛，是3个最主要的分段公路自行车赛。其余两个赛事虽然在欧洲很著名，但只有环法自行车赛是真正世界级的体育大赛，名声甚至超过公路自行车世界锦标赛，奖金共设1亿法郎，其中个人总成绩冠军获得奖金最多，可获得15万法郎。和其他自行车大赛一样，选手们组织参赛，每一队由9名选手组成，共有20～22个小队。传统上，只有一流的专业赛车队才能收到参赛邀请。近年来，大赛组织者采用国际自行车总会的计分系统来决定参赛队伍，另留下2～4个名额予大牌或落选的法国车队。每个车队由其最大赞助商命名，穿着其队服。比赛时，队友们互相帮助，还有一辆车队的汽车带着配件等备急。值得一提的是，1999年兰斯·阿姆斯特朗(Lance Armstrong)的胜利，使这一著名赛事又焕发出新的光芒。阿姆斯特朗在2000年至2005年6年的时间里连续夺得环法自行车赛总冠军。

2. 中国自行车及自行车运动简介

自行车诞生于欧洲，但20世纪却在亚洲的中国获得了前所未有的普及和发展。现在中国的自行车产量、消费量、出口量均居世界第一。中国老百姓拥有5亿多辆自行车，年出口达到2000万辆。从某种意义上说，中国是一个自行车王国。每天清晨和落日时分，滚滚车流在中国的城市中移动，这是最为壮观的一道风景，也一条中国流动的长城。现在，过去自行车单一的实用功能衍变出娱乐功能，人们不再仅仅是骑车而是玩车。自行车运动于20世纪初传入中国。1915年，在有中国、日本、菲律宾3国参加的第2届远东运动会上，我国选手获得了一项自行车比赛的亚军。1939年和1948年中国曾派女队参加了第11届和第14届奥运会自行车比赛，但均未进入决赛。新中国成立后，1952年第1届全军运动会首次将自行车项目列为比赛项目。从1957年开始每年都有全国性比赛，但比赛是在田径场地上进行的。1959年我国自行设计并建成了第一座自行车赛场——龙潭湖赛车场。从此，我国有了真正意义的场地自行车比赛。中国自行车运动协会成立于1963年，1979年加入国际自行车联盟。20世纪80年代初期，我国开始重视科学训练，引进国外先进的训练方法，运动水平大幅度提高。周素英在1984年获场地世锦赛女子争先赛第三名。江苏选手周玲美在1990年和1991年两破女子1km计时赛世界纪录。在悉尼奥运会上，姜翠华在500m计时赛中获得了铜牌，实现了我国自行车项目在奥运会上奖牌"零"的突破。2002年8月世界杯第五站比赛中，江永华又以34.00s的成绩打破500m计时赛的世界纪录；雅典奥运会上江永华以34.12s的成绩夺得500m计时赛的银牌。男子自行车各项目与国际水平还有一定的差距，特别是自1994年苏联解体，中亚五国加入亚洲自行车联合会以来，我国男队便失去了在亚洲的优势。近几年，通过各项国际比赛的锻炼和全国自行车界的努力，我国男子自行车项目重整旗鼓，出现了比较好的发展势头。

自行车运动是实用的运动项目，在现实生活中自行车的使用有着独特的优越性：其一，适合于锻炼身体；其二，适合于开展各种专业和业余竞赛活动；其三，适合于长途旅行或近郊野游，作为调节生活，锻炼意志的工具；其四，在机动车辆难以行驶的地方可作为代步工具；其五，可供室内踏车，进行医疗、保健、减肥养生的有益活动。正由于此，自行车以及运动自然地受到广大群众的欢迎和喜爱。

10.6.2　自行车运动基本技术

1. 姿势

正确的姿势可以保证轻松自如地操作，可降低能量消耗，避免不必要的肌肉紧张，保证力量和技术得到充分发挥。

1）正确的骑车姿势

身体较低，头部稍倾斜前伸；双臂自然弯曲，腰部弓屈，降低身体重心，同时防止由于车子颠簸而产生的冲击力传到全身；双手轻而有力地握把，臀部坐稳车座位。正确的骑车姿势，在相当大程度上决定于车辆的尺寸、车座和车把的位置，运动员的身材大小及身体各部分的结构(见图 10-48)。影响骑车姿势的因素可分为车的因素和人的因素。车的因素有车架大小、车座高低、前、后车把倾斜角度和把立管长度 5 个方面；人的因素涉及腿长、臂长和躯干长度。腿的长度决定车架的高低；躯干长度和臂长的总和决定车架的长度，曲柄的长度则与训练、竞赛场地有关。坡度大、弯道多的路面需要曲柄短些，反之，曲柄可长些。

图 10-48　正确的骑车姿势

2）正确的骑乘方法

(1) 起步的姿势：与骑普通自行车不同，跨上车后蹬住脚蹬为起步准备姿势，蹬起脚蹬顺势提起腰再坐上鞍座完成起步动作，如图 10-49 所示。

(2) 基本骑行姿势：使身体保持放松状态，用适当的前倾姿势，胳膊肘略向外侧弯曲(用于缓冲起伏路面的震动)，紧握住自行车把手。不正确的姿势是胳膊肘绷得僵直，这样难以缓冲震动，容易失去平衡。

(3) 刹车的操作方法：腰要尽量向后沉，降低身体的重心，两脚要用力。起动刹车器时身体的动作也要一致。从直立姿势进入刹车动作，停止踏蹬，边刹车边把腰向后沉，手腕则好像往前推般伸直。将这个动作重复练习多次，以掌握刹车要领。前后刹车以开始时前轮

图 10-49 起步姿势

3 后轮 7 来练习，逐渐习惯，在掌握体重移动的要领时，逐渐增加前刹车的比率。通过练习后，手腕会产生较强的制动力，能够在较短的距离内停车。一般来说，前轮 6 后轮 4 比较有效果，同时腰要向后沉，两脚用力踏在脚蹬上，如图 10-50 所示。

图 10-50 正确的刹车姿势

(4) 刹车把的操作方法：一般两指刹车把使用食指和中指，特点是容易微调整。若使用中指与无名指，特点是制动力高，手把方向控制牢靠，适于越野骑行。

(5) 变速的操作方法：为了减少能量损耗，关键要始终保持脚踏具有一定的节奏。根据路面的不同状况进行相应的变速调整是非常重要的。

2. 踏蹬技术

踏蹬动作是自行车运动中关键的技术动作，也是最复杂、最难掌握的动作。良好的踏蹬技术可使运动员以最小的能量消耗得到尽可能大的功率，达到高速度。为此，自行车运动员一定要在改进踏蹬技术上狠下工夫。

1) 踏蹬动作的用力分析

踏蹬动作是周期性运动，即在一个固定范围内，以中轴为圆心，以曲柄为半径，重复地进行运动。每踏蹬一周可分为 4 个阶段。

第一阶段：上临界区(上死点)。

第二阶段：工作阶段(用力阶段)。

第三阶段：下临界区(下死点)。

第四阶段：回转阶段(放松阶段)。

沿着圆周进行踏蹬的力量都是通过切线来传递的，踏蹬到每个阶段时，肌肉用力各不相同，两只脚交替进行踏蹬，当一只脚处于回转阶段时，另一只脚已进入用力阶段。踏蹬到上下临界区时，应尽量使肌肉放松，并尽量缩短在临界区停留的时间。用力阶段是踏蹬主要阶段，运动员在这个阶段内使用的踏蹬力是自行车前进的主要动力。因此，要把力量充分、合理地运用在这个阶段。这个阶段内踏蹬力量愈大,车子前进的速度就愈快。回转阶段称放松阶段,在这段时间里一只脚踏蹬做功,另一条腿主动向上抬起,不能给脚蹬任何压力,并利用抬腿短暂的一瞬间让肌肉放松一下,以便把力量集中起来用于做功阶段。有时需要采用"提拉式"踏蹬,即利用抬腿动作给脚蹬拉力,以加大另一只脚做功阶段的踏蹬力量,达到取得更高速度之目的。

2) 脚掌在脚蹬上的位置

脚掌应平稳地踏在脚蹬上,脚蹬应在脚掌中部和脚趾之间,也就是脚掌正好踏在脚蹬轴上,脚掌的纵向与脚蹬轴应保持垂直。鞋的前端可伸出脚蹬5~7cm(根据脚的大小决定)。鞋卡子的位置应正好卡在脚蹬框上,鞋卡子要钉正、钉牢,皮条要系紧。同时,加强用力时两脚的有机配合,帮助运动员正确地完成踏蹬动作。

3) 踏蹬方法

自行车运动的踏蹬方法有自由式、脚尖朝下式和脚跟朝下式3种。

(1) 自由式踏蹬方法。目前,一般都采用自由式踏蹬方法。这种踏蹬方法,就是脚在旋转一周的过程中,根据部位不同,踝关节角度也随着发生变化。脚在最高点时,脚跟稍下垂8°~10°,踏蹬力量是朝前下方;用力逐渐加大到中点时,脚掌与地面成平行状,踏蹬力量最大;再向下,用力逐渐减小,进入下临界区,肌肉开始放松,脚跟略向上抬起,到最低点点时,脚跟逐渐上提到15°~20°;当脚回转到中点时又与地面平行,往上行,脚跟又向上提起,重新进入最高点。自由式踏蹬,符合力学原理,用力的方向与脚蹬旋转时所形成的圆周切线相一致,减少了膝关节和大腿动作幅度,有利于提高踏蹬频率,自然地通过临界区,减少死点,大腿肌肉也能得到相应放松,但这种踏蹬方法较难掌握。图10-51和图10-52所示为矩斜坡骑车姿势和长斜坡骑车姿势。

图10-51 短斜坡骑车姿势

图10-52 长斜坡骑车姿势

(2) 脚尖朝下式踏蹬方法(见图 10-53)。目前不少运动员,尤其是短距离运动员采用脚尖朝下式踏蹬方法。其踏蹬特点是,在整个踏蹬旋转过程中脚尖始终向下。当脚踏蹬到 A 点时,脚尖向下与脚跟成 8°～10°的俯角;当脚踏蹬到 B 点时仍保持原角度;到 C 点时脚尖更向下,与脚跟成 15°～18°的角度;到 D 点时,恢复到原来的 8°～10°。这种方法踝关节的活动范围较小,有利于提高频率,容易掌握,但腿部肌肉始终处于紧张状态,不利于自然通过临界区。

(3) 脚跟朝下式踏蹬方法(见图 10-54)。脚跟朝下式踏蹬方法是脚尖稍向上,脚跟向下 8°～15°。这种方法在正常骑行中很少使用,只是少数人在骑行过程中做过渡性调剂用力时才使用。其特点是肌肉在短时间内改变用力状态,得到短暂休息,达到恢复肌肉疲劳的目的。

图 10-53 脚尖朝下式踏蹬

图 10-54 脚跟朝下式踏蹬

10.6.3 自行车运动基本规则

1. 计时赛

计时赛没有战术,纯粹是力量和体力的考验。每一次只有一名车手与时钟进行角逐,最快完成比赛的人成为胜利者。悉尼奥运会上,这项比赛只是一种单圈竞赛,男选手比 4 圈(1000m),女选手比两圈(500m)。骑手们被固定在启动区内,90s 倒计时之后出发。冲刺赛是长度为 3 圈的一种战术性比赛,尽管只有最后 200m 才计时。奥运会中,选手进行三轮一对的角逐,两名骑手相对而骑,而最先冲过终点线的选手成为胜利者。前两圈时,一对选手充分利用整个跑道,以策划最后冲刺的最佳位置。第一圈不能慢于步行速度,但其后选手即可进行任何尝试,包括在赛场上静立或是冲刺。领先者必须让出右边作为通道,除非他们有明显的领先优势才可阻止竞争者。命运总是青睐在极点领先第一圈的车手,在下一轮中命运正好相反。如果需要比赛第三轮,命运就会再次翻转。如果一位竞争者摔倒,那名选手必须领骑第一圈。

2. 个人追逐赛

两名选手在赛道的两个相对面出发,试图通过追上另一个人或创造最快时间取得胜利。奥运会中,男子比赛为 4km,女子比赛为 3km。第一轮由各个阶段组成,只计时间,取得最佳时间的 4 名车手进入半决赛。发出比赛信号后，选手们要在出发区停留 50s。通常的战术是持续地登轮以及紧靠极线。一旦发生事故，只有受影响的车手停下，他(她)会和遭受类似命运的另一名车手重新进行一次比赛。如果没有其他人，那么他(她)只有自己比赛。导致两次以上停止的车手将被取消比赛资格。

3. 团体追逐赛

团体追逐赛是只有男人参加的 4km 比赛，一组 4 个人。基本规则与个人追逐赛相同。在团体追逐赛中，第 3 名车手的位置是至关重要的。时间按照选手自行车前轮通过终点线时计算，只有当第 3 名车手与另一队的第 3 个人打平时才认为这个团体击败了另一队。追逐赛的车手保持紧密的比赛线路，通过在陡峭的曲线赛道上交换领先位置和拉开距离，以保持体力，时间通过第 3 名车手计算。

4. 积分赛

正如名称所示，该项比赛的目标是在 40km 的比赛中累积最多的分数(女子为 25km)。在集体出发比赛一圈之后，选手们开始选择位置以求积分。每 10 圈通过终点线的前 4 名车手将获得积分：第一名五分，第二名三分，第三名两分，第一名一分。最后阶段冲刺将计双倍的分数，车手完成比赛距离之后，胜利者将是领先一圈的选手，也就是追上最后一名的人。通常情况下，两名或是更多车手会领先一圈，那么胜利者将通过比较积分决出，如果平分，将依据冲刺时的名次。

5. 麦迪逊赛

这是和积分赛类似的战术性男子集体赛。比赛长度为 60km，因为第一次是在纽约麦迪逊广场公园举行而得名。麦迪逊比赛集体出发，一次每队只有一名车手参加。两名车手的团体通过在交替冲刺中的积分来争取胜利。通常，团体由一名冲刺选手和一名耐力强的车手组成，他们根据比赛速度交换位置。当比赛不积极时，车手们选择休息赛圈，即在赛道上慢慢地骑。为了交换位置，一对车手握住手，领先者用力推他放松的队友以加入竞赛，这一行为被称为“交手”。交换位置通常在拐弯之后的直道上进行，因为那时赛道较高，有利于加速和控制速度。麦迪逊赛要进行 240 圈，每 20 圈一次冲刺。在积分赛中，每次冲刺的第一名将获得五分，第二名三分，第三名两分，第四名一分。

第11章 水上运动

游泳与其他体育运动最大的不同在于，它是在水中这一特殊锻炼环境中进行的身体活动。游泳时，所有的肌肉群和内脏器官相互协调，有节奏地参与活动。这种锻炼能有效地促进身体全面、均匀、协调的发展，并能使肌肉发达、富有弹性。因此，经常参加游泳锻炼，对人的新陈代谢、心血管系统、呼吸系统、肌肉系统、体温系统、生长发育及延缓衰老，都有积极的作用。

11.1 游泳运动

游泳运动分为竞技游泳和实用游泳。竞技游泳分为蝶泳、仰泳、蛙泳、爬泳4种泳姿。而实用游泳则在竞技游泳的基础上分为踩水、潜水、侧泳、反蛙泳4种游泳方式。在学习游泳的过程中应秉着循序渐进的原则，从熟悉水性开始，逐步学习腿部动作、手部动作、换气、上下肢的协调配合，逐步学好游泳。只有在打下良好基础的情况下逐步学习才能做到事半功倍，盲目的学习只会导致学习效果的下降。

11.1.1 熟悉水性

熟悉水性，就是让初学者了解水的特性，通过一些最基本的练习，如各种形式的水中行走、水中憋气、水上呼吸、水中漂浮与站立、水中滑行等，来适应水环境，消除怕水心理，为学习各种游泳姿势打下初步基础。熟悉水性可以采用以下练习方式。

1. 水中行走练习(略)

2. 呼吸练习

(1) 手扶池壁头浸水闭气练习，如图11-1所示。

(2) 水中下蹲手摸脚后再站立呼吸练习，如图11-2所示。

图11-1 手扶池壁闭气练习

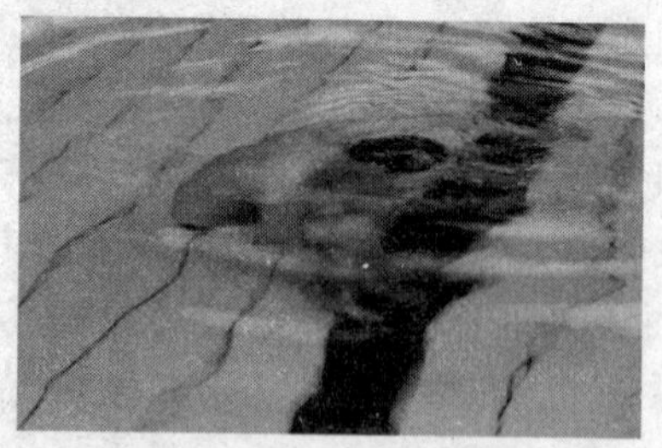

图11-2 水中下蹲手摸脚后再站立呼吸练习

(3) 闭气过障碍物,练习如图 11-3 所示。

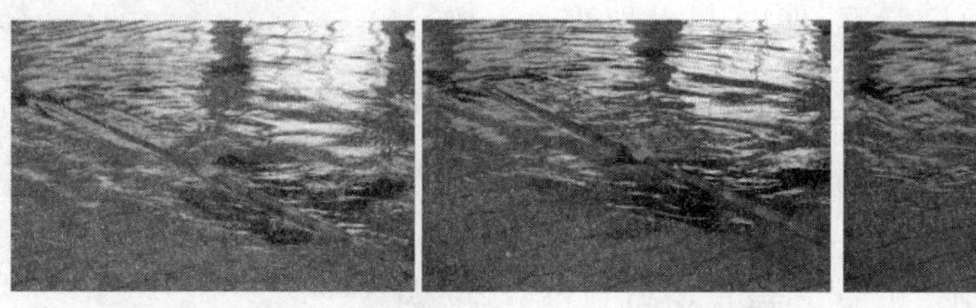

图 11-3　闭气过障碍物练习

3. 漂浮练习

(1) 抱膝浮体练习,如图 11-4 所示。

(2) 手扶池壁漂浮练习,如图 11-5 所示。

(3) 水中展体漂浮练习,如图 11-6 所示。

图 11-4　抱膝浮体练习

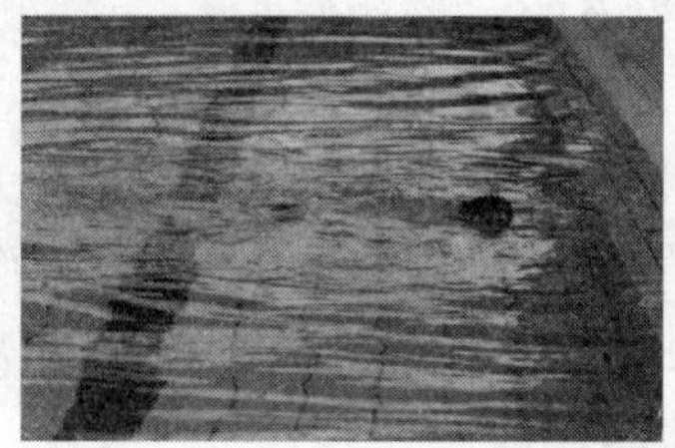

图 11-5　手扶池壁漂浮练习

图 11-6　水中展体漂浮练习

4. 滑行练习

(1) 蹬池底滑行练习,如图 11-7 所示。

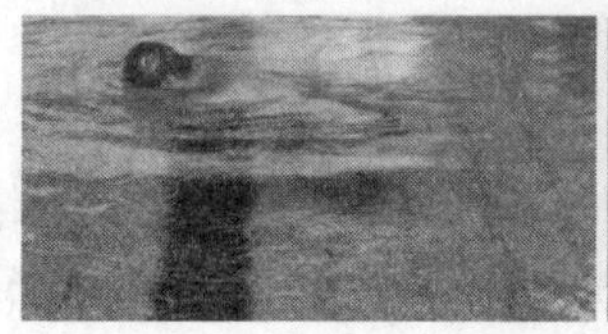
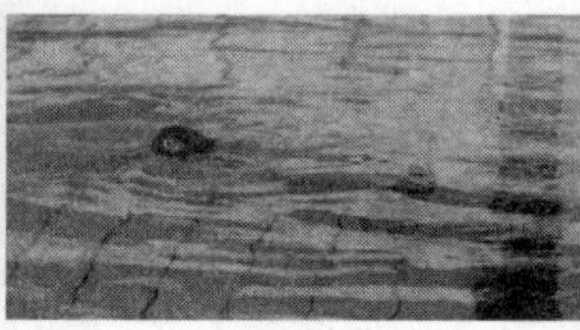
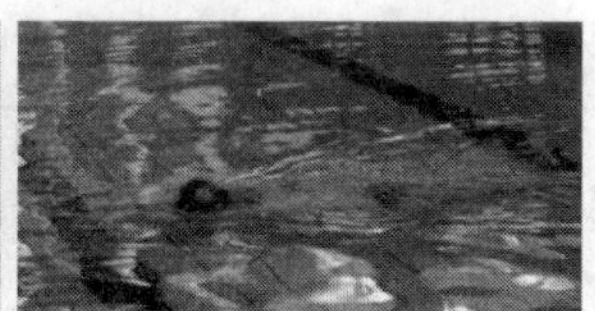

图 11-7　蹬池底滑行练习

(2) 蹬池壁滑行练习,如图 11-8 所示。

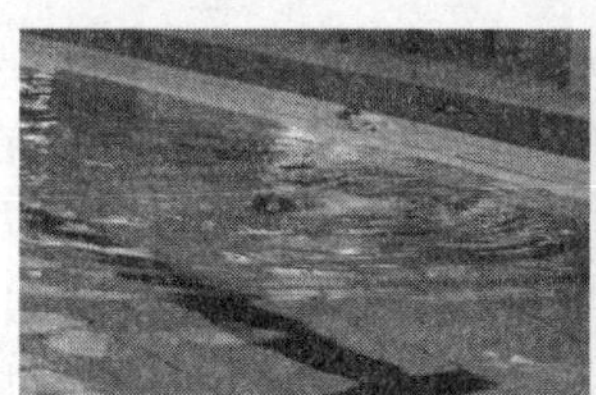
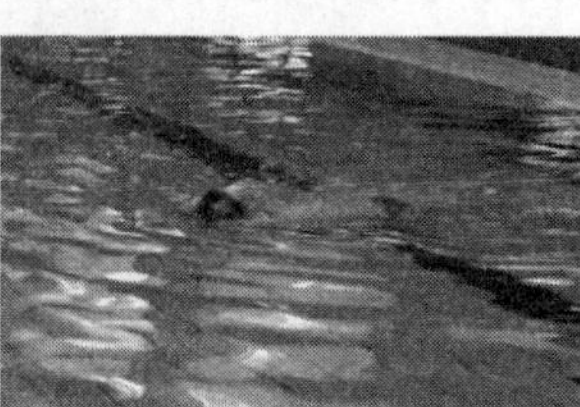
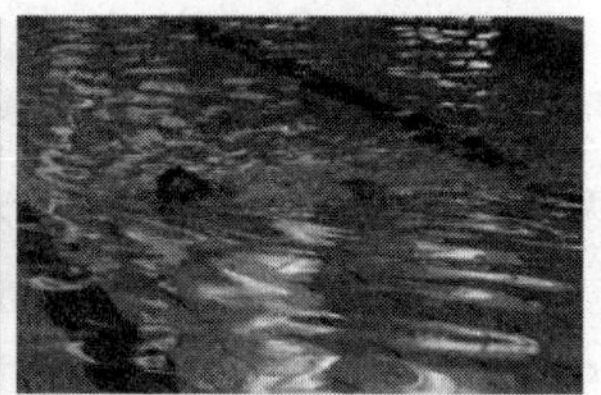

图 11-8　蹬池壁滑行练习

11.1.2　蛙泳技术

蛙泳是所有游泳姿势中最常用的一种姿势。其特点是动作较缓慢、省力、呼吸方便,易于观察方向，并能充分利用水的浮力使人体长时间漂游，因此很受游泳爱好者的喜爱，如图 11-9 所示。

图 11-9 蛙泳技术图

1. 蛙泳身体姿势

蛙泳在游进之中，身体不是固定在一个位置上，而是随着手、腿的动作不断地变化。当一个动作周期结束后，身体应展胸、稍收腹、微塌腰，两腿并拢，两臂尽量伸直，颈部稍紧张，头置于两臂之间，眼睛注视前下方。整个身体应以身体的横轴为轴做上下起伏的动作。

2. 蛙泳腿部技术

蛙泳的腿部动作是推动身体前进的主要动力之一。其主要动作环节可分为收腿、翻脚、蹬夹水和滑行 4 个阶段，这 4 个环节是紧密相连的完整动作。

1）收腿

收腿是为翻脚、蹬水创造有利的位置，同时既要减少阻力，又要考虑到手腿配合因素的需要。开始收腿时，两腿随着吸气的动作自然放下，同时两膝自然逐渐分开，小腿向前回收，回收时两脚放松，脚跟向臀部靠拢，边收边分。收腿时力量要小，两脚和小腿回收时要收在大腿的投影截面内，以减少回收时的阻力。

收腿结束后，大腿与躯干成 120°～140°角，两膝内侧大约与髋关节同宽。大腿与小腿之间的角度为 40°～45°角，并使小腿尽量成垂直姿势，这样能为翻脚、蹬水做好有利的准备。

2）翻脚

在蛙泳腿的技术中，翻脚动作很重要，它直接影响到蹬水的效果。收腿即将结束时，脚仍向臀部靠近，这时膝关节向内扣，同时两脚向外侧翻开，使脚和小腿内侧对好蹬水方向，这样能使对水面加大，并为大腿发挥更大力量做好积极准备。

收腿与翻脚、蹬水是一个连续的完整动作过程。正确的翻脚动作，是在收腿未结束前就已开始，在蹬水开始时完成。如果翻脚后，腿稍有停滞，则会破坏动作的连贯性并增大阻力。

3）蹬夹水

蛙泳腿部动作效果的好坏，完全取决于蹬夹水技术的正确与否。蹬水应由大腿发力，先伸髋关节，使小腿保持尽量垂直对水的有利部位，向后做蹬夹水的动作，其次是伸膝关节和踝关节。

蹬夹水的动作实际是一个连续的完整动作，只是蹬水在先，夹水在后。实际上在翻脚的动作中，两膝向内，两脚向外已经为蹬夹水固定住唯一的方向。

蹬夹水效果的好坏取决于腿部关节移动的路线和方向，以及蹬夹水时对水面积的大小，最主要的是取决于两腿蹬夹水的速度和力量的变化，蹬夹水的速度是从慢到快，力量是从小到大的。

4）滑行

蹬夹水结束后，脚处于水平面的最低点，这时身体随着蹬水的动力向前滑行，腰部下压，双脚接近水面，准备做下一个循环动作。

3. 蛙泳手臂技术

蛙泳手臂划水动作可以产生很大的推动力，掌握合理的手臂划水技术，并且使之与腿和呼吸动作协调配合，能有效地提高游进速度。其主要动作可分为开始姿势、滑下（也可称为“抱水”或“抓水”）、划水、收手和向前伸臂几个阶段。这几个阶段也是紧密相连的完整动作。

1）开始姿势

当蹬水动作结束时，两臂应保持一定的紧张，自然向前伸直，并与水面平行，掌心向下，手指自然并拢，使身体成一条直线，形成较好的流线型。

2）滑下（抓水）

从开始姿势起，手臂先前伸，并使重心向前，同时肩关节略内旋，两手掌心略转向外斜下方，并稍屈手腕，两手分开向侧斜下方压水，当手掌和前臂感到有压力时，就开始划水。

抓水动作一方面能给划水创造有利条件，另一方面还能造成身体上浮和前进的作用。抓水的速度，根据个人的水平不同而不同，水平较高者抓水较快，反之则慢。

3）划水

当两手做好抓水动作、两臂分开成 40°～45°时，手腕开始逐渐弯曲，这时两臂两手逐渐积极地做向侧、下、后方的屈臂划水动作。

划水时，手的运动应该分为两个部分：前一部分，手向外—向下—向后运动，水流从大拇指流向小拇指一边；后一部分，手向内—向下—向后运动，水流从小拇指流向大拇指一边。

在划水中，前臂和上臂弯曲的角度在不断地变化，其标准是以能发挥出最好的力量为准则。在整个划水过程中，肘关节的位置都比手高。手运动的路线不应到肩的下后方，而应在肩的前下方。其速度是从慢到快，至收手时应达到最快速度。

4）收手

收手是划水阶段的继续。收手时，手的运动方向为向内、向上、向前。手的迎角大致为 45°。由于前臂外旋，掌心逐渐转向内。收手动作应有利于做快速向前的伸手动作，并且肘关节要有意识地做向内夹的动作。当手收至头前下方时，两手掌心是由后转向内—向上的姿势，这时大臂不应超过两肩的横向延长线。在整个收手动作过程中，手的动作应积极、快速、圆滑，收手结束时，肘关节应低于手，大、小臂的角度应小于 90°。

5）向前伸臂

向前伸臂是由伸直肘关节、肩关节来完成的，掌心由开始的向上逐渐转向内，双掌合在一起向前伸出，在最后结束前逐渐转向下方。

蛙泳整个臂部的动作路线无论是俯视还是仰视都是椭圆形的，并且是一个连贯、力量从小到大、速度从慢到快的完整过程。

4. 蛙泳配合技术

手臂滑下（抓水）的同时，开始逐渐抬头，这时腿保持自然放松、伸直的姿势。手臂划水时，头抬至眼睛出水面，腿保持不动。只有收手时才开始收腿，并稍向前挺髋，这时头抬至口出水面，并进行快速、有力的吸气。伸手臂的同时低头，用鼻或口鼻进行呼气，并且在手臂伸至将近 1/2 处时进行蹬夹水的动作，之后，让身体伸展滑行一段距离，当速度降低时进行第 2 个周期的动作。

在蛙泳的游进过程中，一般都是一个周期一次呼吸，这样有利于机体的有氧供应，从而降低疲劳速度。需要注意：在抬头吸气前，必须将体内的废气全部吐完，这样才能吸进新鲜氧气。

11.1.3 爬泳技术

爬泳，因其动作很像爬行，所以称之为“爬泳”。在竞技游泳比赛中，爬泳速度最快，人们通常采用爬泳技术参加自由泳比赛，故爬泳也称为自由泳，如图 11-10 所示。

图 11-10 爬泳技术图

1. 爬泳身体姿势

爬泳时，身体要尽量保持俯卧的水平姿势。但是为了取得更好的动作效果，头部应自然稍抬，两眼注视前下方，头的 1/3 露出水面，水平面接近发际，双腿处于最低点，身体纵轴与水平面成 3°～5°的仰角。

爬泳游进中，身体可以围绕身体纵轴做有节奏的转动，转动的角度一般为 35°～45°。如果速度加快，角度就会相对减小。

这种转动是由于划臂、转头和吸气而形成的自然转动，并不是有意识地做转动。转动所带来的好处有以下几点：

(1) 便于手臂的出水和空中移臂，并缩短移臂的转动半径。

(2) 有助于手臂在水中抱水和划水，使手臂划水的最有力部分更接近于身体中心的垂直投影面。

(3) 由于臀部随身体轻度的转动，腿打水时，产生部分侧向打水动作，可以抵消移臂时造成身体侧向偏离的影响，维持身体平衡。

(4) 便于呼吸。

2. 爬泳腿部技术

在爬泳技术中，大腿动作除了产生推动力外，主要起维持身体平衡的作用，它能使下肢抬高，以及协调配合双臂有力地划水。

爬泳腿的打水动作，几乎与水平面成垂直方向进行，从垂直面看，两腿分开的距离为 30～40cm，膝关节弯曲的角度约为 160°。

游进中，腿向上打水时，脚应接近水平；向下打水时，不应超过身体在水中的最低部位。正确的打水动作是脚稍向内旋，踝关节自然放松，向上和向下的打水动作应该从髋关节开始，大腿用力，通过整个腿部，最后到脚，形成一个“鞭状”打水动作。向下打水的效果最大，因此应用较大的力和较快的速度进行；而向上则要求放松、自然，尽量少用力，并且速度相对要慢。

从腿向上动作开始，当大腿带动小腿，从下直腿向上移至踝关节、膝关节、髋关节与水平面平行时，大腿稍向上而终止移动，并开始向下打水。当大腿开始向下打水时，由于惯性的作用，此时小腿和脚仍继续向上移动，而使膝关节弯曲形成一个大约 160°的角。这时小腿和脚达到了最高点，由于大腿继续向下移动，而带动小腿和脚完成向下打水动作。

当大腿向下打水到最低点并向上抬起时，小腿和脚与大腿仍保持一个角度，并继续向下移动打水，直至完全伸直为止，才随大腿向上移动，开始第 2 个循环动作。

3. 爬泳手臂技术

爬泳的臂部动作是推动身体前进的主要动力，分为入水、抱水、划推水、出水和空中移臂等几个阶段，这几个阶段在划水动作中是紧密相连的一个完整动作。

1）入水

臂入水时，肘关节略屈，并高于手臂，手指自然伸直并拢，向前斜下方插入水。注意手掌向外，动作自然放松。

手入水的位置应在肩的延长线上，或在身体的中线和肩的延长线之间。入水的顺序为：手—小臂—大臂。

手切入水后，手和小臂继续向前下方伸展，手由向前—向下—稍向内的运动变为向前—向下—稍向外的运动。

2）抱水

臂入水后，应积极插向前下方，此时小臂和大臂应积极外旋，并屈腕、屈肘。在形成抱水的动作中，手臂开始是直的，当手臂划下至与水平面成 15°～20°角时，应逐渐屈肘，使肘关节高于手。在划水开始前，也就是手臂约与水面成 40°角时，肘关节屈至 150°左右。

抱水动作主要是为了划水做准备，因此是相对放松和缓慢的。抱水就好像用臂去抱一个大圆球一样。抱水时，手的运动由向后、向下、向外 3 个分运动组成。

3）划推水

手臂在前方与水平面成 40°角起到与水平面成 15°～20°角止的运动过程都是滑水动作。它分为两个阶段：从抱水结束到划至与水面垂直之前称为“拉水”，过垂直面后称为“推水”。

拉水时，应保持高肘姿势，手向内—向上—向后运动。当拉水结束时，手在体下接近中线，这时，肘关节弯曲的角度为 90°～120°角，小臂由外旋转为内旋，掌心由向内后方变为向外后方。

向后推水是通过屈臂到伸臂来完成的。在推水过程中，手是向外—向上—向后的运动。肘关节要向上、向体侧靠近，并且手掌始终要与水平面保持垂直。

整个划推水过程，手掌的运动路线并不是始终在一条直线上和同一平面上，实际上是一个较复杂的三度曲线。从身体的额状面来看是一个“S”形，从身体的矢状面来看是一个“W”形。

在整个划水过程中，肩部应配合手臂进行向前—向下—向后的合理转动，这样有利于加长划水路线和加大划水力量。

4）出水

在划水结束后，臂由于惯性的作用而很快地靠近水面，这时，由大臂带动肘关节做向外上方的“提拉”动作，将小臂和手提出水面。小臂出水动作要比大臂稍慢一些，掌心向后上方。手臂出水动作应迅速而不停顿，但同时应该柔和，小臂和手掌应尽量放松。

5）空中移臂

臂在空中前移的动作是手臂出水的继续，不能停顿，移臂的动作应该放松自如，尽量不要破坏身体的流线型，要和另一臂的划水动作协调一致，并且要注意节奏。在整个移臂过程中,肘部应始终保持比手部高的位置。

4. 爬泳配合技术

爬泳的配合技术分为两臂的配合技术、两臂和呼吸的配合技术以及完整的配合技术。

1) 两臂配合技术

爬泳两臂的正确配合是保障前进速度均匀的重要条件,并且有利于发挥肩带力量积极参与划水。根据划水时两臂所处的位置,可以把手臂的配合技术分为 4 种,即前交叉、中交叉、中前交叉和后交叉。一般优秀运动员都采用中前交叉的技术。

2) 两臂和呼吸的配合技术

爬泳技术中的呼吸技术较为复杂,但是其好坏将直接影响划水力量和速度、耐力的发挥。

爬泳的呼吸和手臂的配合为:一次呼吸 n 次划水($n>2$)。吸气时,头随着肩、身体的纵向转动转向一侧,使头在低于水面的波谷中吸气。此时,同侧臂正处在出水转入移臂的阶段。移臂时,头转向正常位置。同侧臂入水时,开始慢慢呼气,并逐渐用力加快呼气的速度。

3) 完整的配合技术

完整的配合技术即呼吸、手臂和腿的配合。因为手臂是产生推进力的主要来源,因此在配合中,呼吸和腿的动作都应该服从于手臂动作的需要。

呼吸、手臂和腿的配合比例主要有 3 种:1∶2∶2(即一次呼吸,两次手臂动作,两次打腿的动作);1∶2∶4;1∶2∶6。也有极少数优秀运动员采用 1∶2∶8 的技术。

11.1.4 仰泳技术

仰泳是 4 种竞技泳式中唯一仰卧在水中游进的泳式,由于动作省力,简单易学,呼吸容易,深受初学者的欢迎,如图 11-11 所示。

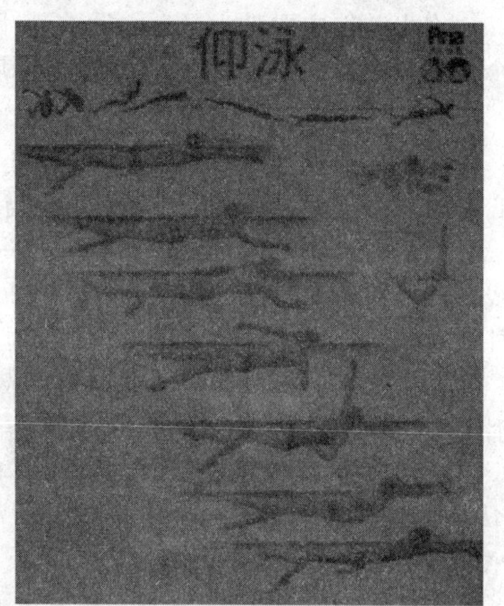

图 11-11 仰泳技术图

1. 仰泳身体姿势

仰泳时,身体要自然伸展,仰卧在水面上,头和肩部稍高,腰部和腿部保持水平,身体纵轴在水平面上构成的迎角约为 10°,腰部和两腿均处在水面下。

1) 头部姿势

在仰泳技术中头起着"舵"的作用,并可以控制身体左右转动。头应保持相对稳定,不要上下左右晃动,但颈部肌肉不要过分紧张,后脑处在水中,水位在耳际附近,两眼看腿部的上方。

2) 腰部姿势

仰泳游进中,腰部肌肉要保持适度的紧张,以不使身体过分平直和屈髋成坐卧姿势为前提。肋上提,不要含胸。快速游进时,身体的迎角能使体位升高,水平较高的运动员不仅肩和胸部露出水面,而且腹部也经常会露出水面。

3) 身体的转动动作

仰泳时,身体的纵轴应随着两臂划水动作而自然滚动,滚动的角度根据个人的情况不同而稍有差别，肩关节灵活性较好的人滚动小，反之则大，一般为 45°左右。

2. 仰泳腿部技术

在仰泳技术中，腿部动作是保持身体处于较好角度、水平姿势的因素之一，并且踢水动作不仅可以控制身体的摆动，而且能产生一定的推进力。

仰泳的腿部动作由下压动作和上踢动作组成，即直腿下压、屈腿上踢。

1）下压动作

腿向下压的动作是借助于臀部肌群的收缩来完成的。在整个腿下压动作中，前 2/3 由于水的阻力，使膝关节充分展开，腿部肌肉放松。当打腿下压到一定程度，由于腹肌和腰肌的控制，停止向下，而过渡到向上移动，由于惯性的作用，小腿仍然继续向下，而造成膝关节弯曲，所以在腿下压的后 1/3 是屈腿的。

随着惯性的逐渐减弱和打腿的带动，小腿也开始向上移动，但此时脚仍然继续向下，直到惯性消失，大腿、小腿和脚依次结束向下的动作，构成向下“鞭打”的动作。

下压的动作因为不产生推进力，因此要求速度不要太快，并且腿部各关节要自然放松。

2）上踢动作

当腿部动作下压结束时，由于水对小腿的阻力和大腿肌肉的牵制，大腿与小腿构成 135°～140°角，小腿与水平面成 40°～45°角。此时大、小腿弯曲到最大程度，小腿和脚对水面较大。上踢动作的开始，需要用脚打的力量和速度来进行，并逐渐加大到最大力量和速度。当打腿向上移动超过水平面时结束向上的动作，此时膝关节接近水面。随后小腿和脚依次结束向上，使膝关节充分伸展，构成向下“鞭打”的动作。

上踢动作是以大腿带动小腿，小腿带动脚来完成的，并且在任何情况下，尽量不要使膝关节或脚尖露出水面。上踢时，脚尖应内旋，以加大对水面积。

身体滚动的目的主要是有利于划水臂处于较好的角度，能够加强划水的力量；能保持屈臂划水的一定深度；有利于臂出水和向前移臂。注意滚动的角度不应过大，否则不仅会引起疲劳，而且会影响前进速度。

3. 仰泳手臂技术

仰泳臂划水动作是产生推动身体前进的主要因素。一个完整的手臂动作分为入水、抱水、划推水、出水和空中移臂等几个阶段，手掌由于入水、抱水和划推水在水下形成一个“S”形的路线。

1）入水

臂入水时，应借助于移臂动作的惯性，臂部自然放松，入水点应在身体纵轴与肩的延长线之间，或在肩的延长线上，过宽和过窄都会影响速度。

臂入水时应保持直臂，肘部不要弯曲，入水时小指向下，拇指向上，掌心向侧后方，手掌与小臂成 150°～160°角。

2）抱水

抱水是为划推水创造有利的条件。臂入水后要利用移臂时所产生的动量积极下滑到一定的深度，手掌向下、向侧移动，通过伸肩、屈肘、上臂内旋和屈腕的动作，配合身体的滚动，使手掌和前臂对准水并有压力的感觉。当完成抱水动作时，肘部微屈成 150°～160°角，手掌距水面 30～40cm，肩保持较高的位置。

抱水时，手的运动方向为向后、向下、向外 3 个分运动，水流由小指尖流向第一掌骨底，紧接着通过前臂外旋,改变掌心朝向,由向外—向下—向后变为向后—向上—向外侧的方向。

3）划推水

仰泳的划水动作是推动身体前进的主要动力。整个动作由屈臂抱水开始,以肩为中心,划至打腿外侧下方为止。划水动作包含拉水和推水两个阶段。

(1）拉水是在臂前伸抱水的基础上进行的。开始时前臂内旋,手掌上移,肘部下降,使屈肘程度加大,手掌和小臂要保持与前进方向垂直。当手掌划过肩侧时,屈臂程度最大,为70°～110°,手掌接近水面。

拉水的前半部分,手的运动为向上、向外、向后 3 个分运动；后半部分则是向上、向内、向后 3 个分运动。水流从大拇指流向小指。这个阶段也是身体向划水臂同侧转动最大的阶段。

(2）推水是在手臂划过肩侧时开始的,这时肘关节和大臂应逐渐向身体靠近,同时用力向脚的方向推水。当推水即将结束时,小臂内旋做加速转腕下压的动作,掌心由向后转向向下。推水时,手的运动是由向内—向下—向后的运动,逐渐转变为向内—向下—向前的运动。水流从小指流向大拇指一边。推水结束时,手臂要伸直,手掌在大腿侧下方。

4）出水

推水结束后,借助于手掌压水的反弹力迅速提臂出水。出水时手型有多种：其一,手背先出水；其二,大拇指先出水；其三,小拇指先出水。这 3 种手型各有利弊,相对来说最后一种较好。无论采用哪种手型出水,都要注意使手臂自然、放松、迅速,并且要先压水后提肩,肩部露出水面后,由肩带动大臂、小臂和手依次出水。

5）空中移臂

提臂出水后,手应迅速从大腿外侧垂直于水面移至肩前。当手臂移至肩上方时,手掌要内旋,使掌心向外翻转(采用小拇指先出水技术的无此动作)。空中移臂时,必须伸直放松,移臂的后阶段要注意肩关节充分伸展,为入水和划水做好准备。

4. 仰泳配合技术

1）两臂配合技术

仰泳两臂的配合是“连接式”的,即当一臂划水结束时,另一臂已入水并开始划水；一臂处于划水的中部,另一臂正处于移臂的一半。在整个臂的动作过程中,两臂几乎都处在完全相反的位置。

2）臂和呼吸的配合

仰泳的呼吸相对来说比较简单,一般是两次划水一次呼吸。即一臂移臂时开始吸气,其他时候都在慢慢地呼气。在高速游进时也有一次划水一次呼吸的技术,但是呼吸不能过于频繁,否则会引起呼吸不充分,造成动作紊乱。

3）臂腿配合技术

臂腿配合是否合理,将影响整个动作的平衡和协调自然。臂在划水过程中,腿的上踢、下压动作要避免身体的过分转动,以保持身体的平衡、协调为原则。

现代仰泳技术中,一般采用 6 次打腿两次划水的配合技术,也有少数人采用 4 次打腿的技术。

11.1.5 蝶泳技术

在竞技游泳的 4 种姿势中,蝶泳姿势最优美,它是从蛙泳技术中派生出来的。蝶泳手臂动作的外形好像蝴蝶飞舞，所以被称为“蝶泳”；而躯干和下肢的动作好似海豚在水中逐浪，所以又被称为“海豚泳”。蝶泳动作连贯、节奏明显，身体始终在不停地做上下起伏的动作(见图11-12)，因此对身体的协调性、柔韧性及臂、腿、腰、腹的肌肉力量提出了较高的要求。现在，在大众游泳人群中，会游蝶泳的人不多。

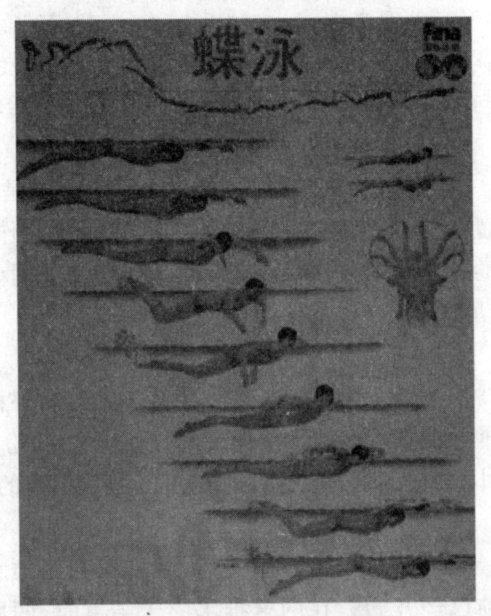

图11-12 蝶泳技术图

1. 蝶泳身体姿势

蝶泳的身体姿势与其他泳姿不同，它没有固定的身体位置。在游进中，躯干各部分和头不断改变彼此间的相对位置。头和躯干有时露出水面、有时潜入水中，形成波浪形式上下起伏的位置变化。

蝶泳在游进中，以横轴(腰际)为中心，躯干和腿做有节奏的摆动，发力点在腰腹部。然后以大腿带动小腿，两腿一起做上下的鞭状打水动作。而这些动作与头和臂部的动作紧密联系在一起，形成了蝶泳所特有的波浪动作，因此前进时身体的阻力较小。

2. 蝶泳腿部技术

蝶泳打水时，两腿自然并拢，脚跟稍微分开成“内八字”，当两腿在前一划水周期向下打水结束后，两脚处于最低点，膝关节伸直，臀部上抬至水面，髋关节屈成约160°。然后两腿伸直向上移动，髋关节逐渐展开，臀部下沉。当两腿继续向上时，大腿开始下压，膝关节随大腿下压，动作自然弯曲，大腿继续加速向下。随着屈膝程度的增加，脚抬至接近水面时，臀部下降到最低点，膝关节弯曲成110°～130°时，脚向上抬至最高点，并准确向下后方打水。当脚向下打水时，脚面绷直，但不能让踝关节太紧张，然后和小腿随大腿加速向下后方推水。双脚继续加速向下后方打水，动作尚未结束时，大腿又开始向上移动，当膝关节完全伸直时，向下打水的动作即结束。

蝶泳腿的打水动作是由腰部发力，经过髋、膝、踝关节，并与躯干、脊柱动作协调一致配合完成的。脚的运动方向是向下和向后，其向下的幅度大于向后的幅度。腿向上抬起时，膝关节必须伸直，如果稍有弯曲，小腿的背面将产生很大的阻力。此外，向上抬腿时，不要过于用力，以便减少阻力。打腿的重点应放在向下打水动作上，腿向下打水的速度应比向上抬腿约快两倍。

3. 蝶泳手臂技术

蝶泳臂的划水动作是产生推进力的主要因素，并且相对其他姿势来说作用更大。蝶泳臂的划水是两臂在头前入水，同时沿身体两侧做曲线划水。

其技术环节分为入水、抱水、划水、推水和空中移臂等几个阶段。

1) 入水

蝶泳时臂入水点基本在肩的延长线上，两臂同时入水。入水时肘稍屈并略高于小臂，手掌领先，并约与水面成45°，然后带动小臂和大臂依次入水。入水阶段，由于前臂外侧旋转动作，掌心由向外侧积极转向外侧后。

2）抱水

臂入水后，手和前臂继续外旋，进入抱水阶段。抱水时，手的运动方向为向外—向后—向下。随着前臂的外旋，掌心由向外侧后转为向后方向，接着进入划水阶段。

3）划水

在臂进入划水阶段时，前臂和手掌是划水的主要对水面。屈肘，使肘部保持较高的位置。前臂外旋动作和逐步加大屈臂的动作是同时进行的，当两臂划至肩下方时，小臂和大臂的角度成90°～100°，当两手划至腹下时，两手距离最近（几乎碰到一起），然后转入推水动作。

4）推水

当两手距离最近时，双手做弧形向外推水的动作。手的运动方向为向外—向上—向后。推水的前半部，手有较大的向后运动的份量，推水路线较直；推水的后半部，手有较大的向外、向上的运动份量。推水时，由于小臂的内旋，掌心由划水的向后转为向外侧后方。

5）出水

当两臂推水至髋关节两侧时，利用推水的惯性，提肘出水。提肘出水动作是在推水结束前已经开始。在两臂推水尚未结束时，两肘已开始做向上提起的动作，这时掌心向外后侧。

6）空中移臂

当推水结束提肘出水后，两臂即由空中前移，开始移臂时肘关节微屈，手掌向上，肘先于手出水，两臂放松内旋，沿身体两侧低平的抛物线前摆。开始移臂时稍用力，利用臂的离心力向前摆出。移臂时速度要快，否则会造成身体下沉。

4. 蝶泳配合技术

1）臂和呼吸的配合动作

蝶泳的呼吸是借助于两臂划水的后部推水动作，同时需后部肌肉大幅度伸展，使头抬至口露出水面时吸气。吸气的速度要快，头必须在臂入水前回到原来的位置，慢呼气或者稍憋气后呼气。

蝶泳的呼吸一般是一次划水一次呼吸，但是为了加快游进的速度，也可采用两次以上的划水动作之后，做一次呼吸的技术。

2）臂腿呼吸的配合（即完整的配合动作）

蝶泳臂、腿、呼吸的配合比例一般为1∶2∶1，即一次手臂动作，两次腿的动作，呼吸一次。在某些情况下，也有做n次（$n>1$）臂、腿配合再做一次呼吸的技术。两次打腿的幅度一般是一次大，一次小，要有所区别。

完整的配合技术是两臂入水时做第一次向下打腿；臂抱水时腿向上；当两臂划至腹部下时，开始做第二次向下打水的动作，并且抬头吸气。推水结束时打腿结束。移臂时腿又向上准备做下一周期的打腿动作；移臂的前部，头部还处在水面，移臂过身体的横肘时低头。

11.1.6 游泳基本规则

1. 自由泳

（1）自由泳意味着在比赛中运动员可以采用任何姿势。但个人混合泳和混合泳接力项目中的自由泳是指仰泳、蛙泳、蝶泳以外的任何泳式。

(2) 每次转身和到达终点时，运动员身体的某一部分必须触壁。

(3) 在整个游程中，运动员身体的某一部分必须露出水面。允许运动员的身体在转身过程及出发和每次转身后不超过 15m 的距离内完全没入水中，但运动员的头部必须在 15m 之前露出水面。

2. 仰泳

(1) 在出发信号发出前，选手应并排在水中面对出发端，两手抓住出发握手器。禁止蹬在水槽内或水槽上用脚趾扣住水槽边缘。

(2) 听到出发信号转身后，运动员应蹬离池壁，并在除按第 4 条的规定做转身动作外的整个游程中保持仰卧。正常仰卧姿势下身体可有滚翻动作，但不得转至与水平面成 90°，头部姿势不受此限制。

(3) 在整个游程中，运动员身体的某一部分必须露出水面。允许运动员的身体在转身过程中、抵达终点及出发和每次转身后不超过 15m 的距离内完全没入水中，但运动员的头部必须在 15m 之前露出水面。

(4) 转身时，运动员身体的某部分必须在其各自泳道触壁。转身过程中，肩可以转过垂直面至俯卧姿势，此后可做一次连续的单臂划水或双臂同时划水动作以开始转身。运动员必须以仰卧姿势蹬离池壁。

(5) 运动员抵达终点时必须以仰卧姿势在其各自泳道触壁。

3. 蛙泳

(1) 在出发或每次转身后，运动员全身没入水中，可做一次手臂充分向后划至腿部的动作。在第一次手臂动作完成过程中允许打一次蝶泳腿，后接蛙泳蹬腿动作。

(2) 从出发和每次转身后的第一次手臂动作开始，身体应保持俯卧。任何时候都不允许身体转成仰卧姿势。从出发和整个比赛中，动作周期必须是以一次划臂和一次蹬腿的顺序完成。两臂的所有动作应同时并在同一水平面上进行，不得有交替动作。

(3) 两手应一起在水面、水下或水上由胸前伸出。除转身前的最后一次划水动作、转身过程中及抵达终点前的最后一次划水动作外，肘部必须处于水下。双手应在水面或水下向后划水。除出发和每次转身后的第一次划水动作外，两手向后划水不得超过臀线。

(4) 在每个完成动作周期内，运动员头的某一部分必须露出水面。在第二次划臂至最宽点两手向内划水前，头必须露出水面。两腿的所有动作应同时并在同一水平面上进行，不得有交替动作。

(5) 在蹬腿过程中，两脚必须做外翻动作。不允许做剪夹，上下交替打水或向下蝶泳打水动作，除合乎第 1 条所述的情况例外。只要不做向下的蝶泳打腿动作，允许两脚露出水面。

(6) 在每次转身和到达终点时，两手应在水面、水上或水下同时触壁。在触壁前的最后一个划水动作结束后，头可以潜入水中。但在触壁前最后一个完整或不完整动作周期中，头的某一部分应露出水面。

4. 蝶泳

(1) 在出发和每次转身后的第一次手臂动作开始，身体应保持俯卧姿势，允许水下侧打腿。任何时候都不允许转成仰卧姿势。

(2) 在比赛全程中(除第 5 条的规定外)，两臂必须在水面上同时向前摆动，并同时向后划水。

(3) 所有的上下打腿动作都必须同时进行。两腿或两脚可不在同一水面上,但不允许有相对交替的动作,不允许蹬蛙泳腿。

(4) 在每次转身和到达终点时,两手应在水面、水上或水下同时触壁。

(5) 在出发和每次转身时,允许运动员在水下做一次或多次打水动作和一次划水动作,这次划水动作必须使身体升到水面。允许运动员的身体在出发和每次转身后不超过 15m 的距离内完全没入水中,但运动员的头部必须在 15m 之前露出水面。运动员必须使身体保持在水面上,直至下次转身或到达终点。

5. 混合泳

(1) 在个人混合泳项目中,运动员需按照顺序游 4 种泳式:蝶泳、仰泳、蛙泳和自由泳。每项泳式必须完成赛程的 1/4 距离。

(2) 在混合泳接力项目中,运动员需按照顺序游 4 种泳式:仰泳、蛙泳、蝶泳和自由泳。

(3) 混合泳的每一段都必须符合竞赛规则中对于该泳式的有关规定。

11.2 水上救生

水上救生是指人们在水上活动发生意外事故时所采取的救助措施。在他人发生溺水事故时,要采用合理的方式进行救护,同时在救护过程中应时刻注意自身及他人的安全,以达到安全救人的目的。在自身发生溺水事故时,要有一定的自救知识,从而摆脱危险,达到自救的目的。

11.2.1 遇溺的原因

在酷热的夏日中,人们都喜欢到游泳池、沙滩、水上活动中心参与水上活动,如钓鱼、游泳、划船等。倘若人们对水上安全及拯溺常识缺乏认识,便容易发生遇溺事件,所以必须注意以下要点:

1. 好胜逞能

大学生血气方刚,爱好炫耀自己的技术与体力,常会高估自己的游泳能力。注意偶一抽筋、身体疲乏不支,或遇上波浪,茫茫大海呼救无援,欲扶无物等情况,每年都有此类的溺水者。

2. 过分自信

大学生虽然已成年,较为有分寸,但自信心强,每每不接受救生员的劝告而游向危险地带。

3. 身体不适仍要勉强下水

当身体有慢性疾病,或突遇感冒、发烧等不适症状时,应避免下水。在游泳之前,应定期检查身体,确保可支持这些有相当运动量的锻炼。

4. 其他意外

堕海、酒精、药物影响,蓄意伤害自己的身体……

在水中发生意外时,首先切勿惊恐慌张,当一个人身陷险境时,常会因紧张而导致肌肉收缩、身体僵硬，致使活动力降低，失去自救能力。其次避免耗尽体力，由于不断挣扎，体力渐渐消失以致耗尽，令生存机会减少。因此，发生溺水事件时，必须保持镇定，了解自己身处的环境，利用本身浮力或辅助物来自救，减慢呼吸频率、放松肌肉，并减慢动作，使身体浮在水面，以待救援。

11.2.2　拯救

1. 手援技术要点

(1) 选择适当的辅助物。

(2) 引起溺者的注意，并将身体重心降低。

(3) 抓紧岸边的固定物，或以同伴协助，以免滑入水中。

(4) 指导溺者如何使用辅助物。

(5) 将溺者拉回岸边。

(6) 若有可能被溺者拉入水中时，应将辅助物放开。

(7) 留意四周环境是否安全。

2. 抛物技术要点

(1) 选择适当之浮物，例如救生圈、救生衣、浮板等等。

(2) 安慰及指示溺者将浮物抱在胸前。

(3) 指导溺者游回岸边。

(4) 协助溺者上岸。

在抛物时可以就地取材，可以用任何东西，有足够浮力便可。如一条绳子系着一个空的桶子作为浮物，并抛给遇溺者。如果无绳，可以用衣服连在一起，成为一条长的绳。此外，树枝、水管也可。

3. 提醒

如未受过专业救生的训练，当发现有人在水中遇险时，请勿下水，可以采用以下 5 个救生的步骤：

(1) 观察环境是否安全。

(2) 保持镇定。

(3) 发出信号(例如大叫救命，安慰遇溺者，拨打 120 或 110 求助)。

(4) 抛物。

(5) 手援。

11.2.3　水中自救与求生

拥有自救常识，发生意外时便能够镇静处理当前危机，争取较高的获救机会。下列自救步骤大家必须谨记：

1. 保持冷静

保持镇静，看清方向，呼吸协调，保持体内最大肺活量。不可手脚乱蹬，拼命挣扎，否则只能使体力过早耗尽、身体加速下沉。

2. 镇定地观察及利用当时的环境

观察清楚周围环境，确定最近的可抓浮物或岸边方向，努力向此方向移动。

3. 除去沉重的衣物和鞋袜

沉重的衣物和鞋袜容易消耗体力，使身体加速下沉，要尽量除去。

4. 水母漂

有两种姿势，一种为双手下垂，另一种为双手抱膝，吸足气，全身放松，不做无畏动作，使背部露出水面(如龟状)，漂浮一段时间再抬头吸气。如此持续动作，可以在水面上漂浮以待救援。

5. 仰漂

屏住呼吸，头向后仰，放松肢体，双手向两边摆成大字形。因为肺脏就像一个大气囊，屏气后人的比重比水轻，所以人体在水中经过一段下落后会自然上浮。当感觉开始上浮时，应尽可能地保持仰位，使头部后仰。只要不胡乱挣扎，人体在水中就不会失去平衡。这样口鼻将最先浮出水面，可进行呼吸和呼救。呼吸时尽量用嘴吸气，用鼻呼气，做到吸、屏、吐 3 个动作协调而缓慢，以防呛水。千万不要试图将整个头部伸出水面，这将是一个致命的错误。

6. 水中浮具制作

当着衣掉入水中且离岸很远时，应把衣服脱掉以便游泳。顺序：先做水母状，解开鞋带脱去鞋子，再脱去长裤，最后脱去上衣。并把衣服捆扎结实做成浮具：将长裤在水中浸湿，扎紧裤管充气后再扎紧裤腰。

7. 利用漂浮物求生

水上漂浮物很多，如防水背包、密封袋、球类、防潮垫、充气枕、空水壶等都可以加以利用漂浮求生。

8. 抽筋自救

抽筋是指肌肉突然不由自主地收缩，引起疼痛，该现象常在赛跑或游泳时发生。发生抽筋的部位会暂时失去活动功能，且疼痛不已。发生抽筋时常令游泳者紧张、恐慌而导致溺水。

1) 肌肉抽筋的原因

(1) 长时间的运动引起肌肉疲劳。

(2) 运动的负荷强度骤增，或突然改变运动方式而引起肌肉急剧收缩。

(3) 运动姿势不正确。

(4) 水温太低。

(5) 热身运动不足。

(6) 情绪过度紧张。

2) 肌肉抽筋常发部位

以小腿腓肠肌与比目鱼肌为最多，其次是足趾、足底、手指、大腿、前臂、腹部等。

3) 肌肉抽筋的持续时间

一般都不太长，在 1min 以内占 45%，5min 以内占 39.1%，5min 以上则不多见。

4) 肌肉抽筋的季节

以夏季为最多。

5) 抽筋的处理方法

应尽量将抽筋部位肌肉伸直并施以按摩，使其得以舒缓，直至抽筋部位疼痛消失，原有功能逐渐恢复。

9. 预防抽筋

(1) 身体不适或疲劳时,不宜游泳。

(2) 水温过低时不宜下水。

(3) 下水前做充足的热身运动。

(4) 饭前、饭后或剧烈运动后,不要立即下水。

(5) 随时补充已消耗的水分和盐分。

11.2.4 心肺复苏术

心肺复苏(简称CPR)是为挽救猝死者生命所采取的一种急救技术。其目的是使伤者的心脏、肺脏恢复正常的功能,生命得以维持。

1. 步骤

心肺复苏一般以A、B、C或A、B、C、D、E的序列进行。

A—Open Airway:打开气道(打开气道即畅通呼吸道。在使溺者头部充分后仰,呼吸道畅通的同时,注意周围环境空气流通,清除口腔中的呕吐物、假牙等。解除溺者喉、胸、腹部一切影响呼吸的束缚,以真正达到畅通呼吸道的确切要求,其方法是判断意识—高声呼救—摆好体位—打开气道)。

B—Breathing:人工呼吸(人工呼吸即建立呼吸,通过人工呼吸达到自主呼吸的恢复。其方法是判断呼吸—人工呼吸)。

C—Circulation:人工循环(即建立循环,通过胸外心脏按压达到自主心跳的恢复。其方法是检查脉搏—人工循环)。

D—Drug:使用药物。

E—Electric:心脏除颤。

A、B、C为基础生命的支持,D、E为高级生命的支持。

必须严格遵循以上急救步骤,针对溺者情况,有条不紊,及时准确地进行施救。要求做到不慌乱、不推脱、不随意中止,直至现场急救成功或医生接受,转送医院进一步观察护理。

2. 现场心肺复苏术单人操作顺序

操作1:

检查伤病员有无意识。拍其肩膀,在耳边大声问:"喂!你怎么了?"(时间5s左右)

操作2:

发现伤病员丧失意识,应立即大声呼救"来人啊!"或"救命啊!"请求周围人员的帮助(时间10s以内)。

操作3:

无论是否有人帮助,应着手将俯卧或侧卧的伤病员翻转成仰卧位。

操作4:

将伤病员转成正确体位后,马上使用"仰头抬颌法"打开气道,保持其呼吸道畅通。

操作5:

打开气道后,通过看、听、感觉检查伤病员有无呼吸。

操作6:

发现伤病员没有呼吸,应立即进行口对口人工呼吸。手捏伤病员的鼻子,吹两口气,然后放开捏鼻子的手。

操作 7：

同上方法，吹两口气后，马上检查颈动脉有无脉搏。

操作 8：

发现伤病员大动脉搏动消失，马上进行心脏胸外按压定位，将右手食指与中指沿肋骨边缘上滑至剑突。

操作 9：

食指与中指定位在剑突上(心窝部胸骨下端)，食指上方为按压区。

操作 10：

左手掌根部紧贴食指，放在按压区。

操作 11：

右手掌根重叠在左手背上，手指抬起。

操作 12：

按压时身体前倾，手臂伸直，利用身体重量的压力向下按压。频率每分钟 100 次，按压深度成人 4～5cm，儿童、婴儿 1/3～1/2 胸部的深度。

操作 13：

胸外按压 30 次后，口对口吹气两次，每次吹入气体 800～1200ml。

操作 14：

如颈动脉仍无搏动，继续进行心脏胸外按压与人工呼吸。

必须注意，在进行心肺复苏术时，对于婴儿、儿童与成人的操作要求是有所不同的，具体情况如表 11-1 所示。

表 11-1 婴儿、儿童与成年人现场心肺复苏比较表

分类项目	婴儿(1 岁以内)	儿童(1～8 岁)	成人
判断意识	拍击足跟部、捏掐合谷穴是否哭泣	轻拍是否哭叫	轻拍并呼喊有无反应
畅通气道	头不可过度后仰	仰头抬颌法	仰头抬颌法
吹气方法	口对口或口对鼻	口对口或口对鼻	口对口或口对鼻
吹气量	使胸廓部起伏	使胸廓部起伏	800～1200ml
吹气频率	20 次/分	16 次/分	12 次/分
检查脉搏	肱动脉	颈动脉	颈动脉
胸外按压部位	两乳头连线的中点与胸骨中线交叉下方一横指处	胸骨中 1/3 段	胸骨的 1/3 段与下 1/3 段交界处
按压方式	食、中指两指头	一只手掌根	双手掌根重叠
下压深度	1/3～1/2 胸部的深度	1/3～1/2 胸部的深度	4～5cm
按压频率	＞100 次/分	100 次/分	100 次/分
按压与吹气的比例	单人：30∶2 双人：30∶2	单人：30∶2 双人：30∶2	单人：30∶2 双人：30∶2